经济管理应用型人才培养"十三五"规划教材

商业银行岗位技能综合实训教程

主编 李 娇 吴正俊

编委 孙 娟 万思枞 李海燕
靳 华 蒋雨宏 任晓珠
薛 扬 潘 霞 刁安红
张 宁 周义巧

西南交通大学出版社
·成 都·

图书在版编目（CIP）数据

商业银行岗位技能综合实训教程／李娇，吴正俊主编.
一成都：西南交通大学出版社，2016.2（2022.7 重印）
经济管理应用型人才培养"十三五"规划教材
ISBN 978-7-5643-4554-9

Ⅰ.①商…　Ⅱ.①李…　②吴…　Ⅲ.①商业银行 – 银
行业务 – 高等职业教育 – 教材　Ⅳ.①F830.33

中国版本图书馆 CIP 数据核字（2016）第 029029 号

经济管理应用型人才培养"十三五"规划教材

商业银行岗位技能综合实训教程

主编　李　娇　吴正俊

责 任 编 辑	罗爱林
特 邀 编 辑	罗　旋
封 面 设 计	何东琳设计工作室
出版发行	西南交通大学出版社 （四川省成都市二环路北一段 111 号 西南交通大学创新大厦 21 楼）
发 行 部 电 话	028-87600564　028-87600533
邮 政 编 码	610031
网　　　址	http://www.xnjdcbs.com
印　　　刷	成都蓉军广告印务有限责任公司
成 品 尺 寸	185 mm × 260 mm
印　　　张	20.5
字　　　数	512 千
版　　　次	2016 年 2 月第 1 版
印　　　次	2022 年 7 月第 3 次
书　　　号	ISBN 978-7-5643-4554-9
定　　　价	45.00 元

课件咨询电话：028-87600533
图书如有印装质量问题　本社负责退换
版权所有　盗版必究　举报电话：028-87600562

前　言

随着我国金融理论和金融实务的不断发展，各类金融机构、商务企业、投资公司、专业理财顾问公司对能熟悉金融产品和熟练掌握金融知识理论，并具备相应岗位技能的应用型人才的需求不断增加。一方面，在传统金融产品的基础之上，不断创新的金融产品对银行、证券、保险等金融机构从业人员的素质要求更高了；另一方面，投资公司、专业理财顾问公司等非金融机构由于所涉及的工作与金融行业联系紧密，迫切需要大量熟悉这些金融产品理论和实务操作的人才。培养具备一定金融技能知识和一定金融产品实际操作能力的新复合型专业人才，不仅是适应新形势下金融行业发展的这一时代需求，而且是贯彻落实"把促进就业作为办学导向，把提高能力作为办学目标"指导方针的要求，更是财经类院校应用型人才培养的根本目标。为更好地实现这一目标，我们将"遵循职业生涯发展规律，依据职业能力需要，围绕岗位业务流程"作为课程构建思路，编写了本教材。

本书的编写遵循简洁与适用的原则，以现代商业银行业务岗位能力培养为主线，依照银行业务开展的基本流程和规范，注重突出理念的先进性、知识的新颖性、技能的实用性和实践的操作性。这有助于金融学相关专业的学生了解并掌握银行业的基本业务知识，接受相应的职业岗位技能培训，做好入职前必要的实践训练，具备胜任实际岗位工作要求和处理操作性事务的综合能力，增强就业竞争力。

其主要内容包含五大板块：

商业银行岗前认知：商业银行的岗位设置，银行员工礼仪与职业操守；

柜员岗：岗前知识，银行柜员必备技能，柜员岗业务实训；

信贷岗：岗前准备与技能培训，公司信贷业务，个人信贷业务实训；

国际业务岗：国际业务知识，国际业务岗业务实训；

理财经理岗：理财经理岗位认知和能力要求，理财经理岗位实训。

本书贯穿对学生实操能力的培养，重在操作与实战，能充分发挥受训者的主体作用，主要有以下一些特性：

（1）创新性。创新设计课程体系，按照"技能知识+岗位规范+实训演练"的架构设计培训，注重实操环节，充分反映新观念、新知识、新岗位、新技能和新方法。

（2）针对性。以银行业一线岗位技能为核心，针对不同岗位的要求，分别提供专业技能知识和岗位技能操作规范培训，以满足不同岗位技能的需求。

（3）实用性。涵盖银行业各个岗位技能的相关内容，能够让技能知识与实训演练合理衔接，运用相应的真实图表和单据，以及真实形象，易学、易懂、易操作，具有较强的普遍适用性。

（4）操作性。模块化的教学设计，不同模块对应不同的岗位技能，相对独立，可根据需求按模块展开相应的实训演练。

（5）体验性。设有培训课程设计与实训内容相符的场景或氛围，仿真性强，生动形象，贴近实际。形式多样，方法灵活，有相应的参与、操作演练、过程体验等环节，能够实现师生之间、学生之间的全面互动，让受训者真正成为培训主体，从而达到实训效果。

多年来，我们一直在探索应用型人才培养的相应模式，不断总结金融学专业建设的经验，本书是在此基础上形成的。同时，这也是重庆市高校"三特行动计划"特色专业建设项目——金融学特色专业建设的成果之一。

本书适用于高等院校经济管理各专业的实训教学，也可作为金融行业普通从业人员和管理人员职业培训用书，以及金融学爱好者的基本读物。

在实训实践课程建设中，国家人力资源和社会保障部中国就业培训技术指导中心给予了支持，培养了师资，建立了实训基地，本教材也受其益。在编写过程中，我们直接或间接地借鉴和吸收了国内外相关著作和教科书的成果，部分内容在书中已列出，也采用了相关行业的一些单据资料，在此一并向他们表示衷心感谢！对西南交通大学出版社编辑的鼓励和支持表示感谢！

书中行文所涉及的商业银行、公司、人名、地址等均属虚构，仅为实训仿真逼真的需要，如有雷同纯属巧合。

由于编写的时间较紧，加之我们学识疏浅，实践经历不够，对各个商业银行之间的差异和变化把握得不充分，所做的初步尝试难免存在不当的地方，甚至错讹之处，诚请专家和读者批评指正。

编　者

2016 年 1 月

目　录

第一篇　商业银行岗前认知

第二篇　柜员岗

第三篇　信贷岗

第四篇　国际业务岗

第五篇　理财经理岗

第一篇

商业银行岗前认知

商业银行是以经营存放款，办理转账结算为主要业务，以盈利为主要经营目标的金融企业。吸收活期存款、创造货币是其最显著的特征。

商业银行模拟实训是以商业银行业务理论知识学习和技能培养为目的的一门综合性课程。作为一名银行新进员工，在正式开始岗位实习工作之前，应该做好必要的知识准备、技能准备和素质准备。本篇主要介绍银行员工在岗前必备的一些基础知识，包括银行机构的业务知识、内部岗位设置、银行岗位职责、员工基本礼仪、从业职业操守等内容。

 **参阅材料**

一名银行实习生的感悟

经过在农商银行两个多月的实习，客观上来说，我对自己在学校所学的知识有了进一步的认识，充分地理解了理论与实际的关系，也逐渐地适应了从学生身份向职业人员的角色转换。我这次实习的主要内容是相关规章制度学习、储蓄业务以及基本的综合柜员操作。

首先，这次实习让我感受最深的就是我观念上的转变。在我的观念中，银行工作人员的工作是那么轻松，每天对着电脑敲敲键盘，再数数钞票就行了，完全忽略了每一个工作都有其隐形的工作内容。自从进入仁和营业部实习以后，让我感觉到现实与理想的差距真是太远了。营业部每天的破钞都比较多，"破钞任务"是我进入实习以后听到较多的一个组合词，而捆钱，不管是困破钞还是捆好钞都是技术活，尤其是捆小额破钞，更是个令人烦恼的艰巨任务。而且如果在比较繁忙的时候，不论是整理破钞还是捆钱都得见缝插针地利用时间。刚进银行时，为了尽快掌握银行业务，我每天都提前一个多小时到岗，练习点钞、打算盘、储蓄业务。虽然那时住处离工作单位要坐1个多小时的车，但我每天都风雨无阻。特别是冬天冰天雪地，怕挤不上车，我常常要提前两三个小时上班，就是从那时起我养成了早到的习惯。现在每天我都是第一个到行里，先打扫卫生，再看看业务书或准备一天的工作。这个习惯，让我有了充足的时间学习更多的业务知识。通过这次的实习，我对金融业务有了更详尽而深刻的理解，也是对这几年大学里所学知识的巩固与运用。从这次实习中，我认识到实际工作与书本上的理论知识有一定的差距，并且需要进一步的学习。虽然这次实习的业务多集中于比较简单的个人金融业务，但是，仍然为我更深层次地理解银行个人金融业务流程提供了极

1

大的帮助，使我在银行的基础业务方面，不再局限于书本，而是有了一个比较全面的了解。

其次，这次实习让我深深地认识到作为一名基层银行员工的主要职责。这些职责主要包括：

（1）对外办理存取款、计息业务，包括输入电脑记账、打印凭证、存折、存单、收付现金等。

（2）办理营业用现金的领解、保管，登记柜员现金登记簿。

（3）办理营业用存单、存折等重要空白凭证和有价单证的领用与保管，登记重要空白凭证和有价单证登记簿。

（4）掌管本柜台各种业务用章和个人名章。

（5）办理柜台轧账，打印轧账单，清理、核对当班库存现金和结存重要空白凭证和有价单证，收检业务用章，在综合柜员的监督下，共同封箱，办理交接班手续，凭证等会计资料交综合柜员。

最后，我觉得在实际工作中，单位主要看的是个人的业务能力和交际能力。在实际工作中，动手能力更为重要。

时间过去三个月了，但是现在的我对于刚到实习单位时的情境仍记忆犹新，尤其是各位前辈和领导对于银行工作制度的强调。所谓的制度就是银行工作人员行为规范的准则，是不可违背的规矩。尽管不违背制度不保证不出错，但是违背了制度就埋下了出错的隐患。刚到营业部实习的第一天，主任就给了我一本银行的制度读本，而且百般告诫与强调制度的重要性。然而在接下来的实习过程中，经过慢慢的领会与学习，银行工作的制度规范也慢慢渗入到生活与工作中。"一日三查库"是所有工作人员每天必须做的事情，而且也是我最紧张的时候。虽然每天都要进行这项任务，但是每每到时候清点尾箱，我总会担心会不会出错（虽然至今为止还没有出现过错误）。银行的工作不像市场销售，多了少了哪怕是一角钱都是大事(特殊的除外)，这说明在操作的过程中存在着错误，是对工作完成度的否定。

实习期一晃而过，我从中学到了很多社会道理，而这也让我受益匪浅。银行的实习加深了我与社会各阶层人的情感，拉近了我与社会的距离，也让自己在社会实践中开阔了视野，增长了才干，提高了适应社会的能力。因此，我体会到，在大学生就业形势如此严峻的情况下，假如将我们在大学里所学的知识更多地与实践结合在一起，用实践来检验真理，让一个本科生具备较强的处理基本实务的能力与比较系统的专业知识，这才是实习的真正目的。

资料来源：转引自豆丁网，http://www.docin.com/p-1109522217.html。

第一章　商业银行的岗位设置

【本章简介】

商业银行有诸多业务，涉及前台柜面和后台业务部门。本章共分两节，分别按照前台柜面和后台业务对银行岗位进行大致分类，并分别介绍了各岗位的业务范围、职责等内容。

【学习目标】

通过本章节的学习，受训人应了解商业银行业务部门划分及业务部门下的岗位划分；理解和掌握柜员制、资金调度员、存款业务员、信贷员、国际业务岗、理财经理的业务范围和岗位职责。

第一节　前台柜面部门岗位

当今世界，各家商业银行前台柜面业务人员的分工和组织形式有所不同。商业银行的前台组织结构分为专柜制和柜员制两种，不同的组织形式对应不同的就业岗位和岗位要求。目前，我国商业银行基本上都采取柜员制。

柜员制在西方商业银行也称为"一站式"，指柜台经办人员能够为客户提供包括出纳、储蓄、会计、投资理财等全方位的服务，能够处理现金业务、票据业务、结算业务、存贷业务等综合性业务等。实行柜员制的目的是减少客户在不同柜台来回穿梭的次数，减少客户等待各类凭证的传递时间，最终提高柜台业务处理效率以提升银行的竞争力。

柜员制对应的岗位群主要包括以下几方面。

一、岗位一：前台柜员

前台柜员为一般操作人员，主要负责各类业务的操作。其具体工作如下：

（1）对外受理各项储蓄、会计业务及有关代理业务；

（2）办理营业用现金的领缴、保管、登记柜员现金登记簿；

（3）办理营业用单、折等重要空白凭证和有价单证的领用与保管；

（4）保管本柜台各种业务用章和个人名章；

（5）办理柜台轧账，打印账单，核对库存现金、重要空白凭证和有价单证，收检业务用章，在后台综合柜员的监督下，办理交接手续。

二、岗位二：前台综合柜员

前台综合柜员为高级操作人员，主要负责各类业务的复核及授权。其具体工作如下：

（1）对前台柜员送交的各类业务记账凭证、票据、单、折进行复核，印鉴验印；

（2）领发、登记和保管有价单证和重要空白凭证，办理各柜员的领用和上交；

（3）负责各柜员营业用现金的内部调剂和现金的领用、上缴，并做好登记；

（4）监督前台柜员的交接、轧账及其他特殊业务的办理，编制营业日、月、季度、年度报告。

三、岗位三：前台主管柜员

前台主管柜员为管理人员，主要负责大额及重要业务的授权及柜台管理工作。其具体工作如下：

（1）组织柜台人员的业务学习，组织、调配柜员正常营业，监督柜员工作程序；

（2）检查、监督综合柜员日常核算工作；

（3）定期和不定期检查钱箱现金、有价单证和重要空白凭证，确保账账、账证、账表相符；

（4）监督综合柜员领交现金情况，定期核对内部往来账；

（5）全面负责营业场所的安全工作，及时处理日常工作中出现的问题。

四、岗位四：事后监督员

除了柜员制，各级商业银行为了保证前台业务的顺利完成，还设立了岗位事后监督员。其主要职责如下：

（1）对前一天的会计业务凭证进行稽核；

（2）发现错误，则逐笔登记错误登记簿，及时发出查询书，通知业务人员查清更正，发现事故及时汇报；

（3）按日装订凭证和业务数据资料，各类凭证、账簿报表等档案资料必须保管入账。

**实训练习**

由8~10人模拟银行柜员，组成银行前台柜面小组，分别阐述各自在模拟小组中所从事的工作岗位和职责。

第二节　业务部门岗位

商业银行的业务部门主要包括资金计划部门、存款部门、信贷部门、国际业务部门、理财业务部门等。业务部门对应的就业岗位包括以下几方面。

一、岗位一：资金调度员

资金调度员的主要业务及职责如下：

（1）负责银行日常可用头寸、基础头寸和可贷头寸的测算和调度；

（2）负责汇差资金的调拨，负责同业拆借和拆入；

（3）负责票据的贴现、转贴现和再贴现业务；

（4）负责回购协议业务以及其他市场融资等。

二、岗位二：存款业务员

存款是商业银行赖以生存的基础和来源，也是提升商业银行核心竞争力的关键之一，因此存款业务员是商业银行最基本和最重要的业务人员，同时也是业务难度较大的岗位之一。

存款业务员的主要业务及职责为：负责存款业务的开发、营销和管理。

三、岗位三：信贷员

信贷员的主要业务及职责包括：负责受理企业的贷款申请、对企业进行信用评估和贷款调查、完成贷款的发放、利息和本金的收回等。信贷部门根据贷款的对象不同，又可细分为个人信贷部门、公司信贷部门、国际贸易融资部门、信用卡部门等。

四、岗位四：国际业务岗

国际业务岗以国际结算业务为主，隶属于国际业务部，主要业务及职责如下：

（1）负责公司客户的开发与管理，负责国际贸易及外向型客户的开发与管理；

（2）负责国际结算业务及相关的国际贸易融资、结售汇业务、对外进行国际接洽为进出口企业的国际贸易做好资金和结算服务，如结售汇、信用证、票据托收、押汇、打包放款、福费廷等。

五、岗位五：理财经理

理财经理的主要业务及职责包括：为客户提供理财咨询、银行理财产品的营销、为银行大客户进行资产管理等。

本书以商业银行前台柜员岗、信贷员岗、国际业务岗、理财经理岗等一些商业银行最需要、最基础的岗位为主要岗位群进行业务实训学习。

 **实训练习**

由8～10人模拟组成银行业务小组，分别阐述各自在模拟小组中所从事的工作岗位和隶属部门。

第二章　银行员工礼仪与职业操守

【本章简介】

本章共分三节，主要介绍银行员工应该遵循的商务礼仪和服务礼仪，以及每种礼仪的要求与规范。

【学习目标】

通过本章节的学习，受训人应了解商业银行对员工礼仪的要求；能够熟练按照商务礼仪要求规范自己的仪容仪表，能够注重自己的情商心态培养，贯彻落实银行员工的服务礼仪。

第一节　银行员工商务礼仪

仪容仪表，简单地说就是指人的外表，包括容貌姿态、衣着打扮、举止风度等。银行员工的仪表不仅体现其本人内在的修养、气质，而且也体现了银行的精神风貌。作为银行工作人员，上班时的穿着应该庄重、文雅；发型、打扮要适合职业特点；修饰、化妆适当；保持精神焕发，整洁大方。

一、银行工作者服务时的站姿

1. 垂手站姿

要点：两脚并拢，两膝并严，两腿直立，提髋收腰，吸腹收臀，挺胸抬头，下颌微收，双目平视，手自然下垂，如图2.1（a）所示。

2. 前交手站姿

要点：（男士）两脚间距不超过肩宽，两手腹前交叉，身体重心于两脚上，身体直立，注意不要挺腹或后仰；（女士）两脚尖展开，右脚在前，右脚跟靠于左脚内侧前端，两手腹前交叉，如图2.1（b）所示。

3. 后交手站姿

要点：两脚跟并拢脚尖展开，两手在身后交叉，挺胸立腰，下颌微收，双目平视，如图2.1（c）所示。

（a）　　　　　　（b）　　　　　　（c）

图 2.1　银行工作者服务时站姿①

二、坐姿规范

坐是一种静态造型，落座时要先看好位置，轻稳入座，坐姿要给人端庄安详的形象。

1. 垂直式坐姿

要点：腰背挺直，双肩放松，女士双膝并拢，男士膝部分开不超过肩宽，如图 2.2（a）所示。

2. 重叠式坐姿

要点：膝处重叠，架起的腿不能翘起，更不能摇动。女士要尽力使架起的小腿与支地腿平行，不翘脚尖，如图 2.2（b）所示。

3. 交叉式坐姿

要点：双脚踝交叉，或前伸或后屈，只前脚掌着地，如图 2.2（c）所示。

4. 开关式坐姿

要点：女士双膝并紧，两小腿前后分开，两脚在一条线上，男士可采取前后分开，也可左右分开，如图 2.2（d）所示。

（a）　　　　　　（b）　　　　　　（c）　　　　　　（d）

图 2.2　银行工作者服务时坐姿

三、工作常用手势

手势是体态语言中最重要的传播媒介，通过手和手指活动传递信息，是展示自己才华和修养的重要的外在形态。

---

① 本节的图 2.1～2.3 来源于王汝梅《银行柜员业务实训》，电子工业出版社 2007 年版。

1. 横摆式

在银行服务工作中，表示"请"时，经常采用手臂横摆式。

要点：以右手为例，五指伸直并拢，手心向斜上方，肘关节微屈，腕关节要低于肘关节。动作时，手从腹前抬起，以肘关节为轴向右摆动，到身体右侧稍前的地方停住，如图2.3（a）所示。

2. 直臂式

当给来宾指引方向时，需采用规范手势，不能用一个手指，指指点点。

要点：五指伸直并拢，屈肘由身前抬起。抬到与肩同高时，再向要指的方向伸出去，如图2.3（b）所示。

3. 曲臂式

当一只手拿着东西，扶着电梯门或房间门，同时要做出"请"的手势时，可用另一只手采用曲臂手势。

要点：以右手为例，五指伸直并拢，从身体侧前方，由下向上抬起至上臂离开身体45度的高度，然后以肘关节为轴，手臂由体侧向体前摆动，摆到手与身体相距20 cm处停住，面向右侧，目视来宾，如图2.3（c）所示。

4. 斜 式

请入座时，手势要向斜下方。

要点：一只手曲臂由前抬起，再以肘关节为轴，前臂由上向下摆动，使手臂向下成一斜线，并微笑点头示意来宾，如图2.3（d）所示。

（a）　　　　　　　（b）　　　　　　　（c）　　　　　　　（d）

图2.3　银行工作者常用手势

 实训练习

实训一：5人一组，分别进行各种站姿、坐姿、手势的演练。

实训二：2人一组，分别扮演银行大堂经理和客户的角色，模拟以下情景——迎接客户入门、请客户入座、与客户一起就座交谈。

第二节　银行员工服务礼仪

一、坚持"3A"法则的服务原则

国外学者布吉林教授等人提出的"3A"法则是国际交往礼仪的一个基本原则，基本含义是沟通能否成功，就看有没有向沟通对象表达自己尊重、友善、重视之意，即接受对方、重视对方、赞美对方。在英文中，"接受"（accept）、"重视"（appreciate）、"赞美"（admire）这三个词汇都以字母 A 打头，所以它们又被称作"3A"法则。

1. A（accept）：接受对方

在人际交往中，最不受欢迎的人是以自己为中心的人。人与人之间因为受教育的程度不同、生活的环境不同、性别与年龄不同、人生阅历不同等，导致对待同一件事的观点不同，这是很正常的现象。因此，在服务顾客过程中，首先要做到宽以待人，接受顾客，尤其不能拿自己的经验去衡量顾客的行为。

2. A（appreciate）：重视对方

重视对方，即认真对待顾客并能主动关心顾客。例如，对顾客应做到有求必应、有问必答。对于常客要牢记其姓名。

3. A（admire）：赞美对方

赞美对方，即要求服务人员以欣赏的态度肯定顾客，恰到好处地赞美顾客。被别人赞美是每个正常人的心理需要。但赞美别人也要实事求是、恰如其分、适可而止，注意不要弄巧成拙。

二、从容真诚的服务语言

语言表达是人与人之间沟通的主要方式。说话是一门学问，更是一门艺术。说话要恰到好处，与顾客交流时，既要不卑不亢，又要表达出热情、真诚的服务态度，让顾客产生宾至如归的感觉，从而加深顾客对银行的信任。如果关键之处说错一句话，可能会弄巧成拙。银行员工在工作和公共场合中必须使用的文明用语：请！您好！欢迎（您）光临！请稍等！对不起！请提意见！谢谢！欢迎再来！再见！见面称呼时，姓名加同志或职务加同志，或同志。

除了和缓、热情、自信、规范的语言表达之外，微笑、倾听、优雅的肢体动作、得体的仪表也是沟通的必要载体。这几项载体同时配合才能达到良好的沟通效果。

如当客户走进营业厅时，柜员应在距离对方 3 米左右时用目光迎接客户，当与客户视线接触时，微笑并点头示意；同时使用"早上好""欢迎光临""您好，请问您需要办理什么业务"等规范礼貌用语；身体微微前倾以 15 度鞠躬礼。整个招迎过程要做到主动、热情、自然，不能光说不笑或光笑不说，避免生硬、做作。如果知道客户姓名，在问候时要配合上"某某先生""某某女士""某某小姐"等称呼更能拉近双方距离，进而让客户全方位感受到银行优质的柜台服务。

三、电话服务礼仪

随着现代服务业的信息化发展，银行与顾客的交流很多是通过电话进行的。要想把带着微笑的声音传递给顾客，就必须掌握电话礼节和规范。

1．接听电话

来电时，接听要迅速，必须在响铃 3 声内接起，并主动自报："您好，×××"，同时报出你的银行和部门。电话交谈时，态度谦和、礼貌，声音清晰，简明扼要，内容表述能让对方清楚明了。通话完毕应主动致谢："谢谢，再见。"一般情况是由对方先挂线，挂线时听筒要轻放。交谈时间一般控制在 3～5 分钟为宜，并注意控制语速语调。临柜人员不得当着客户的面拨打、接听手机和发短信。

2．致电客户

电话接通后，先自报家门："您好，我是×××"，再表明致电来意。电话交谈时，态度谦和、礼貌，声音清晰，长话短说，内容表述能让对方清楚明了。通话完毕应主动致谢："谢谢，再见。"一般情况是由对方先挂线，如果是己方先挂线，应先用手轻按挂断电话，然后放下话筒。

3．转接、代接电话

转接他人的电话时，不要大声呼叫，应提示对方"请稍等"；他人正在处理事务不能接听电话时，应及时替受话人员代接，答复对方暂时不能接听，请对方稍后打来或留下姓名及联系电话，并回答对方"稍后回复您"。如受话人不在，先礼貌作答再向对方表达给予帮助的意向，如"对不起，他不在。需要我帮忙吗"。如对方拒绝，可以请对方留下名字及联系电话或请对方稍后打来。如果需要将电话转接到别的部门，应告知对方："真对不起，这件事是由××部门负责的。如果您愿意，我帮您转过去好吗？"

四、顾客抱怨投诉处理礼仪

柜员在对顾客服务的过程中，两者意见不合是正常现象。处理得不好，轻则导致激烈的争论，重则形成难以调和的对抗。不论哪种结果，受损的都是银行的形象。美国前总统威尔逊曾说："如果你握紧一只拳头来见我，哦，很抱歉，我会握紧两只拳头迎接你。但你若对我说，让我们坐下来谈谈，看看意见分歧的原因在哪里，我们就会发现彼此的分歧并不大，倒是看法一致的地方更多一些；也会发觉只要我们有彼此沟通的愿望、诚心和耐心，我们就会沟通。"那么，当我们面对顾客抱怨和投诉时该如何处理呢？

1．处理步骤

第一步：倾听。

卡耐基曾经说过这样一句话："喜欢挑剔的人，甚至是最激烈的批评者，常会在一个有忍耐和同情心的倾听者面前，态度变得软起来。"掌握倾听的能力需从几个方面入手。首先立即将客户请到会客室，然后表现出诚意，用心去听。特别是要用身体语言去"听"。例如，正视对方、身体前倾等肢体动作的配合。其次要有耐心。如不随便打断别人讲话、包容对方的观点等。

第二步：理解。

就是要适时表达出对对方观点的理解。抱怨者都希望自己所说的想法能够得到对方的理解和肯定，或者希望对方认可自己的观点和做法。因此，柜员要尽量表示理解对方的观点，不回避事实，鼓励谈话者继续下去，以期取得顾客的信任。不能总说类似"这是行里的规定""你肯定弄错了"的话刺激顾客。对客户的遭遇和不便要适时地表示歉意和同情，以缓和客户情绪，避免事态扩大。

第三步：分析。

在充分倾听的基础上，柜员要迅速分析顾客产生抱怨或投诉的原因，从而找到应对的解决依据和方法。虽然顾客投诉和异议产生的根源多种多样，但主要还是来自主观和客观两个方面。主观原因是顾客自己的原因，包括顾客的偏见和习惯、心态不正等。在这种情况下，多用马斯洛需求层次理论对顾客心理及需求进行深层次分析。客观原因有柜员没有做到礼貌、好客，对顾客不能一视同仁、以貌取人、对工作不熟悉、动作缓慢、浪费了顾客时间等，这些最容易引起顾客不满。

第四步：处理。

在完全理解和尊重顾客意见以及分析的基础上，适时提出自己的看法和解决办法。首先，要感谢顾客提出的意见和建议，并表达出将进一步改进和改善工作的诚意，使顾客再一次得到尊重。其次，要以积极态度，提出尽可能专业的解决办法或分散顾客的关注点，但不可随意允诺客户提出的要求，以免再次抱怨。在处理抱怨和投诉时要注意技巧。如先处理感情，再处理事情；不能物质满足，就一定让顾客实现精神满足；运用"三明治"法则，所谓"三明治"法则，就是尽量设身处地为对方着想，让顾客感到自己的重要性，在赞美中解决问题。不要因害怕投诉而慌张，也不要对客户表现得过于无所谓。当自己已经尽力但仍无法解决问题时，一定要向主管说明情况，请其配合解决问题，而不要将问题隐瞒，或试图通过"私了"的方法解决。

2. 基本语言规范

规范的语言体现了一个企业的文化，基本语言规范如表 2.1 所示。

表 2.1 顾客抱怨投诉基本语言规范

顾客抱怨投诉禁语	顾客抱怨投诉基本语言规范	
（1）这个是我们银行的规定，必须照办。 （2）这不是我们的责任，您应该去问×××××。 （3）你明白我在说什么吗？你懂我的意思吗？ （4）大概、可能、也许等模棱两可的话。 （5）找主管也没有用的/找主管也一样的。	（1）不好意思，麻烦您了。 （2）×先生/小姐/女士，不好意思，因为这方面的信息不是我的专业范围，现在还不能给您明确的回答。您能留下联系电话吗？我确认后尽快给您回电/我会请我的同事尽快跟您联系。 （3）对不起，让您久等了！ （4）好的，没问题。那麻烦您了！	（10）麻烦您记一下传真机号码好吗？我的传真机号码是，我叫×××。要麻烦您在传真件的每一张纸上都注明我的姓名，因为我们这里的传真比较多，这样便于我及时收到，及时处理。 （11）谢谢您的配合，再见！ （12）×先生/小姐/女士，我们还是非常希望您能成为我行的客户。

续表

顾客抱怨投诉禁语	顾客抱怨投诉基本语言规范	
（6）不可能/不会有这样的事。 （7）我就这样，你投诉去吧！ （8）别的银行好，你还来这儿干嘛？ （9）手续多？邮局、车站手续不多吗？ （10）电脑记账，比人脑准。	（5）很抱歉，为了保障您的个人权利，耽误您1分钟时间，与您核对一下个人基本资料。 （6）×先生/小姐/女士，在这里向您解释/说明一下。 （7）不好意思，对于您刚才说的，这里跟您再确认一下。 （8）对不起，我立刻帮您查一下，请稍等。 （9）不好意思，这个问题我还要确认一下，确认后我会尽快给您回复，再打这个电话跟您联系好吗？（若客户答为"不行"）那请您留一个方便联系的电话好吗？	（13）感谢您的宝贵意见和建议，我们会马上反馈给分行。 （14）您看这样好不好？ （15）今天由于……给您带来不便。请您多多谅解。 （16）对不起，这项业务政策规定很明确，恐怕难以办理，请您谅解。 （17）不好意思，您的利息没有算错，我慢慢算给您看。 （18）不好意思，您的账务没有什么问题，我向您解释一下。

五、微笑服务与微笑训练

微笑总是好的。在许多情况下，微笑可以帮助你应对自如，亲切、温馨的微笑，可以有效地缩短双方的距离，创造良好的心理气氛。微笑着接受批评，显示你承认错误但又不诚惶诚恐；微笑着接受荣誉，显示你充满喜悦但不是骄傲自满。

 实训练习

实训一：请两个同学一组，模拟客户与银行工作人员体会下列说法所存在的问题，并身体力行地给出让人满意的答案和行为。

（1）储户对利息提出疑问时，说：利息是电脑计算出来的，还能错。/银行还能坑你吗？/不信，找人去算。

（2）客户办理提前支取时，存单与身份证姓名不一致时，说：你自己写错了怨谁？

（3）客户办理交款业务时，说：你的钱太乱了，整好再交。

实训二：想一想：关于微笑的思想训练（如何做到发自内心的笑）。

练一练：练就属于自己的微笑。

实训三：沟通技巧模拟训练。要求学生分组对以下场景分角色进行语言表达、仪态动作等全方位模拟演练。

场景1：受理客户业务时。

场景2：客户提交现金或凭条、卡（折/单）单据时。

场景3：业务处理时间较长时。

场景4：发现客户填写或提交的单据与银行规定不符时。

场景 5：对客户交代或回答的事项没有听清楚时。

场景 6：受理业务过程中需要短暂（长时间）离开柜台时。

场景 7：办理业务完毕时。

场景 8：向客户送交钱、卡（折/单）、票据、回单（客户留存联）时。

场景 9：如未发现客户已等候在柜台前时。

场景 10：遇客户办理定期提前支取、外汇取款/转账、快速汇款等业务，应提醒客户会受到利息损失或需向客户收取费用及收费标准时。

场景 11：遇到收取或兑换客户的零、损、残钞时。

场景 12：遇手续不全或制度不允许操作的业务，如没收假钞时。

场景 13：遇到有客户插队到柜台前时。

场景 14：当错过第 1 次叫号的客户过来办理业务时。

场景 15：当客户是老人、孕妇，其要求优先办理业务时。

场景 16：当客户咨询一些我们不熟悉的业务时。

场景 17：当客户咨询一些与工作无关的私人问题（是否结婚了）时。

场景 18：当客户没有带齐证件就想办理业务时。

场景 19：当客户凭证填写错误时。

场景 20：当业务不在这里办理时。

要求：学生分组对以上场景分角色进行语言表达、仪态动作等全方位模拟演练。

实训四：处理顾客抱怨模拟训练。

要求学生分组对以上场景分角色进行语言表达、仪态动作等全方位模拟演练。

场景 1：当网点处于业务高峰时，很多客户需等候较长时间，有客户到柜台前大声指责柜员效率太慢时。

场景 2：当客户来存款，柜员发现一张假钞时。

场景 3：当客户多次向柜员提到转账手续费问题，柜员忙于电脑操作，对客户的问题置之不理，客户很愤怒地向主管投诉时。

场景 4：当客户抱怨每个月交费和扣款项目很多，但在存折上什么都没有写时。

场景 5：当客户抱怨完，并办完业务准备离柜时。

场景 6：当客户来网点办理书面挂失，柜员仅仅告诉他于 7 天后来领卡，客户 7 天后到柜台领卡时，柜员问其有无带客户联和身份证，客户抱怨之前并没有告知，柜员很不屑地让其一次带齐后再来领卡时。

场景 7：当客户已排了半个小时队，因证件不齐回去取，回来被要求重新排队，顾客抱怨时。

他山之石

银行从业人员的基本礼仪实训报告

1. 实训情景描述。

我是北华银行理财专员李某，今天一早，接到客户一个电话。上午 11：00，客户要来银

13

行商谈关于理财方面的问题。我要为客户做好接待服务。

2. 实训工具或材料。

桌子、椅子、电话、笔、本、名片、水杯、电脑、网络、打印机等。

3. 实训步骤。

（1）我接到命令后，开始准备接待工作；

（2）整理办公区环境；

（3）向客户打电话，确认其位置；

（4）到公司门口等候客户；

（5）看见客户来了，微笑着迎上去；

（6）向客户寒暄问候；

（7）引领客户到接待室，我走在客户的左前方；

（8）开始商谈关于理财方面的问题。

4. 实训小结。

通过此次实训，我能够掌握客户接待礼仪，能够做好接待前的准备工作，能够按照客户接待的具体流程进行客户接待工作。

第三节　银行业从业人员职业操守

一名合格的银行员工，一定要有很好的职业操守。要遵守诚实信用，守法合规，专业胜任，勤勉尽职，保护商业秘密与客户隐私，以及遵守公平竞争的基本准则。对待客户方面，要做到熟知业务，保护客户信息，不得向客户明示或暗示诱导客户规避金融、外汇监管规定，严格遵守和履行岗位职责，要正确处理利益冲突，遵守银行有关内幕交易的规定，了解和公平对待客户，遵守反洗钱的规定，在销售产品或提供服务时，要对客户进行风险提示，做到及时充分的信息披露，收送客户的礼物不超过政策法律及商业习惯允许的范围，并能正确对待客户的投诉；要尊重同事，团结合作，互相监督；要严格遵守所在单位的各种规定；要配合监管机构监管，配合现场检查和非现场监管。

《银行业从业人员职业操守》共分为八章四十八条，包括总则、从业基本准则、银行业从业人员与客户、银行业从业人员与同事、银行业从业人员与所在机构、银行业从业人员与同业人员、银行从业人员与监管者和附则。凡在中国境内设立的银行业金融机构工作的人员，均应当遵守《银行业从业人员职业操守》，并接受所在机构、银行业自律组织、监管机构和社会公众的监督。

 参阅材料

银行业金融机构从业人员职业操守指引

第一条　为规范银行业金融机构从业人员（以下简称从业人员）职业操守，提高从业人

员职业道德和业务素质，维护银行业信誉，制定本指引。

第二条 本指引所称从业人员是指按照《中华人民共和国劳动合同法》规定，与银行业金融机构签订劳动合同的在岗人员；银行业金融机构董（理）事会成员、监事会成员及高级管理人员；以及银行业金融机构聘用或与劳务代理机构签订协议直接从事金融业务的其他人员。

第三条 本指引适用于中华人民共和国境内的银行业金融机构（含外资银行业金融机构）从业人员和境内银行业金融机构委派到国（境）外分支机构、控股、参股公司的从业人员。

第四条 从业人员应当学法、懂法、守法，保守国家秘密和商业秘密，尊重和保护知识产权，自觉维护国家利益和金融安全。从业人员应当依法、客观、真实反映银行业金融机构业务信息。

第五条 从业人员应当具备岗位任职资格或能力，熟悉掌握业务技能，自觉遵守行业自律制度和本单位规章制度，合规操作；对已发生的违法违规行为或尚未发生但存在潜在风险隐患的行为，应当按照相关报告制度规定，及时报告。

第六条 从业人员应当遵循公平竞争、客户自愿原则，不得从事违规揽存、低价倾销、贬低同业、虚假宣传等不正当竞争行为。

第七条 从业人员应当尊重客户，了解客户需求，依法保护客户权益和客户信息。从业人员应当对客户如实详细提示产品的特点和风险，切实保护客户权益；不得采取隐瞒或误导等不正当手段，损害客户权益。从业人员应当执行首问负责制，诚待客户，语言文明，举止大方，提供优质服务。从业人员不得因国籍、地区、肤色、民族、性别、年龄、宗教信仰、健康情况或其他因素等差异而歧视客户。

第八条 从业人员应当关爱社会，积极参与公益活动，履行社会责任，发扬勤俭节约的优良传统，珍惜资源，抵制铺张浪费。

第九条 从业人员应当公私分明，秉公办事，不得谋取非法利益。从业人员应当遵守国家和本单位防止利益冲突的规定，在办理授信、资信调查、融资等业务涉及本人、亲属或其他利益相关人时，主动汇报和提请工作回避。从业人员未经批准不得在其他经济组织兼职。从业人员应当有效识别现实或潜在的利益冲突，并及时向有关部门报告。

第十条 从业人员应当遵守有关法律法规和本单位有关进行证券投资和其他投资的规定，不得利用内幕信息买卖资本市场产品；不得挪用本单位资金和客户资金或利用本人消费贷款买卖资本市场产品。

第十一条 从业人员应当遵守禁止内幕交易的规定，不得利用内幕信息为自己或他人谋取利益，不得将内幕信息以明示或暗示的形式告知他人。

从业人员应当拒绝洗钱，及时报告大额交易和可疑交易，履行反洗钱义务。

第十二条 从业人员应当自觉抵制并积极向有关部门举报商业欺诈、非法集资、高利贷和黄、赌、毒活动。从业人员在社会交往和商业活动中，应当廉洁从业，自觉抵制商业贿赂及不正当交易行为。

第十三条 从业人员应当树立终身学习理念，与时俱进，追求新知，提升素质，完善技能。

第十四条 董（理）事会成员、监事会成员和高级管理人员除遵守第四条至第十三条所列内容外，还应当遵守以下职业操守。

（一）认真执行国家方针政策，恪守职业道德，服从国家宏观调控，维护大局。科学管理，公道正派、作风民主，坚持原则。

（二）严格执行国家关于企业领导人员廉洁从业、"三重一大"决策制度等规定。

（三）严格执行国家关于薪酬管理的法律法规和政策，负责制定本单位稳健的薪酬管理制度，并认真组织实施。

（四）忠实履行决策、监督和经营管理职责，组织制定科学的发展战略，谨慎用权，防范风险。

（五）以身作则，自觉遵守本指引并承担组织本单位从业人员学习、遵守本指引的责任。

（六）知人善任，任人唯贤，关心员工职业生涯发展，培育团队意识。

（七）适度参与公共活动，防止违法及不良行为，不得利用职务上的便利谋取或输送非法利益。

（八）优化流程，精细管理、重点监控，明确本单位关键岗位特殊职业操守并组织关键岗位从业人员学习、遵守。

第十五条 本指引是从业人员职业操守的标准要求。银行业金融机构和行业自律组织应当依照本指引制定或者修订本单位（行业）员工具体职业行为规范。

第十六条 银行业金融机构应当将从业人员遵守本指引的情况纳入反腐倡廉建设、合规和操作风险管理、员工教育培训和人力资源管理范围，定期评估，建立持续的评价和监督机制。

第十七条 银行业金融机构应当将本指引和本单位员工职业行为规范以适当形式告知社会，接受监督。银行业金融机构应当对模范遵守本指引的从业人员给予奖励，对违反本指引的从业人员进行相应处置。

第十八条 银行业监管机构应当将董（理）事会成员、监事会成员和高级管理人员执行本指引的情况纳入任职资格管理范围。

第十九条 银行业协会、信托业协会及财务公司协会等行业自律组织，可以依据本指引对会员单位贯彻落实情况进行监督检查和评估。

第二十条 本指引由中国银监会负责解释和修订。

第二十一条 本指引自公布之日起生效。

> 提示：作为银行柜员，我们应该牢记以下两句话：
> "违规与违法没有不可逾越的鸿沟"
> "勿以恶小而为之，勿以善小而不为"。

实训练习

请同学们发动你的小宇宙想一想，要成为一名专业的银行从业人员你需要思考的问题。

实训一：要成为一名好的银行业务员，我们应该在那些方面做好准备？

提示：

（1）角色意识、服务意识；

（2）专业技能；

（3）服务技能。

实训二：关于银行专业知识和技能，在学校都学过哪些有关银行从业人员的法规和职业道德要求。

实训三：和大家分享你记忆最深刻的职业操守。

 他山之石

银行业从业人员职业操守实训实录

道具：电话、笔、纸。

角色：王强（男），李猛（男）。

旁白：华东证券理财经理王强接到朋友李猛的电话……

李猛：兄弟，最近忙吗？

王强：（微笑……）你怎么想起给我打电话了？

李猛：（微笑……）想你了呀。

王强：（微笑……）我看你是无事不打电话吧？

李猛：（微笑……）有点事，帮你赚钱来了。

王强：（微笑……）新鲜啊，赚钱你还能想起我？

李猛：谁让咱们是好朋友呢，有钱赚还能少了你。

王强：什么生意？

李猛：你不是理财经理吗？手里应该有很多有钱客户吧？

王强：是啊。

李猛：高价卖给我怎么样？

王强：这恐怕不行，这可是违法啊。

李猛：你不说，谁会知道啊？

王强：我们与客户有约定，泄露客户信息是要承担责任的。

李猛：这些客户信息也不是在你一家公司有登记，在别家，像4S店肯定也会留下信息，说不定这些信息已经泄露出去了呢。你卖给我，也不会查出是你泄露的，怎么样？

王强：真不行，这是违背行业规定的。其他事我都可以帮你，这是真不行。

第二篇

柜员岗

　　银行最重要也最辛苦的部门就是柜面部门。所有进入银行的员工都要从柜面部门的柜员这个岗位干起，这个岗位所处理或涉及的业务是最为广泛的，也是最需要熟练技能的一个岗位。

　　本篇主要介绍银行柜员的岗位职责、岗位要求、岗位技能，对柜员常处理的各种业务做了情景代入式的实训演练。

 阅读材料

柜员的一天

　　说起银行的柜员，相信大家都不会觉得陌生。她们穿着得体的职业套装，工作环境舒适，光鲜而靓丽。殊不知，其实她们的工作并不轻松。我是芜湖招商银行新时代支行的一名普通柜员，以下就是我的一天：

　　每天早上8点钟之前我们就要到岗，打扫卫生、换服装、开电脑、拿凭证箱……做好各项班前准备工作。

　　8：10，我们开始晨训：汇报工作、分享经验、着装的自检和互检……待一切结束后，我们走上岗位，微笑站立，准备迎接第一位客户。一个微笑，一声"您好"，一般都是窗口柜员的第一句话，这是我们的职责。

　　8：25，网点正式营业，大厅里一下就涌进了几位客户，我们面带微笑、行举手礼，用"招行式"标准礼仪迎接客户。第一位客户是通过招行手机银行预约取号的。"您好，请问您需要办理什么业务？"仔细听完客户的业务需求后，我一气呵成地办理完业务，并微笑道别："感谢您的光临，请您慢走。"客户连连称赞："手机银行预约让我不慌不忙，小姑娘业务娴熟又给我节省了时间，今天真是幸运。"

　　每位柜员一天要办理100多笔业务，为保证不让客户长时间等待，需要柜员争分夺秒，还必须在持续不断的业务办理中保证"零差错"。倘若有人要办存折，你会看见我们的手指在键盘上飞快地操作，打印存折、存款凭单，然后加盖章戳。如果是单纯的存取款业务，我们一般能在两分钟内完成，而挂失、开户等业务就需要进行身份核实程序，花费的时间就要稍长些，因为银行的服务原则是不能让客户长时间等待，这就得靠我们眼疾手快来争分夺秒了。到了高峰期，各种业务仍然反复交替着，虽然很忙碌，但是我们仍要保持沉着冷静。越是人多的时候，就越要仔细，这样才能保证"零差错"。

整个上午办理业务的客户络绎不绝，11：30，喧闹的大厅内终于安静了，我们抓紧时间轮流吃饭，即使大厅并没有客户，我们依旧严格按照规范，端坐在柜台前。规定的吃饭时间只有半个小时，每人差不多都是十几分钟就解决了，重返岗位然后再替换。有时候忙的时候，轮到最后一个人吃饭可能都得两三点钟。我们可能一上午都不会有时间喝水和上厕所。

客户少的时候，我们会抓紧时间整理现金，扎把、打捆、检查账目，节省晚上结账的时间。

下午2：30，我和我的同事们又忙碌起来……

下午5：00，到了营业结束时间，我们进行日终工作，微笑着送走最后一位客户后，银行开始停止对外营业，但是我们的工作却并未结束。我们还要对一天的账目进行逐笔清点，上缴现金、凭证，打印日终报表，核对无误后才能离岗。没有遇到特殊情况，一般都要到6点多才能下班，有时遇到客户找账、签字、传票有误等情况，就要延迟下班的时间。每个月还会有两到三次的晚班，银行为了给员工补充业务知识组织统一学习。

下午5：30以后，经过身份核对之后，我们将尾箱交给押运人员，目送运钞车离开。一天的工作到此还未结束，我们还要核点凭证并对一天的账目进行逐笔核对，以防出现账务差错，核对无误上交后才算完成。

晚上6：30，一天的工作结束，我和同事们关灯、锁门，融入街上的人流中……

资料来源：赵亚玲，《银行柜员的精彩一天》，《大江晚报》2014年11月12日。

第三章　　岗前知识

【本章简介】

本章内容共分四节，分别介绍从事前台柜面服务的基层柜员应该遵守的重要管理制度和规定，包括银行柜员管理制度、重要凭证和印章管理制度、客户身份识别管理规定、日常现金管理规范等。

【学习目标】

通过本章节的学习，受训人不仅应了解银行柜员管理制度、重要凭证和印章管理制度、客户身份识别管理规定、日常现金管理规范的内容，而且要能够深刻理解商业银行制定这一系列管理规定的原因，能够体会柜员处理业务时贯彻这些制度规定的必要性和重要性。

第一节　柜员管理制度

一、柜员分类

由于柜员制的设置形式存在着差异，如有综合柜员制、分柜员制等组织形式，因此，在柜员的分类上也存在着差异。但一般来说，柜员主要分为前台柜员、营业经理（主管柜员）和监督柜员三类。

（1）前台柜员主要负责在权限范围内办理对外现金收付和转账等临柜业务。

（2）营业经理（主管柜员）主要负责营业网点的分工、业务学习和政治学习，对本网点操作柜员办理超权限的业务进行授权，并且对前台柜员的业务差错承担连带责任。

（3）监督柜员主要负责对临柜业务的事后监督。

二、柜员权限管理

柜员权限由以下要素决定：营业机构级别、柜员代号、柜员所属部门、柜员级别、交易性质、交易现金金额和转账金额等。

1. 柜员权限分配

一般由分支行对柜员权限进行具体分配，根据统一设置的交易性质和柜员类型的对应关系，规定每种类型柜员可处理的交易范围及交易金额（包括现金和转账）的最高上限。

2. 柜员权限的控制

柜员权限控制的方式主要有三种：强制授权控制、金额授权控制、远程授权控制。

（1）强制授权控制是指对一些交易必须无条件获得授权，主要有大额支付、重大业务、特殊业务等业务类型。

（2）金额授权控制是指柜员在办理业务交易时，对超过本人权限额度（转账金额和现金金额）的交易，获得授权后方可办理。

（3）远程授权控制是指对超过本网点最高级别授权人金额权限的交易，通过主机向上级行发出请求授权信息，申请授权码。待主机生成授权码后，由上级行通知申请行输入授权码对该笔交易进行控制。

3. 授权管理

（1）对于特殊业务及超权限的业务必须由授权人员授权后才能完成，要做到授权人员与经办人员严格分离、相互制约，每日授权业务需经授权人签字确认。

（2）授权人员应具备较高的专业素质和良好的职业道德，工作态度认真严谨，坚持原则，确保授权业务正确无误。

（3）授权人必须在权限范围内履行授权职责，不得越级授权或擅自将权限交给他人代为授权。

（4）授权有两种形式，即签字授权和系统授权。签字授权和系统授权是两个独立的授权审批环节，两者不得相互替代。对于签字授权业务，必须由指定授权人进行签字审批，授权人必须依据审批核准的手续办理业务；对于系统授权业务，按照系统权限控制要求，由高级别柜员对低级别柜员进行操作授权审批。

（5）授权采用刷卡或指纹认证的方式。

（6）转授权管理，节假日各网点可采用更换授权人进行授权卡交接的方式进行转授权。节假日前一天下班前，授权卡可封包交节假日上班的柜员，同时收回该柜员的柜员卡，待下一工作日，再收回授权卡，发放给节假日值班柜员柜员卡，并对节假日授权业务进行审核确认。指纹认证转授权需要在系统中进行相应的交易，主管柜员就可以把自己的权限转给低一级柜员，无需另行设置柜员级别。转授权期限一般在一日以内，转授权后，主管柜员不能行使原来的权限。

三、柜员身份认证

目前，柜员身份认证主要有指纹身份认证和权限卡认证两种方式。

1. 指纹身份认证

指纹身份认证是指柜员按照指纹系统设置要求，在完成指纹签约后，将手指肚正放在指纹仪上，由指纹系统对柜员指纹特性进行采集，并将指纹模板保存在指纹服务器中，当柜员进行系统签到、签退、操作授权等业务时，由指纹系统将操作人员指纹与原保存的指纹模板自动比对，对柜员的身份进行确认和验证。

（1）每个操作柜员必须预留三枚指纹的模板，一般为食指、中指和无名指（其中右手两枚，左手一枚）。

（2）柜员在业务系统进行签到、签退、授权等业务时，必须按照要求，使指纹与实际使用人的指纹一致。

（3）指纹认证并不能代替原有的数字密码，柜员仍然要牢记自己的数字密码，并按要求更改，不允许将密码泄露给他人使用。

2. 权限卡认证

权限卡认证是指柜员按照业务系统要求，在进行系统签到、签退、操作授权等业务时都要刷卡进行身份确认和验证。

（1）一个柜员只能拥有一张权限卡，严禁拥有和使用两张权限卡。

（2）柜员只能凭领用的权限卡上机操作，不得出借或借用他人权限卡。

（3）在设置柜员密码时不得用身份证号码、电话或手机号码、本人或近亲属的生日、单号和规律号作为密码。

（4）柜员必须妥善保管密码，定期或不定期更换，不得泄露，不得打听、探问他人密码。

（5）柜员工作时间必须卡不离身，营业结束时要妥善保管，严禁把卡带入公共场所。

（6）柜员因故调离收回的权限卡、丢失后找回的权限卡或因保管、使用不当作废的权限卡，应剪角、登记并注明原因，及时上缴。

四、柜员交接管理

1. 基本规定

（1）柜员工作岗位变动及各类与会计业务有关的实物发生转移都必须办理交接。交接手续要严密，交接记录要完整、清晰，交接双方及监交人必须当面进行核对并签章确认。

（2）凡涉及会计印章、重要物品、尾箱、柜员号、重要空白凭证和有价单证等会计事项交接的，必须登记到相应的纸质登记簿。

（3）柜员由于工作调动或因故离职时，必须凭"岗位交接清单"办理岗位交接手续，将自己的岗位职责范围、业务处理权限向接交人员详细说明，涉及具体操作的应说明操作方法，对所保管的重要印章、重要物品、柜员号、尾箱等，以及所负责的具体业务和未尽事项进行全面交接，以防工作脱节。接交人员如发现账簿不清或有疑问，可随时向移交人询问，移交人必须做出明确答复。移交人未办清交接手续的，不得办理调动或离职。

（4）交接必须在有权监交人员或其委托代理人监督下进行。监交人员对交接工作负全面责任，如事后发现交接不清的，监交人员应负连带责任。有权监交人在特定情况下可委托他人代为监交，代理监交人应履行监交职责。

2. 交接的基本内容

（1）会计印章。各种会计印章变更保管人时，要在"会计印章使用保管登记簿"上根据印章的种类详细记载使用人、接收人、监交人以及具体的交接时间和交接原因，接收人直接审核所接收的印章名称、编号与登记簿上记载的是否完全一致，印模是否完全相同。

（2）库房、尾箱。库房、尾箱交接时，接交人需认真清点库房、尾箱内所保管的所有现金、重要空白凭证、有价单证、票据、抵（质）押物、代保管物等实物，凡封包或封箱的实物必须拆包、拆箱进行逐份清点，并与内部分户账、余额表、机内登记簿或手工登记簿进行核对，经核对账实相符后，由交接双方及监交人在"岗位交接清单"上共同签章确认。

（3）重要物品。密押器、压数机、印鉴卡片、签字样本、印模卡片、密码和钥匙等重要物品变更保管人时，应在"重要物品使用保管登记簿"上详细记载重要物品的移交人、接交人、监交人以及具体的交接时间和交接原因。接交人要注意核实重要物品的完整性，带有编号的应注意核实实物与编号是否一致；库房、保险柜、自助设备等密码交接时，应重新变更密码，不得延续使用原密码；编押器、压数机等机具交接时，移交人要将操作方法向接交人做详细说明，以确保接交人正确操作。

（4）柜员号。

（5）会计资料。各类底卡、账簿、报表、登记簿、文件、磁盘等会计资料交接时，应登记"会计资料交接登记簿"，并做好交接核对清点工作。办理各种底卡的交接时，应保证底卡与系统信息相一致，以确保账实相符。

（6）其他事项交接。

五、柜员合规行为管理

柜员应当熟练掌握业务技能，取得任职岗位资格。在各项业务操作中，严格遵守权限规定，遵守业务操作指引，遵循岗位职责划分和风险隔离的操作规程，确保交易的安全，维护银行和客户的利益。

1. 存款业务纪律

（1）在办理存款业务时，严格执行存款实名制、反洗钱和客户身份识别的规定。

（2）坚持及时办理、身份确认、单证审核、准确操作的原则。

（3）严格执行储蓄工作原则，不得强拉客户开立储蓄账户。

（4）严格执行国家的利率政策，不得高息揽存和支付各种不正当的费用。

2. 结算纪律

银行柜员应严格遵守的结算纪律，具体包括以下几个方面：

（1）不准以任何理由压票、任意退票、截留挪用客户和他行资金、受理无理拒付、不扣少扣滞纳金。

（2）不准在结算制度之外规定附加条件，影响汇路畅通。

（3）不准违反规定开立账户。

（4）不准拒绝受理、代理他行正常结算业务。

（5）不准放弃对企业单位违反结算纪律的制裁。

（6）不准违章承兑、贴现商业汇票和逃避承兑责任，拒绝支付已承兑的商业汇票票款。

（7）不准超额占用联行汇差资金、转嫁资金矛盾。

（8）不准逃避向人民银行转汇大额汇划款项和清算大额银行汇票资金。

 他山之石

案例研究：密码泄露的风险

2003 年 3 月 2 日，某银行一分理处业务自查发现了辖内一储蓄所杨某诈骗、盗用银行资金 382.72 万元的特大案件。

这起案件是分理处在检查内部往来业务时，发现该所与分理处辖内往来科目余额差额较大，立即采取紧急措施，组织人员反复核查账务，查找原因。3 月 3 日，监控嫌疑人该办事处工作人员杨某，在大量事实面前，经政策攻心，被迫交代了侵占银行资金的部分犯罪事实。经查，杨某从 2002 年 9 月至 2003 年 2 月，利用工作之机盗用别的柜员操作密码，私自填制出库票，偷盖该所印章并签他人名字，先后出库提取现金和转账 23 笔，共计 382.72 万元。

经公安机关和专案组共同努力，查清了 382.72 万元的去向。杨某被逮捕，分别给予其他 6 个有关责任人以行政处分和经济处罚。

分析：

有章不循，对账走过场，检查流于形式。行所往来科目按规定每月必须对账，但该所 3 个月没有对账。杨某开始私自填写出库单，盗用储蓄所印章，仅 1 月就出库 11 笔，如果坚持当日对账，就能及早发现案情。

责任心不强，防范意识差。杨某一案涉及几个不同岗位的操作权限，有的岗位人员也曾对杨某出示的票据表示过怀疑，但由于相信有操作密码设置，他人无法冒用，因而就不再过问。并且，本应一个月就修改操作密码，因嫌麻烦长期不换，导致杨某长期冒用他人操作权限。这反映出工作人员责任心不强，防范意识差。

重要空白凭证管理不当，监督失去作用。杨某挪用企业存款采取不入账，上联存单交企业、底联销毁，微机冲正。事后监督本应抓住不放、查到底，但一拖再拖，失去监督作用，以致没能及时发现杨某的犯罪行为。

第二节　重要凭证和印章管理制度

一、重要空白凭证管理

重要空白凭证是指经银行或单位填写金额并签章后即具支付效力的空白凭证，是银行凭以办理资金收付的书面依据。重要空白凭证的重要特征为每张凭证上均有凭证号码。银行的重要空白凭证包括：现金支票、转账支票、银行本票、银行汇票、商业承兑汇票、银行承兑汇票、单位定期存款开户证实书、单位定期存单、人民银行电子联行贷方补充报单、存款证明书、电子凭证、银行汇票申请书、银行本票申请书、外币汇票、存折、存单、假币收缴凭证、国债收款凭证、银行卡等。

凡各银行总行统一规定的重要空白凭证，必须严格按照总行的规定订制和使用，不得自行设计格式，不得自行印制；凡总行未统一规定的重要空白凭证，可根据有关规定自行订制或印制，但要报总行备案。

重要空白凭证必须由专人负责保管，建立严密的进出库和领用制度。各种重要空白凭证纳入表外核算，以一份（本）一元的假定价格入户。重要空白凭证一般不得在教学实习或练习中使用。如确实需要重要空白凭证作为教学、技术比赛等用具，应由主办部门提供所需重要空白凭证的种类、数据清单，经批准后方可领用。出库时，由库管员切去右下角，并在凭证明显处加盖"作废"戳记。用后，由主办部门指定专人清点，换人复核后，集中销毁。对遗失重要空白凭证的当事人；应视情节轻重进行处罚。

1. 领　用

柜员向库管员领用重要空白凭证时，应先填制一式两联重要空白凭证调拨单，库管员审核无误后，办理出库手续。柜员领用时，应逐份清点。柜员领用的重要空白凭证应放置在专用的保管箱内或放于柜员现金尾箱内，严格执行章、证、押三分管制度，临时离岗时及时上锁，午休时入库或放入保险柜保管，次日营业开始前双人开箱。

2. 出　售

出售重要空白凭证时，应按凭证的号码自小到大的顺序出售。银行审核客户填写的空白凭证领用单无误后，办理重要空白凭证的出售手续。可以按本出售的重要凭证主要有：现金支票、转账支票、普通支票、电汇凭证、银行汇票申请书、银行本票申请书等。原则上每个账户每次出售一本，对于业务量大的客户，经核实，可以适量出售凭证；对个人客户，可以按份数出售。商业承兑汇票和银行承兑汇票应根据业务需要按份数出售。空白支票出售时，应预先加盖单位账号和开户行章，参加同城票据清分的机构还应将账号等要素打印在磁码区域内，不得交与客户自行填写。

3. 签　发

（1）银行签发的银行汇票、银行本票等重要空白凭证不得交由客户签发，不得预先在空白凭证上加盖印章，不得跳号使用重要空白凭证。

（2）柜员应按规定打印或手工填制重要空白凭证，不得自行设置打印格式。

（3）柜员因填错或交易失败造成重要空白凭证作废，应在作废凭证上加盖"作废"戳记，并剪下右下角做相关传票的附件。

（4）柜员应按照号码顺序签发重要空白凭证，不得跳号。

（5）柜员在使用重要空白凭证时，严禁私下调剂。

4. 收　回

开户单位销户或银行更换凭证时，银行应将客户剩余未用的重要空白凭证收回，并在销户通知书上列明清单，由开户银行注销；开户单位未交回未使用的重要空白凭证，由此造成的一切经济纠纷，由开户单位承担责任。

柜员应将收回的重要空白凭证逐份剪角并加盖"作废"戳记，交与库管员保管，以备销毁，同时登记"缴回重要空白凭证登记簿"；银行卡在磁条处打双孔，放入尾箱保管，待集中后缴给库管员。

二、会计印章管理

会计印章是指在会计凭证、账簿、报表等会计资料上加盖并表示业务合法性的特定标识，包括会计业务印章、个人用章。

1. 业务印章的分类

银行的业务印章包括业务专用印章、业务戳记和业务用个人用章。

（1）业务专用印章的类别。

业务专用印章包括汇票专用章、结算专用章、本票专用章、转讫章、现金清讫章（或业务清讫章、票据清算（交换）专用章、票据受理专用章、假币收缴专用章等。业务公章包括会计业务公章和储蓄业务公章。一级分行设计管理区域性业务专用印章。部分印章式样如图3.1所示。

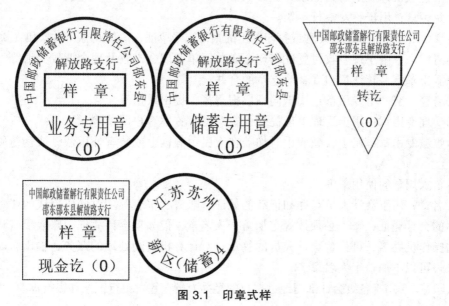

图 3.1　印章式样

（2）业务戳记的类别。

中国人民银行设计管理的业务戳记："假币"戳记。

商业银行一级分行设计管理的业务戳记，包括"作废""注销""已兑回""已结汇""已售汇""存折内页由储户本人保存""逾期扣划还款""长期不动户"等标记性戳记。主管部门有特殊要求的，应遵守其规定。部分戳样如图3.2所示。

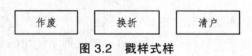

图 3.2　戳样式样

（3）业务用个人用章的类别。

个人用章由一级分行设计管理。个人用章包括个人名章和个人印鉴章。

2. 印章的使用范围

（1）业务专用章的使用范围。

储蓄业务公章：用于对外签发个人业务的重要单证及柜台受理部分业务的回单，还用于对外出具存款证明、挂失回单、假币收缴凭证等，以及其他需要加盖储蓄业务公章的重要单证或报表，或者按照相关业务管理办法、规定要求加盖储蓄业务公章的合约、协议等。

会计业务公章：用于对外签发对公业务的重要单证及柜台受理部分业务的回单，还用于对外出具存款证明、挂失回单、止付通知、承付通知等，以及其他需要加盖会计业务公章的重要单证或报表，或者按照相关业务管理办法、规定要求加盖会计业务公章的合约、协议等。

汇票专用章：用于签发银行汇票和承兑银行承兑汇票，办理商业汇票转贴现和再贴现时的背书等。

结算专用章：用于办理托收承付、委托收款等支付结算业务，办理商业汇票贴现、转贴现的委托收款背书，办理提出他行网上支付结算凭证业务，办理结算业务的查询查复，办理中国人民银行或银行规定的其他结算业务。

本票专用章：用于签发银行本票。

转讫章：用于已完成记账处理或打印输出的银行记账单证、清单及客户付款和收款回单等。

现金清讫章：用于现金收付凭证和现金缴单回单、现金支票及现金调拨凭证等。

业务清讫章：是转讫章和现金清讫章的合并。

票据清算（交换）专用章：用于同城票据清算、提出票据等。

票据受理专用章：用于受理单位提交他行票据时签发客户回单等。

假币收缴专用章：用于收缴假币时加盖在人民币假钞上或装有外币假钞或伪造硬币的专用信封上。

（2）个人用章的使用范围。

个人名章：用于会计人员经办和记载的凭证、账簿、报表等。对联机完成的账务处理或打印输出的会计凭证、账表必须按规定加盖个人名章，但如果会计凭证、账表上有计算机输出打印的操作员姓名，可代替会计人员的签章；对计算机自动处理的账务，输出打印的会计凭证、账表可以不加盖个人名章。

个人印鉴章：用于各级会计部门经过授权的经办人员在签发银行汇票和银行本票、承兑银行承兑汇票以及办理系统内现金、重要空白凭证和有价单证调拨等业务时，需加盖的个人签章。

3. 会计印章的使用和管理

（1）严禁任何机构和人员擅自刻会计印章。

（2）领取会计印章后，须及时在"印章保管和交接登记簿"上预留印模，详细登记，并指定专人保管和使用；印章启用时，必须在"印章保管和交接登记簿"上详细记载；在发生交接时，移交人、接收人和监交人必须在登记簿上签署个人名章。"印章保管和交接登记簿"的记录必须完整、真实，严禁涂改。

（3）会计印章的保管和使用，实行"专人使用、专人保管、专人负责"。

（4）使用会计印章必须做到专匣保管、固定存放、人离章收；必须严格按规定的范围使用，严禁错用、串用、提前或过期使用；严禁在空白凭证、登记簿、报表等上预先加盖印章；严禁在无真实会计记录的凭证上加盖印章；不得将会计印章随身携带或者带离营业场所；不得将印章交他人带走使用；严禁多人同时使用同一枚（套）印章；严禁给非会计人员配备会计印章；非营业时间印章必须入库或存放保险箱（柜）保管。

（5）个人名章由本人保管和使用。个人印鉴章原则上应由本人保管，不得随意交由他人使用，因特殊原因确需由他人使用的必须经过书面授权确认，并在"印章保管和交接登记簿"上办理交接登记。

（6）一般会计人员保管的会计印章交接，必须由业务主管监交；业务主管保管的会计印章交接，必须由部门负责人监交。印章交接必须当面办理，并由有权人监交，不得办理隔夜交接，也不得通过第三人办理移交。

（7）因机构撤并、更名或印章样式变更、损毁等原因，使会计印章停止使用的应在"印章保管和交接登记簿"上注明停止使用的原因和日期，并编制清单上缴上级（或同级）会计部门，双方经办人员应在上缴清单上签章确认。上缴清单应至少包括机构名称、印章名称、数量、印章编号、停止原因、上缴日期等相关要素，并加盖印模。

 **实训练习**

实训一：同学们分组训练，分别担任柜员、库管员角色进行现金支票和转账支票的下发、领用和出库。

实训二：你知道临柜柜员常需用的空白凭证有哪些吗？

实训三：你知道临柜柜员常需用的业务印章有哪些吗？

 他山之石

案例研究：空白凭证管理不严的严重后果

1997 年 12 月 1 日，某支行收到该市中级人民法院下达的二审判决书，旷日持久的 7 万

元储蓄纠纷案终于画上了句号,但给予我们的警示却远没有结束。

事情发生在1994年3月,某银行职工华某为完成揽储任务,领出定期存单1份,存单已盖好该所业务专用章。当月,华某找到某邮局支局办理邮政储蓄业务的"哥们儿"鲁某帮助组织存款,鲁某言称等些日子给办,现在没有存款。华某将随身带来的空白存单给了鲁某1份,鲁某要求华某:"那你签个字。"华某顺手从桌上拿过一支圆珠笔,大笔一挥,在出纳栏里签上了自己的大名,于是就种下了祸根。

5月,华某找到鲁某,因未搞到存款,便索要空白存单,鲁某说已经扔了,华某信以为真。1996年3月,鲁某李某一起找华某,递过存单,华某看后惊讶不已,对李某说没有这回事,鲁某根本没有搞到存款。李某迅速夺回存单。次日华某赶到李家索要存单被拒绝,而后又托人说情索要存单。种种"私了"办法均未奏效,李某等人态度强硬。5月,李某向法庭正式起诉。围绕存单是否有效,法庭双方律师开始艰苦的调查取证工作。经市公安局笔记鉴定,确认存单上的华某字样确系本人所写,在存单上其余文字、数字均为鲁某所写,复核栏里面王某印章系伪造。华某陈述的有关空白存单给鲁某以及签字,向鲁某索要空白存单等经过均有多人向法庭举证。李某述称其夫在华某寝室向华交钱的经过,因鲁某人已死,死无对证,真假难辨。

1996年8月14日,法庭依法判决李某所持定期储蓄存单无效,鉴于被告方管理制度不严,是造成本案的主要原因,应承担因此产生的一切诉讼费用。

结案后,该支行引以为戒,在全辖区开展了重要空白凭证大清理,并对有关责任人进行严肃处理。

——摘选自吴胜主编的《银行储蓄与出纳》,高等教育出版社2002年版。

分析:

这起储蓄纠纷案发生的主要原因:

一是违反了储蓄管理有关规定。对重要空白凭证管理不严格,未按规定每日营业终了重要空白凭证的领、发、结存数字应在营业日报表上反映,并在重要空白凭证登记簿、开销户登记簿上的有关数字核对相符。本案中领出空白储蓄定期存单长期不结账是严重的违规行为。

二是违反储蓄业务中对公、私印章的管理规定,规定要求签发存单(折)及有价单证要随用随盖,严禁事先盖章备用。

三是对重要空白凭证的监督管理不及时,该行接到营业所报案距记录本发已有50多天,可见没有按最长1个月检查一次的规定办事。

第三节　客户身份识别管理规定

商业银行对在储蓄网点办理业务的客户身份进行识别时,应遵循中国人民银行及银监会对客户身份识别的有关规定,并遵循"了解你的客户"的原则。柜员在以开立账户等方式与客户建立业务关系,或为不在本机构开立账户的客户提供规定金额以上的现金转账等一次性金融服务时,要求客户出示真实有效的实名证件或者其他身份证明文件,进行核对并登记,并根据需要留存身份证件复印件或影印件。

客户身份识别的业务范围有：

（1）开立个人存款账户，要求核对账户户主有效实名证件，登记姓名、性别、国籍、职业、住所地或者工作单位地址，联系方式，有效实名证件或者身份证明文件的种类、号码和有效期限等身份基本信息，户主的住所地与经常居住地不一致的，登记户主的经常居住地，并留存账户户主有效实名证件的复印件或者影印件。

（2）代理他人开立存款账户的，除核对户主有效实名证件外，还应核对代理人有效实名证件，留存代理人及户主有效实名证件的复印件或者影印件。

（3）单位代理个人开立存款账户的，除核对户主有效实名证件外，还应核对单位负责人、授权经办人的有效实名证件，留存单位负责人、授权经办人及户主的有效实名证件复印件或者影印件。

（4）在确认客户已与银行建立了业务关系、已保存客户有效实名证件的复印件或影印件的前提下，在给该客户办理多笔开户业务时，只需保存一份其证件的复印件或影印件。

实训练习

同学们分组演练为自己组其他组员开立活期存款账户前的客户身份识别工作。

第四节　日常现金管理规范

一、现金出纳业务的基本原则

（1）双人临柜、双人管库、双人守库、双人押运。

双人临柜，复核为准。银行一切现金收付业务，必须由两名或两名以上的人员办理。对接受的现金业务款由一人清点，另一人复核，现金数额以复核数额作为标准的支取数额。如果初审与复核发生分歧，如数额不符、有假钞，初审要服从复核结果。这一规定有利于加强银行内部现金管理，减少风险。

双人管库。所有设置库房的营业单位，必须选配两名政治责任心强、业务熟练的正式职工担任库房管理工作。办理库房业务时，两名管库员必须同进同出，共同操作，相互监督。

双人守库。各级出纳库房必须由两名或两名以上政治素质好，防范警惕高，防御能力强，对工作高度负责的人员看守。

双人押运。银行现金、有价证券的调拨运送，必须由两名以上专职安全保卫人员共同武装押运，确保安全。

（2）账实分管、收付分开、交接清楚、责任分明。

账实分管、收付分开。账实分管，即管现金的不管账，管账的不管现金。出纳员，负责办理现金收付业务和现金保管业务，但不得兼管稽核、会计档案保管和收入、费用、债权、

债务账目的登记工作。同时，收款与付款业务不能由同一人办理。

交接清楚。本外币现金、金银、有价单证和代管物品的转移，出纳业务印章、凭证、铜牌的转移，出纳库房、库箱（袋）钥匙的转移，必须由当事人双方当面清点核对，无误后，双方交接人签字，监交人签字。

出纳人员调动时，交出人必须将经管的本外币现金、金银、有价单证、代管物品、出纳业务印章、凭证、铜牌、出纳库房、库箱（袋）钥匙移交清册，经接收人、监交人会同清点核对、签字，办妥交接手续。

责任分明。出纳人员办理出纳业务和各项交接时必须加盖名章或输入密码确认，以明确责任。出纳工作必须贯彻"谁经办谁确认、谁确认谁负责"的责任原则，其中，双人会同和双人经办业务必须贯彻共同负责的原则。

（3）收入现金先收款后记账，付出现金先记账后付款，收购金银先收实物后付款，配售金银先收款后付实物，收款必复点，付款必复核；手续严密，数字准确。

（4）严禁挪用库存现金、金银。

（5）严禁白条抵库。白条抵库，是指支出现金时没有发票或收据等正规付款凭证，只是用白纸写了一个收条或欠条作为现金库存。用白条抵库，会使实际库存现金减少，日常开支所需现金不足，还会使账面现金余额超过库存现金限额，难以进行财务管理。严重的，还容易产生挥霍浪费、挪用公款等问题。这种行为，如果规模较小，则属于一般违法行为；如果情节严重，则属于犯罪行为。

（6）坚持查库制度。采用突击检查方式定期检查出纳库房、库箱（袋），检查的具体内容如下：

① 清点库存现金、金银等实物是否账实相符，有无白条抵库和挪用库款情况，是否发生虫蛀、鼠咬、霉烂等事故。

② 库房、保险柜的锁和钥匙的使用、管理情况。锁是否发生损坏，有无擅自更换情况。

③ 各项安全措施（包括联防组织）是否落实，双人管库和双人守库是否坚持执行。

④ 库房、保险柜和守库室的安全设施是否齐全，是否符合安全条件。

二、现金业务的基本规定

（1）现金收付必须坚持双人临柜复核制，严禁一人对外办理现金收付业务。

（2）收入现金，要根据客户填制的交款凭证经审查无误后办理。收入现金要当面点清（另有协议者除外）。收妥后在凭证上要加盖有关名章和现金收讫章，同时登记"现金收入日记簿"。

（3）付出现金，必须根据会计审核签章后的付款凭证办理。要先审核凭证，并凭已登记"现金付出日记簿"配款后在凭证上加盖有关名章，将现金复核付出。付出现金要当面点交清楚，银行封签（包括原封新票币）对外无效。

（4）出纳人员要通过现金收付业务研究主辅币的收付规律。付出现金要根据市场需求合理搭配券别，有计划地做好主辅币的调剂工作。

（5）凡收入的现金，必须进行复点整理，未经复点不得对外支付和解缴人民银行发行库。整点时，纸币按券别100张为把，平铺捆扎，10把为捆，以双十字捆扎；硬币百枚（如习惯

50 枚亦可）为卷，10 卷为捆。每把（卷）须盖带行号的经手人名章，每捆须在绳头结扣处贴封签，注明行名、券别、金额、封捆日期，并加盖封捆员名章。凡经过整点的票币，要做到数字准确，完整票币和损伤票币分开，蹾齐、捆紧、印章清楚。整点损伤人民币时，除按上述方法整点外，还应分版别捆扎。人民币装箱（袋）时，必须 3 人共同核对，并按同一种券别封装，填制装箱（袋）票，放置箱（袋）内人民币面上。箱（袋）要由 3 个人负责经办加封，箱（袋）外要加标签注明行名、经办人员名章、券别代号和捆数。

（6）每日营业终了，要将现金与凭证、账簿汇总结扎，核对相符，并与会计部门核对，由会计在库存簿上签章，现金必须全部入库。中午休息时，现金也必须入库保管。营业终了后收款与节假日收款，作为次日（假日顺延）的业务款处理。

 实训练习

实训一：什么是柜员"现金箱"？

实训二：如何确定所要领取的现金数额？

实训三：分组演练点钞和扎钞的技巧。

第四章　银行柜员必备技能

【本章简介】

本章内容共分三节，分别介绍从事前台柜面服务的基层柜员所必须掌握的基本技能，包括伪钞鉴别技能、点钞技能、数字与日期书写技能等。

【学习目标】

通过本章节的学习，受训人应熟练识别各种假钞，能够快速清点钞票和捆绑钞票，能够用符合金融组织和财经规范的书写方法填写相关表格上的数字与日期。

第一节　伪钞鉴别技能

一、第五套人民币介绍及主要防伪技术

从 1948 年 12 月 1 日至今，我国先后共发行过 5 套人民币。其中，第二套人民币分币是人民币中流通时间最长的。目前正在使用的第五套人民币是由中国人民银行于 1999 年 10 月 1 日开始陆续发行。截至 2004 年 7 月 30 日，已发行 100 元、50 元、20 元、10 元、5 元、1 元共 6 种纸币及 1 元、5 角和 1 角共 3 种硬币。此后，中国人民银行对第五套人民币的生产工艺及防伪技术进行了改进与调整，并于 2005 年 8 月 31 日正式发行了 2005 年版的第五套人民币，包括 100 元、50 元、20 元、10 元、5 元共 5 种纸币及 1 角硬币。2005 版人民币在发行后与 1999 年版第五套人民币同时流通，两个版别的人民币在主要图案、色调和规格上基本保持一致。

在设计上，第五套人民币进行了大胆创新，比如，在保持鲜明的民族特色的同时，取消了传统设计中以花边、花球为边框的设计形式，使整个票面呈开放式结构，增大了防伪设计空间；突出了人物头像和面额数字，使之更加易于识别并增强了防伪功能；整套人民币在相邻券别上采用冷暖交替的主景色调（100 元、50 元、20 元、10 元券的主景颜色分别为红、绿、棕、蓝色），给人焕然一新的感觉。尤其值得注意的是，第五套人民币采用的防伪技术无论是数量、质量还是总体防伪效果，均有根本性的提高，同时还注重人民币机读性能的加强。在继续保持旧版人民币具有良好效果的防伪措施（如手工雕刻人物头像、胶凹印接线印刷、胶印对印等）的同时，第五套人民币还采用了以下几项新增加的或在已有技术基础上有所提高的防伪技术（文中提及的第五套人民币为已发行券种）。

1. 水　印

水印是最难以伪造的抗彩色复印和计算机打印的防伪特征之一。在第五套人民币中，100元和50元券采用了与主景人像相同、立体感很强的毛泽东正面头像水印，比第四套中所采用的水印更清晰、层次感更强、更加利于识别。20元和10元券创新地采用了固定花卉水印，此外，在10元券花卉水印下方，还首次采用了表示面额数字的白水印（又称高光水印）。白水印区域纸张很薄，形成的"10"字在透视光线下清晰可见。与白水印相对应，传统的水印又被称为黑水印，10元券上的黑白水印相互映衬，更突显两者的防伪效果。

2. 安全线

安全线属于可靠性、独占性良好，且易于识别的一线防伪技术。其最突出的特点是能够与多种防伪特征结合使用，使防伪性能得到了很大程度的提高。安全线在目前的钞票防伪中占据了很重要的地位。将安全线埋入钞票纸的方法有两种，一种是将其完全埋入纸张中间；另一种是间隔地埋入纸中，部分显露在纸张表面，被称为"开窗式安全线"。第五套人民币中，这两种方法都被充分利用。100元和50元券采用了全埋入式磁线微缩文字安全线，迎光透视钞券中的安全线，可见"RMB100"或"RMB50"字样的微缩文字，仪器检测有磁性；20元券为明暗相间的磁性安全线；10元券采用的是开窗全息文字磁性安全线，当转换观察角度时，在银色的安全线上可以看到色彩变幻的"10"字样。

3. 雕刻凹版印刷及凹印接线技术

第五套人民币中正面主景人物头像、中国人民银行行名、面额数字、盲文面额标记等均采用雕刻凹版印刷，并具有更为明显的凹凸手感，更加易于识别，从而具有更强的防伪功能。

第五套人民币正面和背面（20元券除外）的面额数字均采用雕刻凹印接线技术印刷，两种不同墨色线条对接自然完整。

4. 红、蓝彩色纤维及无色荧光纤维

在第五套人民币各券种上都采用了在纸张中添加红色和蓝色特种纤维（按照一定配比组成）的防伪手段。除彩色纤维的应用外，第五套人民币各券种还采用了荧光纤维，即在特定波长的紫外光下可以看到纸张中随机分布有黄色和蓝色的荧光纤维。

5. 隐形面额数字

隐形图案技术具有易识别、成本低且防伪效果好的特征。隐形图案技术只能通过雕刻凹版设计才能实现，它能良好地防止复印和胶印伪造。第五套人民币上采用了这一集多方面优点于一身的一线防伪措施，在已发行的各券种正面右上方均有一椭圆形（圆形、方形）图案，将票面置于与眼睛接近平行的位置，面对光源平面旋转45度或90度，可看到钞券面额字样。这项防伪技术是在雕刻凹版印刷这种传统防伪技术的基础上进行的二次开发。

6. 光变油墨印刷面额数字

第五套人民币100元和50元券正面左下方的面额数字采用了光变油墨印刷，当垂

直票面观察时，"100"为绿色，"50"为金色，而倾斜一定角度时则分别变为蓝色和绿色。凹印光变油墨集成了传统雕刻凹版印刷和现代高科技光变技术的功能，既有凹印的手感，又有光变油墨的变色效果，是目前的重量级防伪技术，也是第五套人民币的一个亮点。

7. 阴阳互补对印图案

第五套人民币100元、50元和10元券的正面左下方和背面右下方各有一圆形局部图案，透光观察，正背图案组成一个完整的古钱币图案，这种方式称为阴阳互补对印，是一项行之有效的防伪措施。与第四套人民币中采取的完全对印方式相比，这种对印方式在设计创意和易于识别等方面均有显著的进步。由于互补对印是在特殊印刷机上一次印刷完成的，所以其对印精度是一般胶印机难以达到的。

8. 号码凸印

第五套人民币100元、50元券采用了横竖双号码，横号为黑色，竖号分别为蓝色和红色；20元为双色横号码，号码左半部分为红色，右半部分为黑色；10元券则采用了隔色号码技术，同一个阿拉伯数字的左半部分为红色，右半部分为黑色。100元和20元券的黑色横号码及20元的双色横号码和10元券隔色号码中黑色号码具有磁性，可供机读。特别值得一提的是，10元券的无混色隔色号码技术是我国独有的防伪技术。由于在号码应用种类上的齐全，第五套人民币在凸印防伪技术方面不但比第四套人民币有长足进展，而且将我国凸印防伪技术带入世界先进行列。

9. 缩微文字

缩微文字既可采用胶印方式印刷，也可采用凹印方式印刷，两种印刷方式都很常用。由于目前复印机及扫描仪分辨率有限，因而难以再现缩微字符。在第五套人民币已发行的各券种正面上方及背面下方中，多处带有胶印和凹印的缩微文字字样。缩微文字在一定程度上能够有效地防止复印及普通胶印伪造。

10. 无色荧光图案

第五套人民币的各券种上均采用了无色荧光油墨印刷图案。如：100元、20元券在正面行名下方胶印底纹处，在特定波长的紫外光下可以看到"100""20"字样，该图案采用无色荧光油墨印刷，可供机读。

11. 有色荧光图案

第五套人民币各券种上还采用了有色荧光图案，如：100元券背面主景上方椭圆形三案中的红色纹线，在特定波长的紫外光下显现明亮的橘红色；20元券背面的中间部分在特定波长的紫外光下显现绿色荧光图案。这种二线防伪措施的应用为防止伪造又增加了一道屏障。除了以上所提及的一线、二线防伪技术外，第五套人民币中还新增了若干项三线防伪技术。总之，第五套人民币在防伪水平、机读性能等方面有了质的飞跃，在防伪技术水平方面已迈入国际先进行列。

第五套人民币主要防伪特征图示及真假人民币局部对比图，详见图4.1～4.9。

1. 固定人像水印　　2. 胶印缩微文字　　3. 全息磁性开窗安全线

4. 胶印对印图案　　　　5. 手工雕刻头像　6. 隐形面额数字

7. 光变油墨面额数字　　8. 白水印　　　　　9. 雕刻凹版印刷

10. 双色异形横号码　　　　　　　　　　　　　11. 凹印手感线

3. 全息磁性开窗安全线

4. 胶印对印图案

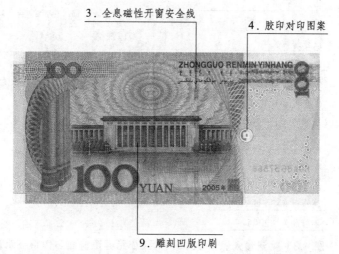

9. 雕刻凹版印刷

图 4.1　第五套人民币 2005 年版 100 元券正、背面防伪特征示意图

双色异形横号码　固定人像水印　胶印微缩文字　胶印对印图案　　　　隐形面额数字　凹印手感线

光变油墨面额数字　　白水印　　雕刻凹版印刷　　手工雕刻头像　盲文面额标记

全息磁性开窗安全线

胶印对印图案

汉语拼音"YUAN"　　　　年号改为"2005年"

图 4.2　第五套人民币 2005 年版 50 元券正、背面防伪特征示意图

固定花卉水印
手工雕刻头像
胶印缩微文字
双色横号码
(1)雕刻凹版印刷
(2)隐形面额数字
(3)全息磁性开窗安全线
(1)白水印
(2)胶印对印图案
(3)凹印手感线
汉语拼音"YUAN"
年号改为"2005年"

图 4.3　第五套人民币 2005 年版 20 元券正背面防伪特征示意图

固定花卉水印
手工雕刻头像
胶印缩微文字
双色横号码
雕刻凹版印刷
隐形面额数字
全息磁性开窗安全线
白水印
胶印对印图案
凹印手感线
汉语拼音"YUAN"
年号改为"2005年"

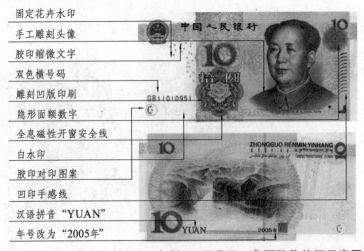

图 4.4　第五套人民币 2005 年版 10 元券正、背面防伪特征示意图

固定花卉水印
手工雕刻头像
胶印缩微文字
双色横号码
雕刻凹版印刷
隐形面额数字
全息磁性开窗安全线
白水印
胶印对印图案
凹印手感线
汉语拼音"YUAN"
年号改为"2005年"

图 4.5 第五套人民币 2005 年版 5 元券正、背面防伪特征示意图

[固定人像水印]

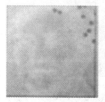 

真币:纸张抄造中形成人像水印,层次丰富,立体感很强。

假币:在纸张夹层中涂布浆料,并按压图案或直接在纸张表面盖印浅淡水印图案,层次立体感较差。

[手工雕刻头像]

真币:线条清晰,层次感强。

假币:线条模糊,无凹凸感。

图 4.6 100 元真假人民币局部对比图一

[全系磁性开窗安全线]

真币:全息磁性开窗安全线,开窗部分可以看到有微缩字符"￥100"组成的全息图案,仪器检测有磁性。

假币:一般采用普通油墨印刷,无"￥100"字样或模糊不清,仪器检测没有磁性。

[阴阳互补对印图案]

真币:沿光透视,可以看到正背图案合并组成一个完整的古钱币图案。

假币:沿光透视,正背图案不能完全合并,有较大的误差。

图 4.7 100 元真假人民币局部对比图二

[脚印微缩文字]

真币：在放大镜下，字型清晰。

假币：在放大镜下，字型模糊。

[光变油墨面额数字]

真币：与票面垂直角度观察为金色，低斜一定角度则变为绿色。

假币：变色无规律或无变色效果。

[阴阳互补对印图案]

真币：正背面图案重合，组成一个完整的古钱图案。

假币：正背面图案错位。

图 4.8　50 元真假人民币局部对比

[手工雕刻头像]

真币：线条清晰，层次感强。

假币：线条模糊，无凹凸感。

[全息磁性开窗安全线]

真币：全息磁性开窗安全线，开窗部分可以看到有微缩字符"￥10"组成的全息图案，仪器检测有磁性。

假币：一般采用普通油墨印刷，无"￥10"字样或模糊不清，仪器检测没有磁性。

[白水印]

真币：迎光透视可见透光性很好的"10"水印。

假币：按压或直接在纸张表面盖印浅淡图案，层次立体感较差。

[阴阳互补对印图案]

真币：迎光透视，可以看到正背图案合并组成一个完整的古钱币图案。

假币：迎光透视，正背图案不能完全合并，有较大的误差。

图 4.9　10 元真假人民币局部对比

二、实务工作中人民币防伪五步曲

在直观上鉴别人民币真伪，主要是根据钞票的各项防伪特征进行识别。在日常工作中可以概括为"一看、二摸、三听、四测、五拓"。

一看：一是看水印。10 元以上人民币可在水印窗处看到人头像或花卉水印，5 元纸币是满版古币水印。假币水印一种为浅色油墨印盖在币纸正面或背面，还有一种是将币纸揭层后，在夹层中涂上白色糊状物，再在上面压盖水印印膜。真币水印生动传神，立体感强。假币水印缺乏立体感，多为线条组成，或过于清晰，或过于模糊。二是看安全线。第四套人民币 1990

年版 50 元、100 元钞票在币面右侧有一条清晰的直线。假币的"安全线"或是用浅色油墨印成，模糊不清，或是手工加入一条银白色塑料线，容易在币纸边缘发现未经剪齐的银白色线头。第五套人民币的安全线有缩微文字，假币仿造的文字不清晰，线条活动易抽出。三是看钞票图案色彩是否鲜明、线条是否清晰、对接线是否对接完好，有无留空白或空隙。四是看有无拼接痕迹，目前多数变造币是由局部真币与部分假币拼接而成的，看时首先应注意票面有无胶、粘；第二步迎光观看，看有无剪裁接痕或锯齿状拼接痕迹。如有上述现象，就应仔细辨认。

二摸：第 5 套 1 元以上面额人民币采取凹版印刷，线条形成凸出纸面的油墨道，特别在盲文点、"中国人民银行"字样、人像部位等。2005 年版人民币还增加了凹凸手感线，用手指抚摸这些地方，有较明显的凹凸感，较新钞票用指甲划过，有明显阻力，用大拇指和食指适当用力夹住主景图案、文字、盲文等部位来回慢慢拉动，"打手"的感觉相当明显。目前，收缴到的假币是使用胶版印刷，平滑、无凹凸感，详见图 4.10。

[固定人像水印]　　　　　　　　　　　　[手工雕刻头像]

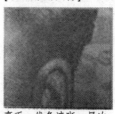

真币：纸张抄造中形成人像水印，层次丰富，立体感很强。　假币：在纸张夹层中涂布浆料，并按压图案或直接在纸张表面盖印浅淡水印图案，层次立体感较差。　真币：线条清晰，层次感强。　假币：线条模糊，无凹凸感。

图 4.10　2005 年版真假人民币局部对比

三听：人民币是采用特殊材料、由专用抄造设备抄造的印钞专用纸张印刷的，结实挺括，有韧性，较新钞票用手挥动会发出清脆响声。假币纸张发软，偏薄，声音发闷，不耐揉折。

四测：借助一些简单工具或专用鉴别仪器也可进行钞票真伪识别。如借助放大镜来观察票面线条的清晰度、胶、凹印缩微文字等；或是用荧光检测，一是检测纸张有无荧光反应，人民币纸张未经荧光漂白，在荧光灯下无荧光反应，纸张发暗。假币多经过漂白，在荧光灯下有明显的荧光反应，纸张发白亮。二是人民币有一至两处荧光文字，呈淡黄色，假人民币的荧光文字光泽色彩不正，呈惨白色。

五拓：将要检测的人民币放于一光滑的玻璃板上，上面覆盖一层薄白纸，用铅笔在人民币的水印、文字、盲文等处轻拓，如是真币，则上述图案、文字均会显现在白纸上，而假币则显现不清。

他山之石

伪币识别实训演练报告

1. 实训情景描述。

我作为银行柜员，在为客户办理存款业务的时候发现一张疑似假钞的 100 元，我用两种常用的人民币鉴别方法，最终确认该 100 元确实是假钞，我按照假钞处理流程对该伪币进行了处理。

2. 实训工具或材料。

100 元钞券数张、放大镜等。

3. 实训步骤。

我们小组 5 人，按照实训情景，进行了角色分配：我扮演银行柜员，张强、王晓扮演顾客，其他两人扮演观察者；实训开始，我礼貌地探寻了顾客的需求，了解到顾客是来办理存款业务的；我进行点钞，发现有一张 100 元人民币有点问题，于是我使用放大镜进行观察，发现该 100 元人民币线条凌乱，粗细不一，图案色彩层次暗淡不清，水印呆板、失真、模糊、无立体感。为了进一步确认该钞票的真假，我又用手仔细地摸，发现该 100 元的纸质薄，挺括程度差，表面光滑无凹凸感，最终，我断定该 100 元为假钞；我当场没收假币，并在假币上加盖"假币"戳记，开具"发现伪造币、证券没收证"，及时上报上级行和当地有关部门，追查其来源；小组成员轮换进行角色演练，演练结束后，完整填写"实训过程考评手册"。

4. 实训小结。

通过这次培训，我不仅掌握了鉴别人民币假币的方式方法，而且掌握了作为一名银行柜员，在发现假币之后应该怎样处理的流程。不管今后我是否在银行系统工作，这种鉴别方法和上报流程对于我们来讲，都是非常有益和重要的。

 实训练习

请同学将钱包中的 100 元、50 元、20 元、10 元、5 元分别拿出，依据本小节所说的防伪技术点，依次在钱币上找出。

第二节　点钞技能

点钞是商业银行柜面出纳工作最重要的一个组成部分。柜员点钞速度的快慢和质量的好坏将直接影响柜面工作的效率。因此，作为银行的柜面工作人员，必须通过刻苦训练以掌握过硬的点钞技术，为将来的工作打好基础。

一、点钞的基本要领

1. 坐姿端正

点钞的坐姿会直接影响点钞技术的发挥和提高。正确的坐姿应该是直腰挺胸，身体自然，肌肉放松，双肘自然放在桌上，持票的左手腕部接触桌面，右手腕部稍抬起，点数货币时轻松持久，活动自如（见图 4.11、图 4.12）。

图 4.11　点钞坐姿一[①]

图 4.12　点钞坐姿二

2. 钞券墩齐

需清点的钞券必须清理整齐、平直。这是点准钞券的前提，钞券不齐不易点准。对折角、弯折、揉搓过的钞券要将其弄直、抹平，明显破裂、质软的票子要先挑出来。清理好后，将钞券在桌面上墩齐（见图 4.13、图 4.14）。

图 4.13　点钞坐姿一

图 4.14　点钞坐姿一

3. 开扇均匀

钞券清点前，都要将票面打开成纸扇形和小扇开，使钞券有一个坡度，便于捻动。开扇均匀是指每张钞券的间隔距离必须一致，使之在捻钞过程中不易夹张（见图 4.15）。因此，扇面开得是否均匀，决定着点钞是否准确。

4. 手指触面小

手工点钞时，捻钞的手指与票子的接触面要小（见图 4.16）。如果手指接触面大，手指往返动作的幅度随之增大，从而使手指频率减慢，影响点钞速度。

图 4.15　开扇

图 4.16　手指触面

[①] 此节中的图来源于编者自己拍照。

5. 动作连贯

动作连贯是保证点钞质量和提高效率的必要条件，点钞过程的各个环节（拆把、清点、撤齐、扎把、盖章）必须密切配合，环环相扣。清点中双手动作要协调，速度要均匀，要注意减少不必要的小动作。

6. 手脑并用

手脑并用指的是在点钞的过程中手所点的钞券张数要与心中所数的钞券张数相一致。避免出现记数的过快与过慢。应该尽量使用心数而不是用口数，尤其是当速度达到一定水平后，口数容易造成记数过慢。

二、点钞的基本环节

1. 拆 把

拆把指的是将整数成把的钞券起腰条脱去或将其勾断。在工作中一般是初点腰条，复点时将腰条勾断。

2. 持 钞

在持钞过程中将钞券打开呈均匀的扇形，每一种点钞方法都有特定的持钞姿势，详见后面的课题。

3. 清 点

清点是整个点钞中最为关键的环节，在清点过程中力求做到既准又快。同时将残损破币和不同版别券挑出。每清点完 100 张为一把。

4. 扎 把

在扎把之前先将钞券墩齐，做到四边对齐、不露头、不卷折。用腰条进行扎把，力求做到又紧又快（见图 4.17）。扎把成型后把最上面一张轻轻提起，如果不易抽出则视为合格（见图 4.18）。

图 4.17 扎把

图 4.18 检查扎把

5. 盖 章

扎把完成后，最后一个步骤是盖章。为了实现责任到人，每一把都要求盖上点钞人的名章，一般盖在腰条的上侧，所盖的图章必须清晰明了。

三、点钞方法

（一）手持式单指单张点钞法

手持式单指单张点钞是银行柜面出纳业务中最为常用的一种点钞方法，由于持钞的面积比较小，基本能看见票面的 3/4，因此容易发现假票和残损破币。具体操作方法如下。

1. 持　币

左手手心朝内，打开左手中指与无名指，夹住钞券左边 1/2 处（见图 4.19），再将左中指与无名指向内屈，左食指后腰托住票面。左大拇指在左侧向右推压票面，同时右食指在右侧向左推票币，右食指与中指托住钞券右上角的后面，右无名指与小手指自然弯曲。此时票币呈弓形，侧面为扇形（见图 4.20）。

图 4.19　持币

图 4.20　开扇

2. 点　钞

点钞时用右大拇指指尖沾好甘油，轻轻捻动票币右上角，右食指、中指配合大拇指捻动，将票币向右下角捻出一小边缘，钞票背面形成一个小弧度，每捻一次为一张（见图 4.21），无名指将捻下的钞券向怀内弹出（见图 4.22）。同时右手拇指微微抬起，并迅速移回右上角捻第二张钞票，左手拇指随着钞票的捻动向后移动，当点到剩最后三四张钞票时，右手拇指和食指将钞票捻开，无名指弹拨清点张数。

图 4.21　点钞（一）

图 4.22　点钞（二）

3. 挑　残

在清点的过程中，如发现有残损破币时可以先用右手的中指和无名指将该券钞折向右外，待点完 100 张后抽出补上。

4. 记 数

单指单张点钞的记数方法主要有两种：分组记数法和双数记数法。所谓分组记数法是：1、2、3……8、9、1；1、2、3……8、9、2；……1、2、3……8、9、10。所谓双数记数法是：0、1、0、2、0、3……0、8、0、9、1、0；1、1、1、2、1、3……1、8、1、9、2、0；2、1、2、2、2、3……2、8、2、9、3、0；……4、1、4、2、4、3……4、8、4、9、5、0。

5. 扎 把

用左手持币立于桌面，尽量使钞券的左上角抵住左手的手心，左食指、中指、无名指并拢捏住钞券使其呈瓦状（见图 4.23、图 4.24）。右手拇指、食指、中指捏腰条，用右手掌心靠齐钞票。将腰条压在左食指下，右食指、中指捏在腰条上（见图 4.25），大拇指捏在腰条上向上绕腰条（见图 4.26）。当绕到第二圈时用左食指按住腰条的上侧，右手食指与中指夹住腰条向右做 90°的外翻，使腰条与钞券的上边齐平（见图 4.27、图 4.28），再用右手的食指和中指将腰条头掖进钞券与腰条之间的空隙（见图 4.29～图 4.31）。

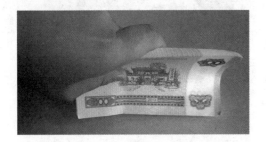

图 4.23

图 4.24

图 4.25

图 4.26

图 4.27

图 4.28

图 4.29

图 4.30

图 4.31

（二）手持式四指拨动点钞法

手持式四指拨动点钞法也称为四指四张点钞法，适用于收、付款的整点工作。由于每指点一张，因此在点钞过程中容易发现假票和残损破币。具体操作方法如下。

1. 持 币

钞券横握于右手（见图 4.32、图 4.33），将左手手心向内，手指向下。左中指在票面，左食指、无名指和小手指在票后，卡住钞券并将钞券向内握成瓦状，同时左大拇指在钞券的左端向右将钞券推出呈扇面（见图 4.34、图 4.35）。手腕向外转动 90°，使钞券的凹面朝左向内。

图 4.32

图 4.33

图 4.34

图 4.35

2. 点 钞

右手大拇指轻轻托在钞券的右上角下面，右手的小手指、无名指、中指、食指略微并拢呈弓形放于钞券的右上端，食指靠内小手指靠外（见图 4.36、图 4.37）。点数时先以小指指肚触及票面右上端，然后再以无名指、中指、食指各指顺序逐一触及右上端，并向怀内拨票（见图 4.38、图 4.39）。

图 4.36

图 4.37

图 4.38

图 4.39

3. 记　数

手持式四指拨动点钞法采用分组记数，每组为 4 张，记 25 组为 100 张。

（三）手按式单张点钞法

手按式单指单张点钞法是一种比较传统且使用较广泛的点钞方法，适用于收、付款的散点和整点。由于持钞的面积比较小，因而容易发现假票和残损破币。具体操作方法如下。

1. 持　币

将钞券正面朝上横放正前方，左小手指和无名指微屈放于钞券的左上角（见图 4.40、图 4.41）。

图 4.40

图 4.41

2. 点 钞

用右大拇指轻轻托住钞券的右下角，用右手的食指捻动钞券一张，左手拇指向上推动钞券，用左食指和中指夹住钞券，依次往复（见图4.42、图4.43）。

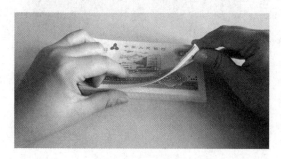
图4.42 点钞

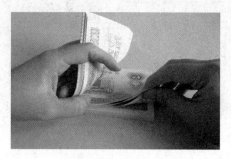
图4.43 点钞

3. 记 数

手按式单指单张点钞法采用分组记数法：1、2、……8、9，1；1、2、……8、9，2；……1、2、3……8、9，10。

（四）手按式双张点钞法

手按式双张点钞方法基本与手按式单张点钞方法相同，具体操作方法如下。

1. 持 币

将钞券正面朝上横放正前方，左小手指和无名指微屈放于钞券的左上角。

2. 点 钞

用右大拇指轻轻托住钞券的右下角，用右手的中指捻动钞券一张，随后食指捻动第二张，左拇指往上推送这两张钞券于左食指与中指间夹住，右大拇指向上推动钞券，依此往复。

3. 记 数

手按式双张点钞法采用分组记数法：1、2、3……8、9，1；1、2、3……8、9，2；……1、2、3……8、9，10。

（五）手按式三张、四张点钞法

手按式三张、四张点钞法主要适用在收、付款和整点各种新旧主币和辅币。但是能看见的钞券面积比较小，因此不容易发现假币和残损破币，但是速度明显较快。具体操作方法如下：

1. 持 币

将钞券正面朝上横放正前方，左小手指和无名指微屈放于钞券的左上角（见图4.44）。

2. 点 钞

三张点钞时右无名指先捻动第一张，随即用右中指和食指捻动第二张和第三张，捻起的钞券夹在左食指和中指之间（见图4.45、图4.46）。四张点钞时左小手指先捻动第一张，随即用右无名指、中指和食指捻动第二张、第三张和第四张，捻起的钞券夹在左食指和中指之间。

图 4.44　持币

图 4.45

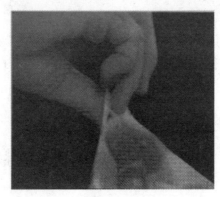

图 4.46

3. 记　数

手按式三张、四张点钞采用分组记数。手按式三张点钞法的分组记数方法为每次为一组，共计 33 组，最后剩下一张，总共是 100 张；手按式四张点钞法的分组记数方法为每次为一组，共计 25 组，总共是 100 张。

（六）扇面式一指多张点钞法

1. 拆　把

钞券竖拿。左手拇指在票前、食指和中指在票后一并捏住钞券左下角约 1/3 处，左手无名指和小指自然弯曲。右手拇指在票前，其余四指横在票后约 1/2 处，用手掌壳口苘卡住钞券，并把钞券压成瓦形，再用拇指勾断钞券上的腰条纸做开扇准备。

2. 开　扇

开扇也叫打扇面，是扇面点钞最关键的环节。扇面开得均匀不均匀，直接影响点钞的准确性。因此，扇面一定要开得均匀，即每张钞券的间隔要均匀。开扇有一次性开扇和多次开扇两种方法。

一次性开扇的方法是：以左手为轴，以左手拇指和食指持票的位置为轴心，右手拇指用力将钞券往外推，右手食指和中指将钞券往怀里方向转过来然后向外甩动，同时左手拇指和食指从右向左捻动，左手捻右手甩要同时进行。一次性开扇效率高，但难度较大。开扇时要注意左右手协调配合，右手甩扇面要用劲，右手甩时左手拇指要放松，这样才能一次性甩开扇面，并使扇面开得均匀（见图 4.47、图 4.48）。

图 4.47　开扇一

图 4.48　开扇二

多次开扇的方法是：以左手为轴、右手食指和中指将钞券向怀里左下方压，用右手腕把钞券压弯，稍用力往怀里方向从右侧向左侧转动，转到左侧时右手将压弯的钞券向左上方推起，拇指和食指向左捻动，左手拇指和食指在右手捻动时略放松，并从右向左捻动。这样反复操作，右手拇指逐次由钞券中部向下移动，移至右下角时即可将钞券推成扇形面。然后双手持票，将不均匀的地方拉开抖开，钞券的左半部向左方抖开，右半部的钞券向右方抖开。这种开扇方法较前一种费时，但比较容易掌握。用这种方法开扇时，要注意开扇动作的连贯性，动作不连贯，会影响整体点钞速度。

3．清　点

清点时，左手持扇面，扇面平持但钞券上端略上翘使钞券略略倾斜，右手中指、无名指、小指托住钞票背面，右手拇指一次按 5 张或 10 张钞券（见图 4.49），按下的钞券由食指压住，接着拇指按第二次，以此类推（见图 4.50、图 4.51）。同时，左手应随着右手点数的速度以腕部为轴稍向怀里方向转动。用这种方法清点时，要注意拇指下按时用力不宜过大，下按进拇指一般按在钞券的右上角。从下按的张数来看，如出纳员经验丰富，也可一次下按 6 张、8 张、12 张、14 张、16 张等。

图 4.49

图 4.50

图 4.51

4．记　数

采用分组记数法。一按五张即每五张为一组，记满 20 组为 100 张。一按 10 张即每 10

张为一组，记满 10 组即为 100 张。其余类推。

5. 合 扇

清点完毕即可合扇。合扇时，左手用虎口松拢钞券向右边压；右手拇指在前，其余四指在后托住钞券右侧并从右向左合拢，左右手一起住中间稍用力，使钞券竖立在桌面上，两手松拢轻镦。钞券镦齐后即可扎把。

（七）扇面式多指多张点钞法

扇面式多指多张点钞，有一指下 5 张、6 张、7 张、8 张等，最多可达 15 张，因此这种点钞方法的速度相当快。这项点钞方法的持票拆把、开扇、记数、合扇等方法与扇面一按多张点钞相同，仅清点方法有所区别。故这里只介绍它的清点操作过程，并以四指五张为例。清点时，左手持扇面，右手清点。先用左手拇指下按第一个五张，然后右手指沿钞券上端向前移动按下第二个五张，中指和无名指依次下按第三、第四个五张，这样即完成一组动作。当无名指下按第四个五张后，拇指应迅速接着下按下一轮的第一个五张，即开始第二轮的操作。四个手指依次轮流反复操作。由于左手指移动速度快，在清点过程中要注意右臂要随各个手指的点数轻轻向左移动。还应注意每指清点的张数应相同。下按六张、七张等钞券的方法与下按五张相同。用五个手指、三个手指、二个手指均可清点。其清点方法与四指多张相同。

 他山之石

手工点钞实训演练报告

1. 实训情景描述。

作为银行职员，我需要为客户进行服务。136 号顾客来到柜台，要求储蓄，我接过顾客的纸币，先确认存款数量。

2. 实训工具或材料。

钞券、腰条纸、柜员名章

3. 实训步骤。

我在柜台进行服务，有客户前来存款人民币两万元整。我接过客户的钱币，首先进行钱币数量的确认。

我接过客户的钱币，首先将腰条纸拆掉，然后按照手持式单指单张点钞法进行清点。清点的同时我进行了计数，并且观察钱币是否有破损。

清点完毕，我将钞票敦齐，取出腰条纸扎好。最后我取出名章，在钞票上侧的腰条纸上加盖名章，即完成了钱币清点的步骤。

4. 实训小结。

经过实训演练我学会了手持式单指单张点钞法，并且经过一定的训练，我的点钞熟练度和准确性有所提高。

点钞主要包括拆把、清点、记数、剔旧、墩齐、扎把、盖章等环节，我基本上能够按照流程一步步完成。在记数环节，我采用的方法是分组记数法，即：把10作1记，即1，2，3，4，5，6，7，8，9，1（即10）；1，2，3，4，5，6，7，8，9，2（即20），以此类推。

小小的点钞方法其实蕴含了很多学问，值得我用心学习。

实训练习

实训一：分组计时练习扇面式一指多张和四指多张点钞法的操作步骤。测试标准：每把（100张）10秒以内点对点完为优秀（包括扎把），15秒内点对点完为良好，20秒内点对点完为合格。

实训二：点钞综合测试。测试标准：给20把以上的钞票，用时五分钟，采用扇面式一指多张或者四指多张点钞法，要求连点带扎16把以上；点对16把为及格，点对18把为良好，点对20把为优秀。

实训三：分组计时集中训练手按式三张、四张点钞法的操作步骤。测试标准：准备20把以上的钞票，用时10分钟，要求连点带扎把16把以上。点对16把以上为及格，点对18把以上为良好，点对20把以上为优秀。

实训四：某天某公司出纳员李女士到银行取钱给员工发工资，取款单上填写的金额为160 300元。特别要求有50元、20元、10元面额的钞票各3 000元，5元面额的钞票1 000元和1元面额的钞票30元，请在3分钟内点清。

第三节　数字与日期书写技能

一、数字的书写

（一）数字书写的基本要求

1. 位数准确

用数字来计算时，数的"位数"是由该数首位数的数位决定的。如1 234。首位数"1"的数位是千位，所以这个数是千位数，即一千二百三十四，也叫4位数。我们在书写数字时要先确定位数。

2. 书写清楚，容易辨认

书写数字时，字迹必须清晰、工整，一目了然。各个数字应有明显的区别，以免混淆。

3. 书写流畅，力求规范化

为了使银行核算工作达到迅速准确，数字书写必须力求流畅、美观和规范。

（二）阿拉伯数字的书写

（1）阿拉伯数字应一个一个地写，不得连笔。每1个数字都要占1个位置，每个位置代表各种不同的单位。数字所在位置表示的单位，称为"数位"。数位按照个、十、百、千万的顺序，由小到大，从右到左排列，而写数和读数的习惯，都是从大到小，从左到右的。

（2）采用三位分节制。数的整数部分，采用国际通用的"三位分节制"，从个位向左每3位数用分节号"，"分开。如12，345，678。

（3）标准数字的字体要自右上方向左下方倾斜写，倾斜度为45度（靠近账格底线），高度为账表格的1/2，同行相邻数字之间要空出半个阿拉伯数字的位置。

（4）字体要各自成型、大小均衡、排列整齐，字迹要工整、清晰。"6"要比其他数字高1/4；"7""9"要向下低出1/4；"0"的高度、宽度要与其他数字相同；有圈的数字，如"6""8""9""0"，圆圈必须封口。

（5）凡在阿拉伯金额数字前面写有币种符号的（如人民币符号"￥"），数字后面不再写货币单位（如人民币"元"），而且币种符号与阿拉伯金额数字之间不得留有空白。

（6）所有以元为单位（其他货币种类为货币基本单位，下同）的阿拉伯数字，除表示单价等情况外，一律在元位小数点后填写到角、分；无角、分的，角、分位可写"00"或符号"——"；有角无分的，分位应写"0"，不得用符号"——"代替。

（7）数字写错用画线改正法，左端签章。

（三）汉字大写数字的书写

（1）汉字大写金额数字，一律用正楷或行书书写，如零、壹、贰、叁、肆、伍、陆、柒、捌、玖、拾、佰、仟、万、亿等易于辨认、不易涂改的字样，不得用O、一、二、三、四、五、六、七、八、九、十，或另、毛等简化字代替，不得任意自造简化字。

（2）不允许使用未经国务院公布的简化字或谐音字。

（3）汉字大写金额数字到"元"为止的，在"元"字之后，应写"整"字。汉字大写金额数字有"角"或"分"的，"角""分"字后面不写"整"字。"整"字笔画较多，在书写数字时，常常将"整"字写成"正"字。在汉字大写金额数字的书写方面，这两个字的作用是一样的。

（4）有关"零"的写法。阿拉伯金额数字有"0"时，汉字大写金额根据"0"所在的位置不同有不同的写法。对于数字尾部的"0"，不管是一个还是连续几个，汉字大写到非零数位后，用一个"整（正）"字结尾，都不需用"零"来表示，如"￥8.50"，汉字大写金额写成"人民币捌元伍角"，又如"￥200.00"，应写成"人民币贰佰元整"。阿拉伯金额数字中间有"0"时，汉字大写应按照汉语语言规律、金额数字构成和防止涂改的要求进行书写。下面分别举例说明。

① 阿拉伯金额数字中间有"0"时，汉字大写金额要写"零"。如"￥704.76"，汉字大写金额应写成"人民币柒佰零肆元柒角陆分"。

② 阿拉伯金额数字中间连续有几个"0"时，汉字大写金额可以只写一个"零"字。如"￥9 006.23"，汉字大写金额应写成"人民币玖仟零陆元贰角叁分"。

③ 阿拉伯金额数字元位是"0"，或者数字中间连续有几个"0"，元位也是"0"，

但角位不是"0"时，汉字大写金额中可以只写一个"零"字，也可以不写"零"。如"￥4 880.52"，汉字大写金额应写成"人民币肆仟捌佰捌拾元伍角贰分"或者写成"人民币肆仟捌佰捌拾元零伍角贰分"，又如"￥92 000.48"，汉字大写金额应写成"人民币玖万贰仟元肆角捌分"。

④ 阿拉伯金额数字角位是"0"，而分位不是"0"的，汉字大写金额元字后面应写"零"字。如"￥745.08"，汉字大写金额应写成"人民币柒佰肆拾伍元零捌分"，又如"￥9 900.07"，应写成"人民币玖仟玖佰元零柒分"。壹拾几的"壹"字，在书写汉字大写金额数字中不能遗漏。平时口语习惯说"拾几""拾几万"，在这里"拾"字仅代表数位，不是数字。"壹拾"既代表位数，又代表数字，所以壹拾几的"壹"字不能遗漏。如"￥317.78"，汉字大写金额应写成"人民币叁佰壹拾柒元柒角捌分"；又如"￥160 000.00"，应写成"人民币壹拾陆万元整"。

⑤ 阿拉伯金额数字中间有"0"时，大写金额要写"零"字，如"￥101.50"，汉字大写金额应写成"壹佰零壹元伍角整"。阿拉伯金额数字中间连续有几个"0"时，汉字大写金额中可以只写一个"零"字，如"￥1 004.56"，汉字大写金额应写成"壹仟零肆元伍角陆分"。阿拉伯金额数字元位为"0"，或数字中间连续有几个"0"，元位也是"0"，但角位不是"0"时，汉字大写金额可只写一个"零"字，也可不写"零"字。如"￥1 680.32"，汉字大写应写成"人民币壹仟陆佰捌拾元叁角贰分"。又如"￥1 600.32"，汉字大写应写成"人民币壹仟陆佰元叁角贰分"，或"人民币壹仟陆佰元零叁角贰分"。

二、会计凭证的书写

（1）现金支票应用墨汁或碳素墨水书写，单联式凭证应用蓝黑墨水书写，多联式套写凭证应用圆珠笔双面复写纸套写，不得分张单写。

（2）填写凭证及记账的各种代用符号规定为：第号为"#"，每个为"@"，人民币符号为"￥"，年、月、日简写顺序，自左至右为"年/月/日"，年利率简写为"年%"，月利率简写"月‰"。

（3）记账凭证的金额只填写一笔数字时，应在小写金额数字前填写人民币符号"￥"，可以不填合计数；但应将其下面各空行用斜线划销。填写多笔数字前，不必在每笔数字前加"￥"符号，但应在合计数前填写"￥"符号。

（4）签发联行划款凭证，凭证栏目必须填写齐全，往账行凭证顺序号必须连贯：签发行、收受行双方行名、行号，应与"联行名册"所列一致；使用的凭证种类必须正确，编写密押、联行专用章及应盖的名章齐全；填写联行划款凭证的文字、金额、账户余额，字迹必须清晰、准确，划款凭证的附件必须齐全，信汇凭证第三联必须盖联行专用章。

（5）向人民银行和其他专业银行签开的划款凭证以及提出票据清算的划款凭证，必须根据有关的原始凭证填制。属于"先横后直"的跨系统转划款，应按规定填制转划款清单；属于信汇转划款，第三联由转划行盖联行专用章；属于电划托收和委托收款，应加填一份特种转账借方凭证，加盖本行业务公章随转汇清单交转汇行。

（6）银行需要填列大写金额的凭证，均属重要凭证。凡是重要凭证大小写金额填写错误时，不能更改，应另行填制新凭证。

三、错数的订正

订正的规则如下：

制凭证、登账、编表应使用黑色或蓝色墨水的笔，红色只准在表示负数或改错划线时用，不准使用其他颜色。除复写外，不准使用圆珠笔、铅笔。复写时，要保证复写的最后一页清晰可认。但在实际工作中，由于各种原因，写错数字是难免的。如用笔不当或写错数字，就应纠正错误。订正数字要按照规范化的要求进行。

（1）对错误用笔和错误书写一律不得随意涂改、刀刮、橡皮擦、抠挖或贴补来改正错误。

（2）重要凭证上发生错误时，要重新编制，不得采用划线订正法更正。如是银行票据或预先印有编号的各种凭证，在填写错误后，要加盖"作废"戳记，不能毁掉，须单独保管。

（3）划线订正法。除重要凭证不能更改外，阿拉伯数字出现错误，一般允许按规定来订正错误数字。订正错数的正确方法是划线订正法，即将错误数字全部划一根单红线覆盖；然后在错数同格的上部用同色墨水（如果没使用错的话）写上正确数字，并加盖订正人图章以示负责。值得注意的是，订正的一定是一个完整的数字，不能只是写错的一个或者几个数字，以免混淆不清。也就是说，只有部分数字写错的，也要把全部数字划掉后写上正确的数字。一个结果最多只能修改两次。

 实训练习

实训一：根据下列小写金额写出大写金额数字。

1. ￥10.83   大写：

2. ￥120.06   大写：

3. ￥1 508.00   大写：

4. ￥40 078.90   大写：

5. ￥903 805.43   大写：

6. ￥160 000.00   大写：

7. ￥8 000 400.10   大写：

8. ￥1 700 305 608.92   大写：

9. ￥103 960 005.19   大写：

10. ￥140 010.00   大写：

实训二：根据下列大写金额写出小写金额数字。

1. 人民币壹角陆分   小写：

2. 人民币壹拾元肆角伍分   小写：

2. 人民币捌拾壹万零伍佰元整   小写：

4. 人民币贰仟零肆元整   小写：

5. 人民币壹拾万零叁仟元伍角整   小写：

6. 人民币陆仟柒佰零玖万叁仟伍佰壹拾捌元零陆分   小写：

7. 人民币肆拾万元整　　　　　　　　　　小写：

8. 人民币壹佰万元零玖分　　　　　　　　小写：

9 人民币壹拾万元零肆佰元整　　　　　　小写：

10. 人民币伍亿陆仟万零壹佰元叁角整　　　小写：

实训三：根据表4.1中的大写金额正确写法与错误写法对照，指出错误原因。

表 4.1　大写金额的正确与错误写法

小写金额	大写金额		
	正确写法	易错写成	错误原因
￥24.30	人民币贰拾肆元叁角整	人民币贰拾肆元叁角	
￥5 001.28	人民币伍仟零壹元贰角捌分	人民币五仟另另壹元贰角捌分整	
￥200.09	人民币贰佰元零玖分	人民币贰佰零元玖分	
￥800.00	人民币捌佰元整	人民币：扒百元正	
￥19.06	人民币壹拾玖元零陆分	人民币拾玖元零陆分	
￥70 009.00	人民币柒万零玖元整	人民币染万零零玖元整	
￥9 200.80	人民币玖仟贰佰元捌角整	人民币九千两佰块零扒毛零分	
￥107 000.03	人民币壹拾万零柒仟元零叁分	人民币拾万柒仟零叁分	
￥50 601.02	人民币伍万零陆佰零壹元零贰分	人民币伍万零陆佰壹元零贰分	

实训四：用划线订正法订正下列错误。

请根据订正规则指出下列各题的书写错误，并予以更正。

a. ￥96 721.51

b. ￥500 049.00

c. 人民币十染万另玖百元四角捌分整

d. ￥：765 902.48 元整

e. 在支票上签署的日期为：二零一五年一月一日

实训五：票据填写。

1. 学校购买了 10 盒签字笔，现在结账时用转账支票付款，开户银行为光大银行成都分行翰林路支行，账号为6000895362471206。请根据以上条件帮助出纳正确填写如下支票。

中国光大银行 转账支票存银 XVI00000000 附加信息 出票日期　年 月 日 收款人： 金　额： 用　途： 单位主管　会计	**Bank 中国光大银行 转账支票（ ）** XVI00000000

2. 你购买了 10 盒签字笔，请帮助收银员开具发票。

第五章 柜员岗业务实训

【本章简介】

作为银行最重要的营业基层岗位，所有进入银行工作的员工展开银行业职业生涯的第一个岗位一定是从柜员开始做起。本章着重介绍一名柜员的日常业务操作要领，从柜员一天的工作自开展到结束这个过程来介绍。同时，按照银行的实际情况，分为个人业务柜员基本业务操作要领、公司业务柜员基本业务操作要领等章节进行阐述。

【学习目标】

熟练掌握储蓄的主要业务：主要包括开户、现金业务、存款业务、取款业务、转账业务、销户业务、挂失业务、代理业务、其他业务、轧账等；熟练掌握储蓄等临柜计算机软件机的软件操作；熟练掌握储蓄各类票据的填写和编制；熟练准确的点钞、捆钞；熟练地掌握营业前准备工作和营业结束后的工作。

第一节 银行柜员业务流程与范围

一、业务流程

银行柜员柜面日常工作流程可分为以下三个阶段：

日初处理：包括签到、现金和重要凭证的领用与出库。

日间业务：主要包括为客户处理各种个人业务和公司业务。

日终处理：包括现金及重要凭证入库、尾箱轧账、签退。

储蓄柜员业务流程、储蓄主管业务流程分别见图 5.1 和图 5.2。

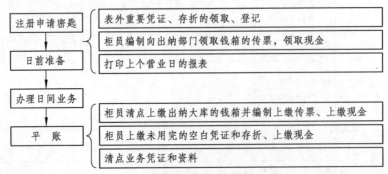

图 5.1 储蓄柜员业务流程

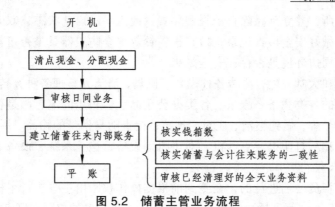

图 5.2　储蓄主管业务流程

二、主要业务范围

日常业务主要包括储蓄开户，活期存款的存取、续存、结息、销户，定期储蓄存款的存取，各类账户的对转等。

代理业务主要包括代理其他网点做开户等交易，批量代收工资、代扣税款、水电费、电话费等，代保管客户有价物品等。

其他业务主要包括挂失、冻结、查询、统计、通存通兑等。

三、主要业务工具

储蓄存折、储蓄存单、储蓄收款凭证、储蓄支款凭证、现金收入传票、现金付出传票、现金收入日记簿、现金付出日记簿、分户账、点券钞、现金日记簿和银行日记账、现金收讫章、现金付讫章、转讫章、业务章等。

第二节　柜员营业前准备工作

实训项目　柜员营业前准备工作

情景单元 1　签到

【情景内容】

柜员王强初次上岗进入网点，进行营业前的准备工作。

【情景步骤】

【步骤一】营业环境检查和整理。

作为银行员工，全体营业人员应至少提前 15 分钟到达网点，做好营业前的准备工作。双人同时进入营业场所，并立刻撤除自动报警装置，改为手动启动状态，双人开启监控录像，进行安全检查，并做好安全检查记录；检查报警铃等安全防卫器具是否正常、完好，检查二道门锁是否完好，周边环境是否存在安全隐患。

清洁门口卫生和大堂卫生，清洁各种设备、机具，清洁并整理各种宣传资料；清理柜台，查看办理业务需用的各类凭条、腰条、各类办公用品、客户用的笔、墨是否准备齐全。检查自身着装并挂好工号牌，做到整洁、庄重、规范；检查随身携带的物品、用具是否符合要求。营业部主任开启终端、打印机、点钞机、对讲机等设备，检查系统、设备是否正常工作。

【步骤二】刷卡。

柜员签到是在柜员终端进行的，在签到前根据操作权限由主管进行主机开机。

主机开启成功后，主管先授权签到，然后临柜柜员用自己的权限卡刷卡，登录"签到"界面。权限卡是指业务人员在办理业务时所必须持有的，表明控制其业务处理权限范围的磁卡。

【步骤三】输入相关信息。

临柜柜员输入交易部门代码、柜员号、钱箱号、初始密码。

（1）交易部门代码是柜员所在行、所的代码。

（2）柜员号是柜员在一个中心范围内的唯一标识，也是柜员进入综合应用系统的唯一合法身份，通常为4位字符（字母或数字），由系统运行中心按营业机构编码分配。经管辖行批准后，主管对所属柜员号可进行增加、减少、修改。

（3）钱箱号：每个柜员都需要建立自己的钱箱号。

（4）初始密码是每位柜员首次使用权限卡或权限卡处于待启用状态时，由会计结算部门负责人在计算机上为其启用权限卡设定的初始密码。

输入交易部门、柜员号、钱箱号、密码后，签到完成。

【步骤四】修改密码。

进入系统后，首先要修改柜员密码。操作密码不得使用初始密码或简单的重复数字、顺序数字，并要严格保密，防止泄露，且每月至少要更换一次。进入"修改密码"界面后，输入旧密码，在"新密码"栏两次输入新的密码，回车即可。"修改密码"界面如图5.3所示。

提示：柜员密码管理的内容包括以下几个方面：

（1）柜员首次使用系统，必须首先修改自己的柜员密码。

（2）柜员要保管好自己的密码，原则上要求每月对密码进行一次修改。

（3）如因密码泄露或将密码交由他人使用而造成的损失由柜员自己负责。

（4）柜员密码忘记可由其他柜员对其密码进行挂失。挂失的密码必须由中心机房进行解挂，然后才可更换新密码。

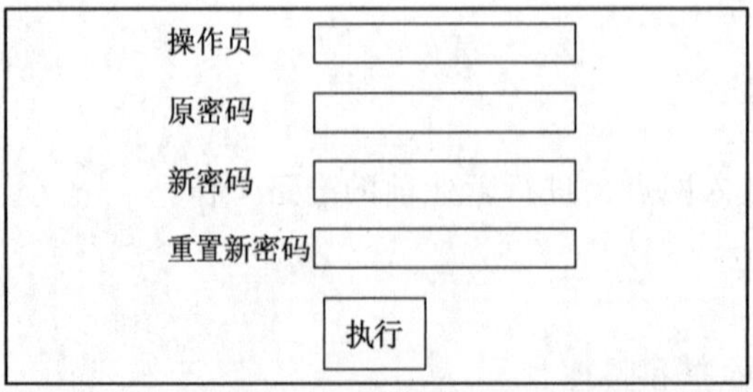

操作员	
原密码	
新密码	
重置新密码	
	执行

图5.3　修改密码界面

情景单元 2　出库

临柜柜员在办理日间业务操作前，首先应领取一定量的现金和重要空白凭证。此外，还要将上日封存入库的尾箱从业务库中领出。以上这些业务即是办理出库。

> 知识点：钱箱分为物理钱箱和电子钱箱。物理钱箱是指存放现金实物的款箱；电子钱箱又称为虚拟钱箱，是指在系统中被授权做现金业务的柜员，进行现金业务的虚拟库存现金箱。

【情景内容】

库车到达，所有柜员已经签到，准备领取以备营业使用的现金和凭证。

【情景步骤】

【步骤一】库车到达，双人接库。

先核实交接员身份，检查每个钱箱是否完好无损，然后在通勤门内的监控下，办理交接手续，对网点来说，专人或指定柜员把支行的凭证或现金领到库钱箱中，该项操作的领用必须是全额领用，即支行分配多少必须领用多少。

【步骤二】柜员组长获专职钱箱操作员发钱箱。

每日营业前，营业网点需领回寄存的物理钱箱。钱箱操作员使用"发钱箱"交易，经主管授权后领取电子钱箱，并使用"查询钱箱明细"交易与现金实物核对，无误后加计柜员钱箱金额，并与本网点库存现金实物核对。核对一致后，钱箱操作员再次使用"发钱箱"交易给前台柜员发电子钱箱。

> 提示：由柜员组长或专职的钱箱管理员进行发钱箱，物理钱箱与电子钱箱两者的款项必须一致。

【步骤三】领钱箱。

（1）临柜柜员向网点管库员领取物理钱箱，即现金实物。

（2）临柜柜员使用"领钱箱"交易向钱箱管理员领取对应的电子钱箱。"领钱箱"交易界面，如图 5.4 所示。

现金出库	
出入库凭证号	10000000
货　币	10（人民币）
金　额	10000

图 5.4　"领钱箱"交易界面

（3）用"查询钱箱明细"交易与现金各券别实物一一核对。至此现金出库结束。

> 提示：本储蓄所钱箱可由本网点所有柜员使用，柜员钱箱只许本柜员使用，如果一个柜员不设立钱箱，则只能做转账业务而不能做现金业务。

【步骤四】柜员填写"重要空白凭证出库单"交管库员。

柜员根据业务量的情况，决定所要领取的重要空白凭证的数量、种类，填写两联"重要空白凭证出库单"，经主管同意后交管库员。

> 知识点：重要空白凭证是指银行印制的、经银行或客户填写金额并签章后即具有支付效力的空白凭证，如支票、银行汇票、商业汇票、不定额银行本票、存折、存单、国债凭证、银行卡、内部往来划收（付）款报单、电子清算划收（付）款专用凭证等。
>
> 提示：在重要空白凭证管理中，综合应用系统要求每个营业网点都要设一个"凭证库房"；每个办理现金业务的临柜柜员，都要有一个"凭证箱"。对于重要空白凭证，柜员要严格遵守"先领用、再使用"这一操作流程。在使用中还必须按凭证号码从小到大的顺序，不能跳号使用。

【步骤五】管库员发出重要空白凭证。

管库员根据"重要空白凭证出库单"所填凭证种类、数量来登记"重要空白凭证保管领用登记簿"，填写凭证起讫号码，交给领用柜员。注意：凭证发放时，其起始号码必须为库存中该种类最小的凭证号码。

【步骤六】临柜柜员进行系统操作，在系统上登记填写相关领取凭证信息。

（1）凭证领用。

"凭证领用"界面如图5.5所示。

凭证领用	
凭证类型	银行汇票
起始号码	1000001
结束号码	1000009

图5.5 "凭证领用"界面

（2）重要空白凭证出库。

"重要空白凭证出库"界面如图5.6所示。

重要空白凭证出库	
出库种类	XXXX
货币	XXXX
金额	XXXX

图5.6 "重要空白凭证出库"界面

至此，营业前准备工作已做好，可以开始营业了。

 **实训练习**

实训一：现金出库。

实训角色：柜员、管库员。

实训业务：2015 年 3 月 5 日王可需要从银行贷款 20 万元，2015 年 3 月 6 日柜员李明从库房领入现金 30 万元。

操作提示：

（1）正确填写现金出库单。

（2）清点现钞时要严格按照操作规程。

实训二：重要空白凭证出库。

实训角色：柜员、管库员。

实训业务：2015 年 3 月 10 日柜员李明领入活期存折 10 本，银行卡 20 张。

操作提示：必须严格按照重要空白凭证的签收和登记、入库程序操作。

第三节　柜员个人业务操作

实训项目　个人活期储蓄业务操作

情景单元 1　活期储蓄存款开户

【情景内容】

客户吴浩来到模拟银行 W 市分行个人业务柜柜员王慧的柜面申请储蓄业务开户，并存入现金 8 000 元，柜员王慧接待了客户，并完成了相关业务。

【情景步骤】

【步骤一】活期储蓄存款的开户，需存款人填写储蓄存款凭条，同时还要求客户填写个人开户申请书，并要求其将开户申请书、本人身份证、现金提交柜员。（见图 5.7）

银行开立个人银行账户申请书

201×年 03 月 29 日

<table>
<tr><td rowspan="9">客户信息</td><td rowspan="6">申请人资料</td><td colspan="2">中文姓名</td><td>吴浩</td><td>拼音或英文名</td><td>Wuhao</td><td>性别：
■男 □女</td><td colspan="2">出生日期
19850906</td></tr>
<tr><td colspan="2">证件类型</td><td>■身份证
□_____</td><td>证件号码</td><td colspan="4">42010619850906××××</td></tr>
<tr><td colspan="2">证件有效截止日期</td><td>2020.08.08</td><td>固定电话</td><td>88755357</td><td>移动电话</td><td colspan="2">138888888××</td></tr>
<tr><td colspan="2">通讯地址</td><td colspan="3">W市××路118号</td><td>经常居住地</td><td colspan="2">□同通讯地址
■其他</td></tr>
<tr><td colspan="2">国籍</td><td>中国</td><td>职业及职责</td><td colspan="4">编辑</td></tr>
<tr><td rowspan="3">代理人或监护人</td><td colspan="2">中文姓名</td><td></td><td>性别：
□男 □女</td><td>联系电话</td><td colspan="2">代办理由及关系</td></tr>
<tr><td colspan="2">证件类型</td><td>□身份证
□_____</td><td>证件号码</td><td colspan="4"></td></tr>
<tr><td colspan="2">通讯地址和邮编</td><td colspan="6"></td></tr>
</table>

<table>
<tr><td rowspan="6">开户及其他业务</td><td rowspan="4">储蓄账户</td><td colspan="8">□银联标准卡　□银联生肖卡　□联名卡　■活期一本通</td></tr>
<tr><td colspan="8">□定期一本通　□自动转存式整存整取（存单）　□存本取息　□零存整取</td></tr>
<tr><td colspan="6">□自动转存式通知存款　□自动转存式通知存款　□通知存款一户通
□国债　□其他（到期约定转存）</td><td colspan="2">存期：</td></tr>
<tr><td>存款信息</td><td>存单折通兑方式</td><td>存单折支取方式</td><td>币种</td><td>金额</td><td colspan="2">亿 千 百 十 万 千 百 十 元 角 分</td><td>大额资金来源</td></tr>
<tr><td></td><td>■通兑
□不通兑</td><td>■留密
□其他</td><td>■钞
□汇</td><td></td><td colspan="2">￥8 0 0 0 0 0</td><td></td></tr>
</table>

<table>
<tr><td>银行记录</td><td>交易时间：201×年3月29日</td></tr>
<tr><td colspan="2">会计主管：　　　　授权：　　　　复核：　　　　录入：</td></tr>
<tr><td>客户确认</td><td>本人保证本申请书资料真实有效；同意遵守《储蓄管理条例》、《客户开户须知》以及监管部门和贵行有关个人业务规定。对因违反规定而造成的损失和后果，本人愿意承担一切责任。

客户签名：吴浩　　　　　　　　　代理人或监护人签名：</td></tr>
</table>

银行（签章）：

图 5.7 银行开立个人银行账户申请书

【步骤二】柜员审核个人开户申请书、身份证，并清点现金。柜员在接到客户吴浩的现金时，应进行唱收，即先根据存款单上写的金额询问储户是否是 8 000 元，客户肯定后再当面点清，点清时，应该坚持手工清点，使用验钞仪每张核验（正面、背面各核验一遍，注意防范假币、区分版次），并用带有验伪功能的点钞机进行两遍复点（其中第二遍采用翻面掉头复点的方式）。

> 知识点 1：有效身份证指身份证、户口薄、护照、军人身份证、港澳居民来往内地通行证、台湾居民来往大陆通行证等。
>
> 知识点 2：临柜柜员发现假币后，应立即向交款人声明为可疑币，并报告业务主管进一步鉴定。确认为假币后，须由两名经办人员在场，当客户面在人民币假币正面水印窗及背面中央，分别加盖蓝色油墨的"假币"戳记。然后，使用"假币没收登记"交易进行登记，计入表外科目。联机打印一式三联"假币收缴凭证"及凭条，并加盖业务公章和经办员、复核员章。假币收缴凭证第三联交持币人，并告知有关内容。最后，柜员用"假币出入库"交易，选择"收缴入库"查询"登记"状态下柜员假币收缴记录，与实物核对无误后，做入库处理，在"假币收缴凭证"第二联上加盖名章确认。

【步骤三】建立客户信息，建立存款账户。柜员审核无误后，在银行业务软件上根据开户申请书依次填入客户姓名、储种、币种、金额、证件号码等各项开户资料，为客户建立相关信息，系统会自动生成客户号，在客户号生成后，根据客户号，柜员为储户建立活期存款账户，如客户选择密码支付方式，必须由客户通过密码小键盘输入密码，录入后提交。

【步骤四】打印存款凭条、存折。请客户在存款凭证上签名确认。（见图 5.8）

金融模拟银行

存款凭条（Deposit Slip）

币别：　　　　　　　　　　　　　　　　　　　　　　　流水号：

银行记录	册号 1		账户序号			
	存入日 201X.03.29		利率 0.5%			
	余额 8000.00		凭证号		支取方式 密	
	利息积数					
客户审核	账号/卡号 4809962001200632165			户名 吴浩		
	种类 活期储蓄		存期		钞（汇） 钞	
	存入金额 8000.00		手续费 0		起息日 201X.03.29	
会计主管：		授权：		复核：		录入：王慧

存款人对"客户审核"栏及背面客户声明内容确认签名　吴浩

（正面）

温馨提示：不给陌生人账户存款、谨防被骗。

户主姓名＿＿＿＿＿＿＿＿＿＿＿＿＿＿＿	客户备填
户主证件名称 □居民身份证 □＿＿＿＿＿	存款金额＿＿＿＿＿＿
户主证件号码 ☐☐☐☐☐☐☐☐☐☐☐☐☐☐☐☐☐☐	户名＿＿＿＿＿＿＿
代理人姓名＿＿＿＿代办理由及关系＿＿＿＿	账（卡）号＿＿＿＿＿
代理人证件名称 □居民身份证 □＿＿＿＿	联系方式＿＿＿＿＿＿
代理人身份证号码 ☐☐☐☐☐☐☐☐☐☐☐☐☐☐☐☐☐☐	客户声明：贵行可以依据本人提供的以上信息办理本

次业务。因本人提供的账号等资料有误而造成的后果，由本人承担。（代理人）确认签名＿＿＿＿＿＿

（背面）

金融服务模拟银行　　　　201X.03.29

存款凭条（Deposit Slip）

户名	吴浩		
账户/卡号	4809962001200632165		
种类	活期储蓄		
币种	人民币　　钞（汇）　钞		
存期		起息日	201X.03.29
存款金额：		8000.00	元
手续费：		0.00	元
流水号：		752895***	
		银行签章	

客户回单

图 5.8　活期存款凭条

【步骤五】审核存折凭条无误后，在存折、开户申请书上加盖存单（折）专用章及柜员名章；在存款凭条记账联和回执联上加盖现金讫章及柜员名章。

【步骤六】将存折、个人开户申请书回单联、存款凭证回执及身份证交给客户，与客户道别。

 他山之石

活期储蓄开户实训演练报告

1. 实训情景描述。

作为银行柜员，我正在柜台为客户服务。这时一位顾客来到窗口，要求开立活期储蓄账户，并存入 2 万元整。我按照工作流程，完成了对客户的服务。

2. 实训工具或材料。

银行开立个人银行账户申请书、活期存折、个人业务存款凭条；

银行存单（折）专用章、现金讫章、柜员名章；

个人身份证、现金、验钞机、电脑、签字笔等。

3. 实训步骤。

客户来到柜台要求办理一张活期存折，并存入 2 万元整。我接过客户的身份证、2 万元现金及开户申请书。首先我仔细核对了客户身份证和客户本人是否一致，然后审核了开户申请书，资料填写完整无误。接下来我按照程序将客户所提交的现金鉴别、清点，并放入款箱。我进入银行电脑系统，选择活期储蓄开户交易，依据客户申请书填入客户姓名、储种、币种等信息，让客户通过密码小键盘输入密码。随后我打印了存折和存款凭条，检查无误后请客户在存款凭证上签名。客户签名后我再次确认，在存折、开户申请书上加盖存单（折）专用章及名章；在存款凭条记账联和回执联上加盖现金讫章及名章。最后我将存折、个人开户申请书回单联、存款凭证回执及身份证交给客户，与客户道别，完成了整个服务流程。

4. 实训小结。

经过活期储蓄开户实训演练，我了解并掌握了银行工作中的活期储蓄开户业务。

情景单元 2　活期储蓄存款续存

【情景内容】

201×年 4 月 16 日，客户吴浩来到模拟银行 W 市分行个人业务柜，存入现金 1 500 元，柜员王慧接待了客户，并完成了相关业务。

【情景步骤】

【步骤一】业务受理。

客户在申请办理续存时，可能出现有折续存和无折续存两种情况。若为有折（卡）续存，客户可免填单，直接向柜员提供存折和现金即可，若为无折（卡）续存（即汇款），客户必须填写"个人业务存款凭证"，填完后与汇款人的有效证件、现金一并提交柜员，并向柜员口述存款金额。

【步骤二】柜员审核、清点现金。

柜员收到客户填写的存折或存款凭证、现金，审核存折或存款凭证的填写内容是否完整、正确。柜员在接到客户吴浩的现金时，应进行唱收，即先根据存款单上写的金额询问储户是否是 1 500 元，客户肯定后再当面点清，进行点清时，应该坚持手工清点，使用验钞仪每张核验（正面、背面各核验一遍，注意防范假币、区分版次），并用带有验伪功能的点钞机进行两遍复点（其中第二遍采用翻面掉头复点的方式）并将清点无误的现金收入款箱。

【步骤三】系统处理。

使用活期存款交易系统进行处理，刷存折（卡）读入，核对屏幕显示的账号与折（卡）首的账号一致后，输入金额，进行系统处理。

【步骤四】打印存折与凭条。

柜员完成系统存款交易后，根据系统提示打印存折和存款凭证（见图 5.9）。若为无折续存打印存款凭证，请客户在存款凭证上签名确认。

	日期	注释	支出（-）或存入（+）	结余	网点号	操作
1	201×0329	开户	8,000.00	￥8,000.00	50701	0505
2	201×0416	续存	1,500.00	￥9,500.00	50701	0505
3						
4						
5						
6						
7						
8						

图 5.9　活期存折

【步骤五】加盖公章、印鉴。

柜员在存款凭证记账联和回执联上加盖现金讫章及名章。

【步骤六】将存折、存款回执单交客户，与客户道别。

情景单元 3   活期储蓄取款

【情景内容】

201×年 4 月 27 日，客户吴浩来到模拟银行 W 市分行个人业务柜，支取现金 2 000 元，柜员王慧接待了客户，并完成了相关业务。

【情景步骤】

【步骤一】受理。

客户提交存折或银行卡，并告知柜员取款金额，柜员应与客户核对取款金额。若客户取款金额超过（含）人民币 5 万元，还需提供本人身份证件；他人代理的还应提供代理人的身份证件。

【步骤二】审核与软件操作。

柜员审核存折或银行卡后，柜员与客户确认取款金额后，使用活期取款交易系统，选择现金取款交易，刷存折或银行卡，核对屏幕显示的账号与折首的账号一致后，输入取款金额，由客户输入密码，按程序提示进行记账处理。

【步骤三】打印。

柜员完成系统取款交易后，打印存折和取款凭条请客户在取款凭条上确认签字（见图5.10、图 5.11）。

模拟银行

取款凭条（Withdrawal Slip）

币别：人民币　　　　　　　　　　　　　　　　流水号：0111888

客户审核	账号/卡号　4809962001200632165	户名　　吴浩
	账号序号　　　种类　活期储蓄	钞（汇）　　钞
	支取金额　2000　手续费　0	止息日　　201X.04.27

银行记录	册号　1	存期　1 年	余额　7500
	支取日 201X.04.27	授权号	利率　0.5%
	利息	利息积数	支取方式

会计主管：　　授权：　　复核：　　　　录入：王慧

取款人对"客户审核"栏内容确认签名　吴浩

（正面）

户主姓名＿＿＿＿＿＿＿＿＿＿＿＿＿＿＿　　　　客户备填：

户主证件名称　□身份证　户口簿□　护照□　其他□＿＿　　取款金额＿＿＿＿

户主证件号码 ☐☐☐☐☐☐☐☐☐☐☐☐☐☐☐☐☐☐　户　名＿＿＿＿＿

代理人姓名＿＿＿＿＿　代办理由及关系＿＿＿＿＿　账（卡）号＿＿＿＿＿

代理人证件名称　□身份证　户口簿□　护照□　其他□＿＿

代理人证件号码 ☐☐☐☐☐☐☐☐☐☐☐☐☐☐☐☐☐☐　联系电话及地址＿＿＿＿

（背面）

模拟银行　　　　　201X.04.27

取款凭条（Withdrawal Slip）

户 名	吴浩		
账户/卡号	4809962001200632165		
种 类	活期储蓄	钞（汇）	钞
币 别	人民币	起息日	201X.03.29
取款金额		2000	元
手续费		0	元
流水号		0111888	
银行签章			

客户回单

图 5.10 取款凭条

	日期	注释	支出（-）或存入（+）	结余	网点号	操作
1	201×0329	开户	8.000.00	¥8.000.00	50701	0505
2	201×0416	续存	1.500.00	¥9.500.00	50701	0505
3	201×0427	支取	-2.000.00	¥7.500.00	50701	0505
4						
5						
6						
7						
8						
9						
10						

图 5.11 活期存折

【步骤四】配款。

按取款凭条上的金额配款，核点现金并经点钞机复点后登记票面，大额现金取款要换人复核。在取款凭条记账联及回执联加盖现金讫章及名章。

【步骤五】送别客户。

柜员与客户唱对金额后将存折（银行卡）、取款回执及现金交客户，与客户道别。

他山之石

活期储蓄取款实训演练报告

1. 实训情景描述。

作为银行柜员，我正在窗口接待顾客。136号顾客来到窗口，要求取款人民币2万元整。我按照工作流程，完成了对客户的服务。

2. 实训工具或材料。

活期存折、个人业务取款凭条、现金讫章、柜员名章；

个人身份证、钞券、电脑、模拟银行业务软件、签字笔等。

3. 实训步骤。

客户来到柜台要求取款2万元整。我接过客户的身份证、存折。首先我仔细核对了客户身份证和客户本人是否一致，然后审核了客户的存折，资料无误。我进入银行电脑系统，选择现金取款交易，刷存折，输入取款金额，由客户输入密码，进行活期账户支取处理。接下

来我打印了存折、取款凭条。请客户在取款凭条上签名确认，客户核对凭条并签名确认。我接过客户签名后的取款凭条，再次核对，客户签名正确，资料准确无误。然后我就按照取款凭条上的金额配款。在取款凭条记账联及回执联加盖现金讫章及柜员名章。将现金、存折及取款回执交给客户，提醒客户复核。与客户道别，完成了整个服务流程。

4. 实训小结或证据。

经过活期储蓄取款实训演练，我了解并掌握了银行工作中的活期储蓄取款业务。

情景单元 4 活期储蓄存款销户

【情景内容】

201×年 5 月 10 日，客户吴浩来到模拟银行 W 市分行个人业务柜，要求将其活期账户销户，柜员王慧接待了客户，并完成了相关业务。

【情景步骤】

【步骤一】受理。

客户提交存折（银行卡）和身份证口头向柜员提出取款销户。

【步骤二】审核。

根据客户提供的存折（银行卡）查询当前余额，并审核取款人是否符合销户条件。若销户本息超过人民币 5 万元，还需提供本人身份证件，他人代理的还应提供代理人的身份证。

【步骤三】系统处理。

柜员使用系统选择活期储蓄销户交易，刷存折（银行卡），核对屏幕显示账号与折首（银行卡）记载的账号一致后，输入币种、金额等，由客户输入密码，按程序提示进行销户处理。

【步骤四】打印。

柜员根据系统提示依次打印存折、取款凭条、利息清单，审核打印内容正确、完整后，请客户在取款凭条上签名确认（见图 5.12）。

储蓄存款利息清单

201×年 5 月 10 日

户名		吴浩		账号		4809962001200632165		
储种	本金	类别	利率（%）	利息	应税利息	利率（%）	税金
活期	7500.00		0.36	3.46	3.46	0	0.00
网点号	现转标志	税后利息	税后本息合计	操作	备注		
50701	现钞	3.46	7503.46	0505			

第二联 客户留存　　　　　　事后监督　　　　　　复核（授权）　　　　经办

图 5.12 利息清单

【步骤五】配款。

柜员审核客户签名无误后，根据利息清单上本息合计金额进行现金配款，核点现金并经点钞机复点后登记票面。在取款凭条记账联及回执联上加盖现金讫章、名章；在利息清单客户联和银行留存联上加盖现金讫章、名章；在存折上加盖销户章，并破坏存折（卡）磁条的完整性后作为传票附件留存（见图5.13）。

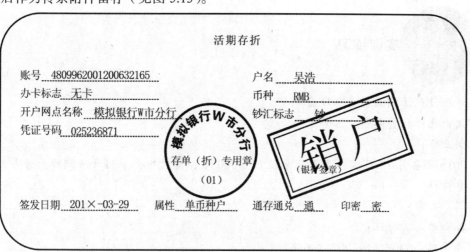

图5.13　活期存折销户

【步骤六】送别客户。

将取款凭条回执联、利息清单回单联和现金一并交客户，与客户道别。

他山之石

活期储蓄销户实训演练报告

1. 实训情景描述。

作为银行柜员，我正在窗口接待顾客。139号顾客来到窗口，要求将其活期账户销户。

2. 实训工具或材料。

活期存折、个人业务取款凭条、现金讫章、柜员名章、销户章；

个人身份证、钞券、电脑、模拟银行业务软件、签字笔等。

3. 实训步骤。

客户来到柜台要求将其活期储蓄账户销户。我接过客户的身份证、存折。首先我仔细核对了客户身份证和客户本人是否一致，然后审核客户的存折，资料无误。我进入银行电脑系统，选择活期储蓄销户交易，刷存折，核对屏幕显示账号与折首记载的账号一致后，输入币种、金额等，由客户输入密码，按程序提示进行销户记账处理。接下来我打印了存折、取款凭条、存款利息清单。请客户在取款凭条上签名确认，客户核对并签名确认。我接过客户签名后的取款凭条，再次核对，客户签名正确，资料准确无误。然后我就按照取款凭条上的金额配款。核点现金并经点钞机复点后登记票面。在取款凭条记账联及回执联上加盖现金讫章、

名章；在存折上加盖销户章。将取款凭条回执联、利息清单回单联和现金一并交客户，提醒客户复核，与客户道别，完成了整个服务流程。

4. 实训小结或证据。

经过活期储蓄销户实训演练，我了解并掌握了银行工作中的活期储蓄销户业务。

 实训练习

实训项目：活期储蓄存取现金训练

实训角色：柜员李明、客户王可。

实训业务：

1. 2015 年 3 月 15 日客户王可交来现钞 5 000 元，要求柜员李明开活期账户并存款。

客户资料

姓名：王可；

证件类型：身份证；

证件号码：530824198007130666；

国籍：中国；

联系电话：63250039；

地址：重庆市渝中区石桥铺新大街路 6 号；

邮编：425200；

2. 2015 年 3 月 28 日客户王可持活期普通存折要求续存现金金额 1 000.00 元。

3. 2015 年 4 月 2 日客户王可持活期普通存折要求支取现金金额 6 000.00 元。

实训项目 个人定期储蓄业务操作

人民币定期储蓄是一种约定存期，一次或按期分次存入本金，整笔或分期、分次支取本息的一种储蓄方式。按存取方式不同，可分为整存整取、零存整取、存本取息三种形式，如表 5.1 所示。

表 5.1 定期储蓄方式

类　型	开　户	续　存	支取（销户）
整存整取	现金开户		到期支取、逾期支取、全部提前支取、部分提前支取
	转账开户		
零存整取	现金开户	现金续存 转账续存	到期支取、全部提前支取
	转账开户		
存本取息	现金开户		支取利息、全部提前支取
	转账开户		

情景单元 1 人民币整存整取定期储蓄业务

整存整取是定期储蓄的一种，指约定存期、整笔存入、到期一次支取本息的一种储蓄，50 元起存，多存不限，存期分三个月、六个月、一年、二年、三年和五年。本情景单元将练习整存整取开户、提前支取、销户的操作过程。

活动 A 整存整取现金开户

【情景内容】

201×年 7 月 3 日，客户吴浩来到模拟银行 W 市分行个人业务柜，要求开立整存整取账户，并存入现金 1 万元，存期一年，柜员王慧接待了客户，并完成了相关业务。

【情景步骤】

【步骤一】受理。客户首先要填写开户申请书，并将申请书、现金和身份证件交柜员。

【步骤二】审核。柜员审核客户填写的开户申请书、提交的实名证件，如为代理人开户，同时审核代理人的有效身份证件。

【步骤三】清点现金。按照现金收款程序进行现金鉴别、清点，并将清点无误的现金收入款箱。

【步骤四】系统处理。选择"定期储蓄现金开户"交易，依次输入客户姓名、储种、币种、金额、账户、性质（结算/储蓄，或钞/汇）、证件号码、电话、地址等各项开户资料。如客户选择密码支取方式，必须由客户通过密码小键盘输入密码，录入后提交。

【步骤五】打印存单和凭条。在系统确认交易成功后，即可根据系统提示打印存单和存款凭证，请客户核对存款凭证打印内容，并签字确认，柜员在存单上加盖存单（折）专用章及名章，在存款凭证记账联和回执联上加盖现金讫章及柜员名章。（见图 5.14、图 5.15）

模拟银行		（整存整取）		储蓄存单		NO.12345678		

账号 <u>4809962011011958310369</u>　　　　户名　<u>吴浩</u>

币种 <u>人民币</u>

金额（大写）<u>壹万元整</u>　　　　　　　　　（小写）RMB10000.00（银行签章）

存入日	存期	利率	起息日	到期日	到期利息	支取方式	约定转存期限
03/07/201×	一年	3.25%	03/07/201×	03/07/201×	325.00	密	

支取日		账号	本金支取金额	利息		流水号		通兑
								通存通兑

稽核	支取复核	记账		存入复核 王慧	记账

请客户收到本存单后认真阅读存单背面的"客户须知"。

（正面）

客 户 须 知

1. 本存单用于个人储蓄业务，须由金融服务模拟银行营业柜台加盖储蓄所（柜）业务用公章，且存单不得涂改，否则本存单无效。

2. 请认真核对本存单所载内容是否完整、无误。

3. 请妥善保管本存单及预留印鉴、密码、身份证件，防止他人冒领存款。

4. 如本存单发生遗失、损毁、被窃，请按照中国人民银行及我行储蓄管理规定，立即向原开户银行申请办理挂失手续。存单挂失前被他人冒领的，由储户自行承担损失。预留印鉴遗失、密码泄露或遗忘的，比照前述规定申请办理挂失手续。

5. 提前支取存款的（整存整取定期存款可部分提前支取一次），须提供存款人有效的法定身份证件；他人代为提前支取存款的，还应提供代取款人有效的法定身份证件。

6. 大额现金的支付，按中国人民银行有关规定办理。

7. 未尽事宜，按照中国人民银行有关储蓄管理规定办理。

提前支取请提供以下证件内容

存款人身份证件名称____号码____ 姓名：_____

代取款人身份证件名称_____号码____ 姓名：_____

（背面）

图 5.14 存单

个人业务存款凭条

201X年 07 月 03 日

银行打印	户名 吴浩　账（卡）号 4809962011011958310369　顺序号 0047 币种 人民币　钞汇标志 钞　存款金额 ￥10000.00 业务种类 双整开户　存期 一年　转存标志 约转　转存期限 日期 201X0703　日志号 32261201　交易码 2731　流水号 081311　柜员号 0505

| 客户备注 | 帐（卡）号＿＿＿＿＿
币种＿＿＿＿＿＿
存期＿＿＿＿＿＿
☐到期转存 的金额
☐到期不转存 | 模拟银行
201X-07-03
请阅览章
（01）
亿千百十万千百十元角分 | 客户确认 | 本人已确认银行打印记录正确无误。
客户签名： 吴浩 |

事后监督　　　　　经办　　　王慧

图 5.15 存款凭条

【步骤六】送别客户。柜员将存单、存款凭证回执联及身份证件交给客户，与客户道别。

活动 B　整存整取转账开户

【情景内容】

客户梁伟兵，持活期存折要求将其中 2 000 元人民币转存为 1 年期定期储蓄，并要求 1 年期自动转存。

【情景步骤】

【步骤一】审核客户填写的取款凭条、存款凭条要素。

活期转定期转账开户，客户首先要填写活期存款取款凭条、定期储蓄存款开户申请书，如图 5.16 所示，连同有效身份证原件一并交柜员。

> 知识点：客户可以不填"活期存款取款凭条"，而由柜员根据客户口述打印凭条，再由客户签字确认，即采用签单服务。

柜员需审核凭条上户名、金额是否清晰，有无涂改，资料是否填清填全（见图 5.16）。

银行开立个人银行账户申请书

2010 年 11 月 20 日

<table>
<tr><td rowspan="8">客户信息</td><td rowspan="5">申请人资料</td><td>中文姓名</td><td>梁伟兵</td><td>拼音或英文名</td><td></td><td colspan="2">性别：
■男 □女</td><td colspan="2">出生日期
1988.8.8</td></tr>
<tr><td>证件类型</td><td>■身份证
□_____</td><td>证件号码</td><td colspan="5">110888198808088888</td></tr>
<tr><td>证件有效截止日期</td><td>2020.08.08</td><td>固定电话</td><td></td><td colspan="2">移动电话</td><td colspan="2">13888888888</td></tr>
<tr><td>通讯地址</td><td>梁平区三弄 51 号</td><td colspan="2">经常居住地</td><td colspan="4">□同通讯地址
■其他</td></tr>
<tr><td>国籍</td><td>中国</td><td>职业及职责</td><td colspan="6">编辑</td></tr>
<tr><td rowspan="3">代理人或监护人</td><td>中文姓名</td><td></td><td colspan="2">性别：
□男 □女</td><td colspan="2">联系电话：</td><td colspan="2">代办理由
及关系</td></tr>
<tr><td>证件类型</td><td>□身份证
□_____</td><td>证件号码</td><td colspan="6"></td></tr>
<tr><td>通讯地址和邮编</td><td colspan="8"></td></tr>
<tr><td rowspan="5">开户及其他业务</td><td colspan="10">□银联标准卡　□银联生肖卡　□联名卡　□活期一本通</td></tr>
<tr><td rowspan="2">储蓄账户</td><td colspan="9">□定期一本通　■自动转存式整存整取（存单）　□存本取息　□零存整取</td></tr>
<tr><td colspan="7">□自动转存式通知存款　□自动转存式通知存款　□通知存款一户通
□国债　□其他</td><td colspan="2">存期：一年</td></tr>
<tr><td rowspan="2">存款信息</td><td>存单折通兑方式</td><td>存单折支取方式</td><td>币种</td><td colspan="2"></td><td colspan="2">亿千百十万千百十元角分</td><td>大额资金来源</td></tr>
<tr><td>■通兑
□不通兑</td><td>■留密
□其他</td><td>■钞
□汇</td><td colspan="2">金额</td><td colspan="2">￥200000</td><td></td></tr>
<tr><td rowspan="2">银行记录</td><td colspan="10"></td></tr>
<tr><td colspan="10">交易时间：2010.11.20</td></tr>
<tr><td colspan="2">会计主管：</td><td colspan="2">授权：</td><td colspan="2">复核：</td><td colspan="4">录入：</td></tr>
<tr><td>客户确认</td><td colspan="10">本人保证本申请书资料真实有效；同意遵守《储蓄管理条例》、《客户开户须知》以及监管部门和贵行有关个人业务规定。对因违反规定而造成的损失和后果，本人愿意承担一切责任。
客户签名：梁伟兵　　　　　　　　　　　　代理人或监护人签名：</td></tr>
</table>

银行（签章）：

图 5.16 银行开立个人银行账户申请书

【步骤二】进行活期取款系统操作、审核申请书条、存折（银行卡）、身份证明无误后，通过输入个人活期存款取款交易代码，进入普通活期取款交易界面（见图 5.17）。

普通活期(取款)

账户信息
账　号：006040241500010	凭证号码：11100040	客户名称：梁伟兵
业务品牌：活期储蓄	货　币：10（人民币）	余　额：2000.00
存取方式：密码	帐户状态：正常	通存通兑：通存通兑
客户地址：梁平区三弄51号		

帐　号：006040241500010

梁伟兵　　　　　　　　　　　ID类别：A（身份证）

存折号：11100040　　　　　　ID号码：111968210636766123

货　币：10（人民币）　　　　存折打印：T（打印）

交易码：CS（现金）

金　额：2000.00　　　　　　　复核人：

交易密码：······　　　　　　复核密码：

执行

图 5.17　活期取款交易界面

【步骤三】打印活期存折与取款凭证。在提交系统成功后，即可打印活期存折和取款凭证。若采用签单服务，则打印的是普通活期取款签单服务凭证，如图 5.18 所示，签单服务凭证需请客户签字确认。

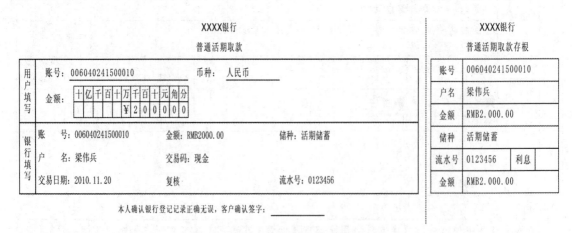

图 5.18　普通活期取款签单服务凭证

【步骤四】进行定期存款系统操作。输入个人整存整取定期储蓄存款转账开户交易代码，进入普通整存整取定期储蓄存款交易界面。

普通整存整取

帐户信息

客户号: 0060402425　　　凭证号码: 　　　　　客户名称: 梁伟兵

客户类别: 普通客户　　　存取方式: 　　　　　状　态: 正常

客户地址: 梁平区三弄51号

客 户 号:	0060402425		印鉴类别:	A (密码)
存 单 号:	11100000		交易密码:	••••••
	梁伟兵			
货 币:	10 (人民币)		通存通兑:	1 (通存通兑)
交 易 码:	TE (特殊)		自动转存:	0 (本自动转存)
金 额:	2000.00			
存 期:	365 (一年)		复核人:	
交易密码:	FEIO (整存整取存单)		复核密码:	

执行

图 5.19　整存整取存款交易界面

【步骤五】打印存单与存款凭证。在提交系统成功后即可打印整存整取定期储蓄存单和定期存款签单服务凭证, 存单作为储户支取款项时的凭证 (见图 5.20)。

整存整取定期储蓄存单 (普通)

科目: (借)　　　　　凭证号　　　　　存单号11100001

存入日	起息日	属性	印密	通兑	存期	约转存期	年利率%	到期日	到期利息	操作
2010/11/20	2010/11/20		密	通	012	012	2.25%	2011/11/20	45.00	S0001

账号: 006040241500010　　　　户名 梁伟兵

存入金额: 人民币 贰仟元整　　　　RMB¥ 2000.00

银行签章

客户印签 事后监督 支取时: 复核 (授权) 柜员 存入时: 复核 (授权) 柜员:

图 5.20　存单

【步骤六】签章交客户。核对打印的取款凭证、存款凭证、整存整取定期存单等凭证上各项内容, 对户名、币种、金额等内容要重点审核。核对无误后, 整存整取定期存单上加盖存单 (折) 专用章, 取款、存款签单服务凭证上加盖 "业务清讫章"。活期存折、整存整取定期存单、身份证件交客户, 取款凭证、存款凭证作为业务凭证送监督中心。

他山之石

整存整取开户实训演练报告

1. 实训情景描述。

作为银行柜员, 我需要对顾客进行服务, 135 号顾客来到柜台, 要求开立整存整取账户,

需要存入现金人民币 2 万元整，存期一年。

2. 实训工具或材料。

"银行开立个人银行账户申请书"、存单、个人业务存款凭条；

银行存单（折）专用章、现金讫章、柜员名章；

个人身份证、钞券、电脑、模拟银行业务软件、签字笔等。

3. 实训步骤。

客户来到柜台要求开立整存整取账户，需要存入现金人民币 2 万元整，存期一年。

我接过客户的身份证、2 万元现金及开户申请书。首先我仔细核对了客户身份证和客户本人是否一致，然后审核了一下开户申请书，资料填写完整无误。接下来我按照程序将客户所提交的现金鉴别、清点，并放入款箱。我进入银行电脑系统，选择定期储蓄现金开户，依据客户申请书填入客户姓名、储种、币种等信息，让客户通过密码小键盘输入密码。随后我打印了存单和存款凭条，检查无误后请客户在存款凭证上签名。客户签名后我再次确认，在存单上加盖存单（折）专用章及名章，在存款凭证记账联和回执联上加盖现金讫章及柜员名章。将存单、个人开户申请书回单联、存款凭证回执及身份证交给客户，与客户道别，完成了整个服务流程。

4. 实训小结或证据。

经过整存整取开户实训演练，我了解并掌握了银行工作中的整存整取开户业务。

活动 C　整存整取提前支取

知识点：客户除原存期到期日和转存期到期日外，均为提前支取，应按提前支取手续办理。在原存期及转存期内可多次部分提前支取，但剩余部分金额不能小于整存整取定期储蓄最低起存额。在存款原存期到期日和转存期到期日，不办理部分提前支取。

【情景内容】

201×年 10 月 20 日，客户吴浩来到模拟银行 W 市分行个人业务柜。要求从其整存整取账户中提前支取 2 000 元。柜员王慧接待了客户，并完成了相关业务。

【情景步骤】

【步骤一】客户填写"取款凭条"，连同存折或银行卡交予柜员；或客户提交存折（银行卡），告知柜员取款金额。

【步骤二】审核。根据客户提供的存单查询账户情况，审核是否可办理提前支取业务，审核客户提供的身份证件与系统内登记的信息是否一致，与本人是否相符。

【步骤三】系统处理。选择"整存整取部分提前支取"交易，输入存单账号，核对屏幕显示的账号与存单的账号一致后，输入币种、金额、身份证件类型及号码，由客户输入密码，按程序提示进行提前支取记账处理。

【步骤四】打印。柜员完成系统交易后，打印存单、利息清单、新存单和取款凭条，审核打印内容正确、完整后，将取款凭条记账联交客户签章确认后收回（见图 5.21 ~ 5.23）。

储蓄存款利息清单

201×年 10 月 10 日

户名	吴浩			账号	4809962011011958310369		
储种	本金	类别	利率（%）	利息	应税利息	利率（%）	税金
活期	2000.00		0.36	2.18	2.18	0	0.00
网点号	现转标志	税后利息	税后本息合计	操作	备注		
50701	现钞	2.18	2002.18	0505			

第二联　客户留存　　　　　事后监督　　　　　复核（授权）　　　经办

图 5.21　利息清单

整存整取定期储蓄存单

(Wh) 000152

户名：吴浩		账号：4809962011011958310369		储种：整存整取	
币种：人民币		金额（大写）：捌仟元整			
开户行名：模拟银行W市分行					

模拟银行W市分行
存单（折）专用章
(01)

存入日期	金额（小写）	存期	年利率%	起息日	到期日	支取方式	转存标志
201×-07-03	￥8 000.00	一年	2.25	201×-07-03	201×-07-03	凭密凭证	自动转存

客户印鉴　事后监督　　支取时：复核（授权）　　柜员　　存入时：复核（授权）　　柜员：

图 5.22　新存单

个人业务取款凭条

201X年 10 月 20 日

银行打印	户外 吴浩　账(卡)号 4809962011011958310369　顺序号 0047
	币种 人民币　钞汇标志 钞　取款金额 ￥2002.18
	业务种类 双整提前支取　存期　　转存标志　　转存期限
	日期 201X1020　日志号 32561224　交易码 2735　流水号 081390　柜员号 0505

客户备注	账(卡)号_____ 币种_____序号_____ 存期_____□钞 □汇 □到期转存 的存期__月 □到期不转存	金额 亿 千 百 十 万 千 百 十 元 角 分	客户确认	本人已确认银行打印记录正确无误。 客户签名：吴浩

事后监督　　　　　经办

图 5.23　取款凭条

【**步骤五**】配款。根据利息清单税后本息合计扣减新开户存款额后的金额配款，核点配款金额并经点钞复点后登记票面。在提前支取存单、取款凭条、利息清单上加盖现金讫章及柜员名章，在新存单上加盖存单（折）专角章。

【**步骤六**】送别客户。柜员将利息清单、客户的身份证件、新存单、取款凭条回执及现金交客户，与客户道别。

他山之石

整存整取提前支取实训演练报告

1. 实训情景描述。

作为银行柜员，我需要对顾客进行服务，123 号顾客来到柜台，要求从其整存整取账户中提前支取人民币 3 000 元。

2. 实训工具或材料。

存单、个人业务取款凭条、利息清单；

银行存单（折）专用章、现金讫章、柜员名章；

个人身份证、钞券、电脑、模拟银行业务软件、签字笔等。

3. 实训步骤。

123 号顾客来到柜台，要求从其整存整取账户中提前支取人民币 3 000 元。

我接过客户的身份证、存单。首先跟客户确认提前支取的金额，接下来我仔细核对客户身份证和客户本人是否一致，并且审核了存单，这些材料都没有问题。我进入银行电脑系统，选择"整存整取部分提前支取"交易，输入存单账号，核对屏幕显示的账号与存单的账号一致后，输入币种、金额、身份证件类型及号码，由客户输入密码，按程序提示进行提前支取记账处理。我打印了利息清单、新存单和取款凭条，请客户在取款凭条上签名确认。客户签名后我再次确认。接着根据利息清单税后本息合计扣减新开户存款额后的金额配款，核点配款金额并经点钞机复点后登记票面。我在提前支取存单、取款凭条、利息清单上加盖现金讫章及柜员名章，在新存单上加盖存单（折）专用章。最后我将现金、新存单及取款回执交给客户，提醒客户复核，与客户道别，完成了整个服务流程。

4. 实训小结。

经过整存整取提前支取实训演练，我了解并掌握了银行工作中的整存整取提前支取业务。

活动 D　整存整取到期支取销户

【情景内容】

201×年 7 月 3 日，客户吴浩来到模拟银行个人业务柜，要求将其整存整取账户销户，柜员王慧接待了客户，并完成了相关业务。

【情景步骤】

【步骤一】受理。客户按存折上（银行卡）全部余额填写"取款凭条"，将存折（银行卡）与身份证一起交予柜员；也可以不填写"取款凭条"，持存折（银行卡）和身份证口头向柜员提出取款销户。

【步骤二】审核。柜员审核凭条内容，核对凭条、存折（银行卡）和身份证，请客户在凭条背面批注身份证件号码、地址，并签名。若为代理人办理业务，则要求批注双人证件及相关内容，并由客户签字。

【步骤三】系统处理。柜员使用定期销户交易系统进行销户处理，由客户输入密码，按程序提示进行销户记账处理。

【步骤四】打印。柜员根据系统提示依次打印存单、利息清单、取款凭条，审核打印内容正确、完整后，请客户在取款凭条上签名确认。（见图5.24和图5.25）

储蓄存款利息清单
201×年07月03日

户名		吴浩		账号		4809962001200632165	
储种	本金	类别	利率（%）	利息	应税利息	利率（%）	税金
活期	8000.00		2.25	180	180	0	0.00
网点号	现转标志	税后利息	税后本息合计	操作	备注		
50701	现钞	180	8180.00	0505			

第二联　客户留存　　　　事后监督　　　　复核（授权）　　　经办

图5.24 利息清单

金融模拟银行

取款凭条（Withdrawal Slip）

币别：人民币　　　　　　　　　　　　　　　　流水号：01118**

客户审核	账号/卡号 4809962011011958310369			户名 吴浩
	账号序号 _____	种类 整存整取	钞（汇） 钞	
	支取金额 8180.00	手续费 0	止息日 201×.07.03	
银行记录	册号	存期 1年	余额 0	
	支取日 201×.07.03	授权号	利率 2.25%	
	利息 0	利息积数	支取方式	

会计主管：　　　授权：　　　　　复核：　　　　录入：王慧

取款人对"客户审核"栏内容确认签名　吴浩

（正面）

户主姓名 _____	客户备填：
户主证件名称 □身份证 户口簿□ 护照□ 其他□	取款金额 _____
户主证件号码 □□□□□□□□□□□□□□□□	户名 _____
代理人姓名 _____ 代办理由及关系 _____	账（卡）号 _____
代理人证件名称 □身份证 户口簿□ 护照□ 其他□	
代理人证件号码 □□□□□□□□□□□□□□□□	联系电话及地址 _____

（背面）

金融模拟银行　　　　　　　　　　　　　2010.11.20

取款凭条（Withdrawal Slip）

户　名	吴浩		
账户/卡号	4809962011011958310369		
种　类	整存整取	钞（汇）钞	
币　别	人民币	起息日	201×.07.03
取款金额		8180.00	元
手续费		0	元
流水号		01118**	
		银行签章	

图 5.25　取款凭条

【步骤五】配款。柜员根据利息清单上本息合计金额进行现金配款。在存单上加盖现金讫章、名章；在利息清单、取款凭条联上加盖现金讫章、名章。

【步骤六】送别客户。将取款凭条回执联、利息清单回单联、身份证件和现金一并交客户，与客户道别。

他山之石

整存整取到期支取销户实训演练报告

1. 实训情景描述。

作为银行柜员，我正在窗口接待顾客。124 号顾客来到窗口，要求将其整存整取账户到期支取销户。

2. 实训工具或材料。

存单、个人业务取款凭条、利息清单、现金讫章、柜员名章；

钞券、电脑、模拟银行业务软件、签字笔等。

3. 实训步骤。

124 号顾客来到窗口，要求将其整存整取账户到期支取销户。

我接过客户的身份证、存单，仔细核对了客户身份证和客户本人是否一致，并且审核了存单，这些材料都没有问题，随后请客户在存单背面批注身份证件号码、地址，并签名。

我进入银行电脑系统，选择"整存整取销户"交易，由客户输入密码，按程序提示进行销户记账处理。我打印了利息清单和取款凭条，请客户在取款凭条上签名确认。客户签名后我再次确认。接着我根据利息清单上本息合计金额进行现金配款。我在存单、利息清单、取款凭条上加盖现金讫章、名章。最后我将取款凭条回执联、利息清单回单联、身份证件和现金一并交客户，提醒客户复核，与客户道别，完成了整个服务流程。

4. 实训小结。

经过整存整取到期支取销户实训演练，我了解并掌握了银行工作中的整存整取到期支取销户业务。

情景单元 2　人民币零存整取定期储蓄业务

零存整取定期储蓄是指个人将人民币存入银行储蓄机构，每月固定存款额，集零成整，约定存款期限，到期一次支取本息的一种定期储蓄。一般 5 元起存，多存不限。存期分为一年、三年、五年。本情景单元将练习零存整取开户、存款、到期销户的操作过程。

活动 A　零存整取开户

【情景内容】

201×年 8 月 16 日，客户吴浩来到模拟银行 W 市分行个人业务柜，要求开立零存整取账户，并存入现金 1 000 元，存期三年，柜员王慧接待了客户，并完成了相关业务。

【情景步骤】

【步骤一】受理。客户填写开户申请书，将现金和身份证件一并交柜员（见图 5.26）。

银行开立个人银行账户申请书

201×年 08 月 16 日

<table>
<tr><td rowspan="9">客户信息</td><td rowspan="5">申请人资料</td><td>中文姓名</td><td>吴浩</td><td>拼音或英文名</td><td colspan="2">Wuhao</td><td>性别：
■男 □女</td><td colspan="5">出生日期
19850906</td></tr>
<tr><td>证件类型</td><td>■身份证
□</td><td>证件号码</td><td colspan="6">420106198509061473</td></tr>
<tr><td>证件有效截止日期</td><td>2020.08.08</td><td>固定电话</td><td colspan="2">88755357</td><td>移动电话</td><td colspan="3">13888888888</td></tr>
<tr><td>通讯地址</td><td colspan="3">W 市 XX 路 118 号</td><td colspan="2">经常居住地</td><td colspan="3">□同通讯地址
■其他</td></tr>
<tr><td>国籍</td><td>中国</td><td>职业及职责</td><td colspan="6">编辑</td></tr>
<tr><td rowspan="3">代理人或监护人</td><td>中文姓名</td><td></td><td>性别：
□男 □女</td><td colspan="2">联系电话：</td><td colspan="4">代办理由及关系</td></tr>
<tr><td>证件类型</td><td>□身份证
□</td><td>证件号码</td><td colspan="7"></td></tr>
<tr><td>通讯地址和邮编</td><td colspan="9"></td></tr>
<tr><td colspan="11"></td></tr>
</table>

<table>
<tr><td rowspan="8">开户及其他业务</td><td rowspan="4">储蓄账户</td><td colspan="9">□银联标准卡　□银联生肖卡　□联名卡　□活期一本通</td></tr>
<tr><td colspan="9">□定期一本通　□自动转存式整存整取（存单）　□存本取■ 零存整取</td></tr>
<tr><td colspan="7">□自动转存式通知存款 □自动转存式通知存款 □通知存款一户通</td><td colspan="2" rowspan="2">存期：三年</td></tr>
<tr><td colspan="7">□国债　　□其他（到期约定转存）</td></tr>
<tr><td rowspan="4">存款信息</td><td>存单折通兑方式</td><td>存单折支取方式</td><td>币种</td><td rowspan="2">金额</td><td>亿 千 百 十 万 千 百 十 元 角 分</td><td colspan="2">大额资金来源</td></tr>
<tr><td>■通兑
□不通兑</td><td>■留密
□其他</td><td>■钞
□汇</td><td>￥1 0 0 0 0 0</td><td colspan="2"></td></tr>
</table>

<table>
<tr><td rowspan="2">银行记录</td><td colspan="4">交易时间：201×年 08 月 16 日</td></tr>
<tr><td>会计主管：</td><td>授权：</td><td>复核：</td><td>录入：</td></tr>
<tr><td rowspan="2">客户确认</td><td colspan="4">本人保证本申请书资料真实有效；同意遵守《储蓄管理条例》、《客户开户须知》以及监管部门和贵行有关个人业务规定。对因违反规定而造成的损失和后果，本人愿意承担一切责任。</td></tr>
<tr><td colspan="4">客户签名：吴浩　　　　　　　　　代理人或监护人签名：</td></tr>
</table>

银行（签章）：

图 5.26　银行开立个人银行账户申请书

【步骤二】审核。柜员审核客户提交的开户申请书、身份证件。

【步骤三】清点现金。按照现金收款流程进行现金清点。

【步骤四】系统处理。选择"零存整取现金开户"交易进行系统处理。如客户选择密码支取方式，必须由客户通过密码小键盘输入密码，录入后提交。

【步骤五】打印存折和凭条。核对打印要素，打印存折（见图5.27、图5.28）。

零存整取存折

账号 4809962015000926854560　　　户名 吴浩

办卡标志 无卡　　　　　　　　　　币种 RMB

开户网点名称 模拟银行W市分行　　钞汇标志 钞

凭证号码 025240015

（银行签章）

签发日期 201×-08-16　属性 单币种户　通存通兑 通　印密 密

	日期	注释	支出（-）或存入（+）	结余	网点号	操作
1	201×0816	开户	1.000.00	¥1.000.00	50701	0505
2						
3						
4						
5						
6						
7						
8						
9						
10						

图 5.27　存折

个人业务存款凭条

201X年 08 月 16 日

银行打印	户名 吴浩　账（卡）号 4809962015000926854560　顺序号 0068 币种 人民币　钞汇标志 钞　存款金额 ¥1000.00 业务种类 零整开户　存期 三年　转存标志 约转　转存期限 日期 201X0816　日志号 32572105　交易码 2740　流水号 082101　柜员 0505

| 客户备注 | 账（卡）号_____
 币种_____　序号_____
 存期_____ □钞 □汇
 □到期转存 的存期__月
 □到期不转存 | 金额 | 客户确认 | 本人已确认银行打印记录正确无误。

客户签名：吴浩 |

事后监督　　　　　　　经办

图 5.28　存款凭条

【步骤六】盖章。客户签字收回存款凭证，加盖现讫章、名章，授权业务加盖授权人名章。核对存折的记录户名、币种、金额等正确后，在存折上加盖存单（折）专用章及名章。

【步骤七】送别客户。将存款凭证回执、存折（银行卡）、身份证交还客户。

活动 B　零存整取存款

零存整取可以预存（次数不定）和漏存（如有漏存，应在次月补齐，但漏存次数累计不超过 2 次），账户漏存两次（含）以上的，其后的存入金额按活期存款计息。账户金额等于应存金额时不允许存入。

【情景内容】

201×年 9 月 16 日，客户吴浩来到模拟银行 W 市分行个人业务柜，要求在已开立的零存整取账户中存入 1 000 元，柜员王慧接待了客户，并完成了相关业务。

【情景步骤】

【步骤一】审核。客户存折是否本行签发，是否漏存，若漏存则本月存款金额为每月固定金额的两倍，并提示客户补交现金。

【步骤二】清点现金。按照现金收款流程进行现金清点。

【步骤三】系统处理。使用交易系统，进行"零存整取现金存款"操作。

【步骤四】打印凭证。根据系统提示，打印存折（见图 5.29）与存款凭条，并将存款凭条交客户签字确认。

	日期	注释	支出（-）或存入（+）	结余	网点号	操作
1	201×0816	开户	1.000.00	￥1.000.00	50701	0505
2	201×0916	续存	1.000.00	￥2.000.00	50701	0505
3						
4						
5						
6						

图 5.29　存折

【步骤五】送别客户。柜员将存折、存款回执交客户，与客户道别。

活动 C　零存整取到期销户

【情景内容】

201×年 8 月 16 日，客户吴浩来到模拟银行 W 市分行个人业务柜，要求将其零存整取账户销户，柜员王慧接待了客户，并完成了相关业务。

【情景步骤】

【步骤一】审核。柜员审核客户存折是否为本行签发并已到期。

【步骤二】系统操作。使用系统进行"零存整取到期销户"操作。

【步骤三】打印相关凭证。打印存折、取款凭条、利息清单，将取款凭条交给客户。客户审核凭条内容无误，签字确认，交给柜员（见图 5.30 ~ 5.32）。

	日期	注释	支出（-）或存入（+）	结余	网点号	操作
1	201×1116	存入	1.000.00	¥28.000.00	50701	0505
2	201×1216	存入	1.000.00	¥29.000.00	50701	0505
3	201×0116	存入	1.000.00	¥30.000.00	50701	0505
4	201×0216	存入	1.000.00	¥31.000.00	50701	0505
5	201×0316	存入	1.000.00	¥32.000.00	50701	0505
6	201×0416	存入	1.000.00	¥33.000.00	50701	0505
7	201×0516	存入	1.000.00	¥34.000.00	50701	0505
8	201×0616	存入	1.000.00	¥35.000.00	50701	0505
9	201×0716	存入	1.000.00	¥36.000.00	50701	0505
10	201×0816	销户	-36.000.00	0.00	50701	0505

图 5.30　存折

个人业务取款凭条

201X年 08 月 16 日

银行打印	户外 吴浩　账（卡）号 4809962015000926854560　顺序号 0068 币种 人民币　钞汇标志 钞　取款金额 ¥37098.90 业务种类 零整销户　存期　　转存标志　　转存期限 日期 201X0816　日志号 32577010　交易码 2749　流水号 082523　柜员号 0505	
客户备注	账（卡）号＿＿＿＿＿ 币种＿＿＿＿＿　序号＿＿＿＿＿ 存期＿＿＿＿＿　□钞　□汇 □到期转存 的存期＿月　金　亿千百十万千百十元角分 □到期不转存　　　　　额	客户确认	本人已确认银行打印记录正确无误。 客户签名：＿吴浩＿

事后监督　　　　　经办

图 5.31　取款凭条

储蓄存款利息清单

201× 年 08 月 16 日

户名	吴浩			帐号	4809962015000926854560		
储种	本金	类别	利率%	利息	应税利息	利率%	税金
双整	36000.00		1.98	1098.90	1098.90	0	0.00
网点号	现转标志	税后利息	税后本息合计	操作	备注		
50701	现钞	1098.90	37098.90	0505			

第二联 客户留存　　　　事后监督　　　　复核（授权）　　　　经办

图 5.32　利息清单

【步骤四】配款。柜员审核客户签名无误，配付现金。在取款凭条记账联及回执联上加盖现金讫章、名章；在利息清单客户联和银行留存联加盖现金讫章、名章；在存折上加盖销户章。

【步骤五】送别客户。将取款凭条回执联、利息清单客户联和现金一并交客户，与客户道别。

 **实训练习**

实训一：定期储蓄存款现金开户训练。

实训角色：柜员李明、客户张三。

实训业务：2015年3月20日张三到W银行新开户存入现金10 000元，存期6个月定期。

客户资料：

姓名：张三；

证件类型：身份证；

证件号码：350824198007130666；

国籍：中国；

联系电话：35400888；

地址：北京市海淀区中关村彩和坊路6号；

邮编：100080。

实训二：个人活期转定期转账开户训练。

实训角色：柜员李明，客户王可。

实训业务：2015年4月5日客户王可持活期普通存折要求将其中2 000元人民币转存为1年期定期储蓄，并要求1年期自动转存。

客户资料

姓名：王可；

证件类型：身份证；

证件号码：530824198007130666；

国籍：中国；

联系电话：63250039；

地址：重庆市渝中区石桥铺新大街路6号；

邮编：425200。

实训三：个人定期存款部分提支业务训练。

实训角色：柜员李明，客户王可。

实训业务：2015年12月5日收到王可提交定期存单一张，金额2 000元，到期日为2016年4月5日。客户要求支取现金1 000元。

实训项目 个人储蓄存款特殊业务

在储蓄业务中，柜员经常会碰到密码维护、挂失、查询、冻结、扣划等特殊业务。

密码维护指银行网点根据客户的申请，为相关客户加办、变更、撤销密码的交易。客户在网点申请维护账户密码时，应填写"密码申请书"，并根据要求提供相关账户对应的本人实名证件和凭证。

个人存款挂失业务是指存款人因各种原因遗失存单（存折、银行卡）等凭证，或丢失预留印鉴、遗忘存款密码时，向银行提出申请，要求银行将有关存款账户止付，银行按规定手续为其补发存单（存折、卡）、进行密码重置或支取存款的业务。

挂失按有效期及后续处理方式不同分为正式挂失、临时挂失。正式挂失是指客户提供账/卡号，持该账户对应的有效实名证件到网点柜台通过填写挂失申请书办理的挂失交易，客户须7天后办理解挂失等后续处理后才能解除挂失状态。临时挂失是指客户提供账/卡号或该账户对应的有效实名证件等信息即可办理的挂失交易，临时挂失可通过网点柜台或电子银行等渠道办理，在有效期满后自动解除挂失。

知识点： 客户维护密码时必须由本人办理。

加办密码由客户凭有效实名证件、存折/单在县（市）内任一该银行联网网点办理。

变更密码由客户凭有效实名证件、存折/单、银行卡和原密码在该账户通存通取范围内该银行任一联网网点办理。

撤销密码由客户凭有效实名证件、存折/单和原密码在该账户通存通取范围内任一联网网点办理。账户撤销密码后，该账户的存款交易和加办密码交易可在县（市）内任一改行联网网点办理，其余交易只能在开户网点办理。

情景单元 1 密码维护

【情景内容】

201×年 10 月 5 日，客户孙娟来到银行，要求将其银行卡密码进行变更。柜员王慧接待了客户，并完成了相关业务。

【情景步骤】

【步骤一】 要求客户填写"密印申请书"，连同存款凭证、本人有效身份证件交柜员。

【步骤二】 柜员审核"密印申请书"填写规范，审核存款凭证真伪及实名证件。

【步骤三】 在系统中选择"变更密码"交易进行操作，按规定录入相关信息，验证存款凭证原密码，并请客户输入新密码两次，确认交易。

【步骤四】 打印"密印申请书"。

【步骤五】 将存款凭证和身份证件交给客户，送别客户。

情景单元 2 挂失业务

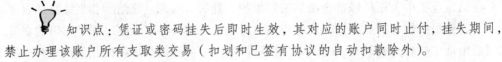

知识点： 凭证或密码挂失后即时生效，其对应的账户同时止付，挂失期间，禁止办理该账户所有支取类交易（扣划和已签有协议的自动扣款除外）。

正式挂失满 7 天后，还需要办理挂失补发、挂失清户、解挂、密码重置等后续处理事项。

活动 A 凭证挂失

【情景内容】

201×年 10 月 29 日，客户吴浩来行，要求将其活期储蓄存折书面挂失，柜员李四接待了客户，并完成了相关业务。

【情景步骤】

【步骤一】办理正式挂失手续：客户申请存单（存折）挂失，必须填写一式三联的"挂失申请书"提供其存款户名、日期、账号、金额、挂失原因等情况，并提交申请人有效身份证件及预留印鉴，如图 5.33 所示。

银行储蓄账户挂失申请书

201×年 10 月 29 日

兹有下列（□存单 ■折 □印鉴 □密码 □_____卡 □开户证实书 □其他_____）申请挂失止付，请按照银行挂失止付规定办理（信用卡挂失前的经济损失由申请人承担），倘日后发生任何纠葛，由申请人负完全责任。　　　此致

存款人姓名：<u>吴浩</u>　存款人身份证件号码：<u>110088198808088888</u>

存款人联系电话：<u>13888888888</u> 存款人地址：<u>北京市海淀区北大资源大厦 1906 室</u>

代办人姓名：_____　代办人身份证件号码：_____

代办人联系电话：_____　代办人地址：_____

挂失原因：■遗失　□损毁　　　　　存款（代办）人身份证件：

　　　　　□遗忘　□其他　　　　　　□身份证　□其他_____

挂失内容	存款币种及种类	账号/卡号	户名	金额	开户日
	人民币	95533 888 8888	吴浩	20000.00	201X.10.29

代办理由

及关系

存款人（代办人）签章：吴浩

已做挂失处理

银行记录　交易时间：　201X.10.29　　　　　　　　（银行盖章）

会计主管：　　　　授权：　　　复核：　　　录入：李四

□撤销挂失　　　　　　　　　　　　　　　　　　　　存款人签章

■补发新单（折、卡）账号见银行记录

□密码重置　　　　　　　　　　　　　　　　　　　　吴浩

□挂失销户

处理情况　已补发新单

及银行记

录　　交易时间：201X.10.29　　　　　　　　　　（银行盖章）

会计主管：　　　　授权：　　　复核：　　　录入：李四

图 5.33　个人业务挂失申请书

【步骤二】查询确认。柜员根据客户提供的账号或姓名进行查询，将查询账户的姓名、金额、身份证件号码与客户提供的相关信息核对相符，审核"挂失申请书"、申请人有效身份证件及预留印鉴，确认该存款尚未支付时才能给予办理正式挂失手续。

【步骤三】进行系统操作：柜员使用"凭证挂失"交易进行操作，手工输入账号，校验客户密码（据客户需要选择"正式挂失/临时挂失"）。

【步骤四】打印。根据系统提示打印储蓄挂失申请书和业务收费凭证（见图5.34）。

> 提示：客户办妥正式挂失止付手续7天后找到原凭证，凭挂失申请书（第一联）及本人身份证件到原挂失网点办理解挂手续。客户存单（存折）在挂失后7天之内找到的，可以要求取消挂失申请。客户在保存的一联挂失申请书上签注"撤销挂失"后交银行收回，柜员在留存的挂失申请书上批注"撤销挂失"字样，并注销挂失登记簿，将一联挂失申请书留存，一联送事后监督部门保存。

业务收费凭证（回单）3

201×年10月29日

银行打印	付款人：吴浩				现转标志：现金								
	收费种类：挂失手续费				金额：10.00元								
	时间：201×1029				柜员号：0505								

	户名		收费种类										
手工填写	账号	笔数	费率	金额								附注
				万	千	百	十	元	角	分		

事后监督　　　　　　复核（核权）　　　　　　经办

图5.34　业务收费凭证

【步骤五】盖章。在挂失申请书（第一联）加盖业务公章和经办人员名章，业务收费凭证上加盖现金讫章和柜员名章。

【步骤六】柜员需在挂失登记簿上进行登记，如图5.35所示。

挂失登记簿

日期	户名	账号	金额	证件号码	经办	授权	处理结果	经办	授权
201×1029	吴浩	4809962001200632165	15 012.30	4201061985090614731	王慧				

图5.35　挂失登记簿

【步骤七】将储蓄挂失申请书、收费回单各一联和客户证件交客户，并告知客户储蓄挂失申请书作为领取新存单（存折）或取款的凭据，以及相关后续处理事项要求（比如挂失补发等）。其余凭证按类整理存放，结束该笔业务。

活动B　密印挂失

【情景内容】

201×年10月29日，客户邓小子来行，告知由于长时间没用卡，忘记银行卡密码，柜员王慧接待了客户，并完成了相关业务。

【情景步骤】

【步骤一】要求客户填写"储蓄挂失申请书"，连同存折/单/绿卡、挂失手续费、实名证件交柜员。

【步骤二】审核挂失申请书的填写，并确认实名证件、原存款凭证无误。

【步骤三】进行系统操作，在系统中选择"密码挂失"交易，按规定录入相关信息，挂失卡密码，必须刷入卡号；若是挂失折密码，则刷折读入账号（根据客户需要选择正式挂失/临时挂失）。

【步骤四】交易成功，打印"储蓄挂失申请书"、手续费收费凭证。

【步骤五】在挂失申请书加盖规定业务专用章，手续费收据加盖现金讫章，并在各单据指定位置加盖业务用个人名章。

【步骤六】将实名证件、存款凭证及挂失申请书、手续费收据各一联交给用户，并告知相关后续处理事项要求。

活动 C 挂失补发新折/卡/单

【情景内容】

201×年1月7日，客户吴浩来行，告知之前在本网点已挂失银行卡，要求补发一个新银行卡，柜员王慧接待了客户，并完成了相关业务。

【情景步骤】

【步骤一】要求客户提交挂失申请书、实名身份证件。

【步骤二】柜员抽出网点留存的挂失申请书（第二联），审核挂失申请书（两联）及身份证件有关要素是否齐全、合法、准确、有效后，联网核查身份。

【步骤三】使用"挂失补发新折/单/卡"交易进行操作，按规定录入相关信息，请客户输入账户密码，验证客户密码。

【步骤四】交易成功后打印原挂失申请书、新存折/存单。

【步骤五】盖章。在新存折/存单上加盖储蓄专用章，并在指定位置加盖业务用个人名章。

【步骤六】将新折/单/卡、身份证件交客户，送别客户，挂失申请书（第一联）留存归档。

活动 D 密码重置

【情景内容】

201×年1月7日，客户邓小子来行，告知之前在本网点已挂失银行卡密码，要求重新设置一个密码，柜员王慧接待了客户，并完成了相关业务。

【情景步骤】

【步骤一】要求客户提交挂失申请书、银行卡、实名证件。

【步骤二】柜员审核挂失申请书、原存款凭证，联网核查身份。

【步骤三】在系统中选择"密码重置"交易，按规定录入相关信息，客户输入新密码。

【步骤四】交易成功后，根据系统提示打印原挂失申请书。

【步骤五】收回挂失申请书，将证件、银行卡交给客户。

> 提示：进行密码重置业务之前，必须先对密码进行挂失。

情景单元 3　查询、冻结、扣划业务

根据中国人民银行与最高人民法院等单位联合发文的规定，有权查询单位或个人银存款的部门有：人民法院、人民检察院、公安机关、国家安全机关、海关、税务机关、监察机关、军队保卫部门、审计机关（包括军队审计机关）。但审计机关（包括军队审计机关）只能查询单位银行存款。有权冻结单位或个人银行存款的部门有：人民法院、人民检察院、公安机关、国家安全机关、海关、税务机关、军队保卫部门。有权扣划单位或个人银行存款的部门有：人民法院、海关和税务机关。账户信息查询业务操作流程、账户冻结业务操作流程、账户解冻业务操作流程、账户扣划款项业务操作流程分别如图 5.36 所示。

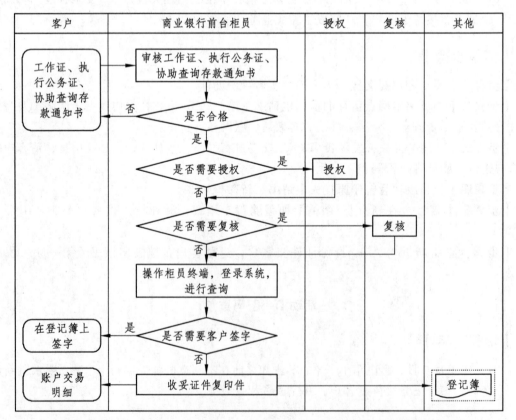

图 5.36　账户信息查询、冻结业务、解冻业务、扣划款业务大致操作流程图

 **实训练习**

实训一：银行卡密码修改实训。

实训角色：柜员李明、客户张三。

实训业务：2015 年 5 月 20 日张三到 W 银行要求将其银行卡密码进行变更。

实训二：活期储蓄存折挂失实训。

实训角色：柜员李明、客户王可。

实训业务：2015 年 4 月 10 日，客户王可要求将其活期储蓄存折书面挂失。

实训三：银行卡挂失训练。

实训角色：柜员李明、客户郑飞。

实训业务：2015 年 5 月 20 日郑飞到 W 银行要求将其银行卡挂失。

实训四：冻结业务训练。

实训角色：柜员李明、公安干警。

实训业务：2015 年 5 月 20 日公安干警到 W 银行要求将客户张琼的个人账户冻结。

实训项目 个人代理业务

作为一名临柜柜员，在进行日常业务处理时，经常会碰到代理业务。代理业务是指银行接受客户委托，以代理人的身份代表委托人办理一些双方议定的经济事项的业务。在代理业务中，银行作为中介人应与委托人签订符合法律法规的协议，明确代理的内容、范围、对象、时间、方式和费用，以及双方的权利、义务等。

代理业务作为银行传统中间业务，是手续费收入的重要来源，它对于银行竞争中的地位越来越重要。

本单元主要介绍临柜柜员在日间操作中常办理的一项业务——代理业务的操作流程及操作要点，通过训练你能够熟练办理以下相关业务：

（1）代收业务操作。

（2）代付业务操作。

（3）代理证券业务操作。

（4）代理保险业务操作。

情景单元 1 代收业务操作

代收业务时银行利用自身网点、人员、汇兑网络等优势，接受行政管理部门、社会团体、企事业单位和个人委托，代为办理指定范围的收款的服务性中间业务。代收业务包括：代收天然气费、代收自来水费、代收有线电视缴费、代理移动话费缴费业务等。

【情景内容】

200×年×月×日，客户昊浩来到模拟银行 W 市分行个人业务柜，要求办理现金缴纳 200

元的天然气费，柜员王慧接待了客户，并完成了相关业务。

【情景步骤】

【步骤一】受理。接到客户交来的燃气费缴费通知单、现金或存折、储蓄卡，审查凭证，核对用户编号以及所缴燃气费金额。柜员需审核缴费通知单上用户编号、天然气使用字数是否清晰，有无涂改，资料是否填清填全，如图5.37所示。

燃气集团销售二公司燃气费缴费通知单

200 年 月						A							

用户编号：0827084北京市顺交区爱国路28号

表示数	上次：3755		单 价		1.90元/m³		最迟交费日期 01 月 24 日						
	本次：3835		使用量		80 m³		营业站电话：62330308						

本次应交气费金额	千	成	十	万	千	百	十	元	角	分	计费日	01 月 08 日	
					¥	1	5	2	0	0			

说明	1. 清白计费次日起十日内交工商银行、农业银行、广东发展行、浦东发展银行、华夏银行、兴业银行、招商银行 2. 过期按日加收1%滞纳金 3. 本收执已经涂改，即行作废 4. 本收执经加盖银行收款章即为有效 5. 可凭收执在二个月内向燃气销售部门更换正式发票 6. 此收执请保留一年，以备查询	计费员 赵 辉	收款章

用户编号：0827084		收款员：①

图5.37 燃气费缴费通知单

【步骤二】收取现金。根据缴费通知单清点现金，审核无误后收入款箱。

【步骤三】系统录入并打印。操作柜员终端，进行"代收天然气费"交易，选择缴费方式（现金、转账），输入缴费金额，核对屏幕输入；内容正确后，按照程序提示进行缴费处理。打印发票，审核打印内容是否正确、完整。在发票各联上加盖现金清讫章及名章。

【步骤四】交还。将发票回执联交客户，将发票留存联按类存放，结束该笔交易。

情景单元2 代付业务操作

代付业务也就是代发款业务。代发款业务是指我行接受委托单位的委托，将委托单位向本单位职工发放的工资、奖金等收入，通过转账划入指定职工在我行开立的活期储蓄账户或代发卡备用金账户内。现在很多单位都委托银行代发工资、社会保险，下面给大家简单介绍一下银行如何代办此项业务。

代发工资业务简称代发薪，是商业银行受企事业单位的委托，通过转账的方式，将员工的工资收入在约定的时间一次或多次划转到员工在银行开立的活期存款账户或信用卡的一项中间业务。代发工资业务从领款形式上看，有活期存折、储蓄卡、信用卡三种形式。

代发工资业务分为两部分：

第一部分为开立账户环节。一是发薪单位和银行签订代发工资协议；二是发薪单位向银行提供员工姓名、有效证件；三是银行为发薪单位员工开立活期账户；四是发薪单位每月提供工资清单给银行。

第二部分为代发环节，包含银行代发工资和发薪单位员工在银行网点、ATM 取款、POS 消费等。本实训要求受训人掌握第二部分。

【情景内容】

2007 年 1 月 3 日客户琴锡练持工资卡（活期一本通）要求支取工资款 2 000 元。

【情景步骤】

【步骤一】审核客户递交的工资卡（活期一本通）及填写的取款凭条，如图 5.38 所示。柜员需审核该存折（银行卡）是否为本银行受理的；使用的凭证种类是否正确，凭证的基本内容是否齐全；账号与户名是否相符。

储蓄取款凭条

科目：(借)		2007 年 1 月 3 日　交易代码：										
	储种：活 期 □　　活期一本通 □　定期一本通 □　存本 □　整零 □　其他 _____											
客户填写	户名：琴锡练			千	百	十	万	千	百	十	元	角	分
	账号：005091029100010											
	定期一本通序号11100001							2	0	0	0	0	0
	币种 RMB 钞 □ 汇 □ 假汇 □												
银行填写													

事后监督　　　复核（授权）　　　经办

图 5.38　取款凭条

【步骤二】对工资银行卡（活期一本通）刷磁条进行查询，显示查询结果，如图 5.39 所示。

姓名：琴锡练
身份证号：982202148114831543
银行账号：006091029100010
开户日期：(自动显示)
确认（√）　　　　　　否认（　）

图 5.39　查询结果界面

【步骤三】打印存折与取款凭条。打印取款凭条并交客户确认，无误后签字。在存折、取款凭条上加盖个人名章，并在取款凭条上加盖"现金收讫"章，如图 5.40 所示。

活期一本通存折

账号---006091029100010----
办卡标志---------
开户网点名称---------
凭让号---11100001-----
　　　　　　　　　　　　　　　　银行签章
签发日期---0609/13--- 通存通兑--- 通--- 印密---密---

序号	交易日期	属性	注释	币种钞/汇	支出(-)或存入(+)	结余	网点号	操作
01	06/09/13	001	开户	RMB钞	+4000.00	4000.00	0609	S0030
02	07/01/03		支取	RMB钞	-2000	2000	0609	S0030

图 5.40　存折

【步骤四】配款。柜员按取款凭条上的取款金额进行配款。

【步骤五】将现金和存折（工资卡）与客户当面核实后交客户。将现金和存折（银行卡）交客户后，取款凭条作为业务凭证在营业终了后，送事后监督部门。

情景单元 3 代理证券业务操作

代理证券业务是指代理发行、兑付经批准的各种债券及银证转账、银证通业务。

代发行证券业务是经办行向投资者收取购买证券（国债、证券投资基金等），并逐级划至总行，由总行将代理发行证券的款项划付发债人。目前，代发行证券业务主要由经批准代理发行、兑付凭证式国债和记账式国债业务及代理证券投资基金开户、认购、申购、赎回业务。

活动 A 证券投资基金认购（申购）

知识点：新基金在发行期内买入称为认购，认购价为 1 元，但在发行期及封闭期内不能赎回。封闭期过后进入开放期，此时买入称为申购，此时申购价是按基金净值来计算的。投资人申购基金的业务操作流程基本与认购基金相同。

【情景内容】

客户王洪 2006 年 12 月 8 日要求认购金马基金 30 000 元。

【情景步骤】

【步骤一】审核客户资料及填写的开户申请。个人客户申请开立基金交易账户时，需出具本人有效身份证件和资金账户卡。

【步骤二】进行系统操作。柜员审核后通过"基金交易账户开户"交易，录入申请人提交的资料等有关信息。将投资人基金交易账户与基金资金账户建立唯一对应关系。虽然客户当天就可以拿到交易账号（即资金账户卡卡号），但从目前的实际操作看，仍需 2 天后再到该网点确认开户成功，并取得基金账号。5 天后，基金管理公司将为客户寄出基金账户卡。

【步骤三】审核代理基金申/认购申请表。投资人认购新开发的基金时，应按认购金额填写代理基金申/认购申请表，认购金额大于最低认购金额，是交易级差的整数倍。柜员接到申请后，应审核该申请表是否按要求填写，并审核客户资金账户上是否有足够的认购资金。

【步骤四】进行系统操作。经审查无误后，通过"认购"交易，根据系统提示录入有关信息，按投资者意愿选择不同基金公司的基金产品。

【步骤五】打印基金申/认购单并交客户确认。打印基金申/认购单一式两联，经客户确认无误后签字，如图 5.41 和图 5.42 所示。

代理基金申/认购申请表

提示：填写前请阅读第二联背面的有关内容（略）。

申请日期： 2006年12月8日

客户填写	申请人	王洪										
	借记卡号	6014444091302989721										
	基金代号	020005										
	基金名称	金马基金										
	申/认购金额或份额（大写）叁万元整	亿	千	百	十	万	千	百	十	元	角	分
					3	0	0	0	0	0	0	0
	分红方式类别	红利再投资（ ） 派现（ √ ）										

声明：本人/本公司接受《基金契约》所载明的所有法律条款，承诺依据《基金契约》行使权利，
　　　承担义务，并确保已详阅所买基金的《公开说明书》，自愿办理中国农业银行代理的基金
　　　业务，明白投资基金的风险，自担投资风险。

申请人或经办人签字：王洪　　　　　　　机构投资人预留印鉴：

银行填写	申请人	王洪		
	借记卡号	6014444091302989721		
	基金代码	020005	基金账号	040001919584
	申/认购金额或份额（大写）叁万元整	￥30000.00		
	冻结金额（大写）	￥		
	分红方式类型	派现		
	委托号		受理时间	2006年12月8日

图 5.41　代理基金申/认购申请表

基金申/认购单

基金名称：金马基金　　　　　　基金销售网点：中轴路支行
市场代码：002　　　　　　　　申贴时间：12：28：44
证券代码：020005　　　　　　交易流水号：11022010701081019628412
投资者名称：王洪　　　　　　认购金额：30000.00元
客户交易号：09015000087162　认购费率：0.015000
借记卡号：6014444091302989721　折算认购份额：29550.00（份）
（理财卡号）　　　　　　　　卡密码：
其中手续费：450.00元　　　　认购净金额：29550.00元
扣款金额：30000.00元　　　　扣款金额大写：叁万元整

图 5.42　基金申/认购单

【步骤六】将有效身份证件、客户信息确认表和交易确认书、基金交易卡、基金资金账户
卡交客户。

活动 B　证券投资基金赎回

证券投资基金赎回是指在基金存续期间，将手中持有的基金份额按一定价格卖给基金管
理人并收回现金的行为。赎回后的剩余基金份额不能低于基金公司规定的最小剩余份额；未
被基金公司确认的基金不能做赎回业务。

【情景内容】

客户李燕于 2007 年 2 月 16 日要求全额赎回 2001 年 9 月 16 日申购的华安创新开放式基

金。柜员王莉接待了李燕，并完成了相关业务。

【情景步骤】

【步骤一】审核客户提交的有效身份证件、基金交易卡、基金资金账户卡、基金账号。审核客户提供的有关资料是否真实准确。

【步骤二】审查客户填妥的代理基金赎回申请表。审核客户是否将该支基金的份额全部赎回。若不全部赎回，则在账户内保留的基金份额不得低于该支基金的最低持有量。

代理基金赎回申请表				
基本资料	申请人名称	李燕	申请日期	2007 年 2 月 16 日
	基金名称	华安创新	基金代码	04001
基金赎回	1、赎回数量：35901.63份　　2、收费模式：前端（√）后端（　） 3、预约赎回日期：2007年2月16晶　4、巨额赎回处理方式： 　　　　　　　　　　　　顺延（　）　不顺延（√）			

图 5.43　代理基金赎回申请表

【步骤三】进行系统操作。审核无误后，进入"基金赎回"交易界面，根据系统提示录入有关信息。

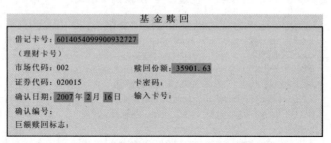

基 金 赎 回

借记卡号：6014054099900932727
（理财卡号）
市场代码：002　　　　　　赎回份额：35901.63
证券代码：020015　　　　　卡密码：
确认日期：2007 年 2 月 16 日　输入卡号：
确认编号：
巨额赎回标志：

图 5.44　"基金赎回"业务交易界面

【步骤四】打印代理基金赎回申请表并交客户确认。打印代理基金赎回申请表一式两联，经客户确认无误后签字。

【步骤五】将现金、身份证、基金业务回执交客户。

> 提示：该基金赎回的基本情况：经过几次分红后，实际基金份额为 35 901.63 份基金单位。2007 年 2 月 16 日该基金净值为 2.526 元，则本息和为 90 236.34 元 [35 901.63×2.526÷（1＋0.5%）= 90 236.34]，所获得的净利润为 60 236.34 元（90 236.34－30 000=60 236.34）。

活动 C　银证转账

所谓银证转账是指将股民在银行开立的个人结算存款账户（或借记卡）与证券公司的资

金账户建立对应关系，通过银行的电话银行、网上银行、网点自助设备和证券公司的电话、网上交易系统及证券公司营业部的自助设备将资金在银行和证券公司之间划转，为股民存取款提供便利。银证转账业务常用的方式有电话委托、网上银行、电话银行、驻留委托、自助委托等。

【情景内容】

客户李×2006年12月2日来到我行，要求办理银证转账开通业务。

【情景步骤】

【步骤一】提示客户填写银证资金转账业务协议书，并提交身份证件、活期存折（卡）、证券股东账户、证券资金账户。

【步骤二】审核客户提交的有效身份证件、本行活期存折（卡）、证券股东账户、证券资金账户及填妥的银证资金转账业务协议书。

【步骤三】审核无误后，进行系统操作，进入"银证转账开通"业务界面，柜员即可为其办理开通。

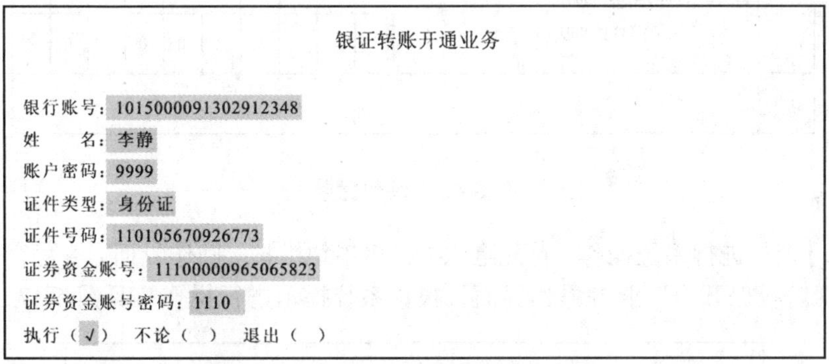

```
                    银证转账开通业务

  银行账号：1015000091302912348
  姓    名：李静
  账户密码：9999
  证件类型：身份证
  证件号码：110105670926773
  证券资金账号：11100000965065823
  证券资金账号密码：1110
  执行（√）　不论（　）　退出（　）
```

图5.45　"银证转账开通"业务界面

提示：客户签约的银行账户与证券资金账号必须是一对一的对应关系，如需建立新的对应关系，必须先解除原银证转账对应关系。当开通银证转账时，银行账号登记的身份证号码必须与证券资金账号登记的身份证号码一致。

情景单元4　代理保险业务操作

代理保险业务是指银行接受保险公司的委托，以兼业代理人的身份代为办理财产保险和人身保险等保险业务，并向保险公司收取代理手续费的一项中间业务。目前，银行代理保险业务不仅包括代收保险费、代付保险费、代理销售保险产品等传统业务，而且还涉及协议存款、资金网络结算、保单质押贷款等新业务领域。但银行在其代办险种的范围内，一旦保险标的遭受损失，应由保险公司予以赔偿，代理银行不承担经济责任。

提示：银行只有与委托代理的保险公司签订《保险代理合同书》，才能建立正式的业务代理关系，这是银行开办代理保险业务的前提。

【情景内容】

客户琴锡练2007年2月5日交来活期存折，要求购买两份总金额2 000元的新华人寿保险。

【情景步骤】

【步骤一】审核客户提交的有效身份证件、人寿保险费委托代收授权书。

【步骤二】审核客户递交的活期一本通及填写的取款凭条（见图5.46）。

储蓄取款凭条

科目：（借）	2007年2月5日	交易代码：

	储种：活期 □　活期一本通 □ 定期一本通 　□ 存本 □ 整零 □ 其他		千	百	十	万	千	百	十	元	角	分
客户填写	户 名：琴锡练 账 号：0060910291000010 定期一本通序号11100001 币种 RMB 钞 □　汇□ 假汇 □							2	0	0	0	0	0
银行填写													

事后监督　　　　　复核（授权）　　　　　经办

图 5.46　取款凭条

【步骤三】柜员进行系统操作，首先进入"客户签约维护"操作界面，填写客户相关信息。然后进入"保险投保开户"业务操作界面，根据系统提示进行操作（见图5.47、图5.48）。

客户签约维护

保险公司：新华人寿保险公司

险种：人寿险

保单号：06458921

证件类型：军人身份证　　　证件号码：982202148114831543

投保人姓名：琴锡练　　　投保人性别：男

投保人出生日期：1955年3月4日

学历：大学

职业：教师　　　　　月收入：5000元

工作单位：解放军陆军学院

投保人家庭联系电话：35400090

投保人单位联系电话：35400001

投保人通讯地址：北京市顺义区爱国路28号

投保人邮政编码：100099

投保人电子邮箱：xiaxiliao@siea.com

缴费形式：活期存折扣缴

代发代扣标志：

账号：0060910291000010　　　账号密码：676767

保险单印刷号：100318060357987

执行（√）　　　否认（　）　　　退出（　）

图 5.47　"客户签约维护"业务界面

```
                          新华保险投保开户

   投保单证号：06458921

   保险单印刷号：100318060357987    校验保险单印刷号：

   投保人姓名：琴锡练

   证件类型：军人身份证      证件号码：982202148114831543

   被保险人姓名：琴锡练

   缴费形式：扣缴

   保险责任期间：3年

   保险份数：2份

   保障金总额：2000元

   投保人联系电话：35400390

   投保人通讯地址：北京市顺义区爱国路28号


   执行（√）     否认（ ）      退出（ ）
```

图 5.48 "保险投保开户"业务界面

【步骤四】打印一式五联的保险费收据及活期一本通存折（银行卡）并加盖业务公章、名章。

【步骤五】将保险单正本、收费凭证客户联、有效身份证、活期存折卡交客户，送别客户后，将凭证按类整理。

 **实训练习**

实训一：代收业务训练。

实训角色：柜员李明、客户李阳。

实训业务：客户李阳要求开立银行卡办理银行代缴歌华有线电视费，交来现金 320 元。

客户资料：姓名：李阳；证件类型：军人身份证；证件号码：350824198007130412；国籍：中国；联系电话：35400390；地址：北京市顺义区爱国路 28 号；邮编：100099；凭证号码：11100001；账户密码：676767；用户代码：1084；用户姓名：111000666；序号货源协议号：00000317；缴费截止日期：2015 年 5 月 15 日。

实训二：代理基金购买训练。

实训角色：柜员李明、客户王一。

实训业务：客户王一 2014 年 12 月 8 日要求认购买金马基金 50 000 元。

客户资料：姓名：王一；证件类型：身份证；证件号码：31010519530812886；国籍：中国；联系电话：65400390；地址：北京市昌平区爱民路 142 号；邮编：200123；借记卡号码：6014444091302989766。

第四节　柜员公司业务操作

实训项目　单位存款账户开户操作

单位结算账户根据管理要求不同，划分为基本存款账户、一般存款账户、临时存款账户和专用存款账户四种。各单位只有在银行开立了结算账户后，才能办理现金存取、转账结算等资金收付活动。

单位银行结算账户的开户一般都是从其他账户转入，但必须在正式开立之日起 3 个工作日后，经过人民银行的核准后才能正式生效。生效后方可办理对外支付，但由验资的临时存款账户转为基本存款账户、借款转存的一般存款账户除外。

> 💡　知识点：人民币基本存款账户：可办理现金收付和日常转账结算。按人民银行账户管理规定，一家单位只能选择一家银行申请开立一个基本存款账户。
>
> 人民币一般存款账户：可办理转账结算和现金缴存，不能办理现金支取和代发工资业务。单位可在已开立基本存款账户以外的银行开立此账户，或客户虽为非独立核算单位，因与主管单位不在一地点，为单独办理结算业务的需要，经主管单位批准，可申请开立此账户。
>
> 人民币临时存款账户：因临时性经营活动需要，可开立此账户。若申请开立临时验资户，客户须提供工商行政管理局核发的"公司名称预先核准通知书"和该通知书列明的申请人身份证复印件。若客户因外地汇入待结算款项，可凭个人身份证"留行待取"账户。
>
> 人民币专用存款账户：因特定用途需要，可开立此账户。开立专用存款账户除基本存款账户要求提供有关文件外，还须向银行出具下列证明文件之一：经有门批准立项的文件；国家有关文件、规定。

情景单元 1　单位基本存款账户开户业务

【情景内容】

201×年 3 月 12 日，W 市普林公司来行提交开户申请书及相关资料，要求开立基本存账户。柜员王莉接待了客户，并完成了相关业务。

【情景步骤】

【步骤一】要求客户填写并提交一式三联"开立单位银行结算账户申请书"（见图 5.49）、送交盖有存款人印章的印鉴卡片，并提供营业执照等相关规定的证明文件（见图 5.50）。

【步骤二】审核凭证。审核单位客户填写的"开立单位银行结算账户申请书"（必须加盖公章和法人代表签章）无误后，审核客户资料的真实性、合法性和完整性。与开立单位银行结算账户申请书上的内容核对一致，由业务主管签署相关意见，并加盖业务公章，连同客户提交的证明文件报所属支行审批。

开立单位银行结算帐户申请书

存款人名称	W市普林公司	电话	84885290	
注册地址	W市XX路特1号	邮政编码	430001	
存款人类别	有限责任公司	组织机构代码	6521328-01	
法定代表人（√）	姓　名	张明	证件种类	居民身份证
单位负责人（　）	证件号码	420101197005241631		
行业分类	制造业	注册资金	人民币500万元	
经营范围	电子产品、通讯产品	地区代码	4301	
证明文件种类	企业法人营业执照	证明文件编号	64528223	
税务登记证编号	国　税	4301562314725	地税	4301562314725
账户性质	基本（√）	一般（　）　　专用（　）	临时（　）　　其他（　）	
资金性质		有效日期至	202X年3月2日	
办公地址	W市XX路特1号	邮政编码	430001	
对账单寄送地址	W市XX路特1号	邮政编码	430001	
对账单联系电话	84884139	办公地联系电话	84885290	
以下栏目由开户银行审核后填写				
开户银行名称		开户银行名称		
账户名称		账户名称		
基本存款账户开户许可证核准号		开户日期		
本存款人申请开立银行结算账户，所提供的开户资料真实有效。 存款人（公章） 201X年3月12日	开户银行审核意见： 经办人（签章） 年　月　日		人民银行审核意见： （非核准类账户除外） 经办人（签章） 人民银行（签章） 年　月　日	

本申请书一式三联，一联开户银行留存，一联开户单位留存，一联中国人民银行当地分支行留存。

图5.49　开立单位银行结算账户申请书

银行存款户支款印鉴卡

户名	W市普林公司	账　号	
公章或财务专用章	法宝代表人或 授权代理人私章	电话	84884139
		地址	W市XX路特1号
	张明	启用日期	
		注销日期	
		财务联系人	曾俊
		邮编	43001
		使用说明：共2章 凭　公章1章 　　私章1章　有效	
主管：		经办人：	

图5.50　印鉴卡

【**步骤三**】将客户开户资料送当地人民银行分支机构审批，经人民银行审批同意，获取开户许可证（见图5.51）。

开 户 许 可 证

核准号：HB00010546423　　　　　　编号：0001-0245135

经审核　　W市普林公司　　符合开户条件，准予开立基本存款账户。

法定代表人（单位负责人）　张明

开户银行　模拟银行W市分行

账号 501000135221001

签发机关盖章

201X年3月14日

图 5.51　开户许可证

【步骤四】建立客户信息。柜员根据主管审批同意的"开立单位银行结算账户申请书"，为其操作柜员终端，使用"新开客户"交易为其建立客户信息档案后，建立客户号。

> 知识点：客户号是面向客户的基础，系统根据客户号识别客户。任何一个客户在第一次与银行进行业务关系时，柜员都要为其在系统中开立客户号。
>
> 在新开客户时系统自动检索相关信息，企事业单位检索的依据是单位全称，个人户检索的依据是身份证号码。如果检索到信息，则自动显示原有客户号，并拒绝新开客户。否则系统根据输入的信息登记新开客户登记簿。客户号的引入为银行提供一个重要的角度——客户角度，来掌握银行的经营情况，便于实现客户理财，控制多头贷款，为将来的客户关系管理奠定基础。

【步骤五】预开单位存款账户。选择"预开账户"交易进行操作，预开账户不涉及金额，但要与客户确定该账户为支票户还是存折户。

> 知识点：单位活期存款按照支取方式不同，分为支票户和存折户。支票户是单位在银行开立的凭支票等结算凭证办理存取款项的账户。存折户是单位在银行开立的使用存折办理存取款项的账户。

【步骤六】单位存款账户开户并激活。柜员选择"单位存款账户开户"交易进行操作，并要求客户存入新开户金，柜员点收现金无误后办理。

【步骤七】在印鉴卡上注明账号和启用日期，将开户申请书客户联，开户许可证及客户资料原件交还客户。将开立单位银行结算账户申请书银行留存联装夹保管，结束该笔业务。

 阅读材料

单位银行结算账户管理协议

甲方（存款人）：北京祥林科技有限公司

乙方（开户银行）：中国九州银行

根据《人民币银行结算账户管理办法》和甲方提出的申请，乙方同意为甲方开立存款账户，户名为：北京祥林科技有限公司，账户为　　单位基本存款账户　　。为明确双方的责任，现签订协议如下：

一、甲乙双方承诺遵守《票据法》《票据管理实施办法》《支付结算办法》《人民币银行结算账户管理办法》《现金管理暂行条例》等有关法律法规、规章制度办理所有支付结算业务。

二、甲方的义务：

1. 按照《人民币银行结算管理办法》的要求提供相关开户资料，并保证开户资料的真实、完整、合法；

2. 按规定使用银行结算账户；

3. 开户资料变更时在规定的期限内及时通知银行；

4. 按规定使用支付结算工具；

5. 按规定支付服务费用；

6. 及时与乙方核对账务；

7. 销户时应交回开户登记证、各种重要空白票据和结算凭证；

8. 按照《人民币银行结算账户管理办法》的规定及时办理开户资料的变更手续或者账户的撤销；

9. 甲方自行承担因违反人民银行的有关规定和未正确履行上述义务造成的资金损失。

三、乙方的义务：

1. 及时准确办理支付结算业务；

2. 依法保障甲方的资金安全；

3. 依法为甲方的银行结算账户信息保密；

4. 及时与甲方核对账务；

5. 因违反上述义务给甲方造成损失的，按照人民银行有关规定及有关法律法规承担责任。

四、乙方在为甲方在办理销户手续后，双方的权利义务关系解除。

五、在合同履行过程中发生争议，可以通过协商解决；协商不成的，按以下第（一）种方式解决：（一）向乙方所在地人民法院起诉。（二）提交　　仲裁委员会（仲裁地点为　　　　），按照申请仲裁时该会现行有效的仲裁规则进行仲裁。仲裁裁决是终局的，对双方均有约束力。在诉讼或仲裁期间，本协议不涉及争议部分的条款仍需履行。

六、本协议经甲方法定代表人（负责人）或授权代理人签字并加盖公章及乙方负责人或授权代理人签字并加盖公章后生效。按照有关规定账户开立需要人民银行核准的，本协议经甲方法定代表人（负责人）或授权代理人签字并加盖公章及乙方负责人或授权代理人签字并加盖公章且经人民银行核准后生效。

甲方（公章）：

法定代表人（负责人）

或授权代理人（签字）：王晓

2012 年 04 月 05 日

乙方（公章）：

负责人

或授权代理人（签字）：李娜

2012 年 04 月 05 日

 他山之石

单位基本存款账户开户业务实训演练报告

1. 实训情景描述。

我作为一名银行柜员，为客户办理单位基本存款账户开户业务。

2. 实训工具或材料。

"开立单位银行结算账户申请书"、开户许可证、柜员章、印鉴卡；

身份证明文件、电脑、模拟银行业务软件、签字笔公司公章、法人私章等。

3. 实训步骤。

首先进行分组，每三人一组。由我来扮演银行柜员，李晨扮演客户，刘璇扮演客户经理。我在窗口为客户提供服务。客户来到窗口，提交一式三联开立单位银行结算账户申请书、一式三联印鉴卡及相关证明材料。我来审核客户资料的真实性、合法性和完整性，与开立单位银行结算账户申请书上的内容进行核对。随后将资料提交营业经理（刘璇）进行复审。复审无误后营业经理将资料交还给我。我在模拟银行业务软件上，进行"账户开户申请"操作，输入客户资料，编立单位存款账户账号。我将客户开户资料送当地人民银行分支机构审批，经人民银行审批同意，获取开户许可证。在模拟银行业务软件上，通过"对公信息维护"操作维护账号基本信息中的开户许可证核准号。我在印鉴卡上注明账号和启用日期。我将开户申请书客户联，开户许可证及客户资料原件等交还客户。与客户道别，客户离席，我将开立单位银行结算账户申请书银行留存联装夹保管，结束该笔业务。

接下来，小组内三个人进行角色互换，再进行两轮实训演练。直到每个人扮演过银行柜员为止。

最后是总结阶段。每个人对自己扮演银行柜员角色的感想进行总结。最终完成整个实训演练。

4. 实训小结。

通过为客户办理单位基本存款账户开户业务，我清楚地掌握了为客户办理该项业务的流程及注意事项，知道了哪些单据和票据是非常重要的，哪些单据是交给客户的，哪些单据是单位自行留存的。

 实训练习

实训一：开立公司基本户训练。

实训角色：柜员李明、重庆信息技术有限公司。

实训业务：重庆信息技术有限公司要求新开基本户，注册现金 1 000 000 元，现金存入 100 000 元。

该公司为有限责任公司，行业类型为工业企业。

营业执照号码：100110；电话：010-68698230；贷款卡号：100000001。

邮编：100060；国税证号：Jps110231；地税证号：渝 A329032。

公司地址：重庆市达龙大厦；主管机构：重庆工商局。

法人：夏天。

证件号码：350824198007130412。

实训项目　重要空白凭证业务

情景单元 1　重要空白凭证出售业务

【情景内容】

201×年 5 月 17 日，W 市普林公司来行购买转账支票一本。柜员王莉接待了客户，并完成了相关业务。

【情景步骤】

【步骤一】受理客户提交一式两联空白重要凭证请购单（见图 5.52）。

空白重庆凭证请购单

NO.003521

201X年04月08日

购买单位	**W市普林公司**		账号		501000135221001	上述凭证已出售给你单位，所需费用我行已按下列方式收取，并出具收费回执，请你单位核对。
序号	凭证名称	凭证号码（银行填写）	工本费	手续费	邮电费	
	转账支票		15.00			
						收费方式：□现金　☑转账
	合计		15.00			
金额合计：人民币（大写）壹拾伍元整						（银行盖章）

第一联　客户联　　　　　　　　主管：　　　　　经办人：

图 5.52　重要空白凭证请购单

【步骤二】审核空白重要凭证请购单各要素的完整性和正确性，检验印鉴是否与印鉴卡相符。

【步骤三】操作柜员终端，进行"重要空白凭证出售"操作。

【步骤四】在两联重要空白凭证请购单上加盖转讫章，在已出售的转账支票上加盖开户行名称、出票人账号。

【步骤五】将重要空白凭证请购单客户联、已出售转账支票交客户，并将重要空白凭证请购单第二联按类整理存放，结束该笔业务。

情景单元 2　重要空白凭证注销业务

【情景内容】

201×年 5 月 17 日，W 市普林公司来行退回作废的现金支票。柜员王莉接待了客户，并完成了相关业务。

【情景步骤】

【步骤一】受理客户提交一式两联控号凭证注销申请书、作废空白重要凭证（见图 5.53）。

控号凭证注销申请书　　　　NQ00568

账户名称	W市普林公司		账号	501000135221001
凭证名称		作　废　号　码		
现金支票	17020021、17020024			

模拟银行W市分行：
　　上列凭证已作废，请贵行予以注销。

此致

申请单位（签章）
201X年 4 月 23 日

（盖章：W市普林公司公章）

图 5.53　凭证注销申请书

【步骤二】审核控号凭证注销申请书填写的完整性和正确性。

【步骤三】操作柜员终端，柜员先进行"客户凭证查询"操作，核对客户交回空白重要凭证实物和系统记载的信息是否相符，再进行"空白重要凭证注销"操作。

【步骤四】柜员当面将客户交回的现金支票右上角处切角作废。

【步骤五】在二联控号凭证注销申请书上加盖业务公章和柜员名章。

【步骤六】将控号凭证注销申请书第一联交客户，将控号凭证注销申请书第二联按类整理存放，结束该笔业务。

　他山之石

空白重要凭证出售业务实训演练报告

1. 实训情景描述。

我作为银行柜员，办理祥林公司购买转账支票业务。

2. 实训工具或材料。

"空白重要凭证请购单"、转讫章、柜员名章、银行支票账号章、转账支票、印鉴卡；电脑、模拟银行业务软件、签字笔等。

3. 实训步骤。

实训演练开始时，实训教师将题目告诉受训者。然后开始分组，每三人一组，我和马琳琳、

齐桂宣一组。首先由我来扮演银行柜员，马琳琳扮演客户（祥林公司工作人员），我在窗口为客户办理业务。客户马琳琳提交一式两联的空白重要凭证请购单。我来审核空白重要凭证请购单各要素的完整性和正确性，检验印章是否与印鉴卡相符。我在模拟银行业务软件上，进行"重要空白凭证出售"操作。我在两联空白重要凭证请购单上加盖转讫章，在已出售的转账支票上加盖开户行名称和出票账号。我将空白重要重要凭证请购单客户联和已出售转账支票交给客户。与客户道别，客户离席。我将空白重要凭证请购单第二联按类整理存放，结束该业务。

第二轮，由马琳琳扮演银行柜员，齐桂宣扮演客户进行实训演练。

第三轮，由齐桂宣扮演银行柜员，我扮演客户进行实训演练。

最后进行小组总结，然后完成整个实训演练。

4. 实训小结。

通过本次实训演练，我充分地掌握了为客户祥林公司办理购买转账支票业务的标准化流程。

 实训练习

实训一：现金支票出售训练。

实训角色：柜员李明、重庆信息技术有限公司。

实训业务：重庆信息技术有限公司要求购入现金支票一本（25张），号码为20100801-20100825。

该公司为有限责任公司，行业类型为工业企业；营业执照号码为100110。

电话：010-68698230；贷款卡号：100000001。

邮编：100060；国税证号：Jps110231；地税证号：渝A329032。

公司地址：重庆市达龙大厦；主管机构：重庆工商局。

法人：夏天。

证件号码：350824198007130412

实训二：转账支票出售训练。

实训角色：柜员李明、重庆信息技术有限公司。

公司基本信息如实训一。

实训业务：重庆信息技术有限公司要求购入转账支票一本（25张），号码为20100801-20100825。

实训项目 对公活期存款业务操作

情景单元1 单位活期存款现金存款

【情景内容】

201×年5月17日，W市普林公司来行存入现金1万元。柜员王莉接待了客户，并完成了相关业务。

【情景步骤】

【步骤一】受理客户提交一式三联现金缴存单和现金（见图5.54）。

现金缴款单 1

201X年 05 月 17 日

<table>
<tr><td rowspan="7">客户填写</td><td colspan="2">收款人户名</td><td colspan="3">W市普林公司</td><td colspan="4">收款人账号</td><td colspan="10">501000135221001</td><td rowspan="14">第一联 银行记账凭证</td></tr>
<tr><td colspan="2">缴款人</td><td colspan="3">曾俊</td><td colspan="4">款项来源</td><td colspan="10">销货款</td></tr>
<tr><td rowspan="2">币种</td><td>人民币(√)</td><td colspan="5" rowspan="2">大写：壹万元整</td><td></td><td></td><td>亿</td><td>千</td><td>百</td><td>十</td><td>万</td><td>千</td><td>百</td><td>十</td><td>元</td><td>角</td><td>分</td></tr>
<tr><td>外币：</td><td></td><td></td><td></td><td></td><td></td><td></td><td>¥</td><td>1</td><td>0</td><td>0</td><td>0</td><td>0</td><td>0</td><td>0</td></tr>
<tr><td colspan="2">券别</td><td>100元</td><td>50元</td><td>20元</td><td>10元</td><td>5元</td><td>2元</td><td>1元</td><td>5角</td><td>2角</td><td>1角</td><td>5分</td><td>2分</td><td>1分</td><td></td><td></td></tr>
<tr><td colspan="2">张数</td><td>100</td><td></td><td></td><td></td><td></td><td></td><td></td><td></td><td></td><td></td><td></td><td></td><td></td><td></td><td></td></tr>
<tr><td colspan="16"></td></tr>
<tr><td rowspan="3">银行填写</td><td colspan="5">日期：</td><td colspan="4">日志号：</td><td colspan="4">交易码：</td><td colspan="3">币种：</td></tr>
<tr><td colspan="5">金额：</td><td colspan="4">终端号：</td><td colspan="4">主管：</td><td colspan="3">柜员</td></tr>
<tr><td colspan="16"></td></tr>
</table>

图 5.54 现金缴款单

【步骤二】审核现金缴款单填写的各项内容是否正确，收款人是否在本行开户，大小写金额是否一致等。清点现金，核对是否与缴款单上的金额一致。

【步骤三】操作柜员终端，进行"人民币现金收款"操作。

【步骤四】在三联现金缴款单上加盖现金清讫章和柜员名章。

【步骤五】将现金缴款单第二、三联交客户，并将现金缴款单第一联按类整理存放，结束该笔业务。

情景单元2 单位现金取款业务

单位活期存款按照存取方式不同，分为支票户和存折户。支票户是单位在银行开立的凭支票等结算凭证办理存取款项的账户。存折户是单位在银行开立的使用存折办理存取款项的账户。因此，当存款单位进行现金支取时，支票户需签发支票，存折户需出示存折。

【情景内容】

201×年5月25日，W市普林公司来行提交现金支票一张，申请提取现金5 000元。柜员王莉接待了客户，并完成了相关业务。

【情景步骤】

【步骤一】受理客户提交现金支票，如图5.55所示。

【步骤二】审核现金支票必须记载的事项是否齐全，填写是否符合规范，出票日期、出票金额、收款人名称是否更改；是否真实、完整；是否超过提示付款期限；是否为远期支票，支票填明的收款人名称是否为该收款人，收款人是否在支票背面"收款人签章"处签章，其签章是否与收款人名称一致；印章与预留银行的印鉴是否相符，支票大小写金额是否一致，支票背面是否背书，背书是否正确。

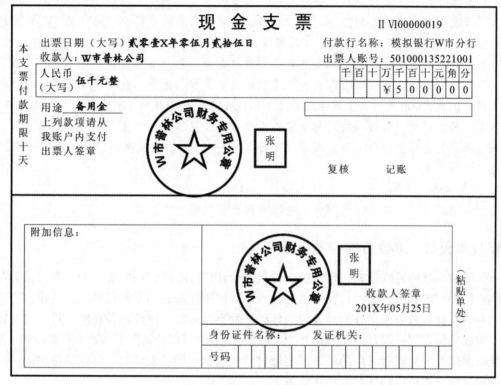

图 5.55 现金支票

【**步骤三**】进行系统操作。柜员审核无误后，柜员通过输入单位活期存款现金支取交易代码，进入单位活期存款现金支取交易界面。

【**步骤四**】配款。柜员根据凭证金额按照从大到小的顺序逐位配款，并依此按实物券别录入，无误后方可对外支付，当面付清，一笔一清。

【**步骤五**】盖章。配款操作无误后，在现金支票的背面打印取款信息，款项付清后，在现金支票上加盖现金清讫章和柜员名章。

【**步骤六**】将现金交客户，并将现金支票按类整理存放，结束该笔业务。

他山之石

单位现金取款业务实训演练报告

1. 实训情景描述。

我作为一名银行柜员，为客户祥林公司办理单位现金取款业务。

2. 实训工具或材料。

现金支票、柜员名章、现金讫章、印鉴卡；

钞券、电脑、模拟银行业务软件、签字笔、公司财务章、法人私章等。

3. 实训步骤。

实训演练开始，先进行分组，每三人一组。我和杨兰、杨小玉一组。首先由我来扮演银行柜员。我在窗口为客户办理业务。客户祥林公司杨兰来到窗口提交现金支票。我审核现金支票是否真实、完整，是否超过提示付款期限，是否为远期支票，出票人签章是否符合规定，印章与预留银行的印鉴是否相符，支票大小写金额是否一致，支票背面是否背书，背书是否正确。我在模拟银行业务软件上，进行"人民币现金支取"操作。我根据客户提取款项金额及要求进行配款 5 000 元。我在现金支票上加盖现金讫章和柜员名章。我将现金交客户杨兰，客户离席与客户道别，最后我将现金支票按类整理存放，结束该笔业务。

接下来分别由杨兰和杨小玉扮演银行柜员，再进行两轮的实训演练。最后小组进行总结，整个实训演练结束。

4. 实训小结。

通过实训演练，我能够按照单位现金取款的流程完成操作。

情景单元 3　单位活期存款转账业务

单位活期存款的转账业务按转账收、付款单位开户行不同，一般可分为：收、付款单位均在同一行开户的转账；收、付款单位在计算机联网通存通兑的不同行开户的转账；收、付款单位一方在计算机联网以外的行开户的转账三种类型；收、付款单位在同一行开户的转账与收、付款单位在同一银行不同网点开户的转账，柜面处理流程相同。收、付款单位一方在计算机联网以外的同城行开户的转账需要通过同城交换处理。现以收、付款单位在同一行开户的转账为例介绍单位活期存款转账业务。

【情景内容】

北京信息技术有限公司持北京利达生物有限公司开出的金额为 25 000 元的转账支票，要求转账至基本户。

【步骤一】审查相关资料：柜员受理客户提交的转账支票和进账单，认真审查凭证要素是否齐全、准确。若是持票人送交的支票，要求提交两联进账单；若是出票人送交的支票，则要求提交三联进账单。

提示：这是收款人和付款人在同一行开户的情况，若不在同一行开户，则这两种凭证不是由客户提交，而是通过同城交换从上级行领回。

【步骤二】进行系统操作：柜员审核无误后，通过输入单位活期存款转账交易代码，进入"单位活期存款转账"交易界面。

【步骤三】打印进账单并交付客户：系统操作完毕后，在第二联进账单背面打印记账信息。记账后在全部进账单和支票上加盖"业务清讫"章和经办柜员个人名章。转账支票作为借方凭证，第二联进账单作为贷方凭证留存银行。若支票由持票人送交，则将进账单第一联作为收账通知交给持票人；若支票由出票人送交，则将进账单第一联交给出票人作为受理支票的依据，第三联作为收账通知交给收款人。

情景单元 4　单位基本存款账户销户业务

当单位客户发生下列情况时，即进行销户业务操作：单位客户主动撤销账户或开户行得知单位客户被撤并、解散、宣告破产或关闭以及被注销、吊销营业执照，应通知单位客户办理销户手续。

【情景内容】

201×年 11 月 23 日，本行开户 W 市力兴公司因经营不善破产，客户来行办理基本存款账户销户。柜员王莉接待了客户，并完成了相关业务。

【情景步骤】

【步骤一】受理客户提交一式三联撤销银行结算账户申请书、开户许可证、单位法定代表人和经办人员的身份证件、未用重要空白凭证（见图 5.56）。

撤销银行结算账户申请书　　NO 00021

账户名称	W市力兴公司				
开户银行名称	模拟银行W市分行				
开户银行代码	50701		账　户	50100106221039	
账户性质	基本（√）　　一般（　）　　专用（　）　　临时（　）　　个人（　）				
开户许可证号	Hb00010356241				
销户原因	破产清算				
本存款人申请撤销上述银行账户，承诺所提供的证明文件真实有效。存款人（签章）201X年11月23日			开户银行审核意见：经办人（签章）　　　　年　月　日		

填表说明：1、带括号的选项填"√"；2、本申请书一式三联，一联存款人留存，一联开户银行留存，一联中国人民银行当地分支行留存。

图 5.56　银行结算账户申请书

【步骤二】审核销户申请书内容的完整性和正确性，审核开户许可证、身份证件的真实性和合法性。

【步骤三】操作柜员终端，柜员先进行"空白重要凭证注销"操作，将客户未用重要凭证注销；进行"单位活期存款销户计息"操作，告知客户本息和，并要求客户填写转账支票和进账单，将客户账户余额转入指定账户；转账完毕后进行"单位活期存款销户"操作。

【步骤四】在转账支票、三联进账单上加盖转讫章、柜员名章。在三联撤销银行结算账户申请书上加盖业务公章和柜员名章。

【步骤五】将撤销银行结算账户申请书第一联，进账单第一、三联交客户。将撤销银行结算账户申请书第二、三联，转账支票，进账单第二联按类整理存放，结束该笔业务。

　**实训练习**

实训一：开立单位活期存款户训练。

实训角色：柜员李明、北京三星技术有限公司。

实训业务：北京三星技术有限公司要求新开基本户，注册现金 1 000 000 元，现金存入 100 000 元。

该公司为有限责任公司，行业类型为工业企业。

营业执照号码为 100112；电话：010-68698265；贷款卡号：100000002；

邮编：100060 ；国税证号：Jps110236；地税证号：京 K329036。

公司地址：北京市达龙大厦；主管机构：海淀工商局。

法人：张二。

证件号码：350824198007130456。

实训二：公司基本户现金支取训练。

实训角色：柜员李明、北京三星技术有限公司。

实训业务：北京信息技术有限公司持金额为 5 000 元的现金支票，要求支取现金，用途为管理费用支出。

公司基本信息同实训一。

实训三：公司基本户转账支票使用训练。

实训角色：柜员李明、北京三星技术有限公司。

实训业务：北京三星技术有限公司持北京利达生物有限公司开出的金额为 25 000 元的转账支票，要求转账存入基本户。

公司基本信息同实训一。

实训项目　对公定期存款业务操作

企事业单位、机关、团体、学校的闲置自由资金，地方财政结余款项等，可按银行规定办理单位定期存款。单位定期存款是由存款单位约定期限，整笔存入，到期支取本息的一种存款。单位定期存款的存款期限有 3 个月、半年、1 年、2 年、3 年、5 年六个档次。单位定期存款一般采用从其基本账户直接转账存入，支取时本息也只能以转账方式转入其基本账户。单位定期存款主要业务有开户、部分提支、到期支取。

情景单元 1　单位定期存款转账开户、存款业务

【情景内容】

201×年 6 月 3 日，W 市普林公司来行提交开立单位定期存款账户申请书及相关证明文，要求开立单位定期存款账户，并将其活期存款账户内款项 10 万元转存定期存款，存期 1 年。柜员王莉接待了客户，并完成了相关任务。

【情景步骤】

【步骤一】查询客户信息。使用"查询单位客户"交易查询是否存在该客户信息。如果没有该客户信息，柜员应根据企业填写的客户基本信息表，给客户建立基本信息，并产生客户号。

【步骤二】要求客户领取并填写一式二联"开立客户定期存款账户申请书"，并提交工商

行政管理机关核发的企业法人执照或营业执照正本及复印件、法人身份证原件及复印件、基本存款账户开户许可证（见图5.57）。

银行开立单位定期（通知）存款账户申请书 1

存款人名称	W市普林公司		地址	W市XX路特1号
账户名称	W市普林公司		组织机构代码	6521328-01
法定代表人或负责人	张明		联系人	曾俊
	居民身份证		联系电话	84885290
	420101197001011631		邮编	430000
币种	（√）人民币　（　）美元　（　）欧元　（　）港币　（　）日元　（　）其他 ___			
存款种类	（√）定期存款　（　）通知存款		支取依据	（√）印鉴
定期存款期限	（　）三个月　（　）半年　（√）一年　（　）二年　（　）三年　（　）五年			
通知存款品种	（　）一天　（　）七天			

本存款人申请开立单位定期存款账户，承诺所提供的开户资料真实、有效，如有伪造、欺诈，愿承担法律责任。

单位（公章）　法定代表人或负责人（印鉴）

张明

201X年6月3日

开户银行审核意见：

同意存款人开立　　　　存款账户。

经办人（签章）　开户银行（业务公章）

年　月　日

填写说明，本申请书一式二份，其中，一份存款人留存。一份开户银行留存。

图 5.57　账户申请书

【步骤三】办理预留银行印鉴手续。

【步骤四】审核开立单位定期存款账户申请书上的各项内容是否填写正确，相关资料是否真实。

【步骤五】开立单位定期存款账户。进行"单位定期存款账户开户"操作，为客户开立单位定期存款账户。

【步骤六】客户填写转账支票、一式三联进账单，交柜员办理转账（见图5.58）。

转 账 支 票　　II VI00000003

本支票付款期限十天

出票日期（大写）贰零壹X年零陆月零叁日　　付款行名称：模拟银行W市分行

收款人：W市普林公司　　　　出票人账号：501000135221001

人民币（大写）壹拾万元整

千	百	十	万	千	百	十	元	角	分
	¥	1	0	0	0	0	0	0	0

用途 转存1年定期

上列款项请从我账户内支付

出票人签章

张明

复核　记账

图 5.58　转账支票

【步骤七】进行"单位定期存款单笔存入"操作。

【步骤八】开具一式两联单位定期存款证实书（见图5.59）。

单位定期（通知）存款证实书

存入日	起息日	性质	印密	存期	约转	利率	到期日	操作
201X 0603	201X 0603	定期	印	1年	是	2.25%	201X 0603	0060

账号：501000223633021　　　账户名称　W市普林公司

存入金额：（大写）人民币壹拾万元整　　　（小写）RMB￥100 000.00

贵单位已在我行开立单位定期存款账户

王莉

复核：　　　　　　记账：　　　　　　制票：

图 5.59　存款证实书

【**步骤九**】在两联开立单位定期存款账户申请书、两联单位定期存款证实书上加盖业务公章和柜员名章。在转账支票、三联进账单上加盖转讫章和柜员名章。

【**步骤十**】将开立单位定期存款账户申请书客户联，单位定期存款证实书客户联，进账单第一、三联交客户。并将开立单位定期存款账户申请书留存联、单位定期存款证实书银行留存联、转账支票和进账单第二联按类整理存放，结束该笔业务。

 **他山之石**

单位定期存款转账开户业务实训演练报告

1. 实训情景描述。

我作为银行柜员，为客户办理单位定期存款转账开户业务，并将单位活期存款账户内款项 10 万元转存定期存款，存期 1 年。

2. 实训工具或材料。

"开立单位定期存款账户申请书"、转账支票、单位定期存款证实书；

柜员名章、转讫章、业务公章、印鉴卡；

电脑、模拟银行业务软件、签字笔、公司公章、法人私章等。

3. 实训步骤。

实训演练开始，首先进行分组，每三个人一组，我和裴丽丽、张海军一组。首先由我来扮演银行柜员。我在窗口为客户办理业务，客户祥林公司人员张海军来到窗口，提交一式两联开立单位定期存款账户申请书及相关资料，并申请将其活期存款账户内款项 10 万元转存定期存款，存期 1 年。我审核开立单位定期存款账户申请书上各项内容是否填写正确，相关资料是否真实。我在模拟银行业务软件上，进行"单位定期存款开户"操作；客户张海军填写转账支票、一式三联进账单，交为我办理转账。在模拟银行业务软件上，进行"单位定期存款单笔存入"操作。我开具一式两联单位定期存款证实书。我在两联开立单位定期存款账户申请书、两联单位定期存款证实书上加盖业务公章和柜员名章。我将开立单位定期存款账户申请书客户联，单位定期存款证实书客户联，进账单第一、第三联交给客户。

客户离席，我与客户道别，我将开立单位定期存款账户申请书留存联、单位定期存款证实书银行留存联、转账支票和进账单第二联按类整理存放，结束该笔业务。第二轮和第三轮实训演练分别由裴丽丽和张海军扮演银行柜员，进行实训演练。最后进行小组内总结，整个实训演练结束。

4. 实训小结

通过此次实训演练，我充分地掌握了单位定期存款转账开户业务的规范化流程。

情景单元 2　单位定期存款部分提前支取业务

【情景内容】

201×年 10 月 20 日，W 市普林公司因急需资金，来银行部分提前支取定期存款 3 万元。柜员王莉接待了客户，并完成了相关业务。

【情景步骤】

【步骤一】客户按支取的金额和利息合计金额填写单位定期存款支取凭证一式三联，注明"部分提前支取"字样，并加盖预留印鉴（见图 5.60）。

单位定期（通知）存款支取凭证

201X年06月05日

存款人名称	W市普林公司	定期存款账号	501000223633021
活期存款账号	501000135221001	活期存款开户行	模拟银行W市分行
存款本金	30 000.00	利息	98.00

本息合计	人民币（大写） 叁万零玖拾捌元整	千	百	十	万	千	百	十	元	角	分
				¥	3	0	0	9	8	0	0

存款人预留印鉴　　　　会计主管　　　复核　　　记账

图 5.60　存款支取凭证

【步骤二】核对单位定期存款证实书的客户联和银行留存联。审核单位定期存款支取凭证上各要素是否完整、正确，印章与预留银行的印鉴是否相符。

【步骤三】操作柜员终端，进行"单位定期存款部分提前支取"操作。

【步骤四】按留存金额开具新的单位定期存款证实书。

【步骤五】在新开具的两联单位定期存款证实书上加盖业务公章和柜员名章，在原二联单位定期存款证实书和三联单位定期存款支取凭证上加盖转讫章和柜员名章。

【步骤六】将新开具的单位定期存款证实书客户联、单位定期存款支取凭证第三联交客户。将单位定期存款支取凭证第一（原两联单位定期存款证实书作附件）、二联按类整理存放，结束该笔业务。

他山之石

单位定期存款部分提前支取业务实训演练报告

1. 实训情景描述。

作为一名银行柜员，我为客户祥林公司办理单位定期存款部分提前支取业务。

2. 实训工具或材料。

单位定期存款支取凭证、单位定期存款证实书；

柜员名章、转讫章、业务公章、印鉴卡；

电脑、模拟银行业务软件、签字笔、公司财务章、法人私章等。

3. 实训步骤

实训演练开始，首先进行分组，每组3人，我和方谨、邓普生一组。首先由我扮演银行柜员，方谨扮演客户。我在窗口为客户提供服务。客户方谨提交单位定期存款证实书、一式三联单位定期存款支取凭证；我核对单位定期存款证实书的客户联合银行留存联。审核单位定期存款支取凭证上各要素是否完整、正确，印章与预留银行的印鉴是否相符；我在模拟银行业务软件上，进行"单位定期存款部分提前支取"操作；我按照留存金额开具新的单位定期存款证实书；我在新开具的两联单位定期存款证实书上加盖业务公章和柜员名章，在原二联单位定期存款证实书和三联单位定期存款支取凭证上加盖转讫章和柜员名章；我将新开具的单位定期存款证实书客户联、单位定期存款支取凭证第三联交给客户，客户离席，与客户道别。最后我将单位定期存款支取凭证第一、二联按类整理存放（原两联单位定期存款证实书做附件），结束该笔业务。

第二轮由方谨扮演银行柜员，第三轮由邓普生扮演银行柜员，进行实训演练。结束后，由小组内每个同学进行总结性发言。整个实训演练结束。

4. 实训小结。

通过此次实训，我充分地掌握了为客户办理单位定期存款部分提前支取业务的标准化流程。

情景单元3　单位定期存款到期支取业务

存款单位支取定期存款只能以转账方式将存款转入其基本存款账户，不得将定期存款用于结算或从定期存款账户中提取现金，因而定期存款到期只能转入其基本存款账户。

【情景内容】

201×年6月5日，情景单元1中定期存款到期，普林公司来行办理到期支取业务。柜员王莉接待了客户，并完成了相关业务。

【情景步骤】

【步骤一】受理业务。柜员要求存款单位领取并填写提一式三联单位定期存款支取凭证，第二联加盖预留印鉴，并持单位定期存款开户证实书办理支取（见图5.61）。

单位定期（通知）存款支取凭证

201X年06月05日

存款人名称	W市普林公司		定期存款账号	501000223633021											
活期存款账号	501000135221001		活期存款开户行	模拟银行W市分行											
存款本金	30 000.00		利息	98.00											
本息合计	人民币 叁万零玖拾捌元整				千	百	十	万	千	百	十	元	角	分	
							¥	3	0	0	9	8	0	0	
	存款人预留印鉴		会计主管	复核					记账						

图 5.61 存款支取凭证

【步骤二】柜员核对单位定期存款证实书的客户联和留存联，审核证实书确属本行签发、内容齐全、无涂改、存款已到期。审核单位定期存款支取凭证上各要素是否完整、正确，凭证填写正确、金额相符，并审核加盖的印鉴与预留银行的印鉴是否相符。

【步骤三】操作柜员终端，进行"单位定期存款到期支取"操作。

【步骤四】在二联单位定期存款证实书、三联单位定期存款支取凭证上加盖转讫章和柜员名章。

【步骤五】将单位定期存款支取凭证第三联交客户。将单位定期存款支取凭证第一（两联单位定期存款证实书作附件）、二联按类整理存放，结束该笔业务。

 他山之石

单位定期存款到期支取业务实训演练报告

1. 实训情景描述。

我作为银行柜员，为客户祥林公司办理单位定期存款到期支取业务。

2. 实训工具或材料。

单位定期存款支取凭证，单位定期存款证实书；

柜员名章、转讫章、业务公章、印鉴卡；

电脑、模拟银行业务软件、签字笔、公司财务章、法人私章等。

3. 实训步骤。

实训演练开始时，实训教师将题目告诉受训者。然后开始分组，我和钱丽、周小波一组。首先由我来扮演银行柜员，钱丽扮演客户。我在窗口为客户服务。客户祥林公司工作人员（由钱丽扮演）来到窗口，提交单位定期存款证实书和一式三联单位定期存款支取凭证，并要求为单位办理定期存款到期支取业务。我核对单位定期存款证实书的客户联和留存联。审核单位定期存款支取凭证上各要素是否完整、正确，印章与预留银行的印鉴是否相符。我在模拟银行业务软件上，进行"单位定期存款到期支取"操作。我在二联单位定期存款证实书、三联单位定期存款支取凭证上加盖转讫章和柜员名章。我将单位定期存款支取凭证第三联交客

户。客户离席，我与客户道别。最后我将单位定期存款证实书，单位定期存款支取凭证第一、二联按类整理存放，结束该笔业务。

接下来，由钱丽扮演银行柜员，周小波扮演客户，进行第二轮实训演练，过程如第一轮实训演练。最后由周小波扮演银行柜员，我扮演客户，进行第三轮实训演练，过程如第一轮实训演练。

三轮实训演练结束，进行小组内总结性发言，每个人针对自己的表现和感想进行阐述。

4. 实训小结。

经过本次实训演练，我充分地掌握了单位定期存款到期支取业务的标准化流程。

 实训练习

公司定期存款账户训练

实训角色：柜员李明、重庆信息技术有限公司。

实训业务：

业务一：重庆信息技术有限公司持金额为 50 000 元的转账支票，继存入 10 000 元。要求存成 1 年期定期存款并自动转存。

业务二：重庆信息技术有限公司要求将其未到期 1 年期定期存款部分提支 10 000 元。

业务三：重庆信息技术有限公司要求将其到期的 1 年期定期存款进行转账支取。

实训项目　对公结算业务操作

结算业务是商业银行通过提供结算工具，如支票、本票、汇票等，为购销双方或收付双方完成货币收付、转账划拨行为的业务。结算业务具有直接为公司客户提供服务、接触面宽、影响范围广等特点，对商业银行大量吸收公司低成本资金、提高市场知名度和社会声誉等具有重要作用。因此，结算业务在国内成为各商业银行业务量最大的一项中间业务。

通过本模块的训练，受训人应熟悉各项结算业务的操作流程，掌握银行各项结算业务的处理要点，能应用标准的服务规范顺利完成业务处理。

情景单元 1　转账支票业务

支票是由出票人签发的、委托办理支票存款业务的银行在见票时无条件支付确定的金额给收款人或者持票人的票据。支票按支取方式的不同分为现金支票和转账支票两种，本任务将练习转账支票常见业务的操作过程。

活动 A　受理本行转账支票（持票人出票人同行开户）业务

【情景内容】

201×年 6 月 20 日，W 市普林公司（本行开户）从 W 市北通公司（本行开户）购入电脑一批，货款总金额为 2 万元。6 月 20 日普林公司签发一张转账支票给北通公司用于支付货款。7 月 1 日北通公司出纳员持转账支票来行申请进账，柜员王莉接待了客户，并完成了相关业务。

【情景步骤】

【步骤一】受理客户提交转账支票及一式三联进账单，如图 5.62 和图 5.63 所示。

转 账 支 票　　Ⅱ Ⅵ00000003

本支票付款期限十天

出票日期（大写）贰零壹X年零陆月贰拾捌日　　付款行名称：模拟银行W市分行

收款人：W市北通公司　　出票人账号：501000135221001

人民币（大写）	贰万元整	千	百	十	万	千	百	十	元	角	分
				¥	2	0	0	0	0	0	0

用途　购货款

上列款项请从我账户内支付

出票人签章　W市普林公司财务专用章　张明

复核　　记账

附加信息：

被背书人：

W市北通公司财务专用章　曾莹印

（粘贴单处）

身份证件名称：　　发证机关：

号码

背书人签章

201X年07月01日

图 5.62　转账支票

进账单（回　单）1

201X年 07 月 01 日

出票人			收款人		
	全　称	W市普林公司		全称	W市北通公司
	账　号	501000135221001		账号	501000137545003
	开户银行	模拟银行W市分行		开户银行	模拟银行W市分行

金额	人民币（大写） 贰万元整	千	百	十	万	千	百	十	元	角	分
				¥	2	0	0	0	0	0	0

票据种类	转账支票	票据张数	
票据号码	Ⅱ Ⅵ00000003		

复核　　记账　　　　开户银行签章

此联是开户银行交给持（出）票人的回单

8. 5X17. 5cm（白纸黑油墨）

图 5.63　进账单

【步骤二】审核转账支票和进账单，审核内容如图 5.64 所示。

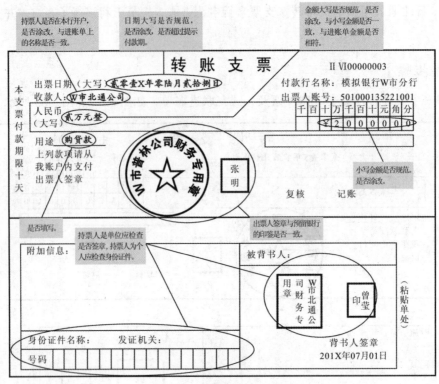

图 5.64 转账支票正、背面

【步骤三】柜员操作系统终端，进入"账户转账"界面，根据系统提示，进行系统操作。

【步骤四】在转账支票、三联进账单上加盖转讫章、柜员名章，如图 5.65 所示。

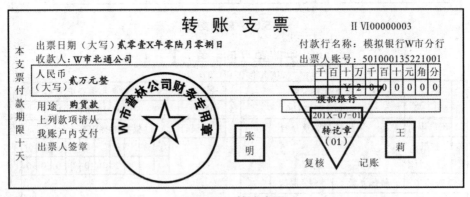

图 5.65 转账支票

【步骤五】将进账单第一、三联交客户，并将转账支票、进账单第二联按类整理存放，结束该笔业务。

活动 B 受理本行转账支票（收款人在他行开户）业务

【情景内容】

201×年 7 月 5 日，W 市普林公司从 W 市兴业百货公司（中国工商银行 W 市分行开户）

购入办公设备，货款总金额为 5 万元。7 月 21 日普林公司出纳员持本公司签发转账支票来我行申请转账给兴业百货公司。银行柜员王莉接待了客户，并完成了相关业务。

【情景步骤】

【步骤一】受理客户提交一式三联进账单及转账支票一张，如图 5.66 和图 5.67 所示。

进账单（回 单）1

201X年 07 月 21 日

出票人	全 称	W市普林公司	收款人	全 称	W兴业百货公司
	账 号	501000135221001		账 号	501000137545003
	开户银行	模拟银行W市分行		开户银行	工商银行W市分行

金额	人民币（大写）伍万元整	千 百 十 万 千 百 十 元 角 分 ¥ 5 0 0 0 0 0 0

票据种类	转账支票	票据张数	1
票据号码	Ⅱ Ⅵ00000009		

复核　记账　　　　　　　开户银行签章

此联是开户银行交给持（出）票人的回单

8.5X17.5cm（白纸黑油墨）

图 5.66　进账单

转 账 支 票　Ⅱ Ⅵ00000009

本支票付款期限十天

出票日期（大写）贰零壹X年零柒月贰拾壹日　　付款行名称：模拟银行W市分行
收款人：W市兴业百货公司　　　　　出票人账号：501000135221001

人民币（大写）伍万元整　　千 百 十 万 千 百 十 元 角 分 ¥ 5 0 0 0 0 0 0

用途　购货款
上列款项请从我账户内支付
出票人签章　（W市普林公司财务专用章 ★）　张明　　复核　记账

附加信息：　　　　　　被背书人：

身份证件名称：　发证机关：
号码　　　　　　　　　　背书人签章
　　　　　　　　　　　　年 月 日

（粘贴单处）

图 5.67　转账支票正、背面

【步骤二】审核转账支票和进账单、审核内容与本情景单元之活动 A 相同。

【步骤三】柜员进入系统操作，选择"提出贷方"交易进行操作。

【步骤四】在转账支票、进账单第一联上加盖转讫章、柜员名章。

【步骤五】将进账单第一联作回单交客户，将转账支票按类整理存放，进账单第三、三联交票据交换柜员，结束该笔业务。

活动 C 受理他行转账支票业务

【情景内容】

201×年 7 月 25 日，W 市北通公司销售电子设备一批给 W 市精工机械公司（中国建设银行 W 市分行开户），货款金额为 10 万元。7 月 27 日，北通公司出纳员持精工机械公司签发的转账支票来我行申请进账。银行柜员王莉接待了客户，并完成了相关业务。

【情景步骤】

【步骤一】要求客户提交转账支票一张及一式三联进账单，如图 5.68 所示。

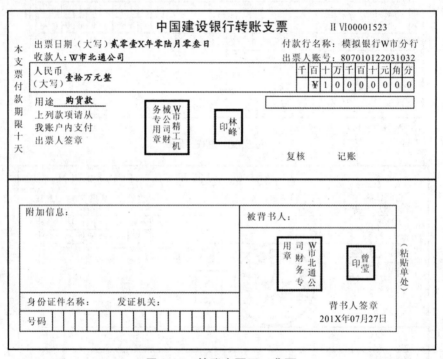

图 5.68 转账支票正、背面

【步骤二】审核转账支票和进账单、审核内容与本情景单元之活动 A 相同。

【步骤三】柜员进入系统操作，选择"提出借方记账"交易进行操作。

【步骤四】在进账单第一联上加盖业务受理章、柜员名章。

【步骤五】将进账单第一联交客户，进账单第二、三联按类整理存放，转账支票交票据交换柜员，结束该笔业务。

情景单元 2 银行本票业务

银行本票是由银行签发、承诺自己在见票时无条件支付确定的金额给收款人或持票人的票据。本票具有使用方便安全、资金即时到账、信用度高等特点。本情景单元将练习本票常见业务的操作过程。

活动 A　签发转账本票业务

【情景内容】

201×年 8 月 3 日，W 市普林公司（本行开户）从 W 市兴业百货公司（中国工商银行 W 市分行开户）购入工作服一批，货款金额为 6 万元。双方约定使用银行本票结算货款。8 月 6 日，普林公司出纳员来行申请签发转账本票一张。柜员王×接待了客户，并完成了相关业务。

【情景步骤】

【步骤一】 受理客户提交一式三联本票申请书，如图 5.69 所示。

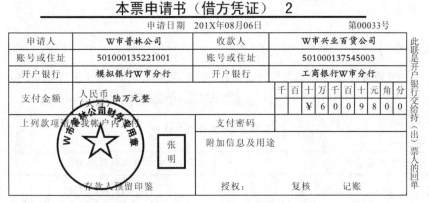

图 5.69　本票申请书

【步骤二】 收到申请人提交的本票申请书后，应认真审查申请书内容填写是否完整、清晰，签章是否为预留印鉴，申请人要求不得转让的，是否注明"不得转让"字样。经审查无误后，才能受理其申请。

【步骤三】 柜员进入系统操作，选择"签发本票"交易进行操作。

【步骤四】 柜员签发一式两联本票（见图 5.70）。经复核无误后在本票第一联加盖授权人、柜员名章。本票第二联加盖柜员名章，将本票交压数机保管员用压数机在本票"人民币（大写）"栏右端压印小写金额。完成后交印章保管员在第二联加盖本票专用章。

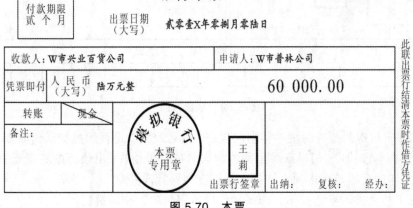

图 5.70　本票

【步骤五】在三联本票申请书上加盖转讫章、柜员名章。

【步骤六】将本票第二联、本票申请书第一联交客户。本票第一联装夹保管，申请书第二、三联按类整理存放，结束该笔业务。

活动 B　代理解付转账本票业务

【情景内容】

201×年8月11日，W市北通公司（本行开户）提交了一份申请人为W市精工机械公司（中国建设银行W市分行开户）的银行本票，金额为20万元。柜员王莉接待了客户，并完成了相关业务。

【情景步骤】

【步骤一】受理客户提交的本票第二联及一式三联进账单，如图5.71和图5.72所示。

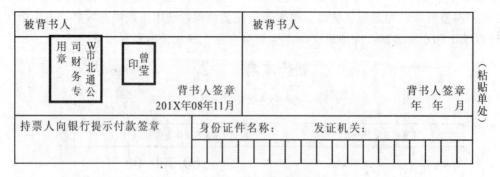

图 5.71　本票正面

图 5.72　本票背面

【步骤二】审核本票是否为统一印制的凭证，是否真实，是否超过提示付款期；本票填明的持票人是否在本行开户，与进账单上的收款人名称是否相符；出票行的签章是否符合规定；本票压数机压印的金额是否正确；持票人是否在本票背面签章。

【步骤三】柜员进入系统操作，选择"代理本票付款"交易进行操作。

【步骤四】在本票第二、三联进账单上加盖转讫章、柜员名章。

【步骤五】将进账单第一、三联交客户，本票第二联交票据交换柜员，进账单第二联按类存放，结束该笔业务。

情景单元 3　银行汇票业务

银行汇票是出票行签发的，由其在见票时按照实际结算金额无条件支付给收款人或持票人的票据。银行汇票适用范围广、信用度高、使用灵活，是目前异地结算中较为广泛采用的一种结算方式。本情景单元将练习银行汇票常见业务的操作过程。

活动 A　签发转账银行汇票业务

【情景内容】

201×年 9 月 5 日，W 市普林公司（本行开户）需至 B 市同方公司（模拟银行 B 市分行开户）采购原材料一批。由于是异地结算，并且实际结算金额无法确定，因此来行申请签发银行汇票一张，金额为 10 万元。柜员王莉接待了客户，并完成了相关业务。

【情景步骤】

【步骤一】受理客户提交一式三联银行汇票申请书，如图 5.73 所示。

图 5.73　汇票申请书

【步骤二】收到申请人提交的本票申请书后，应认真审查申请书内容填写是否完整、清晰，签章是否为预留印鉴，如果申请书填明"现金"字样，应审查申请人和收款人是否为个人。经审查无误后，才能受理其申请。

【步骤三】柜员进入系统操作，选择"银行汇票签发"交易进行操作。

【步骤四】柜员签发一式四联银行汇票。经复核无误后在汇票第一联加盖授权人、柜员名章。汇票第二联加盖柜员名章，将汇票交压数机保管员用压数机在汇票"人民币（大写）"栏右端压印小写金额，完成后交印章保管员在第二联加盖汇票专用章（见图 5.74）。

125

银 行 汇 票 2

BJ 00000031

付款期限
壹 个 月

出票日期(大写) 貳零壹×年零玖月 零伍 日 / 代理付款行：___ 行号：___

收款人：B市同方公司   账号：403000212490012

出票金额人民币(大写) 壹拾万元整   100 000.00

| | | | 千 | 百 | 十 | 万 | 千 | 百 | 十 | 元 | 角 | 分 |

实际结算金额人民币(大写)

申请人：___ W市普林公司   账号或住址：501000135221001

出票行：模拟银行W市分行 行号：50701

备 注：购货款

凭票付款

密押：×××××××

多余金额

| 千 | 百 | 十 | 万 | 千 | 百 | 十 | 元 | 角 | 分 |

复核：___ 记账：___

出票行签章

模拟银行 汇票专用章
王莉

本行汇兑票付和汇解后讫此通联知作一联并行由往汇账款供方人自凭带证附兑件付

图 5.74 汇票

【步骤五】在三联银行汇票申请书上加盖转讫章、柜员名章。

【步骤六】将汇票第二、三联、汇票申请书第一联交客户。汇票第一、四联装夹保管，申请书第二、三联按类整理存放。

活动 B 代理解付转账银行汇票业务

【情景内容】

201×年 9 月 18 日，W 市北通公司（本行开户）提交了一份申请人为 B 市东风公司（模拟银行 B 市分行开户）的银行汇票，票面金额为 31 万元，实际结算金额为 30 万元。柜员王莉接待了客户，并完成了相关业务。

【情景步骤】

【步骤一】受理客户提交银行汇票第二、三联及一式三联进账单，如图 5.75 所示。

【步骤二】审核汇票和解讫通知联是否同时提交，其号码和记载的内容是否一致；是否超过提示付款期限；汇票填明的持票人名称和进账单上的收款人名称是否相符；出票行的签章是否符合规定，加盖的"汇票专用章"是否与印模相符；密押是否正确，压数机压印的金额是否由统一制作的压数机压印、与大写的出票金额是否一致；汇票实际结算金额大小写是否一致，是否在出票金额以内，与进账单所填金额是否一致，多余金额结计是否正确；如果金额解付，必须在汇票第二、三联的实际结算金额栏中填入全部金额，多余金额栏填写"0"。

【步骤三】柜员进入系统操作，选择"银行汇票解付"进行操作。

【步骤四】在银行汇票第二、三联，三联进账单上加盖转讫章、柜员名章。

【步骤五】将进账单第一、三联交客户；银行汇票第二、三联，进账单第二联按类存放。

银 行 汇 票　2　　BJ00000153

付款期限
壹 个 月

出票日期(大写)　贰零壹×年零玖月壹拾捌日	代理付款行：模拟银行W市分行 行号：50701
收款人：W市北通公司	账号：501000137545003

出票金额人民币(大写)　叁拾壹万元整　　　　　　　**310 000.00**

实际结算金额人民币(大写)　叁拾万元整　　千 百 十 万 千 百 十 元 角 分
　　　　　　　　　　　　　　　　　　　　　¥ 3 0 0 0 0 0 0 0

申请人：　B市东风公司　　　　　　账号或住址：609030185111032

出票行：　模拟银行B市分行　行号：50708

备　注：　购货款

凭票付款

出票行签章　　（模拟银行 汇票专用章）　（刘江）

密押：×××××××

多余金额
千 百 十 万 千 百 十 元 角 分
　　　　　　　¥ 1 0 0 0 0 0 0

复核：　　记账：

本行汇兑票付和汇解后讫此通联知作一并行由往汇账款供人方自凭证带、附兑件付

被背书人	被背书人
（用章 W市北通公司财务专用章）（印 曾莹） 背书人签章 201×年09月18日	背书人签章 年 月 日
持票人向银行提示付款签章	身份证件名称：　　发证机关：

（贴粘单处）

图 5.75　汇票第二联正、背面

情景单元 4　汇兑业务

　　汇兑是汇款人委托银行将其款项支付给收款人的结算方式。汇兑结算广泛应用于各种款项的结算。汇兑因汇款方式的不同可以分为信汇和电汇两种，由汇款人选择使用。目前，大多采用电汇方式。本任务将练习汇兑常见的电汇汇出业务操作过程。

【情景内容】

　　201×年 11 月 2 日，W 市普林公司（本行开户）来行申请汇款 5 万元给 B 市同方公司（模拟银行 B 市分行开户），该款为采购原材料货款。柜员王莉接待了客户，并完成了相关业务。

【情景步骤】

　　【步骤一】受理客户提交一式三联电汇凭证，如图 5.76 所示。

　　【步骤二】审核电汇凭证必须记载的各项内容是否齐全、正确；汇款人账户内是否有足够支付的余额；汇款人的签章与预留银行印鉴是否相符。

　　【步骤三】柜员进入系统操作，选择"系统内汇兑汇出"交易进行操作。

电汇凭证（借方凭证）2

普通 ☑ 加急 □　　委托日期：201×年 11 月 02 日

收款人	全　称	W市普林公司		付款人	全　称	B市同方公司	
	账　号	501000135221001			账　号	403000212490012	
	汇出地点	××省W市			开户银行	××省B市	
汇出行名称		模拟银行W市分行		汇入行名称		模拟银行B市分行	

金额　人民币（大写）　伍万元整　　　千 百 十 万 千 百 十 元 角 分　　¥ 5 0 0 0 0 0 0

此汇款支付给收款人

支付密码

汇款人签章：　　　复核：　　　记账：

此联汇出行作借方凭证

图 5.76　电汇凭证

【步骤四】在三联电汇凭证上加盖转讫章、柜员名章。

【步骤五】将电汇凭证第一联交客户。电汇凭证第二、三联按类整理存放。

情景单元 5　委托收款（托收承付）业务

委托收款是收款人委托银行向付款人收取款项的一种结算方式。单位和个人凭商业承兑汇票、债券、存单等付款人债务证明办理款项的结算，均可以使用委托收款结算方式。托收承付在同城、异地均可以使用，其结算款项的划回方式分为邮寄和电报两种，由收款人选用。

托收承付是根据购销合同由收款人发货后委托银行向异地付款人收取款项，由付款人向银行承认付款的结算方式。托收承付结算款项的划回方式分为邮寄和电报两种，由收款人选用。

由于委托收款和托收承付在业务上使用凭证和办理手续上基本一致，本节将以委托收款为例，练习委托收款发出和付款行收到委托收款业务的操作过程。

活动 A　发出委托收款业务

【情景内容】

201×年 10 月 9 日，W市普林公司（本行开户）持商业承兑汇票来行办理委托收款。汇票出票人为 B 市同方公司，由同方公司自己承兑，金额 20 万元。柜员王莉接待了客户，并完成了相关的业务。

【情景步骤】

【步骤一】指导客户填写并提交的一式五联托收凭证，及商业承兑汇票，如图 5.77 和图 5.78 所示。

托收凭证（贷方凭证） **2** 托收号码： 号

委托日期：201×年 11 月 02 日　　付款期限： 年 月 日

业务类型	委托收款（□邮划 ☑电划）		托收承付（□邮划 □电划）		
收款人	全称	W市普林公司	付款人	全称	B市同方公司
	账号	501000135221001		账号	403000212490012
	开户银行	模拟银行W市分行		开户银行	模拟银行B市分行

金额	人民币（大写）	贰拾万元整	千 百 十 万 千 百 十 元 角 分 ￥ 2 0 0 0 0 0 0 0

款项内容	贷款	托收凭据名称	商业承兑汇票	附寄单证张数	1
商品发运情况			合同名称号码		
备注：	上列款项随附有关债务证明，请予以办理				

收款人开户银行收到日期

年 月 日　　　　　　　　收款人签章　　复核： 记账：

此联付款人开户银行作借方凭证

图 5.77 托收凭证

商业承兑汇票 2 BJ××0021

出票日期（大写）　贰零壹×年 零玖月 零柒日

付款人	全 称	B市同方公司	收款人	全 称	W市普林公司
	账 号	403000212490012		账 号	501000135221001
	开户银行	模拟银行B市分行		开户银行	模拟银行W市分行

出票金额	人民币（大写）	贰拾万元整	千 百 十 万 千 百 十 元 角 分 ￥ 2 0 0 0 0 0 0 0

汇票到期日（大写）	贰零壹×年壹拾壹月零叁日	付款人开户行	行号	50708
交易合同号码	第××023号		地址	B市××路××号

本汇票已经承兑，预期无条件力付票款

（印章：用章 司财务专 B市同方公司 印 张红）

承兑人签章

承兑日期 201×年 09 月 07日

本汇票请予以承兑于到期日付款

（印章：用章 司财务专 B市同方公司 印 张红）

出票人签章

图 5.78 商业承兑汇票

【**步骤二**】审核商业承兑汇票上填明的持票人是否在本行开户；托收凭证、商业承兑汇票记载事项是否齐全，两者是否相符；商业承兑汇票是否即将到期，提示付款期限是否超过。

【**步骤三**】操作柜员终端，进行"发出委托收款"操作。

【**步骤四**】在五联托收凭证右上角填写托收编号。在托收凭证第一联上加盖业务受理章、柜员名章，托收凭证第三联上加盖结算专用章。

【**步骤五**】托收凭证第一联交客户。托收凭证第二联专夹保管。托收凭证第三、四、五联连同商业承兑汇票寄交付款人开户行。

活动 B 付款人开户行收到委托收款业务

【**情景内容**】

201×年 11 月 6 日，收到活动 1 中邮寄托收凭证。审核无误后通知同方公司付款，同方公司于次日同意付款。

【情景步骤】

【步骤一】收到收款人开户行邮寄的托收凭证第三、四、五联及商业承兑汇票，审核付款人是否在本行开户；所附单证数与托收凭证是否相符；托收凭证第三联是否加盖收款人开户行结算专用章，如图5.79所示。

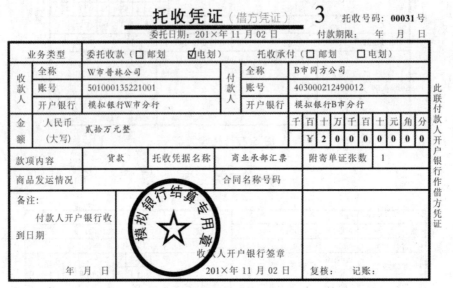

图 5.79 托收凭证

【步骤二】操作柜员终端，进行"收到委托收款"操作。

【步骤三】在托收凭证上注明付款期限，填写收到日期，在托收凭证第五联上加盖业务专用章。

【步骤四】将托收凭证第五联交客户验收，托收凭证第三、四联及有关债务凭证装夹保管。

【步骤五】收到客户付款通知书后，进行"委托收款付款"操作，将款项划回收款人开户行。

【步骤六】在托收凭证第三、四联上加盖转讫章和柜员名章，结束该笔业务。

 **实训练习**

银行汇票业务训练

实训角色：柜员李明、重庆三星技术有限公司。

实训业务：

业务一：W银行公司客户重庆三星技术有限公司提交银行汇票申请书，申请签发银行汇票一份，金额10 000元。

业务二：收到开户单位利达工贸公司提交的进账单及省外系统内某行签发的银行汇票二、三联，出票金额20 000元，实际结算金额18 500元，客户要求办理转账。

第五节 柜员日终业务操作

实训项目 柜员营业结束后的工作

作为一名柜员，每天办理完日常业务后，必须进行日终轧账工作，然后才能退出综合应用系统。所有的网点营业终了后，必须进行网点轧账。账务轧平后，网点业务主管方能离岗。

情景单元1 柜员日终轧账业务

【情景内容】

2014年10月1日下午5点，一天营业结束，柜员王强进行日终轧账处理。

【情景步骤】

【步骤一】清点和核对现金：柜员对物理钱箱中的现金进行清点，将电子钱箱余额和物理钱箱余额进行核对，确保金额、券别完全一致。金额、券别核对相符后，进入系统，选择"查询柜员现金日结单"交易打印出柜员现金日结单，与柜员轧账表、库存现金实物进行核对。

【步骤二】上缴钱箱及现金：柜员检查库存现金余额是否超过柜员日终限额，如超限额，在系统中进行"现金上缴"操作，将超限额的那部分金额一律上缴。再使用"缴钱箱"交易将柜员钱箱上缴给管库员。管库员使用"收钱箱"交易将柜员的钱箱收缴上来。

【步骤三】业务主管复点：现金实物由业务主管人员进行复点，并与柜员现金日结单核对，无误后在柜员现金日结单上签章确认。核对无误的现金实物必须经双人加锁封包后上缴管库员保管。至此现金已结平。

【步骤四】柜员进行重要空白凭证账实相符的确认：将重要空白凭证与相关登记簿进行核对，确保账实相符。打印"柜员重要空白凭证轧账单"，核对柜员保管的各种重要空白凭证的数量和起始号码，并与"柜员重要空白凭证轧账单"上的凭证数量、号码进行核对。

> 提示：核对公式为：今日余数=昨日余数−已使用（售出）凭证份数−作废凭证份数+领入凭证份数。

【步骤五】打印柜员轧账单。

【步骤六】按二级科目分档次清点凭证的开户、销户张数，借方、贷方张数，并分别与轧账单核对。注意查看交易清单的数量与柜员轧账单上的交易数是否相符、交易清单上的序号（传票号）是否保持连续。按传票号从小到大的顺序整理、排列交易清单，原始凭证应作为交易清单的附件。

【步骤七】换人复核：复核员当面碰库，核对现金、重要空白凭证和有价单证，核对柜员传票号是否连续；末笔交易传票与轧账单传票张数是否相符，核对无误后在末笔交易凭证传票号下方注明"末笔"字样并签章。

【步骤八】在轧账单上加盖名章，正式签退：在轧账单清点人处签章。轧账单连同按传票号顺序排列的记账凭证与原始凭证及附件交综合柜员，待综合柜员审核无误后共同封箱，办理交接手续。

【步骤九】关闭柜员终端，清点印章。在网点主管监督下关闭柜员终端机，逐个清点本人保管的业务印章和个人名章，检查是否齐全。

情景单元2　营业网点日终轧账业务

【情景内容】

2014年10月1日下午5：30，柜员王强日终轧账后，营业部主任孙娟进行营业网点日终轧账。

【情景步骤】

【步骤一】综合柜员核对各柜台的轧账单、经办的凭证、核点库存现金和重要单证、印章，无误后，监督各柜员封包并送到运钞车上。

【步骤二】结计营业部当日库存现金、重要空白凭证、有价单证账面余额，与库存现金、重要空白凭证、有价单证实物数核对一致。

【步骤三】结计营业部当日凭证借、贷方发生额，与各柜台轧账单合计的借、贷方发生额核对一致。

【步骤四】结计总账，余额，核对总分户账，在与总账平衡后（数据校验），打印校验报告。

【步骤五】打印凭证、账、表。主要有：轧账单、表外科目凭证、科目日结单、日报表、开户卡、销户卡、零整销户账和各种满页总账、综合科目明细账、分户日记账、登记簿、当日流水账。如遇月（年）终，则还应打印月（季、年）报。

【步骤六】整理凭证、报表。

【步骤七】进行数据备份。

【步骤八】关闭监控设施，将录像带送管辖行主管部门收存。

【步骤九】安全检查。进行清场处理，检查水电等设施，将报警装置设为自动报警状态。

 **实训练习**

实训一：日终业务处理训练。

实训角色：柜员李明、库管员。

实训业务：

2015年3月28日，柜员李明进行日终平账处理。

第三篇

信贷岗

银行信贷业务是银行最基本、最重要的资产业务，通过发放银行贷款收回本金和利息，扣除成本后获得利润。一般来说，银行信贷业务是银行赢利的重要手段，所以很多银行都特别注重对信贷员工作能力的培养。在现代经济模式下，信贷员发挥着越来越重要的桥梁作用，是联系企业、个人和银行的纽带。信贷员通过寻找潜在客户，协助他们申请贷款。同时，信贷员要搜集关于个人和企业的具体信息，分析借方的资信和还贷能力，从而保证决策的可靠性。信贷员也为在传统贷款资信要求方面有困难的客户提供指导，包括：针对特定客户提供最佳类型的贷款、解释其具体要求和约束条件。现代信贷员高级人才不足，特别是拥有良好素质的信贷员，就业前景相当可观，待遇也相当不错。

本篇介绍了信贷员应该掌握的知识技能，并以情景代入的方式介绍了公司信贷业务流程、个人信贷业务流程、保函业务等常见的信贷业务。

参阅材料

一个银行信贷部客户经理的工作心得

1. 总结：主要是做小微企业的贷款，平常主要是约见客户，考察企业，整理材料，写报告，做票据业务，存款业务，每天的工作没有固定的程序。工作日每天七点二十醒，七点半起床，八点二十到单位，晚上不加班的话六点到家，吃过晚饭、泡上茶，或看书，或上网，或看电视，晚上十二点睡。

2. 主要职责：领导信贷团队，传承专业知识、销售技巧；学习新领域（学习经营/管理，销售/协调，团队管理等知识）；与客户见面，交谈，满足客户需求，考察客户情况，完成工作目标。

3. 典型的一天工作安排：白天跑业务，做贷前调查，晚上写报告，准备报贷审会审批；开各类会议，总结会，表彰会，存款会，贷款会，学习会，业务交流会……审批一笔贷款首先要核实材料是否齐全，包括身份证明、结婚证明、收入证明、日常流水账、房产三证；然后再看看申请的贷款是不是符合政策要求；最后复核一遍贷款人的信用记录，全部没有问题才能放行。一般一天最多审批 20 多个客户。

4. 掌握正确的工作方法：要想成为一名优秀商业银行信贷部客户经理，必须具备正确的理念，在头脑中清楚地知道什么是正确的工作方法及行为方式。在商业银行业绩最好的客户经理肯定不是最辛苦的客户经理，正确的方法加上勤奋才会成为王牌客户经理，方法可能比勤奋更加重要。

5. 客户经理要练好三样本领：

（1）练习胆量（见了客户不会怵头）；

（2）练习眼力（准确找到理想客户）；

（3）练习头脑（知道怎样搞定客户）。

6. 优秀的客户经理必须有正确的工作理念：吸收存款立行，对公信贷立行。这是颠扑不灭的真理，请不要有任何的怀疑。银行的考核指标较多，但是存款这项指标是最关键的，所有工作的重点必须牢牢围绕存款展开；吸收存款，对公信贷业务是关键工具，掌握得好，使用得当，存款任务自然可以完成。

7. 请按照以下的准则去工作：

（1）通过合理的金融产品组合，设计出存款。

（2）在帮助企业商务经营交易活动中，吸收运动中存款。

（3）根据银行价值取向结合企业需要，银行主导合作模式。

（4）针对重点行业提供整体解决方案，而非个体营销。

（5）通过银行启发式销售，创造出客户的需求。

资料来源：道客巴巴，http://www.doc88.com/p-592324820664.html，经编者编辑整理。

第六章　岗前准备与技能培训

【本章简介】

本章主要向读者介绍信贷员在银行所从属的部门、所从事的工作、所承担的职责以及所应该具备的知识和技能。

【学习目标】

要求深刻理解银行信贷员在银行的地位和职责；理解信贷业务的分类；熟练掌握信贷业务的流程；要求读者通过自我学习和实训能提高自身能力，掌握各种信贷业务技巧；能够像一个真正的信贷员一样，可以调查贷款公司和贷款个人的实力和潜力，可以向其提供贷款方面的政策咨询，具备出色的判断力和敏锐的观察力，良好的倾听、亲和力和沟通能力，能够同客户周璇，催收正常贷款和不良贷款。

第一节　信贷的概念与分类

一、信贷的概念

信贷是银行利用自身资金和信誉为客户提供资金融通或融信，并以客户支付利息、费用和偿还本金或最终承担债务为条件的一种授信业务经营活动。

银行办理信贷业务是向客户融资或融信的过程，需要仔细甄别客户的信用状况，甄别客户的还款能力，甄别客户的商业履约能力。在这个环节，银行承担客户违约风险，并因此获得一定的风险溢价回报。

二、银行经营的信贷业务的种类

（一）基本分类

1. 按会计核算归属划分

按会计核算归属划分，银行信贷业务可分为表内信贷业务和表外信贷业务。表内信贷业务主要包括贷款、商业汇票贴现等。表内信贷业务使用银行的信贷资金，占用银行的贷款规模，属于银行的融资活动，受银行存贷比的约束。表外信贷业务主要包括银行承兑汇票、保函、信用证等。表外信贷业务不使用银行的信贷资金，不占用银行的贷款规模，属于银行的融信活动，不受银行存贷比的约束。

银行如希望快速拉动存款，一般都需要大力发展表外信贷业务。新设立的银行一般发展业务的顺序应当是首先发展表外信贷业务，将存款做上去，然后发展表内信贷业务，做出利润。

2. 按期限划分

按期限划分，可分为短期信贷业务、中期信贷业务和长期信贷业务。短期信贷业务的期限在 1 年以内（含 1 年）；中期信贷业务的期限在 1 年到 5 年之间（含 5 年）；长期信贷业务的期限在 5 年以上。

3. 按担保方式划分

按担保方式划分，可分为信用信贷业务、担保信贷业务（包括保证、抵押和质押方式）。信用信贷业务，针对一些高端客户，如一些处于垄断地位的电力公司、电信公司、高速公路集团等；担保信贷业务，针对一些大中型客户，具备较好的适用性。

4. 按币种划分

按币种划分，可分为本币信贷业务和外币信贷业务。外币信贷业务，银行需要承担汇率变化风险。在人民币升值的大背景下，提供外币贷款，国内银行承担了巨大的汇率风险。

5. 按性质和用途划分

按性质和用途划分，可分为固定资产贷款（包括基本建设贷款、技术改造贷款、房地产开发贷款等）、流动资金贷款（包括工商业和建筑业等流动资金贷款）、循环额度贷款、消费贷款、保证、承兑等信贷品种。

6. 按贷款的组织形式划分

按贷款的组织形式划分，可分为普通贷款、联合贷款和银团贷款。

7. 按贷款的资金来源划分

按贷款的资金来源划分，可分为信贷资金贷款、委托贷款和境外筹资转贷款等。

8. 按授信对象划分

按授信对象划分，可分为公司类信贷业务和个人类信贷业务。

（二）公司信贷品种类别

1. 流动资金贷款

流动资金贷款是指用于借款人正常生产经营周转或临时性资金需要的，具有固定期限的本外币贷款。

2. 固定资产贷款

固定资产贷款是指银行向借款人发放的用于固定资产项目建设投资的本外币贷款。

3. 房地产开发类贷款

房地产开发类贷款是指用于土地一级开发、房屋建造过程中所需建设资金的贷款，包括土地储备贷款、房地产开发贷款。

4. 循环额度贷款

循环额度贷款是指对生产经营和资金周转流动连续性强、有经常性的短期循环用款需求的工商企业提供的可循环的人民币短期贷款。这类贷款的适用对象是贸易型企业。

5. 进出口贸易融资

进出口贸易融资是银行为客户提供的进出口贸易项下的信用支持。

6. 境外筹资转贷款

境外筹资转贷款是指银行接受客户的委托后，以银行自身的名义与境外银行或其他机构签订对外借款（境外筹款）协议，并与客户签订相对应的对内转贷款协议，将所筹借的资金转贷给客户；或者银行接受财务部和客户的委托，由财务部与境外银行、公司或其他机构签订对外借款（境外筹资）协议，银行与客户签订相对应的对内转贷款协议，将所筹借的资金转贷给客户。

7. 银团贷款

银团贷款又称辛迪加贷款，是由获准经营贷款业务的一家或多家银行牵头、多家银行与非银行金融机构参与组成银行集团，采用同一贷款协议，按商定的贷款份额和条件向同一借款人提供贷款的一种融资模式。

8. 法人账户透支

法人账户透支是指银行同意客户在约定的账户、额度和期限内进行人民币透支的信贷业务。

9. 法人汽车贷款

法人汽车贷款是指银行对借款人发放的用于在特约经销商处购买品牌汽车的人民币贷款业务。

10. 工程机械担保贷款

工程机械担保贷款是指对借款人发放的用于在特约经销商处购买指定品牌工程机械的人民币担保贷款。

11. 银行承兑汇票

银行承兑汇票是指银行作为付款人，接受承兑申请人的付款委托，承诺在汇票到期日对收款人或持票人无条件支付确定金额的票据行为。银行承兑汇票是客户经理拓展存款业务最主要的手段。

12. 商业汇票贴现

商业汇票贴现是指商业汇票的持票人将未到期的商业汇票转让于银行，银行按票面金额扣除贴现利息后，将余额付给持票人的一种融资行为。商业汇票贴现包括银行承兑汇票贴现和商业承兑汇票贴现业务。

13. 股票质押贷款

股票质押贷款是指证券公司以自营的股票、证券投资基金券和上市公司的可转换债券作抵押，从商业银行获得资金的一种融资方式。

14. 信贷资产转让

信贷资产转让是指银行与具备信贷资产转让资格的政策性银行、商业银行、财务公司和信托投资公司等金融机构根据协议约定互相转让本外币信贷资产的业务行为。

15. 保　证

保证是指银行应申请人的要求，以出具保函的形式向受益人承诺，当申请人不履行合同约定的义务或承诺的事项时，由银行按照保函约定代为履行业务或承担责任的信贷业务。保证通常包括各类保函、信用证业务。

16. 银行信贷业务证明

银行信贷业务证明是银行根据申请人（投标人）的要求，以出具银行信贷证明书的形式，向招标人承诺，当申请人（投标人）中标后，在中标项目实施过程中，满足申请人（投标人）在银行信贷证明书项下承诺限额内用于该项目正常、合理信用需求的一种表外信贷业务。

（三）个人信贷品种类别

1. 个人住房贷款

个人住房贷款即银行向自然人发放可以用于购买、建造和大修理各类型住房自用普通住房的贷款。

（1）自营性个人住房贷款：也称商业性个人住房贷款，是指银行运用信贷资金向在城镇购买、建造或大修各类住房的个人发放的贷款。

（2）公积金个人住房贷款：是指商业银行接受各地住房公积金管理中心的委托，以个人及其所在单位缴纳的住房公积金为主要资金来源，向购买、建造、翻建或大修自住住房的住房公积金缴存人，以及在职期间缴存住房公积金的离退休职工发放的住房贷款。该贷款属于不以盈利为目的的政策性贷款，实行"低进低出"的利率政策。

（3）个人住房组合贷款：是指向按时足额缴存住房公积金的职工在购买、建造或大修住房时，同时发放的商业性个人住房贷款和公积金个人住房贷款的组合贷款。该贷款由前述两个独立的贷款品种组成，需要分别签订合同。

2. 个人消费贷款

个人消费贷款是指银行向个人发放的用于消费的贷款，主要是指商业银行向个人发放的用于家庭或个人购买消费品，或支付其他与个人消费相关费用的贷款消费的贷款。个人消费贷款有以下六种。

（1）个人汽车贷款：是指银行向个人借款人发放的用于购买汽车产品的贷款。所购车辆按用途可分为自用车和商用车。前者指不以盈利为目的的汽车；而后者则是指以盈利为目的的汽车。按注册登记情况可以划分为新车和二手车。二手车是指从办理完机动车注册登记手续到规定报废的年限一年之前进行了所有权的变更，并依法办理过户手续的汽车。

（2）个人教育贷款：也称个人助学贷款，是银行向在读学生或其直系亲属、法定监护人发放的用于满足其就学资金需求的贷款。个人助学贷款分为国家助学贷款和商业助学贷款。国家助学贷款是商业银行向我国境内的全日制高等学校中经济困难学生发放的，用于帮助他们支付在校期间的学费、住宿费和日常生活费，并由中央或地方财政根据教育部门设立的"助学贷款专户资金"给予财政贴息的贷款。商业助学贷款是指银行自主向正在接受非义务教育的学生或其直系亲属、法定监护人发放的，只能用于支付境内高等院校经济困难学生学费、住宿费和就读期间基本生活费的商业贷款。

（3）个人耐用消费品贷款：是指银行向个人发放的用于其购买耐用消费品的担保贷款。耐用消费品是指价值较大、使用寿命相对较长的家用商品，包括除房屋、汽车以外的家用电器、家具和健身器材等。该类贷款通常由银行与特约商户合作经营。借款人需向银行指定的特约商户处购买特定商品。特约商户通常具有一定的经营规模和较好的社会信誉，与银行签订耐用消费品合作协议。

（4）个人消费额度贷款：是指商业银行向个人发放的，用于消费的、可在一定期限和额度内循环使用的贷款。个人可根据自己的消费需求先向银行申请有效额度，必要时才使用，不使用贷款则不收取利息。在额度有效期内，客户可以随时向银行申请使用。

（5）个人旅游消费贷款：是指贷款人向借款人发放的，用于本人或家庭共有成员支付特约旅游单位旅游费用的人民币贷款。旅游费用指特约旅游单位经办且由贷款人指定的旅游项目所涉及的交通费、食宿费、门票、服务及其相关费用组成的旅游费用总额。旅游贷款遵循"定社旅游、专款专用"的原则，必须是银行认可的旅行社组织的旅游才能申请个人旅游消费贷款。

（6）个人医疗贷款。个人医疗贷款是指银行向个人发放的，用于解决本人及其配偶或直系亲属就医时资金短缺问题的贷款。该贷款一般是贷款银行和保险公司联合当地特约医院办理，由借款人到特约医院领取并填写经医院签章认可的贷款申请书，持医院出具的诊断证明及住院证明到银行申办，获批后持其银行卡和银行盖章的贷款申请书及个人身份证到特约医院就医、结账。个人医疗贷款是就医时资金短缺的需求。

3. 个人经营类贷款

个人经营类贷款指商业银行向从事合法生产经营的个人发放的，用于定向购买或租赁商用房、机械设备以及用于满足个人控制的企业生产经营流动资金需求和其他合理资金需求的贷款。个人经营类贷款可以分为个人经营专项贷款（简称专项贷款）和个人经营流动资金贷款（简称流动资金贷款）。

（1）专项贷款：是指商业银行向个人借款人发放的、用于购买或租赁指定商用房和机械设备的贷款，其主要还款来源是由经营产生的现金流。专项贷款包括个人商用房贷款（简称商用房贷款）和个人经营设备贷款（简称设备贷款）。商用房贷款是指商业银行向个人借款人发放的，用于定向购买或租赁商用房或者店铺所需资金的贷款；设备贷款是指商业银行向个人借款人发放的，用于购买或租赁生产经营活动中所需设备的贷款。

（2）流动资金贷款：是指商业银行向从事合法生产经营的个人借款人发放的，用于满足个人企业生产经营流动资金需求的贷款。流动资金贷款分为有担保流动资金贷款和无担保流动资金贷款。有担保流动资金贷款是指银行向个人发放的、需要担保的，用于满足生产经营流动资金需求的贷款。无担保流动资金贷款是指银行向个人发放的、无须担保的，用于满足生产经营流动资金需求的贷款。

4. 个人信用贷款

个人信用贷款指无须提供任何担保的贷款。个人信用贷款是银行或其他金融机构向资信良好的借款人发放的无需提供担保的人民币信用贷款。其以个人信用及还款能力为基础，额度一般不会超过 10 万～20 万，借款期是 1～2 年不等。个人信用贷款是以个人信用及还款能力作为基础的贷款服务，无需抵押和担保，但是需要一定的身份、住址及收入证明。不同机构的贷款条件要求、流程、审批额度都有所不同。

三、信贷的基本要素

（一）对 象

向银行申请信贷业务的客户，必须满足国家有关规定及行内信贷政策等规章制度的要求。将客户归纳为两类：

一类是公司类客户，包括企事业法人、兼具经营和管理职能且拥有贷款卡（证）的政府机构、金融同业、其他经济组织等。

另一类是自然人，主要是有购房或购车需求的自然人客户。

（二）金 额

银行向客户提供单笔信贷业务或额度授信及额度使用的具体数额。贷款金额必须充分考虑客户的承受能力和资金运作的能力。根据用款项目的需要，贷款应当足额供给，而且适度。超额贷款，客户可能挪用贷款；不足额，客户不能完成项目，风险同样很大。贷款金额不适度的问题在现实工作中也导致一类现象和隐患：很多银行的信贷部门喜欢对客户的贷款打折，逼得下级支行在申报额度授信的时候，有意多申报贷款，留给信贷部门打折。

（三）期　限

期限主要指贷款期限或银行承贷债务的期限。在遵守国家有关规定和银行信贷政策等规章制度的原则下，由银行和客户协商确定。融资的期限应当与客户的用途和周转速度保持一致。期限过长，客户可能会挪用信贷资金；期限过短，客户周转速度不足以支撑，可能出现贷款逾期。

（四）利率和费率

目前，银行发放贷款的利率和办理表外信贷业务的费率都是根据银行有关规定统一执行的。通常，表内信贷业务有费率和利率，如办理贷款，银行要收取一定的手续费，并收取贷款利率；表外信贷业务由于不动用银行的信贷资金，因此没有利率，仅有费率。

（五）用　途

不同的信贷业务有不同的用途。银行在办理信贷业务时尤其要注意用途是否合法、真实以及是否真正用于指定用途。

（六）担　保

担保是保证借款人还款或履行责任的第二来源。客户提供的担保方式可以是第三方保证、抵押、质押等。

第二节　信贷管理流程

基本操作流程就是要按照既定的操作程序，通过每个环节的层层控制达到防范风险、实现效益的目的。一般来说，一笔贷款的管理流程分为九个环节。

一、贷款申请

借款人需用贷款资金时，应按照贷款人要求的方式和内容提出贷款申请，并恪守诚实守信原则，承诺所提供材料的真实、完整、有效。申请基本内容通常包括：借款人名称、企业性质、经营范围，申请贷款的种类、期限、金额、方式、用途，用款计划，还本付息计划等，并根据贷款人的要求提供其他相关资料。

二、受理与调查

受理阶段主要包括：客户申请—资格审查—客户提交材料—初步审查等操作环节。受理人员依据有关法律法规、规章制度及银行的信贷政策审查客户的资格及其提供的申请材料，决定是否接受客户的信贷业务申请。银行业金融机构在接到借款人的借款申请后，应由分管客户关系管理的信贷员采用有效方式收集借款人的信息，对其资质、信用状况、财务状况、经营情况等进行调查分析，评定资信等级，评估项目效益和还本付息能力。同时，也应对担保人的资信、财务状况进行分析，如果涉及抵（质）押物的还必须分析其权属状况、市场价值、变现能力等，并就具体信贷条件进行初步洽谈。信贷员根据调查内容撰写书面报告，提出调查结论和信贷意见。

三、风险评价

银行业金融机构信贷人员将调查结论和初步贷款意见提交审批部门，由审批部门对贷前调查报告及贷款资料进行全面的风险评价，设置定量或定性的指标和标准，对借款人情况、还款来源、担保情况等进行审查，全面评价风险因素。风险评价隶属于贷款决策过程，是贷款全流程管理中的关键环节之一。

四、贷款审批

银行业金融机构要按照"审贷分离、分级审批"的原则对信贷资金的投向、金额、期限、利率等贷款内容和条件进行最终决策，逐级签署审批意见。

五、合同签订

合同签订强调协议承诺原则。借款申请经审查批准后，银行业金融机构与借款人应共同签订书面借款合同，作为明确借贷双方权利和义务的法律文件。其基本内容应包括金额、期限、利率、借款种类、用途、支付、还款保障及风险处置等要素和有关细节。对于保证担保贷款，银行业金融机构还需与担保人签订书面担保合同；对于抵（质）押担保贷款，银行业金融机构还需签抵（质）押担保合同，并办理登记等相关法律手续。

六、贷款发放

贷款人应设立独立的责任部门或岗位，负责贷款发放审核。贷款人在贷款前应确认借款人满足合同约定的提款条件，并按照合同约定的方式对贷款健全的支付实施管理与控制，监督贷款资金按约定用途使用。

七、贷款支付

贷款人应设立独立的责任部门或岗位，负责贷款支付审核和支付操作。采用贷款人受托支付的，贷款人应审核交易资料是否符合合同约定条件。在审核通过后，将贷款资金通过借款人账户支付给借款人交易对象。采用借款人支付方式的，贷款人应要求借款人定期汇总报告贷款资金支付情况，并通过账户分析、凭证查验、现场调查等方式核查贷款支付是否符合约定用途。

八、贷后管理

贷后管理是银行业金融机构在贷款发放后，对合同执行情况及借款人经营管理情况进行检查或监控的信贷管理行为。其主要内容包括监督借款人的贷款使用情况、跟踪掌握企业财务状况及其清偿能力、检查贷款抵（质）押品和担保权益的完整性三个方面。其主要目的是督促借款人按合同约定用途合理使用贷款，及时发现并采取有效措施纠正、处理有问题贷款，并对贷款调查、审查与审批工作进行信息反馈，及时调整与借款人合作的策略与内容。

九、贷款回收与处置

贷款回收与处置直接关系到银行业金融机构预期收益的实现和信贷资金的安全，贷款到期按合同约定足额归还本息，是借款人履行借款合同、维护信用关系当事人各方权益的基本要求。银行业金融机构应提前提示借款人到期还本付息；对贷款需要展期的，贷款人应审慎评估展期的合理性和可行性，科学确定展期期限，加强展期后管理；对于确因借款人暂时经营困难不能按期还款的，贷款人可与借款人协商贷款重组；对于不良贷款，贷款人要按照有关规定和方式，予以核销或保全处置。此外，一般还要进行信贷档案管理。贷款结清后，该笔信贷业务即已完成，贷款人应及时将贷款的全部资料归档保管，并移交专职保管员，对档案资料的安全、完整和保密性负责。

第三节　信贷业务管理组织架构

2001 年，我国加入了世界贸易组织，为顺应时代发展，满足金融市场的要求，商业银行对风险管理组织架构进行了根本性的改变。信贷管理由前台、中台、后台合一的管理模式转变为业务营销与风险控制相分离，由按照业务类别分散管理的模式转变为信贷风险集中统一管理的模式,由倚重贷前调查转变为贷款全过程管理,初步形成了现代商业银行公司治理组织架构。

从 2003 年开始,随着我国商业银行股份制改革的不断深入,银行信贷管理组织架构也在不断地发出着变化。在纵向管理上,初步建立了全面的业务发展和风险管理体系,总行、分行、支行间的管理进一步明晰,各级分行也实现了与总行业务部门的对接;在横向管理上,新增特定风险的专职管理部门,同时着眼于建立以客户为中心的组织架构和业务营销模式,按照客户性质的不同成立了公司业务部和零售业务部。建立真正的以客户为中心、以市场为导向、以经济效益为目标、以风险控制为主线,市场反应灵敏、风险控制有力、运作协调高效、管理机制完善的组织架构,是提升我国商业银行整体实力的组织保障。在全面风险管理框架下,在建立健全公司治理结构的思路下,按照风险管理体系集中、垂直、独立的原则,我国商业银行已经初步建立了职责明晰、分工明确、相互制衡、精简高效的银行内部组织架构,提升了商业银行风险管理的掌控水平。

商业银行信贷业务经营管理组织架构包括:董事会及其专门委员会、监事会、高级管理层和信贷业务前中后台部门。

(1)董事会及其专门委员会。

董事会是商业银行的最高风险管理和决策机构,承担商业银行风险管理的最终责任,负责审批风险管理的战略政策,确定商业银行可以承受的总体风险水平,确保商业银行能够有效识别、计量、监测和控制各项业务所承担的各种风险。董事会通常下设风险政策委员会,审定风险管理战略,审查重大风险活动,对管理层和职能部门履行风险管理和内部控制职责的情况进行定期评估,提出改进要求。

(2)监事会。

监事会是我国商业银行所特有的监督部门,对股东大会负责,从事商业银行内部尽职监督、财务监督、内部控制监督等工作。监事会通过加强与董事会及内部审计、风险管理等相关委员会和有关职能部门的工作联系,全面了解商业银行的风险管理状况,监督董事会和高级管理层做好相关工作。

(3)高级管理层。

高级管理层的主要职责是执行风险管理政策,制定风险管理的程序和操作规程,及时了解风险水平及其管理状况,并确保商业银行具备足够的人力、物力和恰当的组织结构、管理信息系统及技术水平,以有效地识别、计量、监测和控制各项业务所承担的各项风险。

(4)信贷业务前、中、后台部门。

一般而言,信贷前台部门负责客户营销和维护,也是银行的"利润中心",如公司业务部门、个人贷款业务部门;信贷中台部门负责贷款风险的管理和控制,如信贷管理部门、风险管理部门、合规部门、授信执行部门等;信贷后台部门负责信贷业务的配套支持和保障,如财务会计部门、稽核部门、IT 部门等。商业银行应确保其前、中、后台各部门的独立性,前、中、后台均应设立"防火墙",确保操作过程的独立性。

本书着重介绍银行信贷业务中信贷员的岗位技能,这也是整个银行信贷最为关键的一个岗位。很多银行将信贷员称为客户经理,大部分银行都将信贷员业务进一步进行区分归属,分为公司信贷员(公司信贷客户经理)和个人信贷员(个人信贷客户经理)。

第四节　信贷员的职责与能力技巧

一、信贷员的岗位职责

（一）贷款受理岗的职责

承责人：各信贷客户经理。

岗位职责：

（1）负责接受客户提交的借款申请书，审查借款人的资信、贷款条件、借款用途等情况，按照贷款准入条件进行初审，提出受理意见；对于符合准入条件的贷款，通知调查岗进行受理；对于不符合准入条件的贷款，通知客户不予受理，并说明原因。

（2）负责定期走访工商、税务、环保、土地等部门，搜集客户信息，为贷款初审提供参考依据。

（3）负责及时将符合借款条件的借款申请书和有关资料交调查人员进行调查，对不符合借款条件的，将申请书和资料退还客户，并说明理由。

（二）贷款调查岗的职责

承责人：各信贷客户经理。

岗位职责：

（1）负责接受受理岗移交的贷款资料；

（2）负责客户信用等级的初评工作；

（3）负责对客户生产经营、财务状况等开展实地调查工作；

（4）负责客户生产经营活动是否符合国家产业政策与环保政策的调查工作；

（5）负责贷款项目的合法合规性、真实性、安全性、流动性及效益性的调查评估和认定；

（6）负责办理贷款的有关手续及事宜，如保证人资格、能力的调查认定，抵押物的评估、登记等。

（7）负责撰写贷前调查报告；

（8）负责向贷款审查岗提交需要审查的贷款资料。

（三）贷款审查岗职责

承责人：信贷会计、主管会计（兼）。

岗位职责：

（1）负责对贷款项目进行合法、合规性和真实性的审查，主要审核借款人提供资料的完整性、贷款手续的合法合规性及调查评估岗意见的准确性和合理性等；

（2）根据上报材料分析借款人及贷款项目的优势，全面揭示贷款风险，并提出防范措施；

（3）负责撰写详细的审查报告，提出审查结论，包括贷款项目贷与不贷及贷款币种、金额、期限、利率、贷款方式、还款方式等内容。

（四）贷款审议岗的职责

承责人：有评审权限的相关责任人。

岗位职责：

（1）负责审议贷款的合法、合规性；

（2）负责贷款定价及测算其带来的综合效益；

（3）负责制定贷款风险防范措施；

（4）负责记录贷审会的会议记录，根据委员表决结果，形成会议纪要；

（5）负责需要审议的其他内容。

（五）贷款审批岗的职责

承责人：有审批权限的相关责任人。

岗位职责：

（1）在审批权限内对贷款提出贷与不贷的决策意见，对超过审批权限的贷款，及时将报批意见连同有关资料，呈送上一级审批决策岗审批；

（2）确定贷款币种、金额、期限、利率、贷款方式、还款方式等；

（3）对借款人及贷款项目存在的风险提出控制措施；

（4）负责处理贷款业务中的重大事项。

（六）签订合同岗的职责

承责人：各信贷客户经理。

岗位职责：

（1）负责依据审批意见填制省联社制定的制式借款合同；

（2）负责监督客户、保证人或授权委托人（必须有授权委托书）在借款合同上签章（字），并留取影像资料；

（3）负责抵（质）押借款合同签订后，督促客户办理抵押物的登记（止付）手续；

（4）负责签订借款合同的合规性、真实性、有效性。

（七）贷款发放岗的职责

承责人：信贷部会计、各信贷客户经理。

岗位职责：

（1）负责对已审批贷款资料的把关，认真审查合同、借据要素与审批内容的一致性。

（2）负责审核贷款资料的合规性、完整性、有效性，对符合条件的，填写"审核贷款意见书"；对不符合条件的，退回客户经理。

（3）负责审批意见的落实情况。

（4）负责会计账务的处理。

（5）负责抵（质）押物、有价证券的入库保管。

（6）负责贷款转入借款人的存款账户。

（八）贷款资金支付岗的职责

承责人：柜员。

岗位职责：

（1）负责审核合同中约定的支付方式是否符合有关规定；

（2）负责审核提款申请是否符合约定，交易者是否为合同用途约定的收款人；

（3）对符合合同约定事项的贷款，根据提款申请和交易合同进行贷款资金支付。

（九）贷后管理岗的职责

承责人：各信贷客户经理。

岗位职责：

（1）负责检查借款人是否按合同规定的用途使用贷款；

（2）负责对客户进行贷后检查，主要检查其生产经营、财务状况等，全面提示贷款风险状况；

（3）负责检查对贷款限制性条款的落实工作；

（4）负责收集借款人报送的有关财务报表；

（5）负责催收贷款利息；

（6）负责下发各类催收通知书，对到期贷款提前进行催收，客户签字后收回存档；

（7）负责对出现风险的贷款，提出风险预警，报机构负责人，并制定防范措施；

（8）负责信贷资产风险分类工作。

（十）信贷档案管理岗的职责

承责人：信贷会计（兼）。

岗位职责：

（1）负责审核和接受信贷员移交管理的信贷档案资料；

（2）负责对装订成册的信贷档案资料进行按户分类、编号、登记、归档；

（3）负责对信贷档案的基础管理工作；

（4）对贷款客户档案的完整性负责；

（5）负责对已结清贷款本息的信贷档案进行抽档归整管理；

（6）负责建立并登记合同文本移交登记簿、合同文本登记注销登记簿、合同文本调阅登记簿。

二、信贷员应该具备的能力

（一）严谨的工作态度、娴熟的业务技能

在办理信贷业务的过程中，必须牢牢把握以下五个要点：① 审好证照；② 选准文本；③ 填妥内容；④ 把住签章；⑤ 理顺程序。

（二）丰富的专业理论和专业知识

一个合格的、称职的信贷员，一定要具有娴熟的专业理论和专业知识，熟练的操作技能，才能更有利于信用工作的顺利开展。这些专业理论和专业知识主要是指财务报表分析的知识和信用评估的知识。

（三）良好的人际交往能力

对客户的性格、情绪、需要等有敏锐的直觉和认知；能够针对不同情境和不同交往对象，灵活使用多种人际交往技巧和方式；能够在与客户交往的时候表现出对客户的理解、关心；能屈能伸，能够承受较大的心理压力。

（四）敏锐的观察和判断能力

能够通过客户的言谈举止以及社会关系观察其品质；判断客观；善于察言观色；在贷款发放前，要重点考察客户的人品。一笔贷款从申请到发放一般不会超过一周，在这短暂的时间里，信贷员要及时准确地把握客户的性格和人品。

（五）强大的抗压能力

小企业信贷员都有较大的业绩压力，因此需要信贷员保持良好和积极的心态，能够克服困难并及时调整情绪，保持足够的信心。特别是遇到逾期不还款的客户，就得更需要耐心。

（六）冷静的分析能力

信贷员要有一定的头脑，善于分析、思考问题。在信贷管理工作中，有些企业可能会为了自己的利益而粉饰财务报表，掩盖真实的财务状况和经营成果。

三、信贷员应该具备的技巧

（一）加强业务知识学习，提升信贷营销意识和营销技巧

其实可以把信贷营销比喻成卖产品，只不过卖的产品比较特别而已，因为卖的是钱。信贷员要成功对外营销卖出自己的产品、取得客户认可，才算是取得营销成功，首先，就要知道自己卖的是什么，知道自己所卖产品的优缺点，所以要对外营销就得加强信贷业务知识学习。其次，要随时做好营销准备，随身随时带好手机、名片、笔，做好一切准备。最后，发现目标后要把握信息，可以在谈话中进一步获取信息，最好能取得客户名称、联系电话或经营地址等有用信息。通过上门式的信贷服务，真诚的服务热情，以最快的信贷服务满足客户的信贷需求，充分体现银行办理业务效率高、服务质量好、办理业务灵活的优点。

（二）深刻理解不良贷款发生的各种表象与预警信号，并迅速做出判断和反应

1．贷前恶意套贷发生的表象和预警信号

（1）随意更改财务审计报告。大多数恶意套贷的企业在银行信贷人员调查评估时，当首次提供的财务审计报告不符合贷款要求时，就会以企业是为了逃税等理由，向银行表示要调整财务报告，而后与审计单位串通，夸大销售收入，擅自调整资产结构，出具符合贷款条件的财务数据，如果信贷人员没有引起足够重视或其他原因，就会造成财务数据失真，影响调查结果的判断，使企业达到套贷的目的。

（2）客户主要管理层或构成人员存在不道德的行为。信贷人员在贷前调查时，应特别关注客户主要管理层或构成人员是否存在不道德的行为，对存在爱好赌博，或生活作风有问题的客户要特别审慎营销。各商业银行在贷前营销与调查期间，均特别关注客户主要管理人员尤其是法定代表人的生活道德行为，这也是经过无数笔产生不良贷款后总结的规律和教训。

（3）客户经营管理家族式气氛过重。目前，大型企业逐步形成现代企业管理模式，但占主要比例的大多数中小企业的管理模式还是由夫妻互相担任董事长或总经理，子女或其他非合法关系的第三人担任财务负责人的企业架构。形成这种形式的管理方式受我国目前处于经济建设的初级阶段影响，但作为银行的营销，要特别审慎分析这种架构带来的不利因素，必要时应采取宁可不贷的决策放弃营销。

（4）客户明显存在逃税、漏税行为。

（5）在其他银行曾经出现不良贷款痕迹。由于目前人民银行征信管理系统没有出台相应的惩罚条例，一些银行不能严格执行征信法规定，没有及时录入企业在银行的不良贷款信息，因此，贷前调查不能一味地依靠客户信用报告，要通过实地与客户员工了解或通过其他银行相识人员了解，获取客户真实的信用状况。

（6）客户主要决策者对企业的发展夸大其词。客户经理贷前必须做到客户经营项目市场份额和市场前景的调查，防止对已经饱和市场前景并不乐观的项目、单方面听从客户的意见而发放风险贷款。

（7）客户决策人或家族主要成员存在身体健康隐患。

（8）客户本身存在关联企业，或家族成员从事非银行贷款项目的经营业务。

2．贷后不良贷款发生的表象和预警信号

在实际工作中，银行信贷人员可以从企业的一些业务现象中，捕捉可能产生不良贷款的消息，并及时予以"报警"。

（1）企业在银行的账户上反映的预警信号。如果企业在银行的账户上出现以下一些不正常的现象，可能表明企业的还款出现问题：经常延期支付或退票；经常出现透支或超过规定限额透支；应付票据展期过多；要求借款用于偿还旧债；贷款需求的规模和时间变动无常；银行存款余额持续下降；经常签发空头支票；贷款的担保人要求解除担保责任；借款人被其他债权人追讨债务，或索取赔偿；借款人不能按期支付利息，或要求贷款展期；从其他银行或机构取得贷款，特别是抵押贷款（信贷人员要通过定期查询信用报告，密切关注企业融资行为）。

（2）从企业财务报表上反映的预警信号。企业财务报表上如果出现以下情况，则可能存

在影响贷款偿还的因素：银行不能按时收到企业的财务报表；应收账款的账龄明显延长；现金状况恶化；应收款项（包括应收账款、其他应收款、应收和预付账款）和存货激增；成本上升，收益减少；销售上升，利润减少；销售额下降；不合理地改变或违反会计准则，如折旧计提、存货计价等；主要财务比率发生异常变化，如流动比率、速动比率等短期偿债能力下降；呆账增加，或拒做呆账及损失准备；审计不合格；销售货款不能按时归行（这个问题是当前银行不良贷款形成的主要表象，信贷人员要特别引起高度重视）。

（3）在企业人事管理及与银行关系方面的预警信号。当企业在人事管理上出现一些异常变化时，也可能影响贷款的安全。例如，企业主要负责人之间不团结；企业管理人员对银行的态度发生变化，缺乏坦诚的合作态度；在多家银行开户，或经常转换往来银行，故意隐瞒与某些银行的往来关系；董事会、所有权发生重要的变动；公司关键人物健康出现问题，且接班人不明确或能力不足；主要决策人投机心理过重；某负责人独断专行，限制了其他管理人员积极性的发挥；无故更换会计师或高层管理人员；对市场供求变化和宏观经济环境反应迟钝，应变能力差；借款人婚姻、家庭出现危机，如借款人与担保人关联企业存在夫妻关系。

（4）在企业经营管理方面表现出来的信号。在企业的经营管理方面，如出现下述现象，当视为不正常现象：经营管理混乱，环境脏、乱、差，员工老化，纪律涣散；设备陈旧、维修不善、利用率低；销售旺季后，存货仍大量积压；丧失一个或多个主要客户；关系到企业生产能力的某些主要客户的订货变动无常；企业的主要投资项目失败；企业的市场份额逐步缩小；企业的生产规模不适当地扩大等。

（三）掌握贷款催收中的技巧

催收欠款难，是我国银行业普遍面临的问题，因此，掌握贷款催收的技巧就显得尤为重要。信贷员在进行贷款催收时可以借鉴的主要经验技巧有：

（1）要想取得良好的催收效果，自己就必须摆正自己的架势。

见到欠款客户的第一句话就得确立信贷员的优势心态。通常应当强调是信贷员支持了客户，而且信贷员付出了一定的代价。尤其是对于付款情况不佳的客户，一碰面不必跟客户寒暄太久，应赶在客户向信贷员表功或诉苦之前，直截了当地告诉客户，信贷员来的目的不是求客户跟自己下订单，而是客户该付信贷员一笔贷款，且是专程前来。

（2）坚定信心，让欠款客户打消任何拖、赖、推、躲的思想。

鉴于银行贷款的苛刻条件限制，融资是相当困难的事，于是很多客户或许做梦都想空手套白狼，认为欠账是一种本事，是融资能力超强的一种表现形式。面对这种情况，不下狠心是收不回来欠账的。所以，在向客户初次催款时，应将银行对欠款管理高度重视的态度强势地展现出来，以坚定的口气告诉对方：宁可花两万也要收回欠款一万。

（3）根据欠款客户偿还欠款的积极性高低，把握好催收时机。

对于付款准时的客户，约定的时间必须前去，且时间一定要提早，这是收款的一个诀窍。否则客户有时还会反咬一口，说"等了你好久，你没来，以为你们不急，所以我把款移作他用了"，致使原本该支付给银行的货款，被客户挪作客用。事前上门催收时要先在公司内部做足功课，与财务部门、物控部门等对于发货、退货、开发票等数额都一一明确，确认对方所欠货款的确切金额，了解对方货款拖欠的具体时间。如果对方总是说没钱，信贷员就要想法安插"内线"，必要时还可花点小钱让对方的人员为信贷员所用。在发现对方手头有现金时，或对方账户上刚好进一笔款项时，即刻赶去，逮个正着。

（4）到客户公司登门催收欠款时，不要看到客户有另外的客人就走开。

信贷员一定要说明来意，专门在旁边等候，说不定这本身对催收欠款还有帮助。因为客户不希望客户的客人看到债主登门，这会让客户感到难堪，在新来的朋友面前没有面子。倘若欠信贷员的款不多，客户多半会装出很痛快的样子还信贷员的款，为的是尽快赶信贷员走，或是挣个表现给新的合作者看。

（5）有时欠款客户一见面就百般讨好信贷员，心里可能是想赖账。

客户会假意让信贷员稍稍等候，说自己马上去取钱还信贷员。但跑一圈回来，十有八九是两手空空。这时客户会向信贷员表示对不起，同时还说自己已经尽力了，让信贷员不好责备客户。这是客户在施缓兵之计。这时，信贷员一定要强调，今天一定得拿到欠款，否则，绝不离开。

（6）在催收欠款时，如对方表明有钱但是一直没有提还钱的事，那可能在准备下一步说出现了一些变故，信贷员应及时找出对策。

一般不能在此时去耐心地听对方说明，如客户确实发生了天灾人祸，在理解客户难处的同时，让客户也理解自己和银行的难处。信贷员诉说时，要做到神情严肃，力争动之以情，晓之以理。

（7）不能在拿到钱之前谈生意。

此时对方会拿"潜在的订单"做筹码与信贷员讨价还价。若信贷员满足不了其要求，客户还会产生不还钱"刺激"信贷员一下的想法。此时，一定要把收回欠款当成唯一的大事，如果这笔钱不还，纵使有天大的生意也免谈。

（8）时刻关注客户的经济状况。

一个信贷员贷出款项后，要时刻关注一切异常情况，如客户资不抵债快要倒闭了，或是合伙的股东撤资转为个人独资了。一有风吹草动，得马上采取措施，防患于未然，杜绝呆账、死账。

（9）可事先发出通牒。

事先发出有效书面通知，声称银行对公司催收贷款，并给公司规定了还贷款期限，如公司没按期限归还银行贷款，银行将按"什么样的"措施处罚公司。如此一来，一般欠款客户易于接受，能够提早做出资金的安排。

（10）掌握打催收欠款电话的时机。

在欠债客户情绪最佳的时间打电话，欠债客户更容易同信贷员合作。例如，下午 3：30 时开始打电话最好，因为客户上午一般较忙，给欠债人留下上半天做生意是个好主意，这样客户们有足够的时间进入正常的工作状态。下午是客户们精神较为放松的时候，一般心情都会比较好，此时催欠容易被接受。

（四）掌握清收不良贷款的技巧

不良贷款是指不能按借款合同约定如期归还贷款本息的贷款。对不良贷款的防控与清收一直是银行信贷工作者研究的课题。解决不良贷款问题的途径大致有两个方面：一是贷款前期的风险防控工作;二是贷款以后的管理清收工作。本书着重介绍清收不良贷款的技巧和方法。

1. 主动出击法

主动出击法是指责任信贷员主动深入到借款人经营场所了解情况、进行催收贷款的方法。信贷员应经常深入到自己管辖的客户中研究实际问题。将客户群体分类排队,在"好、中、差"的类别中突出重点开展工作,本着先易后难,先好后差,先小额后大额,先近程后远程,先重点后一般的工作思路,寻找切入点。坚定信心,反复多次地开展工作,并在所到之处一定要签发催收通知书和办理相关合法手续,以达到管理贷款、提高质量、收回不良贷款的目的。

2. 感情投入法

对于出现不良贷款的客户,不要一概责备或训斥,不要使用强硬语言,激化矛盾,以"依法起诉"相威胁。而首先应以一份同情心,倾听对方诉说苦衷与艰辛,困难与挫折。站在借款方的立场,换位思考,分析问题,查找根源,寻找出路。使自己的观点与客户相融合,以获得其同情,被对方所接受,在工作交往中融入感情,建立友谊。在此基础上,引导对方适应自己的工作观点,即清收不良贷款的观点,入情入理地细说不良贷款给自己带来的不利影响,这些影响会使诚信遭到破坏,形象受到损坏,朋友之路越走越窄,经营困难越来越多。如能及时归还贷款,既能表现实力,又能申请再借,既是遵守合同,又是信守承诺,使信用度得到提高。信用度的提高,就是自己的无形资产。有利因素和不利因素的分析可能使之产生同情与理解,以达到自己的目的。

3. 参与核算法

贷款管理人员与客户的工作关系,应当是合作的、友好的、知心的。应当经常深入到客户中去,掌握客户的经营状况,帮助客户客观分析经营中出现的问题。找出问题的主要原因,使客户能欣然接受,进而参与到经营核算中去。通过真实的会计账目做出进一步研究,提出增收节支的具体措施,提高客户盈利水平,降低客户的经营成本,并关心客户的措施落实情况,力争取得成效,促进不良贷款的收回。

4. 帮助讨债法

客户在经营中大多存在应收账款不能按时收回而且数额越积越多的现象。面对这种现实,信贷员应当准确掌握应收账款的笔数、金额、拖欠时间及对方的基本情况。深入分析、仔细研究,将应收账款按易难程度,先后顺序分类排队,按先易后难的基本思路,亲自帮助客户去清理应收账款。清收成果应以归还不良贷款为先,或部分归还贷款,部分用于经营,而后对客户应继续提供帮助,不能放手不管。

5. 出谋划策法

贷款管理人员,其岗位是重要的,其业务素质和政治素质均应高于一般人员。面对不良贷款,管理人员不能就事论事,要由表层深入里层,由浅入深,寻找切入点,有针对性地帮客户出谋划策。要多支招,支实招,帮助客户弥补管理上的漏洞与不足,纠正市场营运过程中的偏差,调整经营方向上的偏离,找到畅通的市场信息渠道,多懂并介绍一些相关的法律知识,以及传授防止上当受骗的技巧等。为客户出谋划策,力求扭转其经营中的困难局面,尽早收回不良贷款。

6. 资金启动法

对不良贷款要进行深入实际的调查和认真仔细的分析，从中找出症结的根源，以便对症下药。当认定借款人人品好，肯吃苦，具有一定的经营能力和管理能力，只因某种原因影响了按期归还贷款本息（如狂风、雷电、暴雨雪、洪水、火灾、地震等自然灾害导致生产设施损毁，病虫害、瘟疫快速传播使种养业损失严重等）。在这种情况下，不但不能催要贷款，还应立即采取资金启动法，向受灾受损严重的客户提供一定数额的新的贷款支持，使其在精神上受到鼓舞，经营上得到帮助，尽快恢复生产，恢复经营，走出困境，进入常规营运轨道，待时机成熟时，再逐步收回不良贷款，将其贷款规模控制在适当的数额内。

7. 借助关系法

对借款人的配偶、儿女、亲属、朋友要进行详细的调查了解，选择出有重要影响力的人物。与其进行接触、交谈、交往，达到融合程度，适时谈其用意，使之理解进而愿意帮助，由有影响力的人单独与借款人谈还款问题和利弊分析，劝其归还贷款，也可以共同与借款人讨论贷款问题，寻找还款的最佳途径。

8. 调解法

在拒绝归还贷款和即将依法起诉的矛盾相持中，不急于采取依法起诉方法，而应当拓展新的思路，寻找新的方法。村干部、乡镇政府干部、政法民政干部及公安干警等都是应考虑的因素。利用这些因素充当第三者，以中间立场出现，帮助分析利弊，拉近双方距离，化解矛盾，进行有效调解，使借款人在依法诉讼前归还贷款。

9. 多方参与法

相对于借款人的客观实际，要深入研究客户的薄弱环节。如借款人很好脸面，千方百计掩饰自己，生怕自己欠款的事外露，影响形象。在多次工作无效的情况下，应考虑动员亲朋好友、同学、同事、乡村干部、上级领导多人一同参与其工作，发起攻势，促使其归还贷款。

10. 群体进攻法

信贷员的个人能力和智慧是有限的，但应尽职尽责。面对难点，应当考虑多名信贷员共同参与工作，深入研究认真分析，寻找突破口，选择最佳时机，群体出击，一气呵成，不可间断，直至取得成果。

11. 人员交换法

总是一副面孔，一个套路，难免工作略显一般。在催收的时候，客户和信贷员之间可能彼此开始熟络，信贷员的工作风格可能被客户掌握，致使个别借款人，不按期归还贷款本息，影响了贷款质量，使不良贷款增多。如此，应考虑人员交换或针对某一问题，选择得力人员专门加以解决或提供帮助，降低不良贷款占用，提高贷款质量。

12. 组织干预法

有些借款人不仅是党员干部，还有很多头衔，政协委员、人大代表、农民企业家、××模范等。无论有多少个头衔，不管怎么得来的，只要形成不良贷款，理应受到追究。对借款人的上级组织，为其命名的各类上级部门均应发出信函，告之不良贷款事由和归还贷款要求，请求组织干预，必要时应派人员前往商谈，以求解决问题。

13. 信息捕捉法

信息对各行各业都是不可忽视的重要因素，相对借款人来讲也是如此。尤其是借款人的经济往来信息，产品销售信息，应收账款信息，资产处置信息等。这些信息必须引起高度重视，密切关注，发现有利因素，立即采取措施。特别是多头开户的各家银行账户，务必搞清查实，一旦发现进账款项，立即展开工作或依法冻结账户，创造出收回不良贷款的必要条件。

14. 刚柔相济法

面对不同脾气秉性的借款人，应当各自采取不同的方法。有吃软不吃硬的，有吃硬不吃软的，这就需要在实践中体会摸索。避其强，攻其弱，采用刚柔相济法，或先柔后刚或先刚后柔。论情、论理、论法层层深入，使借款人先从观念上转变，愿意归还贷款，然后再进一步开展工作。

15. 黑白脸法

黑白脸是甲乙信贷员各自扮演不同角色开展清收不良贷款配合工作的表现形式。黑脸以强硬姿态出现，清查账目、盘点资产，对借款人公开阐明观点，拟将主要资产设备采取拆卸、封存、扣押、拍卖、冻结等手段进行处置。而白脸则应在黑脸与借款人之间巧妙周旋，时而以温和姿态劝说借款人归还贷款避免事态严重，时而与黑脸协商给借款人宽限几天时间，最后与借款人商定出还款时间和还款金额，继而进一步配合清收。

16. 分解法

父母早年借款，因体弱多病，劳动能力降低，无力归还贷款，或借款人意外伤害致残致使不良贷款的形成，而且贷款额均不是很大。在这种情况下，应细心研究其儿女亲属分担贷款问题。首先调查其家庭经济状况，从事工作，收入多少，品德如何，详细分析后择优开展工作。工作要有耐心，要从父母培养儿女的艰辛、对伤残亲属的同情心、儿女要有爱心、亲属要有善心，这几方面为切入点。融入感情反复交谈，谈到对方动情、动心，经多次努力，或平均分担或不平均分担，达到意见一致，愿意分担贷款并代为归还贷款。

17. 转让法

经营项目已经上马，设备已安装调试或进入生产状态，但因某种事先未预测到的因素，导致生产无法连续进行或生产产品越多亏损越多，或主要经营者因病、意外事故、涉嫌犯罪，使经营项目不能继续进行。在全面分析各种影响因素确认后，应当立即采取断然措施，不要拖延时间，选择把损失降到最低点的最佳方案。首先应考虑整体转让项目，寻找经营管理能力强，实践经验丰富的同行业商谈全面接收问题，包括接收不良贷款问题，力争取得好的结果。

18. 债权抵押法

经营时间越长，往往形成债权的数额越大，追讨难度也相对加大，也是形成不良贷款的影响因素。对于这种因素信贷员要认真仔细研究，准确评估对方债务人的还债能力后，应考虑以债权抵押不良贷款问题。如果可行，应与借款方、借款方债务人三方以书面协议形式加以认可，确保开展工作的合法性和可操作性。但在贷款还清前不可免除借款人的还款义务。

19. 化整为零法

不良贷款往往是本金归还不了，利息也越欠越多，困难越来越大。在这种情况下，不要单一考虑贷款本息一次归还问题，应当化整为零。视借款人的实际还款能力，每隔一段时间，

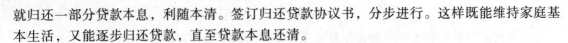

就归还一部分贷款本息，利随本清。签订归还贷款协议书，分步进行。这样既能维持家庭基本生活，又能逐步归还贷款，直至贷款本息还清。

20. 先本后息法

借款人品质不错，能力略差，也能配合银行工作，就因利息越累越多，陷入困境，越陷越深，不能自拔。调查认定后，应当对此采取先收本金后收利息的方法。签订协议，分解归还。先收本金使之不再产生利息，从而减轻了借款人的负担。这样对借款人的还款意愿是个鼓励，对其还款能力也是个帮助。通过改变借款人还款方法和给予适当的还款时间，借款人能够还清不良贷款。

21. 担保责任追究法

为借款人提供担保，其本质意义在于借款人不能按规定期限归还贷款时，担保人承担归还贷款本息的义务，以保证借款合同的全面履行和信贷资金的安全性。然而在现实工作中，重视借款人而轻视担保人的现象较为严重，这是一个误区。贷款一旦形成不良，一定要一并追究借款人与担保人。当借款人不足以归还贷款时，不能忽略对担保人担保责任的追究，直至贷款本息全部还清。

22. 抵质押品处置法

抵押物品和质押物品，主要指以房屋所有权、土地所有权、有价单证、机器设备等为主要内容的物品作为贷款的保证物品。随着经济的发展，社会的进步，这些内容会不断地增加和变化。但要把握这些内容的核心是评估和变卖处置现值一定要大于贷款本息，评估和变卖处置现值大于贷款本息的差数越大，贷款的安全性越高。当贷款不能按期归还时，一定要及时按合法程序处置抵押质押物品，确保贷款安全。

23. 以物抵贷法

借款人的经营状况已走向下坡，无力以货币资金归还贷款。经深入调查确认后，要果断地采取措施，不可拖延时间，一旦拖延可能错过有效时机。应立即协商以借款人物品抵押贷款本息问题。首先应考虑价值大的物品，如土地、使用权、房屋、设备的所有权、出租权或使用权，大宗的产品、商品、材料的所有权或处置权，办公设备、汽车等的所有权和处置权，协商评估作价或由中介机构评估作价后抵押贷款本息。

24. 折扣法

当借款人面临多家债权人以各种不同方式发起进攻时，已经出现其资产相继被抵押债务，银行就必须迅速采取果断措施。否则，贷款可能会难以追回，即使是采取法律手段也可能来不及。在这种背景下，应被迫考虑折扣法。以借款人尽可能多的物品，尽可能低的协商评估价格，先抵押贷款本金，后抵押贷款利息，能抵押多少算多少。借款人提出的标准可能会高些或是抵押贷款本息全部，僵持无果时，适当地退让，可能是明智的，最终的结果可能会好些。

25. 黑名单公示法

人是有尊严的，单位是有形象的，借款方也是如此，银行应尊重客户的尊严与形象。同时，也必须强调尊严与形象必须建立在诚信的基础上，失去诚信必然失去尊严与形象。借款方不能按期还本付息，且在多种努力无果的前提下，应当采取黑名单公示法。可在报刊、广播电台、电视台等多方位周期性公示，施加社会影响，促使其归还贷款。贷款本息还清时撤销公示。

26. 限制法

贷款已超过合同规定的归还期限，多种方法、多种努力已经做到，只是结果不尽如人意，这时就应当考虑限制法。首先，在本系统停止各种方式的新增贷款。其次，函告本地区其他金融单位，请求对不讲诚信且贷款已经逾期的当事人不予贷款支持。最后，函告本地区相关的工商、税务、环保等部门，特别是党政机关、各种协会及相关组织引起关注并请求提供法律范围内的限制方法。至少应取消各种荣誉称号、获奖资格等，促使其归还贷款。

27. 公证转执行法

根据《中华人民共和国民事诉讼法》的相关规定："对公证机关依法赋予强制执行效力的债权文书，一方当事人不履行的，对方当事人可以向有管辖权的人民法院申请执行，接受申请的人民法院应当执行。"这就减少了一些环节和费用，因此，工作实践中，一些单位采取了办理公证以取得具有强制执行效力的债权文书的方法。凡经办理公证的贷款出现不良，经信贷员或公证员催收无效后，可以直接转入执行程序，申请法院执行庭依法强行收回贷款。

28. 依法起诉法

能够在依法起诉前，使问题得到解决是最好的选择，既能节省时间，又能节约开支，还不伤害感情。但在以下情况下，应重点考虑依法起诉的方法：依法保护债权的时间即将超过诉讼时效期；以土地、使用权、房屋、机器设备所有权进行抵押并登记的贷款逾期时间较长；借款人死亡或失踪；反复协商达不成一致；需冻结、查封、扣押债务人资产及相关物品时；恶意逃废债务；依法起诉相对于其客户方法而言，应当是最后的方法，选择此方法要权衡利弊，把握时机，务求起诉必胜、胜必有成果。

 实训练习

实训角色：信贷员肖肖、审核员刘丽。

实训业务：

江苏信息技术有限公司法定代表人秦泰到 W 银行办理以公司信誉为担保的信用贷款，贷款期限 20 年，贷款金额 50 万元。

请 2～3 人一组，用实训演练表演的方式回答下列问题。

1. 根据以上资料，信贷员肖肖该进行哪些流程？

2. 审核员刘丽会经过哪些审核流程？

3. 如果贷款期限一到，江苏信息技术有限公司拒不付所欠贷款，信贷员该如何对其公司法定代理人秦泰催账？有哪些技巧？

4. 若江苏信息技术有限公司的贷款款项已无法收回，并归为不良贷款，信贷员该如何？

5. 若上述问题为个人信贷时，信贷员又该怎么解决呢？

第七章　公司信贷业务

【本章简介】

本章坚持理论与实践相结合，以实践为主；知识与技能相结合，以技能为主；现实与前瞻相结合，以现实为主的原则，主要介绍常见的公司信贷业务，包含流动资金贷款、银行承兑汇票、保函等。每节都以情景作为代入，依次呈现信贷员完整办理一笔对公信贷业务所涉及的工作细节和具体流程。每节都配有相关的信贷实训题，以巩固学生对业务操作要领的掌握。

【学习目标】

能够提升自己的基本信贷素质，学会分析客户的信贷需求，掌握营销信贷产品的基本技能、学会审核客户提供的信贷资料清单；能够独立分析客户财务状况、能够独立撰写授信调查报告；对客户变化保持高度敏感，掌握银行进行贷款管理等一系列的细节工作要求，做到学习新知识、新技能，将其最大限度地运用到以后的实际工作中。

第一节　流动资金贷款

实训项目　流动资金贷款

情景单元 1　流动资金贷款的受理、发放

【情景内容】

2015 年 2 月，本行老客户××公司负责人和财务找到客户经理小陈，因公司短期资金不足，特申请流动资金贷款。

【情景步骤】

【步骤一】客户经理要和客户进行交流，要对客户提问，多问多听少说，从而认真了解客户的需求情况。在掌握到客户的需求后，紧接着要准确介绍银行的有关信贷政策（包括借款人的资格要求、信贷业务的利率、费率、期限、用途、优惠条件及客户的违约处理）等。

提示：客户申请可以是客户主动到银行申请信贷业务，也可以是银行信贷人员向客户营销信贷业务。

【步骤二】对客户进行资格审查。

首先，客户经理应首先审查客户的主体资格是否符合规定，验看客户的营业执照、贷款证（卡）和近期财务报表，了解客户的背景、经营状况、财务状况、借款用途、担保意向等，进行资格审查；其次，了解本次申请信贷业务的原因、品种、用途、金额、担保方式和还款来源、与银行信贷业务往来情况；最后，了解客户目前的经营管理状况，分析有无重大影响客户资信的事项，做出是否符合信贷客户资格要求的判断。一般情况下，对客户申请信贷业务的资格要求与规定如下：

第一，要符合银行的贷款客户资格要求。

借款人应当是经工商行政管理机关（或主管机关）核准登记的企业（事业）法人、其他经济组织、个体工商户或具有中华人民共和国国籍的具有完全民事行为能力的自然人。

第二，符合银行对公司客户信贷的基本要求。法人客户向银行申请信贷业务，应当具备产品有市场、生产经营有效益、恪守信用等基本条件，并且应当符合以下要求：

（1）有按期还本付息能力，原应付贷款利息和到期贷款已清偿，没有清偿的，已经做了银行认可的偿还计划；

（2）应当经过工商部门办理年检手续；

（3）已开立基本账户或一般存款账户；

（4）除国务院规定外，有限责任公司和股份有限公司对外股本权益性投资累计额未超过其净资产总额的 50%；

（5）借款人的资产负债率符合有关规定要求；

（6）申请中期、长期贷款的，新建项目的企业法人所有者权益与项目所需总投资的比率不低于国家规定的投资项目的资本金比例。

第三，没有触碰到银行规定的限制性条件，即客户若有下列情况之一的，银行信贷员原则上不接受其申请：

（1）连续 3 年亏损，或连续 3 年净经营现金流量为负；

（2）向银行提供虚假或隐瞒重要事实的资产负债表、损益表等财务报告；

（3）骗取、套取贷款，用借贷等行为以牟取非法收入的；

（4）违反国家规定将贷款从事股本权益性投资的；

（5）生产、经营或投资国家明文禁止或严重有损于社会公益和道德的产品或项目的；

（6）项目建设或生产经营未取得环保部门许可的；

（7）在进行承包、租赁、联营、合并（兼并）、合作、分立、产权有偿转让、股份制改造等体制变更过程中，未清偿原有债务或未对其清偿债务提供足额担保的；

（8）有其他严重违法或危害银行信贷资金安全的行为的；

（9）列入黑名单的。

第四，如果客户申请信用贷款的话，一定要对客户申请资格进行严格分析和筛选判断，否则，建议其放弃信用贷款的申请，改申请担保贷款。企业法人客户还必须同时符合下列条件，才能申请信用贷款：

（1）财务状况非常好，在银行评级授信中，被评为AAA级及以上信用客户；

（2）贷款总额（指本次贷款发放后的贷款余额）不超过客户所有者权益；

（3）资产负债率（指本次贷款发放前的资产负债率）在50%以下；

（4）现金净流量和经营性现金净流量均大于零；

（5）无不良信用记录。

【步骤三】提交材料。对符合资格要求的客户，受理人员就要求客户提供材料（如下），根据客户提交上来的材料，在客户提交的申请材料的清单上备注统计。

1. 客户申请材料

（1）营业执照（副本及影印件）、法人代码证书（副本及影印件）、法定代表人身份证明（原件及影印件）。

（2）贷款证（卡）（原件及影印件）。

（3）最近的财务报表及财政部门或会计（审计）师事务所核准的前三个年度及上个月财务报表和审计报告。成立不足三年的企业，提交自成立以来的年度和近期报表。

（4）税务部门年检合格的税务登记证明（国税、地税）（原件及影印件）。

（5）公司合同或章程（原件及影印件）。

（6）验资报告。

（7）开户许可证。

（8）信贷业务由授权委托人办理的，需提供企业法定代表人授权委托书（原件）。

（9）若客户为有限责任公司、股份有限公司、合资合作企业或承包经营企业，要求提供董事会（股东会）或发包人同意申请信贷业务的决议、文件或具有同等法律效力的文件或证明。

（10）银行要求提供的其他材料。

2. 信贷业务材料

根据各信贷业务品种的操作规定，要求客户提供有关材料。

3. 担保材料

一般情况下，按照银行的规定，都要求客户提供担保和抵押类的材料。

【步骤四】初步审查。

受理人员收到客户申请材料后，应按银行规定，清点材料是否齐全，对材料的完整性、合法性、规范性、真实性和有效性进行初步审查。具体审查要点如下：

第一，"信贷业务申请书"。

（1）信贷业务品种、币种、期限、金额、担保方式与协商的内容相符。如有不符，应要求客户作出解释。如相差悬殊，应视情况与客户重新协商。

（2）借款用途栏应详细填写申请信贷业务的具体用途。

（3）加盖的公章清晰，与营业执照和贷款证（卡）上的企业名称三者一致。若不一致，与工商行政管理部门出具的"企业法人名称变更登记公告"进行核对。

第二，财务报表。

（1）加盖的公章清晰，与营业执照和贷款证（卡）上的企业名称三者一致。若不一致，与工商行政管理部门出具"企业法人名称变更登记公告"进行核对。

（2）有会计师事务所的审计报告。

第三，税务登记证。

有税务部门年审通过的防伪标记。

第四，董事会决议。

（1）内容应包括：申请信贷业务用途、期限、金额、担保方式及委托代理人等。

（2）达到公司合同或章程规定的有效签字人数。

第五，贷款证（卡）。

（1）在有效期内；

（2）年审合格。

第六，营业执照、机构代码证、开户许可证及其他有效证明经年审合格。

第七，公司章程、验资报告、开户许可证。

【步骤五】贷前调查。

信贷员根据收集的资料，由信贷人员对客户做贷前调查，贷款调查要坚持实地调查和全面分析的原则，对贷款进行调查评价。

一、对借款人的调查

（一）调查借款人的基本情况

企业性质、管理体制、法定地址、注册资金、成立时间、经营范围、职工人数等。调查企业法人营业执照、组织机构代码证、贷款卡等年检情况。借款人提供的资料是否完整、真实、有效，对提供的复印件应与原件核对相符，并要求调查人员在复印件上签署"与原件核对相符"字样并签字。查验借款人的公章及法定代表人、授权委托人的签章是否真实、有效。查验借款人的借款申请书的内容是否齐全、完整。

（二）调查借款人信用和主要负责人品行状况

1. 查银行信贷登记咨询系统

通过对企业的负债、贷款卡、贷款人概况、借款人大事和担保查询，了解企业目前借款、其他负债和对外担保情况，查验贷款卡反映的融资金额与财务报表反映的是否一致，是否有不良信用记录，对外提供的担保是否超出企业的承受能力等。

2. 查询个人信用信息系统

调查贷款人的法定代表人、财务部门负责人的品行和经营管理能力，是否有个人不良记录等。

（三）调查借款人近三年及报告期的财务状况、生产经营状况和市场情况

1. 财务状况

查阅资产负债表、损益表、现金流量表对其资产、负债、所有者权益、收入、成本、利润、现金流量等财务指标进行详细的核实分析。通过测算流动比率、速动比率和现金比率分析客户短期偿债能力；通过测算资产负债率、有形净值债务率、产权比率、权益乘数和已获利息倍数分析客户长期偿债能力；通过测算销售利润率、成本费用利润率分析客户盈利能力。（贷后管理中讲述具体的财务指标分析。）

2. 生产经营情况

企业规模、主导产品的产销情况、市场占有率、在同行业中的地位和发展前景等。调查企业的生产经营是否合法、正常，是否超出规定的经营范围；重点调查分析生产经营的主要产品的技术含量、市场占有率及市场趋势等情况。

（四）调查关联企业及关联交易情况

重点对关联企业成员情况、借款人与关联企业之间的关联关系（控股、参股）、关联企业的经营状况、财务状况、资信状况以及关联交易等方面进行调查分析。

（五）调查贷款需求和还款方案，分析第一还款能力

调查分析贷款需求的原因、贷款用途的合法性、商品交易的真实性、分析商品交易的必要性、分析还款来源和还款时间。

（六）调查分析本笔贷款带来的收入、存款、结算等综合效益

此部分的阐述略。

二、对保证人的调查

如果企业申请担保贷款，而且是以保证方式申请贷款的业务，那么对保证人的调查要求参照对借款人的调查内容进行，同时还应调查保证人和借款人之间是否属于关联企业；第二还款来源是否充足，主要根据以下标准来调查，操作要点如下。

（一）调查保证人的保证能力

通过分析保证人近三年和提供保证担保当期的财务状况，判断保证人的保证能力。主要应从以下几个方面分析：

（1）资产规模与质量：主要从总资产、净资产的数量和质量两个方面判断保证人的代偿能力，审查时应着重考虑其资产质量、变现能力和净资产额度；对或有资产特别是对外担保额度较大的保证人，还要分析其对外担保的质量，判断保证人代偿的能力。一般最高额保证

担保的额度以保证人的偿债能力为基础，最高不超过保证人资产总额的 80%。

（2）长短期偿债能力：主要利用资产负债率、流动比率、速动比率、利息备付率等指标分析，掌握标准见本指引的财务审查部分。

（3）盈利能力：主要利用销售利润率、总资产利润率、资本利润率等指标分析。

（4）业务经营状况：主要分析保证人的经营历史状况以及发展潜力，法人治理结构是否完善。

（5）信用记录情况：保证人账户开立情况、还本付息记录、涉诉情况等，判断分析保证人履行代偿责任的意愿。

（二）其他需要注意调查核实的问题

（1）是否已办理年检手续的营业执照副本、税务登记证；
（2）是否有企业章程或合伙、联营、合作等协议文书验资证明；
（3）保证人是否有多块牌子；
（4）保证人与被保证人存在关联关系的，应注意保证人提供担保的合法性；

三、对抵、质押物的调查

如果企业申请担保贷款，而且是以抵押、质押的方式申请的贷款业务，就需要对抵押物、质押物进行调查。调查抵押物、质押物的权属情况，价值的评估情况，变化趋势，分析抵押物、质押物是否足值、合法，是否易于变现等，并要求有处分权人出具同意抵押、质押承诺书等，贷款一般不能超过抵押物变现值的 70%。进行抵押物的调查，主要依据以下标准：

（一）调查抵押物的基本条件是否合法合规

抵押物的产权必须合法、明晰，抵押人必须对抵押物享有无争议的所有权或经营管理权，抵押物须持有合法的权属证书，不存在所有权保留等情形。

（二）调查抵押财产是否合法合规

1. 可以用于抵押的财产

（1）抵押人所有的房屋和其他地上定着物；
（2）抵押人所有的机器、交通运输工具和其他财产；
（3）抵押人依法有权处分的国有土地使用权、房屋和其他地上定着物；
（4）抵押人依法有权处分的国有的机器、交通运输工具和其他财产；
（5）抵押人依法承包并经发包方同意抵押的荒山、荒沟、荒丘、荒滩等荒地的土地使用权和乡镇、村企业的建筑物及其占用范围内的土地权；
（6）依法可以抵押的其他财产（如海域使用权、经依法登记取得住地承包经营权证或者林权证等证书的农村土地承包经营权等）。

2. 不可用于抵押的财产

（1）土地所有权。

（2）耕地、宅基地、自留地、自留山等集体所有的土地使用权（两种情况除外：① 抵押人依法承包并经发包方同意抵押的荒山、荒沟、荒丘、荒滩等荒地的土地使用权；② 乡（镇）、村企业的土地使用权不得单独抵押。以乡（镇）、村企业的厂房等建筑物抵押的，其占用范围内的土地使用权同时抵押）。

（3）学校、幼儿园、医院等以公益为目的的事业单位、社会团体的教育设施、医疗卫生设施和其他社会公益设施。

（4）所有权、使用权不明或者有争议的财产。

（5）依法被查封、扣押、监管的财产。

（6）国家机关的财产。

（7）违法、违章、临时建筑物。

（8）已依法公告列入拆迁范围的房地产。

（9）列入文物保护的建筑物和有重要纪念意义的其他建筑物。

（10）依法不得抵押的其他财产。

 参阅材料

××银行对信贷人员贷前调查工作的培训资料

信贷员做贷前调查要掌握以下操作要点：

一、调查前准备

初次调查客户前，客户经理应当做好充分准备，拟订面谈提纲。提纲内容应包括：客户总体情况、客户信贷需求、拟向客户推介的信贷产品等；提纲的形式可以是：一份清单、一张问题表或者一份主题纲要，从而保证现场调查的条理清晰、全面翔实。特别是面对客户的多元化金融需求，需要客户经理在与客户的对接洽谈中充分了解客户需求的细节。是需要融资服务、理财服务，还是结算与汇总服务，对融资服务的成本有什么限制，对理财产品的收益有什么期望，对各种服务的时间效率有什么要求等，通过这些细致的信息收集，设计适当的产品组合来满足客户需求。

二、调查生产经营基本条件

通过现场调查，首先掌握企业经营场所、生产场地、生产设备的权属、规模、价值。我们可以通过现场询问和查看资产购买合同、付款凭证、权属证书等，了解企业自有资产规模、资产取得方式、是否足额支付款项、设备生产能力是否与企业介绍的生产规模相匹配，判断企业自有资金实力是否充足，生产经营规模是否夸大，是否有将流动资金弥补固定资产投资缺口的可能，是否存在恶意违约的不良信用状况，还可以通过查看设备、厂房的使用情况，工人与技术人员配备、现场生产情况等，判断客户是否正常生产。客户自有资金实力较强，资产规模较大，则整体抗风险能力较强；客户全款支付了资产取得对价，则对其新建项目或技改项目配套流动资金贷款时，被挪用风险较小；客户的设备采购等款项按合同约定按期支付了款项，则企业诚信状况良好；客户现场生产正常，则产品滞销的可能性较小。

三、调查企业的经营现状

信贷人员可以从客户的生产流程入手，通过供、产、销三个方面了解和分析客户的经营状况，也可以对客户经营业绩指标的情况进行了解和分析。

1. 上游供应信息。供应阶段的核心是进货，信贷人员应重点了解和分析以下方面。

（1）原材料和上游产品的质量与价格。客户采购物品的质量主要取决于上游厂商的资质，知名供应商对货品质量有一定保障，可以通过查看上游合同，与同类企业的上游进行横比，比较采购原材料及零部件的品牌、质量、价格等因素，分析企业的上游客户选择是否合理。例如，一个产量较小的冲压件加工类客户，所需钢材的单次采购量较小，选择正规厂家但大众化品牌的原材料可以适当控制成本。同时，采购区域也是在本地采购比较合理，虽然价格经过多级代理商加价，但与从原厂采购后运回所需的物流费用、运输时间相比可能更高。同样，下游客户处于高端市场，且企业配套量较大，则应当采购高端品牌的原材料以确保供应质量的万无一失，同时从一级代理商甚至生产厂商直接采购，可以通过较大的采购量去平衡物流费用及采购单价等。如果通过调查与沟通，发现企业采用的上游采购模式明显不合理，则企业管理能力与成本核算水平方面存在一些问题，需要我们关注。

（2）付款条件。付款条件主要取决于市场供求和商业信用两个因素。如果货品供不应求或者买方资信不高，供货商大多要求预付货款或现货交易，相反，供货商只好接受银行承兑汇票甚至商业承兑汇票。因此，付款条件不仅影响客户的财务费用和融资模式，而且关系到买卖双方的交易地位。调查企业采购的付款条件，主要查看采购合同条款以及合同补充条款，还要查阅客户银行付款凭证以及支付承兑汇票的票根，两相印证后，可以分析企业申请的信贷产品是否合理，避免企业套现现金或短期资金长期占用。

2. 生产环节信息。生产阶段的核心是技术，这包括生产什么、怎样生产、以什么条件生产等内容。信贷人员应重点了解以下方面：

（1）技术水平。客户技术水平是其核心竞争力的主要内容。信贷人员可以从研发能力、内外研发机构协作能力、科研成果三个方面分析客户的技术水平。通过查看认证证书与联合研发协议等文件，对拥有注册品牌、专利技术或企业引入高科技研究机构共同研发产品的，可以直接提高对客户的质量评价，对生产型客户没有经过基本的质量管理体系认证的，原则上不予准入。

（2）设备状况。设备状况分析主要包括设备的用途、性能、使用和管理等方面的内容。我们可以通过查看产品说明书了解企业设备的基本性能与型号是否先进、质量是否稳定、工艺是否领先、成本是否有优势等信息，判断企业生产能力、产品成本在行业里是否具有优势。

（3）环保情况。一是要了解客户的生产工艺及原材料消耗的情况，特别要关注那些生产工艺落后、能耗高，以及废水、废渣和废气排放严重的企业。二是要了解国家有关环保的法律法规，详细分析客户生产对环境的污染与国家法律、法规的抵触情况，查看客户是否属于环境保护法规定的评价对象，是否取得有权机构出具的环境影响评价为可行的文件，防范客户的法律风险。

3. 下游市场信息。销售阶段的核心是市场，这包括销售给谁、怎样销售、以什么条件销售等内容。信贷人员应重点调查以下内容：

（1）目标客户。通过查看下游配套合同，了解客户配套的下游企业有哪些，进一步调查下游企业的经营实力如何、行业是否领先、有无重大不良信用记录等，同时查看客户应收账款组成明细，分析客户下游企业的结算及时性、有无违约情况，从而判断客户的下游客户质量。客户的下游企业属于大型国有企业、优质上市公司等类型企业的，可以对客户经营资金回流速度、应收账款质量等给予较高评价，甚至可以利用客户的应收账款作为其信用担保方式。

（2）销售渠道。有两种情形：一是直接销售，其好处是贴近市场，应收账款少，需要铺设销售网络，资金投入较大；二是间接销售，其好处是无需自找客源，资金投入少，但应收账款较多。我们可以通过询问客户的销售渠道以及采用销售模式的理由，判断客户采用的销售模式是否合理、效率高低。

（3）收款条件。收款条件主要取决于市场供求和厂商品牌两个因素。收款条件主要包括三种：预收货款、现货交易和赊账销售对厂商是不利的，这不仅占压了资金，而且还存在收账风险。

4. 产品竞争力和经营业绩信息。

（1）产品竞争力分析。产品竞争力主要还是取决于产品自身的性价比，那些性能先进、质量稳定、销价合理的产品往往在市场上具有较强的竞争力，为企业赢得市场和利润。同时，一个企业要保持其产品的竞争力，还必须不断地进行产品创新。

（2）经营业绩分析。经营业绩指标通常指与行业比较的销售增长率，高于行业平均的增长率说明客户经营业绩较好；反之，则说明客户的经营业绩较差。我们还可以利用掌握的同业客户信息以及与客户下游市场相同的客户信息，来比较客户的市场占有率和同业销售平均比等。产品竞争力和经营业绩指标的分析，需要客户经理加强日常信息收集，包括从我们自己的客户群体中收集客户同业信息加以统计，从网络信息中寻找国家管理机构、行业协会等发布的权威数据信息等。

四、调查客户财务信息的真实性

从前期调查角度来说，对企业财务状况的调查应当着重于报表数据真实性的分析，没有真实的财务数据作为基础，后面的指标分析、趋势分析都是空中楼阁，缺乏实效。

1. 进入现场财务调查后，首先应当要求客户提供上年度和本期财务报表及附注，分析和揭示"资产负债表""损益表"（含"利润分配表"）和"现金流量表"之间的内在联系及对应关系，将其作为判断会计报表的真实性、完整性和连续性的出发点。

2. 审核分析会计报表的真实性，确保会计报表分析以客观公正、真实准确的会计信息为基础，谨防虚假的报表将分析评价和营销决策引入歧途。

五、调查客户的非财务信息

非财务因素是除会计信息以外所有影响企业经营的重要因素，是对定量分析的重要辅助，了解和分析非财务因素涉及一个本质问题，即企业该如何经营。客户经理需要利用企业资料、网络媒体、第三方信息、信贷登记系统等途径，从非财务因素中查找可能导致企业经营恶化或其他影响还款的因素，反之，也是佐证企业经营良好的有力证据。

1. 宏观经济环境信息。宏观经济是指国家的宏观经济政策、产业政策、信贷政策、区域政策、环保政策等。历史上，国家每次政策调整都会对一批企业或者几个行业产生重大冲击，导致一些企业停产倒闭。例如，国家治理水系污染对碱厂、造纸厂、化工厂等企业有影响；国家整治证券市场秩序，国家调控"两高一过剩"行业等。对宏观经济环境信息的了解，有助于信贷员提前发现存量客户的政策风险，正确选择新增客户的准入。

2. 行业分析信息。我们应当调查行业成本结构，分析其贷款需求类型，高成本企业经常需要中长期贷款资金，而且容易产生转移投资风险；应当了解行业生命周期，支付新材料、生物技术、环保等新兴产业，谨慎对待产品过时、供过于求、替代品产业高速增长的衰退产业；应当了解行业与经济周期，分析客户行业伴随经济周期繁荣与萧条和行业自身的经济周期变化带来的有利与不利影响；应当了解行业依存度信息，分析产业链间某一环节发生变化对处于产业链内的客户可能产生的影响。

3. 产品市场信息。企业的竞争力体现在产品上。客户经理通过调查和分析企业产品的市场表现就可以评估企业的经营状况与前景。产品品牌、"性价比"、技术含量等都是产品竞争力的决定因素，这样的产品一定是适应市场需要的。企业的市场占有率、对价格的干预能力、下游客户数量及广度是评价企业市场状况的主要指标，指标表现优秀的客户市场风险自然较小。

4. 管理与策略信息。我们应当关注客户的公司治理信息，清晰的股权结构、所有者与经营者的合理关系以及内部激烈机制都是一个企业健康发展的基础；关注客户的管理人员素质信息。对企业管理人员的"素质"考察，应偏重于专业经验、履历与既往经营业绩等方面；关注客户公司策略信息。每个企业都有自己的发展方向与经营策略，客户经理了解其指导思想就能很快把握企业的各项经营行为；关注企业的重大事项信息；了解客户发生的纠纷与案件，以及违反税收、工商、环保等法规受到的处理；对外大量投资；出现合并重组等。这些都会对企业现在与未来的还款能力产生影响。

六、其他调查

一是查询金税卡。金税卡是插入计算机内的一块智能卡，是增值税专用发票防伪系统的核心，一般纳税人全部能实现金税卡的查询。它能够提供企业增值税发票的分月、分年的一个汇总数据，这个数据是相当真实，可以作为企业经营收入核实的辅助手段。二是查看"三表"，即电表、水表、工资表。对工业加工企业查询电费、水电缴款记录尤为重要，这直接可以看出企业的开工情况。另外，目前工业企业一般采用的是计件工资，贸易企业一般采用保底工资加提成，那么工资表直接对应的是工业企业的产出和贸易公司的销售情况。三是其他负债调查。主要调查客户是否向典当行、担保公司和小额贷款公司高息拆借资金，是否具备还款能力。

【步骤六】撰写调查评价报告。

撰写"调查评价报告"，在调查评价报告中签署意见后，交银行贷款评审人员进行评审。

 **参阅材料**

关于对××公司的贷款调查报告

一、借款人背景情况

（一）公司概况

××公司坐落于××区××路，是一家以生产销售胶印新闻纸为主的大型企业。该公司成立于 1995 年，注册资本为 4 400 万美元。

公司厂区占地面积 24.9 万平方米，生产系统方面现有脱墨纸浆生产线一条，高速彩印新闻纸生产线一条，公用工程方面现有 35 千瓦的总降压站一座，锅炉房一座（包括燃料码头），给水站一座，环保工程方面的废水处理站一座，废料焚烧炉一座，同时厂区内已预留了扩建用地。

××公司拥有先进的生产设备和工艺技术。其第一期工程耗资 1.32 亿美元，引进了日本三菱重工 BELOIT 的高速全自动造纸机，以进口废纸为原料，采用了国际先进的废纸脱墨技术。一期工程自 1998 年 2 月竣工投产后，生产能力达到 12 万吨。生产的彩色胶印纸质量上乘，达到国际先进水平，已逐步替代了同类进口产品。公司于 1999 年通过了 ISO 9002 质量认证。

（二）产品介绍

××公司的产品是以 100%脱墨废纸浆为原料的胶印新闻纸。该产品是我国造纸工业"九五"计划重点发展品种之一，也是上海短缺的产品之一。产品较国内同业产品拥有三大特性：

1. 更平滑。公司采用特有的双面软压工艺大大提高了纸张的平滑度，减少了对印版的损伤及产生纸毛的现象，拥有良好的彩色印刷效果。

2. 更白。公司采用先进的脱墨及漂白工艺，使产品的白度达到国际标准，令彩印更鲜明更逼真。

3. 更经济。公司生产重 46 克和 48.8 克的新闻纸，由于采用了独特的工艺先进纸机，令产品更薄且撕裂度高，报社可获得更高的出报率。

由于其产品综合质量达到国际先进水平，而其价格定位于国内新闻报业，因此华东地区的大型报社如新闻文汇报业集团、解放新闻报业集团以及全国数十家大型报社均将其产品替代进口纸使用，深得用户的赞誉。

（三）资本结构介绍

××公司的注册资本为 4 400 万美元，成立之初时的资本结构为：

投资人	投资比例	投资金额
新加坡＊＊＊公司	53%	USD2332 万元
美国＊＊＊公司	32%	USD1408 万元
新加坡＊＊＊公司	5%	USD220 万元
上海＊＊＊公司	10%	USD440 万元

2011 年年底，其投资人一方——新加坡＊＊＊公司要求退出该公司，提出出让其 5%的股权。至 2011 年 8 月经股东内部协商后，由新加坡＊＊ 公司和美国＊＊＊公司购买其股权。因此，公司目前的资本结构为：

投资人	投资比例	投资金额
新加坡＊＊＊公司	56%	USD2464 万元
美国＊＊＊公司	34%	USD1496 万元
上海＊＊＊公司	10%	USD440 万元

（四）企业发展前景

近年来，新闻出版事业发展迅速，报刊发行量的增加和扩版导致了对新闻纸需求量的大幅增加。同时，由于国内报社相继更新了印刷设备，对达到国际水平的高速胶（彩）印新闻纸的需求不断扩大。××公司作为生产该领域产品的大型企业，拥有价格上的优势，且市场基础好。但企业现有的生产能力有限，无法满足巨大的市场缺口，因此公司为扩大生产规模，近期计划增资扩建高速彩印新闻纸工程，即二期工程，现已报国家计划委员会立项审批，预计在年内启动。

二期工程使用的原料与一期相同，同时拟引进较一期更为先进的脱墨装备，其产品质量将较一期的产品更高。二期工程建成后预计年生产能力将达到 24 万吨（目前一期的年生产力为 12 万吨），其中 40%出口到东南亚以平衡外汇，其余在国内销售，替代同类进口新闻纸。

综合来看，二期的建设一方面可以为企业扩大市场；另一方面通过工艺的提高、规模的扩大、原料的多样化，以及能源的节约、资源的保护等各方面为企业带来巨大的经济和社会效益，发展前景不可限量。

二、融资需求

××公司一直以来有着良好的经营业绩。自 1998 年开业以来，公司就年年赢利，并且连年被列入本市市销售收入 500 强。2013 年企业对一期银团贷款进行了重组，在我行的积极争取下，加之与企业多年来的良好合作关系，我行最终成为企业重组后银团贷款的主要参贷行，在 5 280 万美元贷款额中我行占 1 000 万美元，为所有参加行中占最大份额银行之一。在同期组建的人民币 16 600 万元的流动资金银团贷款中，我行为牵头行，贷款额为 6 300 万元。流动资金银团贷款将于 2015 年 4 月 29 日到期，企业考虑到未来时间仍然有资金方面的需求，但原流动资金的银团贷款操作不便，且企业在融资选择方面有一定的被动，因此决定将原流动资金银团贷款拆分，而选择一到两家银行单独申请贷款授信额度。鉴于企业与我行建立了长期的良好合作关系，将我支行作为其首选合作行，并提出了人民币 8 000 万元的流动资金额度贷款，期限为一年。

三、财务状况分析

企业近三年来的各项财务指标具体如表 7.1 所示。

表 7.1 单位：元

财务指标	2012 年	2013 年	2014 年
销售收入	59 521	54 520	57 255
净利润	9 909	5 558	767
总资产	105 735	116 723	93 718
净资产	53 738	71 486	47 627
资产负债率	49.18%	38.75%	48.55%
流动比率	1.9	2.12	1.96
速动比率	1.42	2.68	1.55
现金比率	0.74	1.28	0.47
应收账款周转率	7.61	5.32	2.63
存货周转率	5.64	6.43	7.87
总资产周转率	0.55	0.46	0.59
销售毛利率	30.8%	22.2%	11.8%
净利润率	16.6%	10.2%	1.3%
净资产收益率	20.8%	9.5%	1.4%
现金流量	1 330	1 422	－ 7 556

根据企业近三年来的财务状况来看，其综合财务评价如下：

1. 长期偿债能力分析：

企业的资产负债率始终保持在50%以下，由于几年来良好的经营情况，其资产结构不断优化，为未来的二期中将发生的长期贷款留下了较大的偿付空间。

2. 短期偿债能力分析：

企业流动比率保持在2左右，速动比率也在1.5以上，可以看出公司的营运资金非常的充足，其易变现的资产超过了企业流动负债的总额，因此完全可以为企业的短期借款提供实质性的支持。

3. 营运能力分析

一般而言，在相同利润率下，资产周转速度决定了企业利润的多少，同时也可反映企业资产经营的能力。2014年，××公司的应收账款周转率因市场竞争原因延长了收款期而受到了一定的影响，但对于造纸企业，公司的收款政策和供销物流的管理较好，保证了企业资产高效的运营，因而为企业的未来可持续发展提供了有力的保障。

4. 赢利能力分析：

××公司的赢利较好。虽然企业去年因市场混乱的原因赢利水平受较大影响，企业预测2015年扰乱新闻纸市场的中小企业已相继退出市场，因此整体市场会有较大好转，赢利基本可恢复，预计2005年将会实现3 000万元左右，能保证企业的还款来源。

综合来看，××公司的产品销售利润率高，赢利水平佳；营运能力较强，资金周转快；负债水平较低，资本结构合理，长期偿债空间大；营运资金充足，现金流量状况佳，流动性强，有上佳的短期偿债能力。因此，企业近乎理想的财务状况为企业未来的借款及二期项目的开展提供了良好的基础。

四、偿还能力分析

××公司的主要还款来源为公司销售收入及自有资金。虽然，2014年整个新闻纸市场因受中小企业恶意竞争而使市场价格下降，企业的赢利受到了一定的影响，但至2013年11月起，下调的市场价格使大部分的中小企业不堪重压而倒闭，市场已开始逐步恢复，价格呈上升趋势，预计2014年销售赢利可基本恢复正常水平。在现金流量方面，根据2014年现金流量预算表反映，2014年的现金净流量可达到300万美元。因此，就企业目前的销售情况和现金流量情况，还款来源充足，企业完全有能力偿付其申请的人民币8 000万额度的流动资金贷款。公司计划2020年开始投资二期工程，因此二期的投资目前不会影响到现有的流动资金贷款的偿还，我支行也会在贷款发放后，密切注意贷款的用途及还款资金的使用。同时，我行作为企业一期重组贷款的主要参贷行，拥有银团的联合抵押权，对其资产的处置拥有优先权。

五、非财务因素分析

（一）行业风险分析

新闻纸是我国造纸行业历来重视的品种，也是国家重点支持发展的产品。近年来，我国新闻出版业发展迅速，对新闻纸的需求量也大幅增加，与之相应，新型印刷机在国内日趋普及，因此对新闻纸提出了更高的要求。目前，我国国内造纸企业的技术改造和发展的动作不够大，无法达到市场发展的要求。过去，新闻出版业一直依赖于进口纸。××公司成立后，弥补了这一国内市场空缺，成为各大报社的首选替代进口产品，在国内造纸行业中处于领导地位。

（二）经营风险

××公司的主要原料进口旧报纸和旧杂志纸是由其投资方之一的美国潜力工业股份有限公司供应。美国潜力工业股份有限公司是美国最大的废纸货运出口商之一，因此在成本与供应量上得到了保证。在销售方面，由于目前新闻纸市场处于求大于供的状态，加之其产品技术含量高，质量好，价格适中，深受市场欢迎，在彩印新闻纸领域中基本形成了相对的垄断，因此利润空间大，市场风险较小。同时，企业内部资金控制较好，为公司的可持续发展提供了条件，而且公司也在不断地改进技术，开发新兴产品，从而巩固了其现有的"垄断"局面，提高了公司的赢利能力和抗风险能力，减少了企业经营风险。

（三）管理风险

××公司作为大型的中外合资企业，在组织结构上，其主要领导人及中层管理人员具有较高的学历，同时拥有丰富的相关领域的经验。其员工中 1/3 受过高等教育，一线操作骨干均曾在韩国受过专业培训，因此为企业提供了丰富的人力资源。在管理上，公司采用了西方先进的科学管理模式，注重培养员工积极向上的青年精神，齐心协力的团队精神，爱厂如家的敬业精神，为企业营造了良好的工作环境，保证了企业稳定有序的发展。

（四）与我行往来前景分析

××公司于 1997 年开始与我行合作，并将我行作为其唯一的人民币结算的中资银行。企业几年来，经营业绩佳，为我行带来了较大的资金结算量和存量，一直以来皆是我行的优质负债客户。我行希望通过该笔业务的拓展，一方面，巩固银企之间的合作关系；另一方面，由于公司有计划于近年筹建二期工程，并通过银团贷款融资，而企业已将我行纳入二期银团成员之列，一旦我行参与了此次银团贷款，将会给我行带来巨大的远期效益，同时通过参与该项目，也可以提升我行在国际金融界的地位。

六、担保分析

××公司对此次的贷款提出了信用贷款方案，我支行考虑审议后认为：

1. 该企业综合实力强，财务状况接近理想状态，加之企业有良好的销售状况，为企业的运营提供了充裕的资金来源，还贷有保证。

2. 2014 年经总行认定，企业信用等级为 AAA 级，同时对 2014 年未审计报表进行测评为 AA 级。从企业与我行开展过信贷业务的历史来看，还款及时，企业资信佳。

3. 企业与我行长期以来合作密切，我支行对公司的各项情况较为熟悉，而且企业的唯一人民币基本账户和结算账户在我行，因此可以详细了解企业的资金回笼情况，掌握资金动向，同时可以密切关注贷款后企业的贷款用途及还款能力。

因此，综合考虑，对该贷款采用信用贷款方式是可行的，且风险较小。

七、总体评价和调查意见

1. 企业总体经营正常，业务收入稳定，信誉状况良好。××公司作为新闻纸行业的龙头企业，在生产规模、产品技术、供销、物流、管理等方面拥有雄厚的实力和竞争力，尤其是企业正着力筹备的二期扩建工程，一旦建成投产后，将会在规模、成本、质量等上带来较大程度的改进，从而弥补市场现存的空缺，为企业带来巨大的远期效益。因此，无论是从财务角度，还是从行业规模、经营策略、管理机制、远期效益等非财务因素上分析，此笔贷款的风险都较小，而收益将远远超过此笔业务本身所带来的存贷差，远期效益可观。

2. 根据××公司的申请，拟同意给予企业流动资金贷款，授信总额为人民币 8 000 万元，授信内容为信用额度贷款，提款制，额度内不可循环使用，贷款额度期限为一年，利率为提款期限在 6 个月以下的按半年期基准利率下浮 6%，贷款期限在 6 个月至 1 年的按一年期基准利率下浮 6%。请审查。

调查人对上述报告的真实性负责。

调查人 1（签名）　陈××　　　　　　　　　　　　　调查人 2（签名）　王××

2015 年 2 月 × 日

【步骤七】信贷评审人员对该笔信贷业务作出审核结论，对不符合银行信贷条件的拒绝提供信贷支持；经调查评价合格的，填写调查评价报告，将信贷业务资料与客户资料等有关资料报送审批。申报资料要求材料完整、数据真实、分析具体、意见明确。

【步骤八】等待审批部门的审批结果。如果审批没通过，应及时告知客户。如果审批通过，应开始着手准备贷款发放的工作。

【步骤九】经审批同意发放的信贷业务，须落实银行贷前条件，如要求客户开立基本结算账户等，应积极与企业协商落实。

【步骤十】签订合同。积极落实贷前条件后，及时与申请人签订有关合同。合同一般采用银行规定的统一格式。合同审查后，信贷人员请客户的法定代表人（或其授权代理人）当面签字、加盖公司公章。如果是担保贷款业务，还需签订担保合同。

【步骤十一】最后，将贷款合同上交，由银行有权签字人签字并加盖行章。

【步骤十二】根据审批决策意见和与客户签订的合同，与客户协商落实用款条件如开立基本结算账户、进行担保登记公证等。办理担保抵押手续等注意事项如下：

（1）以下列财产抵押的，应当办理抵押物登记，抵押合同自登记之日起生效：

① 以无地上定着物的土地使用权抵押的，为核发土地使用权证书的土地管理部门；

② 以城市房地产或者乡（镇）、村企业的厂房等建筑物抵押的，为县级以上地方人民政府规定的部门；

③ 以林木抵押的，为县级以上林木主管部门；

④ 以航空器、船舶、车辆抵押的，为运输工具的登记部门；

⑤ 以企业的设备和其他动产抵押的，为财产所在地的工商行政管理部门；

⑥ 矿业权的抵押登记部门为审批发放探矿、采矿许可证的地质矿产主管部门；

⑦ 以海域权使用权抵押的，抵押人和抵押权人应当在抵押合同签订之日起 15 个工作日内，持抵押合同到原批准用海人民政府的海洋行政主管部门办理抵押登记。

（2）当事人以其他财产抵押的，可以自愿办理抵押物登记，抵押合同自签订之日起生效。当事人办理抵押物登记的，登记部门为抵押人所在地的公证部门。

【步骤十三】合同生效后，信贷员办理有关手续，特别要注意与柜面、计财部门的工作衔接。

【步骤十四】通知客户办理提款、转存手续。合同签订、担保落实登记后，信贷员即可通知客户到银行柜面办理贷款提款和转存手续。借款人填写"贷款借据"一式四联，交银行柜台。银行柜台凭借款人送交的贷款借据、借款合同通知办理贷款开户、贷款转存等会计记账手续。贷款借据记账后，两联留会计柜台，一联交信贷部门存档，一联送借款人。

【步骤十五】录入贷款数据。贷款发放后，经办人员及时将贷款数据录入银行信贷系统。信贷人员凭贷款借据登记借款人、保证人的贷款证（卡）。

情景单元2　贷后管理

活动A　逾期贷款的处理

【情景内容】

2015年11月1日，银行行长找到客户经理小陈，要求其对××公司短期借款进行收回。小陈在到期前15日督促借款人主动归还贷款，但是××公司没有回应，现在已经过了合同规定的还款期。

【情景步骤】

【步骤一】信贷员向客户、保证人、抵押人或出质人发出盖有信贷业务公章的"逾期贷款催收通知书"，标明催收对象、合同编号和金额、期限，欠本欠息或垫款金额等关键要素。要求客户、保证人、抵押人或出质人归还贷款。上述通知书原件一式两份。该通知书要由客户、保证人、抵押人、质押人在相应处盖公章，由法人代表或其授权人签字。

 参阅材料

逾期贷款（垫款）催收通知书

编号：2015　　年第　　41　号

（借款人/申请人）××公司：

（保证人/抵押人/出质人）＿＿＿＿＿＿＿＿＿＿＿：

根据2015年3月7日第067号＿＿＿＿＿＿（填借款等合同或协议的名称）及＿＿＿＿年＿＿＿月＿＿＿日第＿＿＿＿＿＿号＿＿＿＿＿＿（填担保或反担保合同或协议的名称），（反）担保人＿＿＿＿＿＿＿＿＿＿所担保之（借款人/申请人）＿＿＿＿＿＿＿＿＿向我行申请的　流动资金贷款　　　　　（填信贷业务类别）70万元。此项

信贷业务已于2015年11月20日到期，贵单位尚未偿还我行（全部）贷款款项。

截至　2015　年　11　月　30　日止，尚有70万元本金、1.4万元利息（含罚息）逾期未还。请你方抓紧落实资金，于接到本通知之日起10个工作日内无条件履行所承担的　　　还款　　　（填还款或（反）担保）责任，清偿所欠本金、利息和罚息，否则，我行将执行上述合同（协议）的有关条款，直至诉诸法律，

维护我行权益。

请你方接到本通知后，由有权签字人在回执上签字并加盖公章后，退还我行。

××银行股份有限责任公司

2015　年　11　月　30　日

注：本通知一式两份，一份送借款人，一份送保证人、抵押人或出质人，并分别由借款人、保证人、抵押人或出质人的法人代表或其授权代理人签字并加盖公章后退回我行。

回　　执

××银行：

我方已于 2015 年 11 月 30 日收悉贵行发送的编号为 2015 年第 41 号的《逾期贷款（垫款）催收通知书》。我方在此保证，自收到该通知书的 10 个工作日内无条件履行所承担的还款/担保责任，清偿所欠本金、利息和罚息（附还款计划）。

特此函复。

公章　　　　　　　　　　法人代表或其授权人签字　　张强

2015 年 11 月 30 日

【步骤二】对于不配合银行催收的客户，信贷业务经办人员可以采取上门索要通知书回执或公证送达等方式，维护银行信贷资产的诉讼时效。信贷业务经办人员必须在法律规定的诉讼时效之前发出通知书，并取回回执。

活动 B　贷款回收处理

【情景内容】

2015 年 12 月，银行行长找到客户经理小陈，要求其对恒生公司短期借款进行收回。小陈在到期前 5 日督促借款人主动归还贷款，恒生公司顺利还款。

【情景步骤】

【步骤一】贷款回收。在合同到期前五日内，信贷人员向借款人发送"信贷业务到期通知书"，督促借款人主动归还贷款。

 参阅材料

信贷业务到期通知书

（借款人）恒生公司：

根据 2015 年 3 月 14 日第 067 号借款合同（协议），贵单位向我行借款/申请的流动资金贷款（填写信贷业务类别）60 万元。此项信贷业务将于 2015 年 12 月 7 日到期。请你方抓紧落实资金总计 60 万元本金、0.9 万元利息，并最迟不超过到期日将这些资金交存我行。

特此通知。

××银行股份有限责任公司
2015 年 12 月 1 日

【步骤二】登记贷款证（卡）。贷款收回后，信贷人员应及时在借款人和保证人贷款证（卡）上进行贷款回收登记。

【步骤三】退还抵押物权利凭证，进行贷款销户，信贷人员按规定及时向借款人清退抵押物权利凭证（他项权利凭证）、质物等。

活动 C　贷款展期

【情景内容】

2015 年 12 月，银行行长找到客户经理小陈，要求其对祥云公司短期借款进行收回。小陈在到期前 5 日督促借款人主动归还贷款，祥云公司提出贷款展期。

【情景步骤】

【步骤一】信贷员对借款客户不能按期归还贷款、要求展期的，要对其不能按期归还贷款的原因进行调查。

> 提示：贷款展期不得低于原贷款条件：短期贷款展期不得超过原贷款期限；中期贷款展期不得超过原贷款期限的一半；长期贷款展期最长不得超过 3 年。一般情况下，公司客户由于以下原因可以申请展期：
>
> （1）由于国家调整价格、税率或贷款利率等因素影响借款人经济效益，造成其现金流量明显减少，还款能力下降，不能按期归还贷款的；
>
> （2）因不可抗力的灾害或意外事故无法按期偿还贷款的；
>
> （3）因受国家经济、金融、财政、信贷政策影响，银行原应按借款合同发放贷款而未按期发放贷款，影响借款人的生产经营，致使其不能按期还款的。
>
> （4）借款人生产经营正常，贷款原定期限过短，不适应借款人正常生产经营周期需要的。

【步骤二】递交申请材料。客户如果符合展期要求，应该指导客户在贷款到期前一个月，提出申请，填写"借款展期申请书"，并提交下列材料：

（1）"借款展期申请书"；

（2）财政部门或会计师（审计）事务所核准的上年度及申请前一个月的财务报表和审计报告（原件或影印件）；

（3）国家调整价格、税率、税种的有关文件（影印件）；

（4）有关部门出具的灾害或意外事故的证明材料（原件或影印件）；

（5）国家有关部门调整项目投资计划，批准停缓建的文件（原件或影印件）；

（6）保证人的"保证担保意向书"（原件）；

（7）产权所有人（包括全体共有人）的"抵押、质押意向书"（原件）；

（8）其他材料。

参阅材料

借款展期申请见表7.2。

表 7.2   借款展期申请

编号（2015 年）第××××号

单位：

借款人（盖章）	祥云公司	组织机构代码		××××××××××	
贷款证号码	××××××	原借款合同号	2015×××号	原借款种类	担保贷款
原借款金额（大写）	陆拾伍万元整	申请展期金额（大写）		陆拾伍万元整	
原借款期限	2015 年 1 月 1 日至 2015 年 12 月 30 日				
申请展期期限	2015 年 12 月 30 日至 2016 年 6 月 30 日				
申请展期原因、还款来源、还款计划：	因本公司贷款原定期限过短，不适应正常生产经营周期需要，故申请展期 1 年。本公司会在延长的期限继续按照和银行约定的利率按时支付利息，在 2016 年 6 月 30 日准时归还银行本金。本公司经营正常，以公司收入作为还款的来源。				
保证人/抵押人/出质人意见：	同意为借款人（全称）祥云公司，2015×××号合同项下（金额）__65__万元借款展期承担担保责任。 保证：保证期间延长至 _2016 年 6 月 30 日_。 抵/质押：负责办理抵/质押的有关登记手续。 保证人/抵押人/出质人（盖章）胜利公司 法定代表人（或授权代理人）（签字盖章）张娇娇 2015 年 12 月 18 日				

【步骤三】当贷款展期的审批同意后，信贷人员应及时与借款人、原担保人签订"展期还款协议书"。需重新落实担保的，应与担保人重新签订担保合同。

实训练习

银行信贷业务训练

实训角色：信贷员肖肖、客户秦泰。

实训业务：

××饮食公司是本地一家很大的，提供饮食服务的公司，在本省有 100 家门面，口碑较好。其法定代表人秦泰今天到 W 银行办理流动资金贷款贷款，贷款期限 1 年，贷款金额 100 万元，主要解决临时资金周转不足问题。××饮食公司以本地自有 3 间门面做抵押（尚未估值，由同学们进行估值），财务资料如表 7.3～7.5 所示。

根据以下资料，两人一组，一人扮演信贷员，一人扮演客户代表，请将这个信贷流程全程处理完，撰写调查报告，填写贷款合同并上交。

表 7.3　××饮食股份有限公司 2011—2013 年资产负债表　　　单位：元

报表日期	20111231	20121231	20131231
货币资金	114 391 000	95 302 300	90 188 300
应收账款	6 098 990	6 065 500	7 854 400
预付款项	6 492 260	27 417 200	9 835 200
其他应收款	17 906 600	21 926 700	6 746 330
存货	32 893 200	30 701 400	34 708 300
流动资产合计	177 782 000	181 413 000	149 332 000
长期股权投资	17 507 800	17 598 000	15 415 700
投资性房地产	0	0	36 601 000
固定资产原值	649 419 000	511 130 000	509 767 000
累计折旧	189 301 000	194 227 000	196 471 000
固定资产净值	460 118 000	316 903 000	313 296 000
固定资产减值准备	4 868 330	7 820 680	8 962 510
固定资产净额	455 249 000	309 082 000	304 333 000
在建工程	123 749 000	155 192 000	119 252 000
无形资产	88 257 000	43 408 000	45 574 800
长期待摊费用	16 239 100	18 332 800	42 404 200
递延所得税资产	8 545 480	9 507 320	10 688 100
其他非流动资产	736 974	660 141	278 561
非流动资产合计	710 284 000	553 781 000	574 548 000
资产总计	888 066 000	735 194 000	723 880 000
短期借款	314 900 000	125 900 000	99 900 000
应付账款	43 136 000	52 823 400	54 067 200
预收款项	18 017 300	19 966 200	20 255 300
应付职工薪酬	20 616 100	20 076 700	28 458 700
应交税费	6 135 850	21 975 500	12 412 000
其他应付款	61 093 500	55 541 100	65 153 400
流动负债合计	463 899 000	296 283 000	280 247 000
长期借款	38 011 800	3 095 770	3 179 770
长期应付款	0	1 000 000	0
专项应付款	16 932 600	16 932 600	16 932 600
预计非流动负债	0	1 194 870	0
递延所得税负债	737 113	740 668	676 103
其他非流动负债	0	0	1 336 670
非流动负债合计	55 681 500	22 963 900	22 125 100
负债合计	519 580 000	319 247 000	302 372 000
实收资本（或股本）	199 528 000	199 528 000	199 528 000
资本公积	35 951 500	35 951 500	35 951 500
盈余公积	27 594 200	32 497 600	35 596 200
未分配利润	99 517 900	141 616 000	142 985 000
归属于母公司股东权益合计	362 592 000	409 593 000	414 061 000
少数股东权益	5 894 420	6 354 200	7 447 640
所有者权益（或股东权益）合计	368 486 000	415 947 000	421 509 000
负债和所有者权益（或股东权益）总计	888 066 000	735 194 000	723 880 000

表7.4　××饮食股份有限公司 2011—2013 年现金流量表　　　　单位：元

报告期	20111231	20121231	20131231
一、经营活动产生的现金流量			
销售商品、提供劳务收到的现金	544 983 000	551 656 000	588 654 000
收到的税费返还	82 000	0	119 968
收到的其他与经营活动有关的现金	13 633 600	1 722 450	1 260 000
经营活动现金流入小计	558 699 000	553 379 000	590 034 000
购买商品、接受劳务支付的现金	225 313 000	217 274 000	247 094 000
支付给职工以及为职工支付的现金	102 289 000	107 874 000	125 669 000
支付的各项税费	49 645 700	44 794 400	62 255 600
支付的其他与经营活动有关的现金	74 300 000	102 668 000	109 406 000
经营活动现金流出小计	451 548 000	472 610 000	544 424 000
经营活动产生的现金流量净额	107 151 000	80 769 400	45 609 800
二、投资活动产生的现金流量			
取得投资收益所收到的现金	74 326	58 932	301 984
处置固定资产、无形资产和其他长期资产所收回的现金净额	937 336	40 988	37 285 900
处置子公司及其他营业单位收到的现金净额	0	106 154 000	9 183 300
收到的其他与投资活动有关的现金	17 592 300	105 018 000	0
投资活动现金流入小计	18 604 000	211 272 000	48 953 400
购建固定资产、无形资产和其他长期资产所支付的现金	41 621 500	62 235 300	30 918 100
投资所支付的现金	1 200 000	4 000 000	5 410 000
投资活动现金流出小计	42 821 500	66 235 300	36 328 100
投资活动产生的现金流量净额	− 24 217 500	145 037 000	12 625 300
三、筹资活动产生的现金流量			
取得借款收到的现金	429 900 000	169 900 000	99 900 000
筹资活动现金流入小计	429 900 000	169 900 000	99 900 000
偿还债务支付的现金	459 900 000	393 900 000	125 900 000
分配股利、利润或偿付利息所支付的现金	32 199 700	20 894 700	37 349 200
	0	729 117	1 112 000

续表

报告期	20111231	20121231	20131231
筹资活动现金流出小计	492 100 000	414 795 000	163 249 000
筹资活动产生的现金流量净额	−62 199 700	−244 895 000	−63 349 200
现金及现金等价物净增加额	20 733 700	−19 088 300	−5 114 080
期初现金及现金等价物余额	93 657 000	114 391 000	95 302 300
期末现金及现金等价物余额	114 391 000	95 302 300	90 188 300
净利润	13 756 000	47 001 200	34 397 400
资产减值准备	184 774	2 502 170	417 901
固定资产折旧、油气资产折耗、生产性物资折旧	29 319 200	26 704 400	24 963 200
无形资产摊销	3 020 240	1 852 280	1 825 560
长期待摊费用摊销	10 043 200	6 962 260	12 210 200
处置固定资产、无形资产和其他长期资产的损失	−216 181	1 152 800	−33 803 600
固定资产报废损失	97 319	969 886	170 777
财务费用	31 318 900	17 833 600	4 052 500
投资损失	−65 480	−52 644 400	−301 984
递延所得税资产减少	−32 257	−961 843	−1 180 760
递延所得税负债增加	711 893	3 555	−64 564
存货的减少	−1 817 670	2 191 090	−4 006 940
经营性应收项目的减少	9 151 250	−15 263 100	2 083 510
经营性应付项目的增加	11 679 700	42 465 500	4 846 610
经营活动产生现金流量净额	107 151 000	80 769 400	45 609 800
现金的期末余额	114 391 000	95 302 300	90 188 300
现金的期初余额	93 656 000	114 391 000	95 302 300
现金及现金等价物的净增加额	20 733 700	−19 088 300	−5 114 080

表 7.5　××饮食股份有限公司 2011—2013 年利润分配表　　单位：元

报表日期	20111231	20121231	20131231
一、营业总收入	544 414 000	563 649 000	592 151 000
营业收入	544 414 000	563 649 000	592 151 000
二、营业总成本	525 146 000	548 775 000	578 836 000
营业成本	216 180 000	220 646 000	242 796 000
营业税金及附加	27 956 300	28 898 900	30 011 100
销售费用	221 060 000	241 697 000	265 137 000
管理费用	33 281 900	34 366 200	33 401 400
财务费用	26 482 900	20 664 600	7 072 930
资产减值损失	184 774	2 502 190	417 901
投资收益	65 480	52 644 400	301 984
三、营业利润	19 333 600	67 518 100	13 617 700
营业外收入	2 967 430	1 398 610	36 158 900
营业外支出	783 292	3 492 230	629 262
利润总额	21 517 800	65 424 500	49 147 300
所得税费用	6 897 860	17 234 400	12 544 500
四、净利润	14 619 900	48 190 100	36 602 900
归属于母公司所有者的净利润	13 756 000	47 001 200	34 397 400
少数股东损益	863 953	1 188 900	2 205 440
五、每股收益			
六、综合收益总额	0	48 190 100	36 602 900
归属于母公司所有者的综合收益总额	0	47 001 200	34 397 400
归属于少数股东的综合收益总额	0	1 188 900	2 205 440

第二节　银行承兑汇票

实训项目　银行承兑汇票

商业汇票是出票人签发的、委托付款人在指定日期无条件支付确定的金额给收款人或者持票人的票据。如果企业在购销货物时有短期资金需求，可向商业银行提出办理银行承兑汇票的申请，在获准签发后，由商业银行在汇票到期日无条件支付确定的金额给收款人或者持票人的支付工具。

在办理银行承兑汇票时，商业银行作为付款人，是一种以银行信用为基础的支付工具，因此具有较高的信用度，容易被销货方所接受。对于客户而言，使用银行承兑汇票无须付现，即完成了货款的支付，等于从商业银行获得了一笔成本较低的资金，这也就是银行承兑汇票的融资功能；对销货方而言，在银行承兑汇票到期前，也可通过向商业银行申请贴现的方式，获得资金。

商业银行承兑汇票特点：① 无金额起点限制；② 银行是主债务人；③ 出票人必须在承兑（付款）银行开立存款账户；④ 付款期限最长达 6 个月；⑤ 在汇票有效期内可以贴现；⑥ 在汇票有效期内可以背书转让。

情景单元 1　开立银行承兑汇票

【情景内容】

银行老客户胜利公司财务负责人和法人代表到银行，找到客户经理小冯，告知小冯公司买了一批配件，共需支付供应商华大公司 140 万元，要求是全款支付，但是现在公司流动资金紧张，仅能支付 80 万，合同中注明是以银行承兑汇票为结算工具，因此专门到银行来，愿意以本公司房产作为抵押，寻求帮助。

【情景步骤】

【步骤一】信贷客户经理要与客户进行交流。要对客户提问，多问多听少说，从而认真了解客户的需求情况。在掌握到客户的需求后，鉴于其是以交易为基础的融资，为了锁定客户贷款的款项用途，建议客户向银行申请银行承兑汇票，紧接着要准确介绍银行承兑汇票申请政策（包括借款人的资格要求、信贷业务的利率、费率、期限、用途、优惠条件及客户的违约处理等）。

【步骤二】对客户进行资格审查。验看客户的营业执照、贷款证（卡）和近期财务报表，了解客户的背景、经营状况、财务状况、借款用途、担保意向等，进行资格审查；了解客户目前的经营管理状况，分析有无重大的影响客户资信的事项，做出是否符合信贷客户资格要求的判断。如果客户不符合要求，则拒绝客户。总而言之，客户经理应审查客户是否满足银行承兑汇票业务的申请条件，具体如下：

（1）在当地工商行政管理部门登记注册，依法从事经营活动并持有经年审有效地营业执照，实行独立经济核算的企业法人或其他组织；

（2）在本行开立结算账户（原则上要求开立基本结算账户），并有两年以上的结算业务往来；

（3）承兑申请人与汇票收款人之间具有真实、合法的商品交易关系；

（4）资信良好，具有支付票款的可靠资金来源和能力；

（5）必须在银行存有不低于申请汇票票面金额 30%～50% 的保证金，并实行专户管理。同时，缺口部分（汇票金融、企业保证金）能够提供银行可接受的担保。

【步骤三】要求客户提交材料。对符合资格要求的客户，信贷人员应要求客户提供材料，根据客户提交上来的材料，在客户提交的申请材料的清单上备注统计。银行承兑汇票业务客户资料清单如下：

（1）填写"银行承兑业务申请书"；

（2）经会计（审计）事务所年审过的近三年度和当期资产负债表、损益表、现金流量表。成立不足三年的企业，应提供与成立期限相当时间的财务会计报表；

（3）承兑申请所依据的商品交易合同、增值税发票、货运凭证等原件及复印件；

（4）"企业法人营业执照"副本或复印件及年检证明；

（5）"国、地税务登记证"复印件及年检证明；

（6）公司章程、经董事会或股东会审议并出具申请开立承兑汇票的正式文件；

（7）法人代表、负责人或代理人的身份证明复印件；

（8）核对后的法人代表、负责人或代理人的签字样本；

（9）经年检的贷款卡及查询码；

（10）在人民银行 IE 查询系统查询借款人负债、对外担保等情况资料；

（11）拟设置抵（质）押物权属证明复印件；

（12）开户许可证复印件；

（13）企业股东会（董事会）同意办理汇票抵押的决议；

（14）承兑人要求提供的其他文件资料。

 参阅材料

银行承兑汇票申请书范本见表 7.6。

表 7.6　银行承兑汇票申请书范本

申请企业名称			
注册地址		办公地址	
法人工商执照登记号		企业性质	
财务主管		联系电话	
贷款证号		我行存款户账号	
基本户开户行		基本账户	
注册资本		实收资本	
上级主管部门		保证金账户	
票据关系单位	汇票金额		
	票据到期日		
	出票人账号		
	收款人全称		
	收款人开户行及账号		
	汇票依据的交易合同编号		
	合同金额		
交易合同主要内容：			

××银行_____：

　　兹因_____的需要，我公司向贵行申请承兑银行承兑汇票。在此，我公司向贵行保证所提供的资料绝对真实。

申请人（签章）：

法定代表人或授权代理人（签章）：

申请日期：

客户经理意见：	业务主管意见：
签字：　　　日期：	签字：　　　日期：

信贷作业岗：

是否占用额度　　　是　　　否

该客户授信额度_____万元；已用额度_____万元；尚余额度_____万元；此笔业务占用额度_____万元。

签字：　　　日期：

【步骤四】初步审查。信贷受理人员收到客户申请材料后，应按银行规定，清点材料是否齐全，对材料的完整性、合法性、规范性、真实性和有效性进行初步审查，具体审查要点如下：

（1）"银行承兑业务申请书"。

① 银行承兑业务品种、币种、期限、金额、担保方式与协商的内容相符。如有不符，应要求客户作出解释。如相差悬殊，应视情况与客户重新协商。

② 借款用途栏内容应详细填写申请信贷业务的具体用途。

③ 加盖的公章清晰，与营业执照和贷款证（卡）上的企业名称三者一致。若不一致，与工商行政管理部门出具的"企业法人名称变更登记公告"进行核对。

（2）财务报表。

① 加盖的公章清晰，与营业执照和贷款证（卡）上的企业名称三者一致。若不一致，与工商行政管理部门出具"企业法人名称变更登记公告"进行核对；

② 有会计师事务所的审计报告。

（3）税务登记证。

有税务部门年审通过的防伪标记。

（4）董事会决议。

① 内容应包括：申请信贷业务用途、期限、金额、担保方式及委托代理人等；

② 达到公司合同或章程规定的有效签字人数。

（5）贷款证（卡）。

① 在有效期内；

② 年审合格。

（6）营业执照、机构代码证、开户许可证及其他有效证明经年审合格。

（7）公司章程、验资报告、开户许可证。

【步骤五】调查和核实。信贷人员受理承兑申请和各项申请材料后，负责对承兑申请人的各项情况进行实地调查与核实，承兑前调查应按照有关信贷规章制度进行，重点要调查以下几个方面：

1. 基本情况调查

（1）营业执照、组织机构代码证、税务登记证、法定代表人身份证明及其他证明材料是否真实有效，相关证照是否按规定办理年检，法定代表人身份证明与营业执照是否相符。

（2）公司章程是否真实、有效，公司章程对办理信贷业务有限制的，需要提供章程要求的股东会或董事会议或其他文件。股东会议内容应包括：申请信贷业务用途、金额、期限、担保方式及委托代理人等，股东会或董事会决议应由出席股东签字，同时决议应达到公司合同章程或组织文件规定的有效人数，并注明召开日期并加盖公章。

（3）客户法定代表人和授权委托人的签章、签字是否有效。

（4）从事特殊行业或应有环保许可的，是否有有权部门的相应批准文件，且有关证照是否在有效期内。

（5）贷款卡是否在有效期内并经年审合格。

（6）出票人是否在银行开立基本账户或一般账户。

2. 信用状况调查

（1）通过人民银行个人、企业征信系统查询。调查出票人的企业、法定代表人及其主要经营管理人员、财务负责人是否存在不良信用记录。

（2）调查出票人的商业信用情况。调查出票人与商业合作伙伴的合作情况及稳定性，着重调查其履约情况以及商业诉讼情况；调查出票人税务情况，有无偷税漏税记录。

3. 经营和财务情况调查

（1）生产经营情况分析。

① 出票人到期交付汇票资金的来源是否明确、可靠。调查人员应调查出票人既往出票情况，是否存在滚动申请承兑银行汇票的情况。

② 出票人与交易对象之间的商品是否适销对路。

③ 出票人与交易回笼周期与银行承兑汇票期限是否匹配。

④ 出票人生产经营是否正常，销售货款回笼是否顺畅。

⑤ 出票人为物资贸易或批发企业的，其所购货物是否已落实销售对象或客户群体。

（2）财务情况分析。

① 客户提供的财务报表是否真实、合理，各期报表之间是否有效衔接，报表数据是否存在起伏较大的现象，对发现问题应进行仔细分析并说明原因。

② 通过趋势分析、横向分析、总量分析和比率分析等方法认真分析出票人的偿债能力、营运能力和盈利能力状况。重点分析出票人的短期偿债能力，特别是出票人的流动比率、速动比率、流动资产周转率等流动性指标的变化原因，分析出票人现金流量及其主要变化原因，预测全年度现金流趋势，分析客户按期兑付汇票的合理性、可行性。

4. 真实交易关系调查

基层银行信贷部门应对银行汇票的真实交易关系进行调查。调查出票人和收款人之间是否具有真实的商品、劳务交易关系，重点调查汇票是否建立在真实合法的商品、劳务交易的基础上，交易是否真实存在，杜绝只重形式审查，而无视真实贸易背景的现象。

（1）商品生产经营情况分析。

① 商品、劳务交易的内容是否在营业执照的经营范围内。

② 客户银行承兑汇票签发量是否与实际经营状况和业务规模相匹配。客户报表反映的经营规模、注册资金情况、盈利情况应与承兑金额、合同中商品交易数量相适应，无明显夸大额度、数量失真的情况；对申请汇票金额较大的，该笔交易应与该客户以往的大宗交易记录相称。原则上，客户银行承兑汇票年签发量应控制在其年经营性现金流量的60%以内。

③ 对出票人多次申请办理承兑的，调查出票人以往办理承兑业务所对应交易合同是否都按期进行了承付。

（2）交易合同分析。

① 商品、劳务交易合同的签订是否符合国家有关法律、政策，是否符合经济运行规律。

② 交易合同的供需双方的名称是否与银行承兑汇票的付款人、收款人的名称一致。

③ 交易合同是否具备合同标的，即商品名称。

④ 交易合同供需双方签章、签字是否清晰。

⑤ 办理的承兑业务是否在交易合同已记载履约的有效期限内。

⑥ 交易合同有无重复使用现象,即交易合同项下已承兑额度加上本次申请承兑额度应小于或等于合同金额。对申请承兑次数频繁、金额较大的,应将交易合同原件(或已与原件核对的复印件)与该客户以前办理承兑时的留档复印件进行核对,防止其用一笔交易重复申请承兑。

⑦ 交易合同中是否明确以银行承兑汇票作为结算方式,汇票用途是否为该货款支付或劳务支付。

⑧ 从交易商品的产地或供货地与合同交货地的关系,分析商品的运输方式是否合理。

⑨ 交易合同主要记载要素之间的逻辑对应关系是否合理,如商品定价和商品物流的方向应符合客观实际。

⑩ 交易合同若为分期执行(付款)合同,本次承兑业务是否在合同规定的分期执行阶段。

(3)对于确无交易合同的客户,如能够提供下列证明材料,可视为交易合同:

① 对于商业订单、商业计划书或商品调拨单,经调查后确有真实商品交易的,并加盖交易双方公章或合同章,可视为交易合同。

② 对于优良大型集团性客户对其关联企业或商业伙伴之间采取计划调拨单、发货通知等方式确定交易关系,并根据以往一贯的交易履约情况等能够反映真实交易状况的,该计划调拨单、发货通知等经加盖供货方公章或合同章(销售部门业务章)的可视同交易合同。

③ 对于水、电、煤、油、燃气等公用事业单位作为收款人,如出票人因特殊原因不能提供与其相关的商业交易合同,上述公用事业单位出具并加盖公章的供应计划(如供电计划)或其他能证明真实贸易背景的材料,可视为交易合同。

5. 保证金调查

(1)办理承兑业务是否按规定比例收取了保证金(存单、凭证式国债、银行承兑汇票、我行已经核定授信额度的开立保函或备用信用证也可视同保证金)。

(2)保证金来源调查。

① 保证金来源是否合法合规,是否为客户正常的经营收入或货款回笼。对保证金来源不合法的,一律不得办理承兑业务。

② 承兑保证金是否来源于贷款。

6. 担保情况调查

对保证金与承兑金额的差额部分,应提供足额有效的担保(抵押、质押或保证担保)。

(1)担保合法性调查。

保证人是否具备保证担保的主体资格,提供担保的合法性手续(如董事会决议)是否齐全、有效;抵(质)押人主体资格是否合法、有效,抵(质)押物是否属可抵(质)押财产,权属是否清晰,权属证明材料是否齐全、有效。

(2)担保可靠性调查。

① 保证担保。通过调查保证人的发展前景、经营期内可用于代偿债务的现金流量、或有负债的风险状况等,测算出保证人理论上最大的担保额度,确认此测算额度是否大于承兑金额。

② 抵(质)押担保。抵(质)押物的评估价值是否与周边抵(质)押交易价值相符;抵(质)押率是否符合省联社信贷管理办法的规定。

（3）担保最佳方案。

信贷人员在客户能够愿意提供的多种担保中，应争取代偿能力最充足、最易变现的担保方式，形成最佳担保方案。同时，单个（种）担保不具备足够代偿能力的，可以同时采用符合省联社信贷管理办法规定的多个（种）担保方式。

7. 对于集团性客户关联企业之间承兑业务的调查

（1）集团客户基本情况调查。集团客户的公司治理结构是否完善、财务制度是否健全；通过分析集团客户财务审计报告中的审计意见，确认集团客户经营是否正常；通过中国人民银行全国联网的征信系统查询和查看税务、海关等部门信息以及报刊、媒体、网络的公开信息，确认集团客户及其法定代表人的信用状况是否良好。对于公司管理混乱、财务不透明、资本运作频繁的家族式的集团性客户，应审慎介入。

（2）关联企业之间关联交易合理性的调查。关联企业间的商品或劳务交易是否必要、真实、合理，关联交易是否符合公允原则，所交易的供需双方是否存在供应链或上下游关系，特别是两个贸易型关联企业的交易行为是否具有合理性和必要性。

（3）担保调查。对于集团客户是否优先选择了变现能力、保值增值能力强的资产抵（质）押担保方式；集团性客户采用关联企业保证担保的，是否由集团总部（母公司）、核心企业或集团财务公司提供担保；集团本部（母公司）为子公司或关联公司提供担保的，要看集团本部的实际担保能力。核算保证能力时，应使用集团公司本部（母公司）未经合并的财务报表，不能接受以空壳集团本部为所属企业提供的担保（对家族式的民营企业尤应如此）。要从严控集团内部关联企业之间的保证额比重，对民营企业可增加股东的连带保证担保和还款责任。

【步骤六】撰写调查报告。信贷人员要根据前期调查，撰写调查报告。在调查评价报告中签署意见后，交银行贷款评审人员进行审核。

【步骤七】报审。审核评审人员对该笔信贷业务做出审核结论，对不符合银行信贷条件的拒绝提供信贷支持；经调查评价合格的，填写调查评价报告，将信贷业务资料与客户资料等有关资料报送审批部门审批。申报资料要求材料完整、数据真实、分析具体、意见明确。

【步骤八】等待审批部门的审批结果。如果审批没通过，及时告知客户，并做出解释。

【步骤九】经审批同意发放的信贷业务，须落实银行贷前条件，如要求客户开立基本结算账户等，应积极与企业协商落实。

【步骤十】签订合同。积极落实贷前条件后，信贷员及时按有权审批人审批的金额、期限、保证金比例以及有关条件等，与出票人签订"银行承兑汇票协议"。承兑协议和承兑清单中当事人名称填写全称，单位名称应与其营业执照及公章上所使用的名称一致。承兑协议编号和承兑清单编号应准确填写，合同编号和承兑清单编号应由联社信贷部门确定统一的编写规则。在承兑协议和承兑清单的连接条款中，应完整准确填写承兑清单编号和承兑合同编号。要严格规范协议的签章，客户盖章和法定代表人（或授权代理人）签字盖章缺一不可，单位客户必须加盖公章，银行既可加盖公章，也可加盖合同专用章；协议必须先填写具体内容后方可加盖签章；客户法定代表人委托授权代理人必须签署授权委托书；由于协议多页以及因"其他事项"填写空间不足而添加的附页，必须注意加盖骑缝章，并注意附页与原合同条款的衔接。对所填写的合同内容，如有修改，修改处应经双方签章认可，不得单方涂改。全部协议签订完成后需打成扇面加盖公章，保持协议的合法连续性。承兑合同和承兑清单应填写完整，凡不需要填写的空格应以斜线（闪电符）划去，不得留有空白。

【步骤十一】签订担保合同。以担保方式办理的承兑业务，应与客户签订担保合同，完善担保手续。担保合同的签订也应按照承兑合同的有关注意事项执行，承兑合同、担保合同之间连接条款要填写完整、准确。担保合同以抵质押登记为成立条件，需办理抵质押登记手续，需要办理保险和公证等手续的，要及时办理。质押权利凭证应交会计部门入库保管，信贷部门保管复印件。

参阅材料

房屋抵押担保合同范本

抵押权人（以下称甲方）：_____ 住所：_____

法定代表人：_____ 联系电话：_____

抵押人（乙方）：_____ 住所：_____

法定代表人：_____ 联系电话：_____

乙方为担保甲方与乙方之间于____年___月___日所签订的借款合同的履行，在公平、自愿、平等协商的基础上乙方以自己享有相关处分权的财产为甲方提供抵押担保。

第一条 抵押担保的债权

乙方提供的房产抵押担保的主债权为根据_____年___月____日甲方与_____有限总公司签订的协议书规定的____有限总公司应支付的___万元补偿款，其支付期限分别为____年___月___日支付___万元；____年____月___日支付____万元。

第二条 抵押物

乙方愿提供坐落于____市___路___号的____大厦的房产作____有限总公司履行义务的抵押担保，该房产面积____平方米，属框架结构，属乙方所有，其房产权证号为_____；土地使用证号_____。

第三条 抵押物担保范围

双方同意抵押担保的范围与____有限总公司履行义务承担责任的范围相同，包括主债权及利息、违约金、损害赔偿金及实现抵押权的费用。

第四条 抵押权人的义务

抵押期间，乙方应妥善保管、使用抵押的房产。如抵押人的行为足以使抵押物价值减少的，抵押权人有权要求抵押人停止侵害抵押物行为并有权要求再提供担保。

第五条 本抵押协议签订后，乙方应向甲方提供抵押房产的房地产权证书和土地使用权证号，由甲方负责办理抵押物的评估并向有关登记相关办理抵押物登记，评估费和抵押物登记费用双方各半承担。

第六条 争议解决

因本抵押协议履行过程中发生争议的，由抵押物所在地人民法院管辖。

第七条 本协议一式三份，甲乙双方各执一份，另一份送有关机关登记备案。

甲方：_____ 乙方：_____

代表：_____ 代表：_____

年 月 日

【**步骤十二**】通知客户到营业柜面开立保证金专户，并交存保证金。信贷部门要按照审批确定的保证金比例通知出票人到营业部门办理保证金交存手续，柜面要根据银行签发的"银行承兑汇票业务通知书"收取保证金，由申请客户通过转账的方式将保证金转入保证金专户。

【**步骤十三**】合同生效后，信贷员办理有关手续，特别要注意与柜面、计财部门的工作衔接。信贷员将"银行承兑汇票审批表""银行承兑汇票业务通知书""银行承兑汇票清单"等承兑资料送交银行营业柜面部门，保证金进账后，营业柜面部门应对账户做冻结止付处理，同时应向信贷部门提交一份进账单复印件和"银行承兑汇票业务通知书"。"银行承兑汇票业务通知书"加盖柜面部门业务公章和个人名章（或签字），信贷部门审查确认后，将进账单复印件和"银行承兑汇票业务通知书"留存。

【**步骤十四**】通知出票人到柜面办理汇票出票、承兑、交付手续。根据银行下发的"银行承兑汇票业务通知书"，签发柜员向汇票凭证库管员请求出库，由出票人（客户）根据承兑合同约定的金额、出票日期、期限、付款人、收款人等要素填写银行承兑汇票并签章，当出票成功后，银行柜面对汇票要素进行审核，审核内容包括汇票要素以及必须记载的事项是否齐全、有效，出票人的签章是否符合规定，汇票上记载的出票人名称、账号、印章是否相符，汇票是否是统一印制的凭证。审核无误后，在汇票第二联"承兑人签章"处加盖汇票专用章并留存加盖公章后的汇票复印件，汇票再加盖授权经办人员名章。票面处理完毕后，向出票人收取万分之五的承兑手续费等相关费用，将汇票第二、第三联交给出票人（客户）或其授权代理人，并办理汇票交接手续。银行承兑汇票第二联复印件交信贷部门作为信贷档案管理。

 提示：为了确保票据的有效性，汇票的记载应注意：

1. 必须使用中国人民银行总行统一格式、联次，由省联社在中国人民银行总行批准的印刷厂统一印制的银行承兑汇票凭证。

2. 银行承兑汇票应由客户填写，会计人员应监督出票人财务人员领票后在银行柜面即时填写，不得由出票人把空白的银行承兑汇票带出社（部）外填写，银行承兑汇票必须手工填写。

3. 汇票书写要求：

（1）票面所有内容应符合标准化、规范化的要求；要素齐全、数字正确、字迹清晰；不错漏、不潦草、无涂改。

（2）书写应用正楷字或行书字体填写，不得自造简化字。

4. 银行承兑汇票必须记载的事项。

签发银行承兑汇票必须记载的事项包括：表明"银行承兑汇票"的字样、无条件支付的委托、确定的金额、付款人名称、收款人名称、出票日期和出票人签章。欠缺记载上述规定事项之一的，银行承兑汇票无效。

（1）"银行承兑汇票"字样，印刷在汇票的正上方，出票人无需另行记载。

（2）无条件支付委托，印刷在银行承兑汇票的正面，通常以"本汇票于到期日付款""本汇票请予以承兑于到期日付款"等类似文句表示，出票人无序另行记载。

（3）承兑金额。汇票上记载的出票金额必须确定，并且只能以金额为标的。出票金额以中文大写和阿拉伯数码同时记载，两者金额必须一致，两者不一致的，票据无

效。同时，汇票金额的记载必须确定，不允许选择性记载、浮动性记载或不确定记载（如 100 或 200、100 到 200 或 100 左右）。

金额书写要求：

中文大写金额到元为止的，应在其后面写"整"或"正"字，在"角"之后可以不写"整"或"正"字。大写金额数字有"分"的，在"分"之后可不写"整"或"正"字。

中文大写金额数字前应表明人民币字样，大写金额数字应紧接"人民币"字样填写，不得留有空白。

阿拉伯小写金额数字前面，均应填写人民币符号"￥"。阿拉伯小写金额须认真填写，不得连写或出现分辨不清的情况。

阿拉伯小写金额数字中间有"0"的，中文大写应按照汉语语言规则、金额数字构成和防止涂改的要求填写。

（4）出票人和付款行名称应为全称，出票人账号和付款行行号应准确填写。

（5）收款人名称应是全称。

（6）出票日期应使用中文大写准确记载出票年月日，为了防止变造汇票的出票日期，在填写月、日时，月、日为壹至玖的，应在其前面加"零"；日为拾壹至拾玖的，应在前面加"壹"。

（7）银行汇票上出票人的签章。企（事）业法人、其他经济组织在汇票上的签章为该出票人的财务专用章或公章及法定代表人、单位负责人或其授权代理人的签名或签章，个体工商户在汇票上的签字为签名、盖章或签名加盖章。汇票上的签名，应当为该当事人的本名。签章应完整、清晰。

（8）汇票金额、出票或签发日期、收款人名称不得更改，更改的汇票无效。对于汇票上的其他记载事项，原记载人可以更改，更改时应当由原记载人在更改处签章证明。

为防止票据纠纷，汇票上的其他记载事项，如承兑合同标号、收款人账号、收款人开户行等票据要素应规范填写。

【步骤十五】录入贷款数据。贷款发放后，经办人员及时将贷款数据录入银行信贷系统。信贷人员凭贷款借据登记借款人、保证人的贷款证（卡）。

【步骤十六】贷后管理。承兑业务发生后，信贷人员要对客户进行日常跟踪检查，并撰写检查报告，检查中发现的问题，应及时报告，并采取相应防范措施，重点检查以下几个方面：

（1）是否按规定使用银行承兑汇票，汇票项下的交易是否已履行，有无套取现金的行为。

（2）对低风险承兑业务，在承兑三个月内取得该笔业务对应的增值税发票复印件（与原件核对）或其他能表明交易履行的证明材料。

（3）出票人的资信情况，随时调查该出票人的信用履约情况，到期承兑汇票是否及时兑付情况。

（4）出票人的生产、经营、管理、主要财务指标是否正常。重点掌握企业的产品销售情况，销售货款回笼情况，销售货款是否通过我行结算，有无重大的资金起伏情况。

（5）出票人的抵押物价值是否发生变化，保证金是否足额，有无被挪用行为。

（6）出票人出票后交易是否真实，是否有增值税发票，要严格审查出票人交易的增值税发票的真实性，凭此判断是否有真实交易，审查后并索要增值税发票复印件留存备查。

 **实训练习**

银行承兑汇票业务训练

实训角色：信贷员小王、客户中胜电力总裁李总。

实训业务：本地上市公司中胜电力找到我行，希望能帮助其短期融资支付一些设备采购费，半年之内偿还。客户经理小王针对这种情况建议中胜电力公司向银行申请开立银行承兑汇票。请你代替小王的角色，真实地演练并完成整个信贷流程。以下为公司概况：

中胜电力的母公司及控股股东中外国电是中外合资企业，它与电厂所在地的多家政府投资公司于1994年6月共同发起在北京注册成立了股份有限公司。总股本60亿股，2011年在国内发行2.5亿股A股，其中流通股2.5亿股，而后分别在香港、纽约上市。

在过去的几年中，中胜电力通过项目开发和资产收购不断扩大经营规模，保持盈利稳步增长。拥有的总发电装机容量从2 900兆瓦增加到目前的15 936兆瓦。中胜电力现全资拥有14座电厂，控股5座电厂，参股3家电力公司，其发电厂设备先进，高效稳定，且广泛地分布于经济发达及用电需求增长强劲的地区。目前，中胜电力已成为国内较大的独立发电公司之一。

在发展战略上，中胜电力加紧了并购扩张步伐。中国经济的快速增长造成了电力等能源的严重短缺。随着中国政府对此越来越多的关注和重视，以及中胜电力逐渐走上快速发展和不断扩张的道路，可以预见在不久的将来，中胜电力必将在中国电力能源行业中进一步脱颖而出。

表7.7~7.9为中胜电力上交银行的最近3年的财务报表。

表7.7　2011—2013年资产负债简表　　　　　　　　　　单位：万元

项目/年度	2013-12-31	2012-12-31	2011-12-31
1. 应收账款余额	235 683	188 908	125 494
2. 存货余额	80 816	94 072	73 946
2. 流动资产合计	830 287	770 282	1 078 438
4. 固定资产合计	3 840 088	4 021 516	3 342 351
5. 资产总计	5 327 696	4 809 875	4 722 970
6. 应付账款	65 310	47 160	36 504
7. 流动负债合计	824 657	875 944	1 004 212
8. 长期负债合计	915 360	918 480	957 576
9. 负债总计	1 740 017	1 811 074	1 961 788
10. 股本	602 767	600 027	600 000
11. 未分配利润	1 398 153	948 870	816 085
12. 股东权益总计	3 478 710	2 916 947	2 712 556

表 7.8 2011—2013 年利润分配简表 单位：万元

项目/年度	2013-12-31	2012-12-31	2011-12-31
1. 主营业务收入	2 347 964	1 872 534	1 581 665
2. 主营业务成本	1 569 019	1 252 862	1 033 392
3. 主营业务利润	774 411	615 860	545 743
4. 其他业务利润	3 057	1 682	− 52
5. 管理费用	44 154	32 718	17 583
6. 财务费用	55 963	56 271	84 277
7. 营业利润	677 350	528 551	443 828
8. 利润总额	677 408	521 207	442 251
9. 净利润	545 714	408 235	363 606
10. 未分配利润	1 398 153	948 870	816 085

表 7.9 2011—2013 年现金流量简表 单位：万元

项目/年度	2013-12-31	2012-12-31	2011-12-31
1. 经营活动现金流入	2 727 752	2 165 385	1 874 132
2. 经营活动现金流出	1 712 054	1 384 899	1 162 717
3. 经营活动现金流量净额	1 015 697	780 486	711 414
4. 投资活动现金流入	149 463	572 870	313 316
5. 投资活动现金流出	670 038	462 981	808 990
6. 投资活动现金流量净额	− 520 574	109 888	− 495 673
7. 筹资活动现金流入	221 286	17 337	551 415
8. 筹资活动现金流出	603 866	824 765	748 680
9. 筹资活动现金流量净额	− 382 579	− 807 427	− 197 264
10. 现金及等价物增加额	112 604	82 746	18 476

第三节　银行保函业务

银行保函（bank letter of guarantee，L/G）是商业银行根据申请人的要求，向受益人开立的、担保申请人正常履行合同义务的书面保证，是银行有条件承担一定经济责任的契约文件。

当申请人未能履行其所承诺的义务时，银行负有向受益人赔偿经济损失的责任。保函的类型主要有履约保函、投标保函、预付款保函、预留金保函、关税保函、借款保函以及质量保函等。本节按照主要的保函类型分别给出不同情景来学习。

一、保函的使用

在企业签订合同或进行项目的过程中，保函作为银行的一类中间业务贯穿整个项目的始终。项目的流程如下：

（1）投标方决策——信息获取和组织的过程、决策审批；

（2）投标方投标——买标书、做标、内部评标、决策、交标；

（3）招标方开标——资审、报价、技术标准；

（4）招标方授标；

（5）中标方向招标方提供履约保函，与招标方签署合同，向招标方提供预付款保函；

（6）中标方根据合同要求履行合同，并根据合同付款条件获得款项；

（7）项目验收并交付使用；

（8）招标方签署完工证书；

（9）质保期结束后由招标方签署合同履约证书。

在项目进行的每个阶段都可能出现相应的银行保函，如资审阶段的企业资信证明、企业银行授信额度证明、银行项目贷款承诺函等（见图 7.1）。

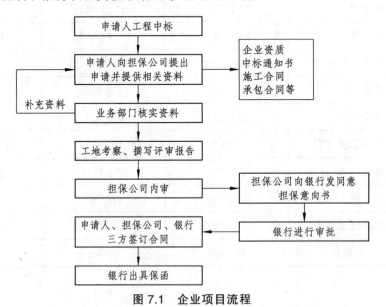

图 7.1　企业项目流程

二、银行开具业务流程

银行保函的业务流程可以分为以下三个阶段（见图 7.2）：

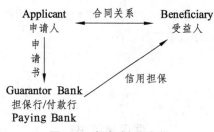

图 7.2 银行保函流程

提示：如客户签发的支票系空头支票或印章与预留印鉴不符的支票，银行应予以退票，并向人民银行上报。

（1）银行保函的申请：申请人需填写开立保函申请书并签章，并提交保函的背景资料，包括合同、有关部门的批准文件等。

（2）银行对保函的背景资料进行审查：对申请人资信情况、履约能力、项目可行性、保函条款及担保、质押或抵押情况进行审核。

（3）银行保函的开立：审批同意后，签订"保函协议书"或"贷款承诺协议书"，申请人存入相应比例的保证金，办理抵质押或反担保手续，银行出具保函或贷款承诺书。

实训项目 开立保函

情景单元 1 开立履约保函

履约保函用于担保主债务人在合同项下义务的履行，否则，由担保人代为履行或承担付款责任。履约保函的金额一般为合同总价的 10%，履约保函的有效期计算一般定为初验或供货完成（可合理增加 30 天）。银行为客户开立履约保函业务时，需要向客户征收每季度 0.5% 的保函手续费，指导价为 0.1%，最低每季度收取 500 元。

知识点：审查履约保函的内容包括对申请人的资格和资信状况的审查、对受益人资信状况的审查、对交易合同或项目的审查、对保函格式主要内容的审查（避免文字风险，防止有关利害方有隙可乘），以及对反担保状况（资产抵押反担保和信用反担保）的审查。

【情景内容】

西双版纳国际旅游度假区开发有限公司拟修建一栋办公楼，遂向市场公开招标，云南杨桥建工有限公司中标，承接了此项目。双方签订合同，合同除对办公楼修建和付款事项约定之外，还要求云南杨桥建工有限公司取得一份履约保函。云南杨桥建工有限公司遂来到××银行 W 市分行开立履约保函。

【情景步骤】

【步骤一】要求客户填写"保函申请书"。申请书的内容除了请求银行按照某种规定开立保函外，还有申请人的声明和保证，即如果发生了保函下的索偿，申请人须补偿担保人在保函项下的因履行担保责任而做的一切支付。

参阅材料

保函申请书

××银行 W 市分行：

我公司因《西双版纳国际度假区市政道路及管线工程六标段施工总承包合同》需要（合同编号：201510100111），需提供一份由银行出具的履约保函，特向贵行提出申请。

一、我公司基本情况

（一）名称：云南杨桥建工有限公司。

（二）住所及联系电话：云南省大理州谷城叶榆路，联系电话 13912345678。

（三）法定代表人（负责人）姓名：王五。

（四）营业执照编号：1303000000078394。

（五）基本账户开户银行及账号：中国银行 W 市分行，账号 75188123957830。

二、申请保函内容

（一）受益人名称：西双版纳国际旅游度假区开发有限公司。

地址：西双版纳州景洪市民航路 34 号电话：18812345678。

（二）保函种类：履约保函。

（三）保证币种及金额（大写）：贰佰柒拾陆万伍仟捌佰玖拾壹元贰角整。

（四）保证事项：在申请人违反合同规定的义务后，我行承诺向受益人，支付总额不超过最高担保金额（人民币）贰佰柒拾陆万伍仟捌佰玖拾壹元贰角整（"保证金额"，即：￥2 765 891.2 元）的任何一笔或几笔款额。

（五）保证期间：保函有效期自开立之日起生效，至该合同约定的该合同项下工程竣工之日起的 3 个月止，但最终有效期不得超过 2017 年 7 月 1 日。届时，本保函即失效，我行保函责任解除，此后提出索赔我行无义务赔付。

（六）保函适用法律：中华人民共和国（为本招标及合同目的，不包含港、澳、台地区）法律。

（七）电开或信开。

（八）其他（MISC）。

三、保函的通知/交付

保函将按照下列第三种方式通知/交付受益人：

1. 由贵行选择通知行；

2. 由下列银行通知：

2. 由贵行直接交付受益人；

4. 由我公司直接交付受益人；

5. 其他方式。

四、保函的转开

1. 不适用。

2. 请贵行自行委托一家银行转开。

3. 由下列银行转开（英文名称）。

五、我公司同意贵行按下列第**一**种格式出具保函文本

1. 按贵行的文本格式，且贵行可根据情况进行修改。

2. 按我公司提供的文本格式，但贵行可根据情况进行修改。

3. 按我公司或受益人提供的文本格式。

六、拟提供反担保方式：保证。

七、附属材料

1. 合同（CONTRACT）；

2. 保函格式；

3. 其他。

八、我公司承诺如下

1. 严格按照贵行的要求提供有关资料与信息，并保证本申请书所陈述的各项内容以及所提供的资料与信息真实、完整、合法、有效。

2. 贵行对于是否接受我公司的申请具有完全的自主决定权。

3. 如贵行与我公司签订的《出具保函协议》与本申请书内容不一致，以《出具保函协议》为准。

4. 对于转开保函，我公司同意贵行向转开行出具反担保函或与其达成其他协议或法律安排，其形式和内容以及贵行对其做出的任何修改和补充都无须得到我公司确认，贵行也不必通知我公司。我公司对贵行向转开行所做的任何陈述、保证或承诺都无条件地、不可撤销地认可和接受。

5. 对于贵行因开立保函或转开保函而遭受的一切损失与法律责任，我公司同意全部承担。

申请人盖章：

法定代表人（负责人）

或授权代理人签字：王五

2015 年 10 月 15 日

【步骤二】受理申请，要求客户提供背景资料。

参阅材料

申请银行履约保函的背景资料清单见表 7.10。

表 7.10　申请银行履约保函的背景资料清单

序号	资料名称	资料要求	份数	序号	资料名称	资料要求	份数
1	工程招标文件	复印件	2	15	授信明细表	原件	2
2	中标通知书及施工合同	复印件	2	16	开户明细表	原件	2
3	营业执照正副本	复印件	2	17	固定资产明细表	原件	2

序号	资料名称	资料要求	份数	序号	资料名称	资料要求	份数
4	税务登记证正副本（国税、地税）	复印件	2	18	应收账款、其他应收款明细表	原件	2
5	组织机构代码证书正副本	复印件	2	19	应付账款、其他应收款明细表	原件	2
6	资质证书及获奖证书等	复印件	2	20	前三年经审计财务年报（有附注）	复印件	2
7	贷款卡（有卡号及查询密码）	复印件	2	21	近三个月财务报表	复印件	2
8	公司章程及验资报告	复印件	2	22	近三个月结算银行对账单	复印件	2
9	企业工商信息机读档案查询单（近三个月查询）	复印件	2	23	2010年年度完税凭证或完税证明及近期纳税凭证	原件	2
10	历史经营业绩说明材料（需另提供3-5份代表性合同或竣工验收报告）	复印件	2	24	出具保函申请书（审核通过后再提供）	原件	1
11	法人代表证明书及身份证复印件	复印件	2	25	保函收妥确认书（审核通过后再提供）	原件	1
12	法人个人简历及项目经理个人简历	原件	2	26	出具保函协议（审核通过后再提供）	原件	3
13	法人授权委托书及授权人身份证	原件	2	27	委托反担保协议书（审核通过后再提供）	原件	4
14	董事会决议董事会签字样本（审核通过后再提供）	原件	2	28	反担保书（个人）（审核通过后再提供）	原件	1

【步骤三】信贷员要对客户提交的保函的背景资料进行审查。银行对申请人的资信状况及项目的可行性等方面对担保内容进行审查，然后根据审查结果和风险程度来决定是否接受申请人提交的申请。

1. 背景资料审查的要点

（1）审查申请人是否具备申请担保的资格及其目前的经营管理水平、财务状况和资信情况等。一般应包括申请人的名称、性质、永久性地址、电传、电话、法人代表、注册资本等依法登记情况，企业连续三年来的建设、生产、经营和财务状况。

（2）审查受益人的法人资格、经济实力及信誉状况。一般包括受益人的实际注册资本、名称、注册地点、法人代表、开户银行、近期的经营和财务状况等。

（3）审查交易合同的内容和条件是否合理，工程项目是否已得到国家有关单位的批准，审批文件是否有效真实，包括对合同名称、编号、缔约时间、缔约地点、缔约双方的名称和地址、各项交易货款、交易标的、双方的签字审查等。此外，还应审查交易合同或项目协议所适用的法律和有关国际惯例，以避免交易或项目在执行过程中得不到所在国法律的保护。

2. 保函格式内容的审查

（1）审查保函的内容，包括对申请担保的内容是否属于银行担保业务的范围，保函条款是否符合国家的经济、产业政策及平等互利的原则，担保金额是否明确，有无金额递减条款，是否与交易合同条款相关、有无矛盾，是否存在歧视性条款或不能接受的条款等。

（2）审查反担保，对资产抵押、质押的反担保，要审查抵押物的处分权、变现能力、抵押物的合法性和是否足值；对于保证反担保，要审查反担保人的法人资格，外汇资金来源，生产、经营、财务状况，反担保函的法律效力等。

> 提示：一般合法合规的国内工程项目，都要具备以下审批文件：①《国有土地使用证》，是证明土地使用者向国家支付土地使用权出让金，获得了在一定年限内某块国有土地使用权的法律凭证；②《建设用地规划许可证》，是建设单位在向土地管理部门申请征用、划拨土地前，经城市规划行政主管部门确认建设项目位置和范围符合城市规划的法律凭证；③《建设工程规划许可证》，是有关建设工程符合城市规划要求的法律凭证；④《建设工程施工许可证》。其中，《建筑工程施工许可证》由市建委核发，《国有土地使用证》由市国土资源局核发，《建设用地规划许可证》与《建设工程规划许可证》由市规划委员会核发。

> 知识点：反担保是指债务人或第三人向担保人做出保证或设定物的担保，在担保人因清偿债务人的债务而遭受损失时，债务人向担保人作出清偿，以确保第三人追偿权的实现。《中华人民共和国担保法》第四条规定："第三人为债务人向债权人提供担保时，可以要求债务人提供反担保。反担保适用本法担保的规定。"

【步骤四】审查通过后收费。信贷员审查申请人的条件通过后，将其开立的"保函申请书"、受益人和有关文件资料送交上级审批单位进行审批，在被银行审批通过后，信贷部门要将"缴费通知单"交会计部门开具收据，向客户收取相关费用。

【步骤五】开立履约保函。银行应与申请人、反担保人签订各项法律文件，以明确双方的权利和义务，并在此基础上对外开具保函，开立投标保函。信贷员将"开立银行保函协议书"送达客户，由客户在协议上签字，其余资料退还客户，银行审核协议上的签字后出具银行保函，并在保证人签字处加盖银行保函业务专用章和个人名章。在保函最后的落款处加盖银行保函业务专用章。

 **参阅材料**

××银行开立银行保函协议书

立约方：
保函开立申请人：
担保人：
签订时间：
签订地点：

　　鉴于申请人于＿＿＿年＿＿月＿＿日就＿＿＿＿＿＿＿＿＿＿＿＿（产品、项目等）与受益人签署/提供了＿＿＿＿＿＿＿＿＿＿（合同号）合同/投标文件。申请人在此向担保人申请开立银行保函（以下简称保函），为明确立约双方的权利义务，根据《中华人民共和国担保法》等有关法律、法规的规定，在平等、自愿基础上，经协商，双方订立本合同，以兹共同遵守。

　　第一条　担保人接受申请人申请，同意向受益人开立银行保函，保函应包括以下主要内容：

　　（一）保函的名称和种类：＿＿＿＿＿＿＿＿＿＿＿＿＿＿＿＿。

　　（二）受益人为＿＿＿＿＿＿＿＿＿＿＿＿＿（全称），其法定地址＿＿＿＿＿＿＿＿、开户银行＿＿＿＿＿＿＿＿＿＿＿。

　　（三）担保金额为＿＿＿人民币（币种）＿＿＿＿＿＿＿＿。

　　（四）保函有效期为＿＿＿年＿＿月＿＿日至＿＿＿年＿月＿日。

　　（五）支付条件：

　　第二条　担保人开立的保函不可转让，如确因业务需要，要求保函转让，需经担保人书面同意。未经担保人同意擅自将保函转让第三人的，担保人对任何第三人的索偿一概不予受理，其一切后果由出让人承担。

　　第三条　保函条款及格式经过申请人与担保人协商，以担保人最终同意开立的保函样式为准，申请人完全同意担保人最终开出的保函。

　　第四条　在保函开立前/保函有效期内，申请人应按以下第＿＿＿种计费方式向担保人或担保人授权的分支机构交付担保费。同时计收邮资、电讯费及其他费用＿＿＿＿＿＿（币种）＿＿＿＿＿＿＿＿＿＿。申请人若不按约定期限支付上述费用，则按日万分之＿＿＿＿＿计收滞纳金。

　　（一）在保函开立前,按担保总金额的＿＿＿＿＿＿%一次性计收＿＿＿＿＿＿（币种）＿＿＿＿＿＿＿（金额）。

　　（二）在保函有效期内，申请人分期缴付手续费。

　　1.＿＿＿年＿＿月＿＿日前，缴付＿＿＿（币种）＿＿＿＿＿＿＿（金额）。

　　2.＿＿＿年＿＿月＿＿日前，缴付＿＿＿（币种）＿＿＿＿＿＿＿（金额）。

　　3.＿＿＿年＿＿月＿＿日前，缴付＿＿＿（币种）＿＿＿＿＿＿＿（金额）。

　　4.＿＿＿年＿＿月＿＿日前，缴付＿＿＿（币种）＿＿＿＿＿＿＿（金额）。

　　5.＿＿＿年＿＿月＿＿日前，缴付＿＿＿（币种）＿＿＿＿＿＿＿（金额）。

　　第五条　申请人须于保函开立之前在担保人处开立保证金账户，缴存币种为数额为＿＿＿＿＿＿＿＿＿＿＿的保证金。

　　第六条　担保人履行担保义务对外偿付后，对申请人有追索权。申请人将无条件地全部承担担保人因履行担保责任而造成的对外垫款等一切损失，包括对外垫付的本金、罚息、银行实现债权的费用（包括但不限于诉讼费用、财产保全费、申请执行费、律师代理费、办案费用、公告费、评估费、拍卖费）等。

申请人同意担保人在按照保函约定对外履行担保义务后，有权主动从申请人在担保人的保证金账户及其他账户上扣划，不足部分按人民银行规定的贷款利率上浮＿＿％计收利息。申请人在收到担保人通知的七个工作日内未全部付清代垫款项及利息，则从第八个工作日起按日万分之＿＿计收罚息。

第七条 担保人只处理保函项下的单据文件，对保函项下涉及的合同及其他纠纷不承担任何责任。对保函在邮寄或其他方式传递过程中因遗失、延误等可能造成的损失及在处理单据或证明时，对其真伪及邮寄过程中的遗失延误，担保人均不承担任何责任。

第八条 担保人开出保函后，受益人与申请人协商修改所担保项目的有关合同内容，应当取得担保人书面同意，未经担保人书面同意，担保人不再承担担保责任。

第九条 申请人应当按照担保人的要求提供与该担保有关的业务活动的真实情况，并定期提供反映其真实经营状况及财务状况的财务会计报表、投资项目的工程进度表及履约/还款进度表，并接受担保人或担保人的受托人对申请人的经营及财务状况的监督和检查。

第十条 申请人声明：

（一）申请人是自然人或依中国法律批准成立并合法存在的法人。

（二）申请人对本协议的内容有全面、完整的了解；申请人向担保人提供的有关情况和材料是真实、准确、全面、有效的，并无遗漏。

第十一条 保函开立之前，申请人须向担保人提供经担保人同意的反担保。反担保的方式及反担保合同或反担保函的条款、格式须经担保人审查同意。

第十二条 申请人在保函有效期内发生下列情况时应及时通知担保人：

（一）涉及重大诉讼；

（二）破产、被吊销营业执照等；

（三）法定代表人发生变更；

（四）其他重大事项。

第十三条 本协议附件有：

（一）保函副本；

（二）反担保合同或反担保函。

本协议附件构成本协议的内容之一，与本协议有同等法律效力。

第十四条 本协议一式二份。

第十五条 本协议自立约双方签字或盖章之日起生效。

第十六条 补充条款：

申请人（公章）：   担保人（公章）：

有权签字人（签章）：   有权签字人（签章）：

反担保合同（对银行）

_____银行：

甲方（名称）_____与乙方（名称）于_____年____月____日就_____项目签订之_____号合同（下称"合同"）。应甲方要求，贵行与甲方于_____年____月____日签订了第_____号担保契约，并于_____年____月____日开立了以乙方为受益人，金额为_____万_____的第_____号保函（上述担保契约和保函以下称"担保"）。应甲方要求，对上述担保，我们_____公司（下称"担保人"）同意出具反担保，特在此不可撤销地和无条件地向贵行作出下述保证事项：

一、我方同意上述担保契约和保函的全部条款；我方保证甲方按期履行"合同"和担保契约的全部义务；对甲方在担保契约项下的一切应付款项，包括贵行按保函规定向保函受益人支付的任何或全部款项及由此产生的垫付利息和费用（下称"应付款项"），我们保证承担连带偿付责任或/和连带赔偿责任。

二、如乙方未能按契约规定履行支付义务，贵行即有权直接向本保证人索偿，而无须先向甲方追偿或/和处理抵押品，本担保人保证在收到你行第一次书面索付通知后10天内，即无条件按通知要求将上述甲方所欠款项，以担保契约规定的币种主动支付给贵行，其中垫付利息额计算至本担保人实际支付日。上述索付通知书作为付款凭据，对本担保人具有法律约束力。

三、如果本担保人未能按前条规定期限履行上述连带保证责任，由此造成对你行的延付利息及其他经济损失概由本担保人承担；同时，你行有权从本保证人存款账户中扣收上述所欠款项及延付利息，本担保人保证不提出任何异议和抗辩。

四、如果甲方未能按期履行合同项下义务，而贵行以贷款方式间接履行担保责任，我们保证无条件对该贷款按贵行规定格式另行出具担保书。

五、如果发生下列任何一种或数种情况时，无论是否事先通知本担保人，本保证书第1、2、3条规定的连带偿付责任或/和连带赔偿责任丝毫不受影响，本保证书继续有效。

1. 本保证项下所有当事人变更各自的名称、地址、合资合同、章程法定代表人、经营范围、企业性质，或乙方合并、分立、停止、撤销、解散、破产等；

2. 贵行延缓行使担保契约项下的任何权利，或对"应付款项"的偿付给予任何宽限；

3. 保函项下权利被让与或转让；

4. 保函有效期应甲乙双方要求予以延展；

5. 担保契约的任何修改和补充。

六、如果保函金额发生更改，本担保书的担保责任不变，仍按最高不超过原保函金额承担本担保责任。

七、在上述"应付款项"全部得到清偿之前，本担保人不能行使由于履行本担保书项下义务而获得的任何索偿权。如果甲方向本担保人提供抵押品，非经贵行书面同意，本担保人也不应行使抵押项下的权利；如果经贵行同意处理抵押品，其所得全部款项保证首先用于向你行偿付上述"应付款项"。

八、本担保人将按你行要求定期提供有关的财务报表，并将第四条第一款中本担保人的变更情况及时通知贵行。

九、本担保书自开立之日起生效，直至贵行在上述保函项下的担保责任完全解除或担保契约项下应付款项全部得到清偿之日失效。

十、在履行本担保书的过程中如有争议，应尽量通过协商解决，经协商未能圆满解决时，将向贵行所在地法院提起诉讼。

本担保书正本一式 4 份，贵行执 2 份，甲方及本担保人各执一份。

担保人名称：

（法人公章）

签发人：

职务：

签发日期：

担保人法定地址：

法定代表人：

开户银行及账号：

履约保函样本

保函编号：

致西双版纳国际旅游度假区开发有限公司（下称受益人）：

地址：×××××××

鉴于云南杨桥建工有限公司（下称"被保证人"）已与贵方签订了《西双版纳国际度假区市政道路及管线工程六标段施工总承包》的施工合同。我方接受被保证人的委托，在此不可撤销的承诺，在我方收到你方的书面要求、本保函原件和以下事项的书面说明后，向你方提供履约保证担保：

一、本保证最高担保金额为人民币 ¥ 2 765 891.2 元（小写），贰佰柒拾陆万伍仟捌佰玖拾壹元贰角整（大写）。

二、本保函有效期自开立之日起生效，至该合同约定的该合同项下工程竣工之日的 3 个月止，但最终有效期不得超过 2017 年 7 月 1 日。届时，本保函即失效，我行保函责任解除，此后提出索赔我行无义务赔付。

三、被保证人在履行合同过程中不承担合同约定的相关责任与义务，且被保证人已不能履行应对受益人所负担的责任与义务时，我方保证在收到受益人书面索赔通知后的 30 天内在本保证担保的最高担保金额内向受益人承担一般保证责任。

四、符合法律规定的有效索赔通知必须在本保证担保的保证期间内送达我方。索赔通知须于我行营业时间内送达，当日营业时间结束后送达的视为下一个银行工作日送达。

五、我方提供本保证担保后，受益人与被保证人对合同进行修订的，应当将修订后的合同原件送我方备案，对直接影响合同履行的相关条款进行修订的，应经我方书面同意。但无论如何我方保函项下责任和义务不因任何原因而加重。

六、本保证担保的保证期间届满，或我方向受益人支付的索赔款已达本保证担保的最高担保金额，我方的保证责任免除。

七、本保证担保项下的权利不得转让。

八、本保证担保适用中华人民共和国法律。

九、本保证担保以中文文本为准，涂改无效。

保证人：中国银行 W 市分行（盖章）

法定代表人或其授权委托代理人：

（签字或盖章）

日期：2015 年 10 月 17 日

（本保函失效后，请将原件退回我方注销）

 实训练习

银行保函开立训练

实训角色：客户经理李明、客户重庆三江出口贸易有限公司。

实训业务：

业务一：2015 年 3 月重庆三江投影仪贸易有限公司中标重庆学院的一个 2 000 万元的投影仪采购项目，要求 W 银行出具 2 000 万元的履约保函，受益人为重庆学院，请 2～4 人一组角色扮演完成整个工作流程。

业务二：2015 年 4 月重庆三江出口贸易有限公司与 A 国的进口商美林公司签订了出口玩具的合同。重庆三江出口贸易公司向 W 银行申请开立以美林公司为受益人的履约保证，请 2～4 人一组完成整个工作流程。

情景单元 2　审查开立投标保函

投标保函是指投标人在投标时提供银行担保，向招标人保证如投标人发生违约事项，担保行将按保函金额赔付招标人。投标保函的金额一般为投标报价的 1%～5%，投标保函的有效期计算一般为开标日＋报价有效期＋30 天（或 28 天）。银行为客户开立投标保函业务时，需要向客户征收每季 0.5% 的保函手续费，指导价为 0.05%，最低每季度收取 500 元。

> 知识点：审查投标保函的内容，包括对申请人的资格、申请手续和项目可行性的审查，审查通过后签订协议，落实保证金或反担保事项，开立投标保函。

【情景内容】

××股份有限公司拟进行一项建设工程的招标项目，金融天使有限公司准备投标，××公司要求投标人在递交投标书时，必须随附银行的投标保函，以防止中标者不签订合同而遭受损失。金融天使遂到模拟银行 W 市分行办理投标保函业务。

【情景步骤】

【步骤一】要求客户填写"保函申请书"，提交相关资料。申请书的内容包括请求银行按照某种规定开立保函，以及申请人的声明和保证，即如果发生了保函下的索偿，申请人须补偿担保人在保函项下的因履行担保责任而做的一切支付。保函开立申请书与履约保函相同。

【步骤二】受理申请，对保函的背景资料和保函格式内容进行审查。审后将所有资料提交部门负责人签字，部门负责人审查后将上述资料提交给审查部门审核；审查部门审核后将资料提交给审批部门审批。审查要点如下：

（1）背景资料审查包括申请人的营业执照复件（盖公章）、公章确认证明（盖公章）；资质证书复印件、贷款卡、代码证复件（盖公章）、法人代表证明书、身份证复件（盖公章）；法人代表授权委托书（盖公章）；招标文件（盖公章）、公司章程；经办人身份证复件（盖公章）。

（2）保函格式内容的审查包括：

① 审查保函的担保责任，包括投标人在投标有效期内未经许可撤标、投标人在中标后因自身原因不签署项目合同、投标人在中标后不能按照业主要求提供履约保证。

② 审查保证责任最高金额，即审查投标保函中应当明确保证责任的最高金额。

③ 审查保函有效期，即投标保函中应当明确保函的生效时间或条件，以及保函失效的时间或条件。保函有效期应当符合业主招标文件的规定，否则容易导致保函不符合业主要求而废标。招标有效期延长的，经我方同意后，投标保函的保证期可以有相应调整。

④ 审查承担保证责任的方式，通常为无条件、不可撤销、见索即付的方式。

⑤ 审查争议解决和适用法律条款。

⑥ 审查保函的转让，保函中应当明确规定保函不可转让。

⑦ 审查保证责任的解除或保函的返还。以下情况保证责任应当解除并返还保函：投标人未中标；投标人中标并已提供履约保函；投标被取消；投标保函有效期届满；保证责任已得到履行。

⑧ 审查保函的支付货币。

> 💡 提示：凡需要向各金融机构申请贷款，办理承兑汇票、信用证、授信、保函和提供担保等信贷业务的法人企业、非法人企业、事业法人单位和其他借款人，均须向营业执照（或其他有效证件）注册地的中国人民银行各城市中心支行或所属县支行申请领取贷款卡。贷款卡是中国人民银行发给注册地借款人的磁卡条，是借款人凭以向金融机构申请办理信贷业务的资格证明。贷款卡记录了贷款卡编码及密码，是商业银行登录"银行信贷登记咨询系统"查询客户资信信息的凭证，取得贷款卡并不意味客户能马上获得银行贷款，关键看贷款申请人的资信状况是否满足担保机构和经办银行的要求。

【步骤三】审查审批通过后，信贷部门将"缴费通知单"交会计部门开具收据，向客户收取相关费用。

【步骤四】开立投标保函。信贷员将"开立银行保函协议书"送达客户，由客户在协议上签字，其余资料退还客户，银行审核签字后出具银行保函，并在保证人签字处加盖银行保函业务专用章和个人名章。

参阅材料

投标保函

编号：2013 年第 LY23948568 号

致：××股份有限公司

鉴于我行客户金融天使有限公司（下称"投标人"）根据贵方的第 2013748947 号招标文件/标书，拟向贵方投标参加天辉广场营业网点建设的项目。

应投标人要求，我行（下称"保证人"）在此向贵方（下称"受益人"）开立不可撤销的投标保函（下称"保函"）。保证人保证在收到受益人于本保函有效期内提交的申明以下任何一项事实发生并要求保证人赔偿之文件及保函正本后七个工作日内，向受益人支付金额为人民币￥200 000（小写）贰拾万元（大写）的投标保证金。

受益人向保证人提交的索赔文件中必须申明的事实如下：

1. 投标人在投标有效期内撤销投标；

2. 投标人中标后未与受益人签约；

3 投标人中标后未在合约生效日后的 28 日内向受益人提交可接受的履约保函。

本保函适用中华人民共和国法律，受中华人民共和国法律管辖。在本保函履行期间，如发生争议、纠纷，各当事人首先应协商解决，协商不能解决时，可诉讼于保证人所在地有管辖权的人民法院。

除非受益人自动中止或放弃保函项下享受的权利，本保函一经开立即行生效，于 2013 年 4 月 30 日失效。

保证人：（公章）××银行

有权签字人：潘有明

2013 年 4 月 1 日

 实训练习

实训角色：客户经理程亮、深圳电气股份有限公司。

实训业务：

实训一：深圳电气股份有限公司主要生产大型的机电开关设备，公司的产品提供给包括北京地铁复八线、长江三峡工程等重点项目，公司年承包合同金额超过了 20 亿元。由于公司常年对外承揽工程，需要银行大量出具保函。

经过沟通调查，程亮发现，该公司投标业务非常频繁，公司规模偏小，且属于工程承包类企业，银行信用授信很难批准。公司一年内多次参加各类工程投标，其他银行都是一笔保证金对应一笔保函，企业存入很多零星存单，管理混乱。公司多办理 3 个月定期存单，同时利息损失较大。

如果你是程亮，可以给客户什么建议，银行能为客户提供哪些服务？请每人做成 PPT，给全班同学分享你的想法。

实训二：发散思维，根据上一实训题，你认为如果银行想围绕深圳电气股份公司这个客户长久盈利，还可以给它提供哪些后续服务？请以 2~4 人为一组，进行讨论，做成 PPT，向全班介绍你们组的营销想法。

情景单元 3　审查开立预付款保函

预付款保函是指，进出口贸易中或国际承包工程项目中，在签订合同后，进口商或工程业主向出口方或承包人支付一定比例的货物或工程预付款，出口商或承包人则须向对方提交一份银行保函，保证若出口商或者承包人不履约或未能按合同规定履约，担保行将这部分预付款及相应利息退还进口商或工程业主。预付款保函的金额一般为合同总价的 10%~30%，保函的有效期计算及要求付款条件与履约保函相似。预付款保函手续费指导价 0.1%，上限为 0.5%，最低收费分别是 500 元/季。

> 　　知识点：预付款保函的内容主要包括委托人、受益人和保证人的名称、银行的责任承诺、生效条件、保函金额、有效期、管辖的法律等。

【情景内容】

××建筑股份有限公司上海分公司承包了一大型建筑工程项目，并将其中的架空线路及变压器安装项目分包给扬天建筑股份有限公司完成，为保障项目的顺利实施，双方在分包合同中要求××建筑股份有限公司支付一定的预付款，同时要求扬天建筑公司提供银行预付款保函。扬天建筑股份有限公司遂来到中国银行 W 市分行，申请开立预付款保函。

【情景步骤】

【步骤一】要求客户填写"保函申请书"。申请书的内容包括请求银行按照某种规定开立保函，以及申请人的声明和保证，与履约保函类似。

【步骤二】受理申请，对保函的背景资料和保函格式内容进行审查。

银行对申请人的资格、资信、财务状况等方面的担保内容进行审查，同时还需审查交易合同的内容和条件是否合理，合同或协议是否合法，是否已得到国家有关单位的批准，审批文件是否有效真实，交易合同或项目协议所适用的法律和有关国际惯例是否与本行的规定相违背。对申请人的审查内容与履约保函相似。然后根据审查结果和风险程度来决定是否接受申请人提交的申请。

审查保函的内容，包括审查保函的生效条件、保函要求银行承担的责任范围、保函的金额、保函的有效期等方面。

审查保函的生效条件。通常情况下，保函应是开立即生效，但在实际业务中，经常收到有条件生效的保函，如有的保函以银行收到买方预付款或卖方收到买方预付款的书面确认后才正式生效等。这些生效条件可能使买方拒绝接受保函，银行在审查时应该尤其注意，保函是否附有生效条件，如果附有条件，申请人是否与买方达成协议。

审查保函的责任承诺。在保函中，一般要求的承诺是"无条件的"和"不可撤销的"。"无条件的"即意味着当买方仅凭保函书面称卖方未履行其交货义务，要求出具保函银行按保函金额付款时，买方无需提供其他任何证明，也不管实际原因如何，该银行必须立即无条件地支付保函金额。"不可撤销的"是指保函在开立后，在规定的有效期内是不能撤销的。银行应该根据具体情况审查保函的责任承诺范围和力度。

审查保函的金额。一般情况下，保函的金额就是预付款的金额。但对预付款的付款时间和合同交货时间较长而且金额较大的合同，保函的金额可以为预付款金额加上从预付款支付到买方索偿这段时间的利息，利率由买卖双方事先商定。除保函另有声明外，保函担保金额不因合同被部分履行而减少。

审查保函的有效期。绝大部分保函的有效期从开立日始到装船日为止，但不超过合同最迟装船期。银行必须在保函中明确保函的生效时间和失效时间。

其他方面的审查。保函如果因故需要修改，必须事先经受益人和委托人的同意。审查保函所适用的法律是否在银行可接受的范围内，按惯例，保函受开立保函银行所在地法律管辖。

审查反担保，对资产抵押的反担保，要审查抵押物的处分权、变现能力、抵押物的合法性和是否足值；对于信用反担保，要审查反担保人的法人资格，外汇资金来源，生产、经营、财务状况，反担保函的法律效力等。

【步骤三】收取相关费用，开立预付款保函。申请人的条件符合银行规定，其开立的"保函申请书"、受益人和有关文件资料被银行审查通过后，银行应与申请人、反担保人签订各项法律文件，以明确双方的权利和义务，并在此基础上对外开具保函。

 参阅材料

预付款保函

致：××建筑股份有限公司（上海）公司（下称"发展商"）

杨浦区国宾路 18 号万达商业广场 A 座 22 层

合同编号：BH940778674

　　鉴于你方作为总包商与扬天建筑股份有限公司（以下简称分包商）于 2013 年 11 月 10 日签订的《架空线路及变压器安装工程协议书》（以下简称"分包合同"），根据该合同中有关预付款条件规定，总包商承诺：（1）根据合同条件以××建筑股份有限公司（总包商名称）的名义在我处寄存人民币拾萬元整（金额大写）的款额。（2）该项款额作为预付款保证金，以确保其忠实圆满地履行采购合同。

　　我××银行 W 市分行（担保银行或金融机构名称）将按总包商通知，作为首要负法律责任者和保证人，同意出具无条件且不可撤回的担保。在分包商未履行上述合同中规定的义务从而导致贵方有权根据合同规定索回已付给供应商的预付款的情况下，当我们接到贵方提出的首次索偿要求时，我们保证向贵方支付金额不超过人民币拾萬元整元（RMB ￥100 000）的款额，无须贵方首先向承包人提出索偿要求。

　　此外，我们亦同意：总包商与分包商之间对合同条件、产品说明、技术规范和/或其他合同文件可能做出变更、增补或其他改动的任何情况下均不导致解除我们依据本保函所应承担的责任。为此，我们对可能发生的上述变更、增补或修改均不要求给予通知。

本保函有效期自 2014 年 5 月 8 日至 2015 年 5 月 8 日。保函失效后请将本保函退回我行注销。

担保银行（或金融机构）：××银行 W 市分行
（盖章）
法定代表人：蒋××或其授权的代理人
（姓名）（签字）
日期：2014 年 5 月 8 日

 实训练习

实训角色：客户经理程亮、招商船厂有限公司。

实训业务：

招商船厂注册资本 3 300 万美元，招商船厂按照国内一流、国际先进标准建设，引进目前最先进造船技术、造船设备和造船模型，为国内一流造船企业。招商船厂造船场地占地 100 万平方米，建有一座 30 万吨以上船干船坞和一座 780 米长舾装码头，并配备一台 800 吨龙门吊。公司同时具有建造四条 17.6 万吨级船舶和 2 条 150 万载重载船生产能力，年可交 12 条 10 万~17.6 万吨级船舶。公司为国内规模较大的造船企业，由于管理规范，信誉较好，财务状况良好，公司出口船舶在行业内名列前茅，是银行拓展的黄金客户，所有的银行都在争取这个客户。目前，国际市场航行多是七八十年代的落后船只，根据最新国际环保要求，这些船只必须逐步淘汰，所以各国船东积极购置船舶，为船舶制造业迎来百年不遇机遇。未来一段时期内，全球船舶产业市场增加仍将强劲，世界船舶工业总体兴旺大趋势不会出现根本性改变。目前船市仍然处于繁荣阶段，船价维持高位运行。招商轮船也接到异常多的订单，

业务一：倘若你是程亮，现在也想拿下招商船厂这个客户，面对这种情况，你该怎么办。4 人一组进行讨论，做成 PPT，和全班同学分享。

业务二：根据你们的想法，扮演角色，搜集和制作相关资料，完成一个信贷业务或者保函业务。

情景单元 4 审查开立预留金保函

预留金保函是指对合同价款中尾款部分款项的提前支取行为所做出的归还承诺担保。此类保函的金额一般为合同总价的 5%~10%，保函的有效期计算一般定为初验完成+质保期，要求付款的条件与履约保函相似。

【情景内容】

某国内出口 A 企业于 2008 年与北京慧谷臻和建材贸易有限公司签订了一个哈尔滨世茂滨江新城三期一区塑钢窗供应集中采购合同，尾款为合同总额的 5%。质保期及尾款支付条款如下：

1. 质保期（warranty period）限定

（1）供货方承诺质保期为验收后 12 个月或货物 B/L 日后 18 个月，早到为先。

（2）在质保条款下（against term of warranty），供货方将提供保额为合同总额的 5% 的预留金银行保函。"against term of warranty" 的设定意味着：该银行保函是以质保条款（包括质保期）为先决条件来开具的。

2. 尾款的支付条款限定

买方将在质保期到期日后 15 天之内支付或应卖方要求，凭以下两个文件提前支付：

（1）根据质保条款卖方提供保额的 5% 预留金保函；

（2）买方签发的验收书。

为提前获得尾款，A 企业遂来到中国银行 W 市分行，申请开立预留金保函。

【情景步骤】

【步骤一】要求客户填写"保函申请书"或开立保函合同，同时申请人提交保证金或反担保，提交合同相关的基础材料和开立保函相关的所需材料。申请书的内容与履约预付款保函内容相似。

【步骤二】受理申请，对客户资格、基础交易、相关材料进行审查。预留金保函的审查与预付款保函的审查类似，需要审查客户保证金或授信额度等抵押情况，审查保函额书面申请及保函格式等。银行根据审查结果和风险程度来决定是否接受申请人提交的申请。

【步骤三】收取相关费用，开立预留金保函。申请人的条件符合银行规定，其开立的"保函申请书"、受益人和有关文件资料被银行审查通过后，银行应与申请人、反担保人签订各项法律文件，以明确双方的权利和义务，并在此基础上对外开具保函。

 参阅材料

预留金银行保函

致：北京慧谷臻和建材贸易有限公司（以下简称"采购方"）

根据你单位（以下简称"供货方"）与签订的《哈尔滨世茂滨江新城三期一区塑钢窗供应集中采购》合同中的条款规定，供货方按规定的金额应向你方提交一份预留金银行保函作为担保，金额为人民币伍万元（人民币 ¥50 000 元），供货方即有权得到你方支付的一笔相等金额的预留款。我行愿意出具保函为供货方担保，以保证其忠实地履行合同义务。

我银行中国银行 W 市分行（银行名称）受供货方委托，作为保证人和第一付款责任人，当你方以书面形式提出要求，我银行就无条件地、不可撤销地支付不超过上述保函金额的款额，该等款额应在我银行收到要求付款的书面通知后七日内立即向你方支付。我银行承诺收到你方的书面通知后，不挑剔、不争辩、不要求你方作出任何证明或说明，也不要求获得供货方的同意或确认。我银行承诺放弃要求你方应先向供货方或其他担保人提出此项要求，或处置供货方抵押物然后再向本银行提出要求的权利；我银行保证在供货方没有履行合同规定的义务时，你方可向供货方收回预留金（金额由你方在书面通知中确定）。

我银行还同意，出现以下任一情况，我银行承担保函的责任不做任何改变，有关情况、变化、补充或修改亦无须通知我银行：

1. 在你方和供货方之间的合同条件、合同项下的工程或合同文件部分或全部在效力上受到质疑，或合同条件、合同项下的工程或合同文件发生变化、补充、修改；

2. 供货方资信、经营等情况发生变化；

3. 你方与供货方之间因合同的履行而产生任何争议；

4. 你方因供货方未忠实履行合同义务而采取法律规定的救济措施。

我银行承诺，你方有全权及自由转让本保函的权利，而无需得到本银行及供货方的确认。你方转让该权利后，本银行仍会受本保函的绝对约束。

本保函的有效期从保函出具之日起生效，有效期至上述预留金已按合同规定完成全部偿还之日止，或自工程质保期届满且你方出具《保修责任终止证书》之日止。本保函在有效期内不可撤销。

本保函受中华人民共和国法律约束及解释，受中华人民共和国司法管辖。

银行名称：中国银行 W 市分行（盖章）

银行法定代表人：蒋××（签字、盖章）

地址：W 市朝阳街道 2389 号

邮政编码：×××××

日期：2014 年 10 月 15 日

 实训练习

实训一：2～4 人一个小组，搜寻和调查我们身边的企业，寻找适合向其推销预留金保函的企业，并说出你的理由。

实训二：角色扮演，为你找寻的企业开立预留金保函，请完成整个流程。

情景单元 5　审查开立关税保函

关税保函是指，国际承保工程的承包商或参展商要求银行向对方海关出具担保代替关税押金，保证如承包商或参展商未将机械或展品运出该国，由担保行支付这笔税金。银行为客户开立关税保函业务时，需要向客户征收每季度 0.5% 的保函手续费，指导价为 0.15%，每季度最低收取 500 元。

【情景内容】

太阳（福建）数字媒体有限公司是某国有银行福州分行重点客户。该公司是世界五百强企业日本新田株式会社在我国投资的唯一生产黑色家电的生产企业。公司 2004 年销售收入超过 13 亿人民币，利润 3 500 万元。由于公司进口部件涉及机电产品目录的 30 个类别，不同类别适用关税税率不同，经常出现公司申报的适用税率和海关最后确定的适用税率会有不同，这就需要公司与海关之间进行沟通、确认，公司不能及时提货，从而延误生产。尤其在市场旺季时，矛盾更为突出。为了保证企业先提货生产经营，经与海关协商后太阳（福建）数字媒体有限公司获准：先按照普通类进口货物纳税规定提供关税保付保函，提货通关，然后在海关确定具体税率后 10 天内及时完税。

【情景步骤】

【步骤一】要求客户填写"保函申请书"或开立保函合同，开立保函相关的所需材料。申请书的内容与履约预付款保函内容相似。

【步骤二】受理申请，对保函的条款和格式进行审查，并对申请人的授信情况进行审查。然后根据审查结果和风险程度来决定是否接受申请人提交的申请。

（1）审查背景资料。审查客户提交的背景资料是否齐全，关税保函需要提交的背景资料除了与履约保函的要求一致外，还需要提供海关关税通知书、进口合同、代理合同、报关单；审查申请人是否具备申请担保的资格及其目前的经营管理水平、财务状况和资信情况等。一般应包括申请人的名称、性质、永久性地址、电传、电话、法人代表、注册资本等依法登记情况，是否具有经国家批准的履行涉外合同的权利以及企业连续三年来的建设、生产、经营和财务状况。

（2）审查保函的内容，包括对申请担保的内容是否属于银行担保业务的范围，保函条款是否符合国家的经济、产业政策及平等互利的原则，担保金额是否明确，有无金额递减条款，是否与交易合同条款相关、有无矛盾，是否存在歧视性条款或不能接受的条款等。

【步骤三】签订授信协议、保函业务协议后，收取相关费用，开立关税保函。在客户申请被银行审查通过后，银行应与客户签订各项法律文件，以明确双方的权利和义务，收取担保费用，并在此基础上对外开具保函。

 参阅材料

关税保付保函

编号：YH54610005

致：满洲里海关
内蒙古自治区满洲里市

鉴于中国太阳（福建）数字媒体有限公司，地址：厦门市西城区华金街×号，邮编 100854（以下简称"申请人"）。为了履行该公司与俄罗斯技术供应出口公司（Joint Stock Company "Export of Technology"）签订的 08CMAE047RU/JA 号合同，鉴于上述合同的进口免税手续正在办理之中，且合同项下的共计 504 套离心机装架将于 2009 年 6 月期间到货，同时贵关同意申请人针对上述到货提交一份关税保函暂时替代申请人办理之中的免税证明，应申请人的要求，我行，××银行股份有限公司，地址：北京市××大街 1 号，邮编 100818（以下简称"我行"），将接受保函申请人的请求，向你方提供如下保证：

一、本保函项下我行承担的保证责任最高限额为人民币三千六百万元整（￥36 000 000元）。（下称"保证金额"。）

二、本保函的有效期为以下第 1 种：1. 本保函有效期为自开立之日起至 2009 年 9 月 10 日止。2. 其他。

三、在本保函的有效期内，在收到经贵关加盖公章的书面索赔通知原件声明申请人未能在本保函有效期内提交免税证明且未按规定交纳税费后，立即凭本保函正本原件向贵关支付总额不超过上述担保金额的款项：

（一）本保函原件及索赔通知，该索赔通知应列明索赔金额，说明保函申请人违反有关法律法规规章的事实，并声明索赔款项并未由保函申请人或其代理人直接或间接地支付给你方，同时该索赔通知应由你方法定代表人（负责人）或授权代理人签字并加盖公章。

（二）其他文件。

（三）索赔通知必须在本保函有效期内到达以下地址：北京市××大街 1 号。

四、本保函保证金额将随保函申请人逐步履行保函项下合同约定或法定的义务以及我行按你方索赔通知要求分次支付而相应递减。

五、本保函项下权利不得转让，不得设定担保，受益人未经我行书面同意转让本保函或其项下任何权利，我行在本保函项下的义务与责任全部消灭。

六、本保函有效期届满或提前终止，受益人应立即将本保函原件退还我行；受益人未履行上述义务，本保函仍在有效期届至或提前终止之日失效。

七、本保函适用中华人民共和国法律。

八、其他条款：

（一）本保函有效期届满或提前终止，本保函自动失效，我行在本保函项下的义务与责任自动全部消灭，此后提出的任何索赔均为无效索赔，我行无义务作出任何赔付。

（二）所有索赔通知必须在我行营业时间内到达本保函规定的地址，即每个银行营业日（17：00）点前，否则视为在下一个银行营业日到达。

九、本保函自本行负责人或授权代理人签字并加盖公章之日起生效。

保证人（公章）：××银行股份有限公司

负责人或授权代理人（签字）：蒋××

签发日期：200×年×月×日

 **实训练习**

实训角色：客户经理程亮。

实训业务：武汉小太阳有限公司是 W 银行重点客户。该公司是世界五百强企业日本新田株式会社在我国投资唯一的生产黑色家电的生产企业。公司 2004 年销售收入超过 13 亿人民币，利润 3 500 万元。该家公司实力较强，管理规范，本身非常重视自己的声誉，能及时纳税。

由于公司进口部件涉及机电产品目录的 30 个类别，不同类别适用关税税率不同，经常出现公司申报的适用税率和海关最后确定的适用税率会有不同，这就需要公司与海关之间进行沟通、确认过程，公司不能及时提货，从而延误生产。尤其在市场旺季时，矛盾更为突出。

实训一：倘若你是 M 银行客户经理程亮，现在想从 W 银行手中争取这个客户，面对这种情况，你该怎么办，有什么好的营销建议？请 4 人一组进行讨论，做成 PPT，和全班同学分享。

实训二：根据你们的想法，扮演角色，搜集和制作相关资料，完成一个信贷业务或者保函业务。

情景单元 6 审查开立质量保函

质量保函是指在供货合同中买方要求卖方提供银行担保，保证如货物质量不符合合同规定，而卖方又不能更换或维修时，担保行将保函金额赔付买方。履约保函的金额一般为合同总价的 5% ~ 10%。工程质量保函手续费指导价 0.1%，上限为 0.5%，最低收费分别是 500 元/季。

【情景内容】

2014 年 8 月 14 日，中工国际工程股份有限公司与东莞市金田纸业有限公司签订一机器设备的买卖合同，为保证卖方能够切实按照合同要求生产设备，合同要求，卖方须向买方提供所售机器设备的质量保函，以保证卖方忠实履行合同义务。

【情景步骤】

【步骤一】要求客户填写"保函申请书"。申请书的内容与履约保函类似，包括请求银行按照某种规定开立保函，以及申请人的声明和保证，即如果发生了保函下的索偿，申请人须补偿担保人在保函项下因履行担保责任而做出的一切支付。

【步骤二】受理保函开立申请，对保函的背景资料进行审查，与履约保函的审查内容类似。银行对申请人的资信状况及项目可行性等方面的担保内容进行审查，然后根据审查结果和风险程度来决定是否接受申请人提交的申请。审查要点如下：

（1）审查申请人是否具备申请担保的资格及其目前的经营管理水平、财务状况和资信情况等。一般应包括申请人的名称、性质、永久性地址、电传、电话、法人代表、注册资本等依法登记情况，是否具有经国家批准的履行涉外合同的权利以及企业连续三年来的建设、生产、经营和财务状况。

（2）审查受益人的法人资格、经济实力及信誉状况。一般包括受益人的实际注册资本、名称、注册地点、法人代表、开户银行、近期的经营和财务状况等。

（3）审查交易合同的内容和条件是否合理，工程项目是否已得到国家有关单位的批准，审批文件是否有效真实。审查内容包括对合同名称、编号、缔约时间、缔约地点、缔约双方的名称和地址、各项交易货款、交易标的、双方的签字等。此外，还应审查交易合同或项目协议所适用的法律和有关国际惯例，以避免交易或项目在执行过程中得不到所在国法律的保护。

（4）审查保函的内容，包括对申请担保的内容是否属于银行担保业务的范围，保函条款是否符合国家的经济、产业政策及平等互利的原则，担保金额是否明确，有无金额递减条款，是否与交易合同条款相关、有无矛盾，是否存在歧视性条款或不能接受的条款等。

（5）审查反担保，对资产抵押的反担保，要审查抵押物的处分权、变现能力、抵押物的合法性和是否足值；对于保证反担保，要审查反担保人的法人资格，外汇资金来源，生产、经营、财务状况，反担保函的法律效力等。

【步骤三】审查通过后，收取相关费用，开立质量保函。申请人的条件符合银行规定，其开立的"保函申请书"、受益人和有关文件资料被银行审查通过后，银行应与申请人、反担保人签订各项法律文件，以明确双方的权利和义务，收取担保费，并在此基础上对外开具保函。

参阅材料

质量/维修保函

编号：PD84212230

致：东莞市金田纸业有限公司（以下简称"买方"）（受益人）

法定地址：广东省东莞市万江区大汾金田工业区

鉴于中工国际工程股份有限公司（申请人）于2014年8月14日在广州市东莞区（地点）与东莞市金田纸业有限公司签订了《××设备采购合同》的第37号（合同号）采购合同，依据合同第5条的规定，申请人向我行申请开立保函。我行接受该申请，兹开立以你方为受益人、金额不超过人民币壹佰万元整（RMB1 000 000.00）（币种）（金额、大写）的不可撤销的担保函。

我行保证：如果申请人依据上述合同应向你方支付因合同标的物的修理、更换而引起的费用，但卖方未依约支付，我行将在收到你方要求支付的通知书以及所附的以下文件后的10天内依本保函规定在担保金额以内向你方支付上述申请人应付未付费用。

一、下列文件：

1. 你方给申请人的信函，通知申请人有关引起你方提出索赔的理由，并说明损失的性质和程度。附有申请人表示认可你方正当索赔的函件，或你方提出的证明申请人在收到索赔通知后30天内未提出异议的文件；

2. 你方给申请人的函件复印件，通知申请人有关维修应在或已在某时某地进行。

3. 申请人出具的符合合同规定的发票正本或副本一式两份，并附有合同所规定的检验或检查机构签署的证明下列事项的文件：

（1）指出不合格的或受损的物件；

（2）宣布制造者的身份或性质；

（3）指出该物件的不合格或受损的地方；

（4）证实已对有问题的物件进行了修理或更换；

（5）证明有关修理或更换的费用是合理的。

二、根据上述合同及保函条款，由约定的仲裁或司法机构裁定你方胜诉的裁决书或判决书等法律文件的副本。

本保函的担保金额将随申请人或我行已向你方支付的金额自动作相应递减。

本保函自开立之日起生效，有效期截止日为2014年12月31日。到期后，无论你方是否将保函正本退回我行，本保函均自动失效。

本保函未经本行同意不得转让。

要求支付的通知书及相关文件须亲自递交或以挂号邮件寄至我行。任何索赔请务必于本保函有效期内送达我行。

本保函适用中华人民共和国法律并按中华人民共和国法律解释。

保证人（公章）：中国银行W市分行

负责人或授权代理人（签字）：蒋××

签发日期：2014年9月1日

实训练习

实训一：2~4 人一个小组，搜寻和调查我们身边的企业，寻找适合向其推销质量保函的企业，并说出你的理由。

实训二：角色扮演，为你找寻的企业开立质量保函，请完成整个流程。

情景单元 7　审查开立借款保函

借款保函是指对贷款合同中的还本付息所做出的归还承诺担保，保证借款人履行借贷资金偿还义务的书面文件。

【情景内容】

上海龙玉有限责任公司为发展业务需要，向中信银行××市分行借款 2 000 万人民币，期限为 2 年。依据双方借款合同的要求，龙玉公司须出具银行借款保函。龙玉公司遂来到中国银行 W 市分行，申请开立借款保函。

【情景步骤】

【步骤一】申请人向银行提交"保函及贷款承诺申请书"，并按银行提出的条件和要求提供下列资料：

（1）营业执照副本、法人代码证副本、税务登记证副本和法定代表人证明文件等；

（2）对外担保主合同、协议或标书及有关交易背景资料；

（3）担保涉及的事项按规定须事先获得有关部门批准或核准的，须提供有关部门的批准或核准文件；

（4）经会计（审计）师事务所审计的上两年财务报表及当期财务报表；

（5）反担保措施证明文件；

（6）银行要求的其他资料。

【步骤二】银行进行调查、审查。银行收到申请和有关资料后，对申请人的合法性、财务状况的真实性、交易背景的真实性等进行调查，了解借款人的履约、偿付能力，对申请人的进行授信评级，向申请人做出正式答复。

【步骤三】审批同意后，签订"保函协议书"或"贷款承诺协议书"，申请人存入相应比例的保证金并缴担保费，办理抵质押或反担保手续，银行出具保函或贷款承诺书。

参阅材料

还本付息借款保证函

受益单位：中信银行××市分行
上海市××区××路 160 号（名称和地址）
借款单位：上海龙玉有限责任公司

上海市××区××路 1555 号（名称和地址）

签发日期：2015 年 8 月 18 日

序号	借款方	内容	序号	受益方	内容
1	借款单位	上海龙玉有限责任公司	1	受益单位	中信银行××市分行
2	借款单位开户行	中国银行 W 市分行	2	受益单位开户行	中信银行××市分行
3	借款单位账号	4599290	3	受益单位账号	689032349
4	借款金额	2 000 万	4	汇款金额	
5	借款日期	2015 年 7 月 31 日	5	汇款日期	
6	利率（%）	8%	6	还款日期	年 月 日
7	用款项目： 本减息减：	从收款之日起开始计息，每年年底付息一次，本还息止。				

一、我行受上海龙玉有限责任公司委托，根据公司实际情况，并依据有关约定条款和相关规定，我行同意开出本借款保证函，借款保证函为我支行行为，是不可撤销，不可涂改，可确认的到期无条件保兑，有效期为 2 年。

二、担保金额：人民币两千万元整。按国家同期贷款利率执行。

三、担保内容：（1）在本保证函有效期内，如上海龙玉有限责任公司没有按时付息，则由我行无条件将所欠息款直接汇入受益单位指定的银行账号。（2）借款时间 2 年到期，如果上海龙玉有限责任公司没有偿还借款本金及利息，凭此借款保证函，我行无条件按受益单位的要求拨款保兑（本金和利息），并放弃一切抗辩与反诉权利。

四、本借款保证函受中华人民共和国法律管辖。

银行全称：中国银行 W 市分行

行号：12345678950

银行地址：上海市浦东张江高科技园区张江路 333 号

电话：021-12345678

经办人（签章）：蒋××

电话：13912345678

中国银行 W 市支行（公章）

行长：（签章）蒋××

2015 年 8 月 18 日

实训练习

实训一：2～4人一个小组，搜寻和调查我们身边的企业，寻找适合向其推销借款保函的企业，并说出你的理由。

实训二：角色扮演，为你找寻的企业开立借款保函，请完成整个流程。

第八章　个人信贷业务

【本章简介】

本章坚持理论与实践相结合，以实践为主；知识与技能相结合，以技能为主；现实与前瞻相结合，以现实为主的原则，主要介绍常见的个人信贷业务，包含个人住房贷款、个人汽车贷款、个人经营性贷款等。每节都是以情景作为代入，依次呈现信贷员每办理一笔个人信贷业务的具体工作细节和流程。在本节结束后配有相关的信贷实训题，以巩固读者对业务操作要领的掌握。

【学习目标】

能够提升自己的基本信贷素质，学会分析客户的信贷需求，掌握营销信贷产品的基本技能，学会审核客户提供的信贷资料清单；能够独立分析客户财务状况、资信状况；能够独立撰写授信调查报告；对客户变化保持高度敏感等一系列的细节工作要求，做到学习新知识、新技能，能够最大限度地将之运用到以后的实际工作中。

第一节　个人住房贷款

实训项目　个人住房贷款

情景单元 1　个人住房贷款的发放

【情景内容】

2014 年 9 月 16 日，客户张亮来到我行，找到个人业务信贷员小张要求办理个人住房贷款。

【情景步骤】

【步骤一】确定客户有贷款申请资格，并提供咨询。客户经理和客户进行沟通，确认客户具有申请资格（年满 18 岁，具有完全民事行为能力，一般不能超过 65 周岁），了解客户需求，向客户介绍银行个人住房贷款政策（包括借款人的资格要求、信贷业务的利率、费率、期限、用途、优惠条件、还款方式及客户的违约处理等）。

【步骤二】指导客户填写"个人住房贷款申请书",同时要求客户提交相关的申请资料。申请个人住房贷款时,应向银行提交如下文件:

（1）本人身份证件（居民身份证、户口本或其他有效居留证件），有配偶的还需提供配偶身份证件、抵押人夫妻关系证明（单身需提供有效证明）。

（2）银行信贷部门认可的收入证明和有关资产证明。收入证明可以提供：工作证件原件及复印件、银行代发工资存折、加盖单位公章及财务专用章的收入证明等。

（3）符合规定的购买住房合同协议。

（4）首付款凭证,包括借款人首付款交款单据（如发票、收据、银行进账单、现金缴款单等）。

（5）涉及以住房为抵押担保的,需提供抵押物或质押物的清单、权属证明以及有处分权人同意抵押的书面声明。

（6）涉及保证担保的,需保证人出具同意担保的书面承诺,并提供能证明保证人保证能力的证明材料。

（7）以公积金作为自筹资金的,需提供住房公积金管理部门批准动用公积金存款的证明。

（8）贷款人要求提供的其他文件或资料。

 参阅材料

银行个人住房贷款申请

填表日期：2014 年 9 月 6 日

编号：＿＿＿＿＿＿＿＿＿＿＿＿＿＿＿＿＿

以下内容由申请人填写								
	姓名	张亮		性别	男√□　女□	出生日期	1986 年 7 月 12 日	
主申请人	证件名称	1.居民身份证√□ 2.军人证□ 2.护照□ 4.港澳身份证□ 5.台湾回乡证□ 6.其他□						
	证件号码	4 2 7 0 0 3 1 9 8 6 0 7 1 2 3 7 3 1						
	现 住 址	××省××县××镇××街道××号				现住房屋建筑面积（米²）		
	现住房性质	1.自有□ 2.共有□ 2.租赁√□ 4.其他□		家庭住房套数	1 套	户籍所在地	××省	
	通讯地址	××省××县××镇××街道××号				邮 编		
	家庭电话	×××-××××××	移动电话	150××××××××	电子信箱			
	受教育程度	1.研究生或以上√□ 2. 大学本科□ 2.大学专科□ 4.中专或高中□ 5. 初中或以下□		婚姻状况	1.已婚√□ 2.未婚□ 2.离异□ 4.丧偶□	健康状况	良好	
	工作单位	××股份有限公司		单位地址		××省××市××街道××号		
	工作职务	业务主管	单位电话		×××-××××××	供养人数	400人	
	单位性质	1.国家机关□ 2.工业交通□ 2.邮电通讯□ 4.商业贸易□ 5.房地产建筑□ 6.金融保险□√ 7.水电气供应□ 8.科教文卫□ 9.部队系统□ 10.农林牧渔□ 11.社会服务□ 12.其他□						
	职 业	1.管理人员√□ 2.技术人员□ 2.职员□ 4.农民□ 5.军人□ 6.其他□ 7.无职业□						

<table>
<tr><td rowspan="2">主申请人</td><td rowspan="2">收入与债务情况</td><td colspan="6">主要收入来源：

1.□月薪（□√我行代发工资 □他行代发工资 □现金 月均约____2700____元）

2.□租金收入，月均约___0___元

2.□经营收入，月均约___0___元

4.□其他_____，月均约___0___元

以上收入共计 2700 元

主要债务支出：

1.□偿还除本笔贷款之外的贷款，月均___0___元

2.□其他债务支出，月均___0___元

以上支出共计___0___元</td></tr>
</table>

配偶	姓名	李倩		证件名称	1.居民身份证√□ 2.军人证□ 2.护照□ 4.港澳身份证□ 5.台湾回乡证□ 6.其他□
	证件号码	4 2 7 0 0 1 1 9 8 7 1 1 2 1 1 6 8 9			
	工作单位	××人民政府		联系电话	153××××××××

共同申请人	姓名	李倩	性别	男□ 女√□	与主申请人关系	1.亲属√□ 2.非亲属□
	证件名称	1.居民身份证√□ 2.军人证□ 2.护照□ 4.港澳身份证□ 5.台湾回乡证□ 6.其他□				
	证件号码	4 2 7 0 0 1 1 9 8 7 1 1 2 1 1 6 8 9				
	受教育程度	1.研究生或以上□ 2. 大学本科√□ 2.大学专科□ 4.中专或高中□ 5. 初中或以下□		工作单位	××人民政府	
	职业	1.管理人员□ 2.技术人员□ 2.职员√□ 4.农民□ 5.军人□ 6.其他□ 7.无职业□				
	联系电话	×××-××××××××	移动电话	153××××××××	健康状况	良好
	月均收入（元）	2200	现负债余额（元）	0	供养人数	3

被委托人	姓名		性别	男□ 女□	与主申请人关系	1.亲属□ 2.非亲属□
	证件名称	1.居民身份证□ 2.军人证□ 2.护照□ 4.港澳身份证□ 5.台湾回乡证□ 6.其他□				
	证件号码					
	通讯地址			邮编		
	联系电话					

申请借款情况	贷款金额（元）	260 000	借款用途	1.购置一手住房√□ 2.购置二手住房□ 2.个人自建房□
	贷款期限（月）	20 年	首付款金额（元） 180933	还款账号
	还款方式	1.按月等额本息还款法√□ 2.按月等本金还款法（按月计息）□ 2.按___周还款法□ 4.随心还款法□ 5.入住还款法□ 6其他□		
	购置房屋地址	市（县）____ 区（镇）____ 路（街）____ 号____ 座（栋）____ 号	房屋出售人	××房地产有限公司
	房屋现状	1.期房□ 2.初次交易现房√□ 2.多次交易现房□	房龄（年）	
	单价（元/米²）		建筑面积（米²）	房屋总价（元）

担保资料	担保方式	1.抵押□ 2.质押□ 2.阶段性保证□ 4.抵押+阶段性保证□		抵（质）押方式		1.普通抵（质）押□　　2.最高额抵（质）押□	
	抵押房屋地址						
	建筑面积		房屋总价	440933	评估价值		
	房龄（年）		抵押房屋权属证书编号		抵押物可担保额度		
	质物名称	1. 本行存款□ 2. 国债□ 2.人寿保险单□ 4. 他行定期存款单□ 5. 开放式基金□　　6. 个人外汇买卖基金□ 7. 黄金□ 8. 个人理财产品□ 9. 其他□				质物总价（元）	
	保证人		联系电话			月均收入(元)	
	证件名称	1.居民身份证□ 2.军人证□ 2.护照□ 4.港澳身份证□ 5.台湾回乡证□ 6.其他□					
	证件号码						
	单位名称			通讯地址			

借款申请人声明	1．本人自愿向贵行提出借款申请，申请表中填写内容以及所提供资料均属真实，如有隐瞒或虚构，本人将承担一切法律和经济后果。 2．本人授权贵行通过人民银行个人信用信息基础数据库查询本人信用信息，并以此作为本人申请贷款的信用参考；同时在以后亦有权通过该系统对本人进行个人贷款的贷后管理。本授权至借款合同终结为止。 <div align="right">申请人签字：张亮</div><div align="right">2014 年 9 月 6 日</div>
借款申请人配偶声明	该借款为夫妻共同债务、授权贵行可以通过信用信息基础数据库等合法途径查询个人相关信息，并承诺在抵押房屋成为任何一方个人财产时仍以该房屋作为该笔借款的抵押担保。 <div align="right">申请人配偶签字：李倩</div><div align="right">2014 年 9 月 6 日</div>
保证人声明	本保证人声明自愿为借款申请人承担（阶段性□/全程□）连带保证责任；并保证以上内容、资料均属真实，并授权银行通过人民银行个人信用信息基础数据库查询本人信用信息。 <div align="right">保证人及其配偶签字（单位公章）：</div><div align="right">年　　月　　日</div>
抵（质）押人声明	1．本人同意以本人所有的上述财产为借款申请人提供抵（质）押担保，并保证上述内容、资料均属真实。 2．本人同意若遇抵押房屋被拆迁的，将及时履行通知贵行的义务。 3．本人同意在抵押登记手续办理完毕前不以任何方式处置抵押物。 <div align="right">抵押人/质押人及其共有人签字（单位公章）：张亮　李倩</div><div align="right">2014 年 9 月 6 日</div>

以下内容由银行填写	
调查人意见	本人收到借款人申请资料，经与申请人当面核验、面谈，本人认为借款人借款行为真实，借款人资料齐备、真实、有效，现提出如下意见： 建议贷款金额＿＿＿＿＿＿元；贷款期限＿＿＿＿＿＿年；贷款年利率＿＿＿＿＿＿%；还款方式：＿＿＿＿＿＿；其他事项：＿＿＿＿＿＿＿＿＿＿＿＿＿＿＿＿＿＿＿。 调查人签名：　　　　　　　　　第二调查人签名： 　　　年　　月　　日　　　　　　　　　　年　　月　　日

【步骤三】贷前调查。个人客户经理收妥客户的借款申请书及规定的文件后，将按银行规定的工作程序进行调查、核验，对借款申请人递交的"申请书"和要求提供的资料的完整性、

真实性、有效性和合法性进行调查。

一般情况，主要调查核验客户是否满足以下条件：

（1）是否有稳定的职业和收入，信用良好，有按期还贷款本息的能力。客户经理可以打电话到该客户的单位和到人民银行征信系统进行查询。

（2）作为购房的自付首期付款，是否达到银行规定的比例，一般是 20%～30%，个人需承担部分的 20%～30% 作为购房首期付款。

（3）是否有银行认可的房产作为抵押或质押，或有足够代偿能力的单位或个人作为偿还贷款本息并承担连带责任的保证人。

（4）是否具有购房合同或协议，所购住房价格是否基本符合银行或银行委托的房地产估价机构的评估价值。

（5）通过查询征信记录、面谈（必要时上门拜访）等形式进行尽职调查，确认借款人是否已利用贷款购买过一套（及以上）住房又申请贷款购买住房。如已有一套房，则要对其实行差别化住房信贷政策，其首付款比例要大幅度提高。

（6）对开发商及楼盘项目材料的真实性、合法性、完整性、可行性等进行调查。主要通过查询开发商的资质，项目是否五证齐全（国有土地使用证、建设用地规划许可证、建设工程规划许可证、建筑工程施工许可证、预售商品房许可证）、对项目实地考察等方式，来进行调查。

【步骤四】撰写调查报告，并提交给信贷部门评审签字，评审通过后，报有权限的审批部门审批。

 参阅材料

关于对张亮申请住房按揭贷款 26 万元的调查报告

××银行××支行：

根据银行个人住房贷款管理办法及有关操作规程，我部对借款人张亮向××行申请住房一手楼按揭贷款 26 万元的信贷业务事项进行调查，现将调查情况报告如下：

一、客户基本情况

借款人张亮，男，现年 27 岁，婚姻状况：已婚，户籍所在地：××县××镇街道四段××号，身份证件号码为：××，现在××工作。借款人配偶李倩，现年 26 岁，身份证件号码为：××，现在××人民政府工作。通过对人行征信系统及 CMS 系统查询，借款申请人无房贷记录，无不良信用记录。通过房管局信息登记系统查询，家庭成员包括借款人张亮及借款人配偶李倩，借款人未成年子女张蕾，身份证号码：××，均无房屋登记记录，本次购房是该家庭首次购房.

二、借款用途分析

借款人因购买××房地产开发有限公司开发修建位于××的商品房"紫薇花园"1 幢楼 2 单元 6 楼 2 号住房一套，所购房为普通住房，交易类型为一手房，建筑面积 131.23 平方米，套内面积 116.25 平方米，总价款 440 933 元，现已交首付款 180 933 元并存入我行营业部，购房首付款占所购房屋总价款的 41%，现尚差购房款 26 万元，特向我行申请个人住房贷款人民币贰拾陆万元整。经调查核实，借款申请人提供的资料真实有效，借款用途真实合规。

三、还款请款分析

1. 第一还款来源分析，通过调查核实，截止到目前该借款人月工资收入 2 700 元，配偶月工作收入 2 200 元，合计月收入 4 900 元。家庭每月支出 1 500 元（不含住房贷款月还款额），本笔住房贷款月还款额为 2 022.59 元。本笔住房贷款月还款额与月收入之比为 41%，月所有债务支出与月收入之比为 41%，分析表明该借款申请人有较充足的第一还款来源。

2. 第二还款来源分析。本笔借款以借款申请人所购房屋提供抵押担保，并可在相关部门办理抵押预登记手续。同时，由××房地产开发有限公司提供阶段性连带保证担保责任，第二还款来源合法有效。

四、调查结论

经本人现场调查核实：借款人所购房产真实存在，与开发商签订的购房合同真实，符合该开发商与我行签订的《一手房贷款业务银企合作协议》（合同编号××××）相关要求，且已在房地产管理部门登记备案，首付款比例符合我行标准且真实有效，所购房屋房价与周边同类、同档次楼盘相比处于合理水平。借款申请人信用记录符合我行准入条件，贷款用途真实合规，第一和第二还款来源均有保障，符合我行贷款条件。本人同意向借款人张亮发放个人住房一手楼按揭贷款人民币贰拾陆万整，贷款成数为 59%，贷款期限 20 年，基准年利率 7.05%，执行利率 7.05%，还款方式为按月等额本息还款，担保方式为阶段性保证担保加本按揭住房抵押，报请支行有权部门审查、审批。

五、声明与保证

本人与个人住房一手楼按揭贷款申请人张亮不是关系人，坚持严格执行银行信贷等有关规定，经过全面认真的审阅、核实和分析完成此次调查。并根据借款申请人提供和我们收集的资料，坚持实地调查，认真履行了调查职责，同时对开发商提供办理按揭贷款资料及按揭贷款户购房行为的真实性、完整性及所作出判断的合理性负责。

调查人 1：张××

调查人 2：李××

2014 年 10 月 1 日

【步骤五】等待审批结果。如果客户的申请被拒绝，立即通知客户，并做出解释。如果客户的申请被通过，应通知客户办理相关手续。

【步骤六】客户的借款申请审批已通过，信贷人员要通知客户签订"借款合同""担保合同"。信贷人员按不同的借款用途和贷款担保方式要求分别填写借款合同，借款人当事人（借款人、抵（质）押人、保证人）要与银行签订有关担保合同。

 参阅材料

连带责任保证担保合同

甲方（以下简称甲方）：××银行

身份证号：

（法定）住址：××××××

保证人（以下简称乙方）：××房地产开发有限公司

身份证号：

（法定）住所：×××××

电话：

借款人（以下简称丙方）：张亮

身份证号：×××××

（法定）住所：

电话：

乙方受丙方的委托，愿意以个人所有财产及权益为甲丙双方所签订的 <u>2014</u> 年××字第×
×号借款合同（以下简称主合同）以连带责任保证方式提供担保。甲方经审查，确认并同意
乙方作为丙方的还款连带责任保证人。甲、乙、丙三方经协商一致，于 <u>2014</u> 年××月××日
在×× （地名）按下列条款特订立本合同。

第一条　保证金额

乙方对主合同及今后可能发生的修补、补充条款中丙方的所有债务承担无限连带责任；
如丙方未按主合同中的承诺按期足额偿还全部债务，导致甲方损失的，乙方保证在收到甲方
索款通知后十五日内无条件将上述款项支付给甲方。

第二条　保证期间

乙方承担保证责任的期间为两年，自主合同约定的还款届满之日起算。

第三条　乙方承诺

1. 乙方承诺：在任何情况下，在甲方尚未全部收回借款之前，无论乙方是否已经向甲方
部分履行了代偿责任，必须待甲方借款全部收回之后，才可向丙方行使债权人的权利。

2. 甲方给予丙方和乙方的任何宽容、宽限或延缓行使主合同及本合同项下的权利，不视
为甲方对本合同下权利、权益的放弃，也不影响乙方履行本合同的各项义务。

第四条　附则

1. 本合同自甲乙丙三方签字之日起生效。

2. 本合同一式三份，甲乙丙三方各执一份。

甲方（签字、手印）：××银行

　　　　（盖章）

　　　　　　　2014 年××月××日

乙方（签字、手印）：××房地产开发有限公司

　　　　（盖章）

　　　　　　　2014 年××月××日

丙方（签字、手印）：张亮

　　　　（盖章）

　　　　　　　2014 年××月××日

本合同签订地：××省××市

【步骤七】办理住房抵（质）押登记及公证等手续。办理抵（质）押登记、保险公证、开
立借款人存款账户等有关手续，签订抵（质）押合同及收妥抵（质）押物后，信贷部门应按
抵（质）押物逐项登记"抵（质）押物及权证登记簿"，同时根据抵（质）押价值填制"银行
抵（质）押物收妥通知书"，加盖经办人名章、业务部门公章及借款人或抵（质）押人名章后，
连同抵（质）押权证、质物及权证交保管部门和会计部门。

【步骤八】同柜面办理工作衔接手续，信贷部门向柜面发放款通知，要求柜面按照规定和程序办理贷款划付手续。

【步骤九】录入贷款数据。贷款发放后，经办人员及时将贷款数据录入银行信贷系统和人民银行征信系统。

【步骤十】档案管理：信贷经办人员办妥每笔贷款后，定期将收集齐全的有关资料整理后，将合同正本交档案专管员，并办理有关移交手续。合同副本留信贷部门专人保管以备日常管理。

【步骤十一】借款人按期还清全部借款本息后，信贷部门应销记"抵（质）押物及权证登记簿"同时填制"银行抵押物、质押物转出通知书"通知会计部门和抵（质）押物保管部门。会计部门、保管部门审核无误后据此办理清户撤押手续。贷款本息结清后信贷部门应通知档案专管员将档案正式归档。

 **实训练习**

个人住房信贷训练

实训角色：信贷员李明、客户王小桦。

实训业务：

实训一：2010 年 3 月 1 日客户王小桦到 W 银行办理个人住房按揭贷款，贷款期限 20 年，贷款金额 50 万元，自己承担首付 18 万。请完成角色扮演和后续进程。

客户资料：姓名：王小桦；证件类型：身份证；证件号码：530824198007136666；国籍：中国；联系电话：63250039；地址：重庆市渝中区石桥铺新大街路 666 号；邮编：425200。

实训二：2015 年 3 月 5 客户王晓红来我行办理个人住房贷款，买的二手房，市价 35 万，已付房款 5 万，申请打款 30 万。客户说保证人是吴军，该人在我行有存款 100 万。请完成角色扮演和后续进程。

实训三：2015 年 10 月 20 日客户王小娜到银行办理个人住房贷款，买的二手房，市价 35 万，已付房款 20 万，提供的担保人是其丈夫，请完成角色扮演和后续进程。

第二节　个人汽车贷款

实训项目　个人汽车贷款

情景单元 1　个人汽车贷款的发放

【情景内容】

2014 年 3 月 29 日，客户李刚来到我行营业网点办理个人汽车贷款，主要是为他买的崭新汽车申请贷款。

【情景步骤】

【步骤一】确定客户有贷款申请资格，并提供咨询。客户经理和客户进行沟通，确认客户具有申请资格（年满 18 岁，具有完全民事行为能力，一般不能超过 60 周岁），了解客户需求，向客户介绍银行个人汽车贷款政策（主要包括个人汽车贷款品种介绍、申请个人汽车贷款应具备的条件、申请个人汽车贷款需提供的资料、办理个人汽车贷款的程序、个人汽车贷款借款合同中的主要条款，如贷款利率、还款方式及还款额等、与个人汽车贷款有关的保险、抵押登记和公证等事项、获取个人汽车贷款申请书、申请表格及有关信息的渠道等）。

【步骤二】指导客户填写"个人汽车贷款申请书"，同时要求客户提交相关的申请资料。申请个人汽车贷款时，应向银行提交能证明其符合贷款条件的相关申请材料。对于有共同申请人的，同申请人提交有关申请材料。申请材料清单如下：

（1）合法有效的身份证件，包括居民身份证、户口本或其他有效身份证件，还需要提供配偶的身份证明材料。

（2）银行信贷部门认可的收入证明资料和有关资产证明等。收入证明可以是：工作证件原件及复印件、银行代发工资存折、加盖单位公章及财务专用章的收入证明等。

（3）以所购车辆抵押以外的方式进行抵押或质押担保的，需提供抵押物或质权属证明文件和有处分权人（包括财产共有人）同意抵（质）押的书面证明（也可由财产共有人在借款合同、抵押合同上直接签字），以及银行认可的抵押物估价证明。

（4）涉及保证担保的，需保证人出具同意提供担保的书面承诺，并提供能证明保证人保证能力的证明材料。

（5）购车首付款证明材料。

（6）如借款所购车辆为二手车，还需提供购车意向证明、贷款银行认可的评估机构出具的车辆评估报告书、车辆出卖人的车辆产权证明、所交易车辆的机动车辆登记证和车辆年检证明等。

（7）如借款所购车辆为商用车，还需提供所购车辆可合法用于运营的证明。如车辆挂靠运输车队的挂靠协议和租赁协议等。

（8）贷款银行要求提供的其他文件、证明和资料。

 参阅材料

银行个人汽车消费贷款申请

借款人信息						
姓名	李刚	性别	男	出生日期	19910248	贴照片处
证件类别	第二代居民身份证	证件号码		530001199102481524		
户籍所在地	××市××镇××村××号			邮编	××××××	
通讯地址（寄送对账单）	××市××镇××村 195 号					
手机号码	13225166888，15851268888	宅电		婚姻状况		已婚

现住房面积	360平方米	现居住地址		××市××镇××村195号	
居住状况	□√自置 □按揭	□单位分配	□集体宿舍	□租用	□其他
现工作单位	××市××水利建筑工程有限公司工作		单位地址	××市	
参加工作年限	2008	现职年数	5	单位电话	86617777
职位	经理		职称	□高级 □中级 □初级 □无	

家庭信息					
配偶姓名	董艳奔	配偶证件类别	第二代居民身份证	配偶证件号码	5300011986122113339
配偶工作单位	××市××水利建筑工程有限公司工作		单位地址	××市	
配偶单位电话	86617777		手机号码	13225166888，15851268888	

交易信息				
车辆信息	经销商名称	鑫马汽车销售有限公司	汽车名称	雪铁龙C5轿车
	车型	雪铁龙C5轿车	购车总价款	19.59万元
借款信息	申请借款金额	12.7万元	申请借款期限	3年
	首期款金额	5.89万	申请贷款成数	42.99%
	利率执行标准	11.5%	还款方式	分期贷款
	是否具有首付款支付能力	是	月（最高）还款额	元

家庭月总收入	13 000元	家庭月日常支出	
其中：本人税后月收入	6 000元	家庭月总债务支出（含本次）	
配偶税后月收入	7 000元	家庭月收入净额	
其他收入		家庭债务总余额（含本次）	
家庭总资产估值	200多万	债务收入比	

家庭资产负债信息					
担保信息（可选）					
担保方式	□以所购车辆作抵押	□房产抵押	□质押	□个人保证 □√法人保证	□履约保证
以本人或第三方名下房产抵押	抵押人姓名		共有人姓名		
	证件号码		共有人证件号码		
	联系电话		房地产证号		
	房产名称及座别		建筑面积		
	房产竣工时间		购买价款		
质押	出质人姓名		联系电话		
	证件号码		质物名称		
	数　　量		合计价值		
	权利凭证编号		质押率		

<table>
<tr>
<td rowspan="7">个人
保证</td>
<td>姓　名</td>
<td colspan="2"></td>
<td colspan="2">出生年月</td>
<td colspan="2">联系电话</td>
<td></td>
</tr>
<tr>
<td>证件号码</td>
<td colspan="2"></td>
<td colspan="2">在本地工作年限</td>
<td colspan="3"></td>
</tr>
<tr>
<td>现工作单位及职务</td>
<td colspan="2"></td>
<td colspan="2">上年年收入</td>
<td colspan="3"></td>
</tr>
<tr>
<td>借款情况</td>
<td colspan="2"></td>
<td colspan="2">对外经济担保情况</td>
<td colspan="3">□无 □有（担保金额 _____ 万元）</td>
</tr>
<tr>
<td>家庭主要财产估值</td>
<td colspan="2"></td>
<td colspan="2">现住址</td>
<td colspan="3"></td>
</tr>
<tr>
<td>有无信用卡</td>
<td>□有</td>
<td>□无</td>
<td colspan="2">信用卡状态</td>
<td colspan="3">□正　常　□不正常</td>
</tr>
<tr>
<td>婚姻状况</td>
<td colspan="2"></td>
<td>配偶姓名</td>
<td></td>
<td colspan="2">配偶证件号码</td>
<td></td>
</tr>
<tr>
<td colspan="9">本保证人（抵/质押人）及财产共有人在此郑重声明：

　　1. 上述情况完整、真实，本人愿意提供相应的证明文件和资料。无论借款批准与否，贵行有权保留上述申请文件和资料。

　　2. 贵行有权采取适当方式调查本人的信用记录（包括使用个人征信系统查询），以便证实本人提交文件和资料的真实程度及合理评价本人的资信状况。

　　3. 同意以本人（共有人）财产做保证（抵押），为借款人向贵行申请的上述贷款提供担保。

　　保证人（抵/质押人）签字：_____　　　　　　财产共有人签字：

　　　　　　　　　　　　　　　　　　　　　　　　　　　　　　　年　月　日</td>
</tr>
<tr>
<td rowspan="3">法人保证（含
经销商、担保
公司）</td>
<td>公司名称</td>
<td colspan="2">星星担保公司</td>
<td>法定代表人</td>
<td>李星</td>
<td>注册资金</td>
<td colspan="2">5000万</td>
</tr>
<tr>
<td colspan="8">　　我公司愿为借款人李刚申请购买 雪铁龙 C5 轿车车辆提供不可撤销的连带保证担保。特此承诺。
　　本承诺与正式保证合同具同等法律效力。</td>
</tr>
<tr>
<td colspan="8">　　　　　　公章：　　　　　　　法人代表或受权人签章：靳华

　　　　　　　　　　　　　　　　　　　　　　　2014 年 3 月 29 日</td>
</tr>
<tr>
<td>保险
公司</td>
<td colspan="8">　　经我公司对该申请人资信等情况的核查，认为符合我公司为个人提供履约保证保险的所有条件，我公司愿为该申请人购买_____车提供履约保证保险，并承担本项汽车消费贷款不可撤销的连带保证责任。特此承诺。
　　本承诺与正式履约保证保险单具同等法律效力。

　　　　　　公章：　　　　　　　法人代表或受权人签章：

　　　　　　　　　　　　　　　　　　　　　　　　　年　月　日</td>
</tr>
<tr>
<td>律师事务所
意见（该项为
非必填项）</td>
<td colspan="8">□　抵押人身份真实；抵押物产权明晰，不存在任何纠纷。
□　保证人身份真实，符合贵行担保条件。

　　　　　　　　　　代理律师及律师事务所签章：

　　　　　　　　　　　　　　　　　　　　　　　　　年　月　日</td>
</tr>
</table>

续表

申请人及共有人声明	本人在此郑重声明： 　1. 上述情况完整、真实，本人愿意提供相应的证明文件和资料。无论借款批准与否，贵行有权保留上述申请文件和资料。同时贵行有权采取适当方式调查本人的信用及受雇记录，以便证实本人提交文件和资料的真实程度及合理评价本人的资信状况。 　2. 本人授权：贵行在发生与本人有关的下列情形时，可以通过中国人民银行个人信用信息基础数据库查询本人的个人信用报告。（1）审核本人的个人贷款申请；（2）对本人名下已存在的个人贷款进行贷后管理；同时授权贵行可以将本人的个人信用信息向中国人民银行个人信用信息基础数据库报送。 　3. 同意以上述贷款所购车辆做抵押。 　　申请人签字：＿＿＿＿＿＿＿　　　　　共有人签字： 　　　　　　　　　　　　　　　　　　　　　　年　　月　　日
客户经理意见	该申请人提供的借款申请资料完整、真实，购车行为真实并已签署购车合同或购买意向书，本人同意申请人向中行申请个人汽车贷款，金额＿＿＿＿＿＿＿万元，期限＿＿＿＿月，月利率＿＿＿＿‰。 　其他说明： 　　　　　　　签名：＿＿＿＿＿＿　　　　　　　　　　年　　月　　日
主任意见	意见： 　　　　　　　签名：＿＿＿＿＿＿　　　　　　　　　　年　　月　　日
有权审批人意见	意见： 　　　　　　　签名：＿＿＿＿＿＿　　　　　　　　　　年　　月　　日

【步骤三】客户经理进行初审，应对借款申请人提交的借款申请书及申请材料进行初审，主要审查借款申请人的主体资格及借款申请人所提交材料的完整性与规范性。经初审符合要求后，经办人应将借款申请书及申请材料交由贷前调查人进行贷款调查。

【步骤四】调查人在调查申请人基本情况、贷款用途和贷款担保等情况时，除参照个人贷款部分的内容，还应重点调查以下内容：

（1）贷前调查人应通过借款申请人对所购汽车的了解程度、所购买汽车价格与本地区价格是否差异很大和二手车的交易双方是否有亲属关系等判断借款申请人购车行为的真实性，了解借款申请人购车动机是否正常。

（2）通过与借款人的交谈、电话查询、审查借款人提供的收入材料等方式，核实借款人的收入情况，判断借款人支出情况，了解借款人正常的月均消费支出，除购车贷款以外的债务支出情况等。

【步骤五】撰写贷款调查报告。贷前调查完成后，贷前调查人应对调查结果进行整理、分析，提出是否同意贷款的明确意见及贷款额度、贷款期限、贷款利率、担保方式、还款划款方式等方面的建议，并形成对借款申请人还款能力、还款意愿以及其他情况等方面的调查意见。信贷人员在"审批表"上签署意见连同所有申请资料等一并送交贷款审核部门进行贷款审核。

参阅材料

关于对借款人李刚的贷款调查报告

××银行××支行：

借款人李刚于 2014 年 3 月 29 日到我行个人汽车分期贷款，期限 3 年，通过双人面谈了解到借款人李刚要求贷款金额为 12.7 万元，期限 3 年，贷款用于个人购车，并由星星担保公司提供保证担保。我行在受理本笔业务后，通过上门实地对借款人的住所及经营实体的经营状况及贷款用途进行调查后，认为该借款人符合贷款条件，现将调查情况汇报如下：

一、对借款人、配偶基本情况的调查和分析

借款人李刚现居住在××市××镇××村××号，高中文化，已婚，年龄 23 岁。在××市××水利建筑工程有限公司工作，经理，月收入 6 000 元；配偶董艳奔 28 岁，高中文化，在××市××水利建筑工程有限公司工作，项目经理，月收入 7 000 元；从借款人提供的现金流量看，收入真实可信。通过调查，借款人给我行提供的单位电话：86617777，移动电话 13225166888、15851268888 真实无误。

经过特别关注客户信息系统查询，借款人信用良好，目前信用报告正常。我行综合以上因素分析，借款人具有良好的还款能力。

二、对贷款用途的调查及分析

借款人李刚的贷款用途为购车系个人所用（纯消费），贷款发放后我行确保贷款不会以任何形式流入证券市场、期货市场和用于股本权益性投资、房地产项目开发，以及用于其他国家法律、法规明确规定不得经营的项目，同时，我行在贷款发放后会实时监控该笔贷款的实际用途，一旦发现借款人的贷款用途违反有关文件规定，我行将及时收回该笔贷款。

三、对收入情况的调查及分析

通过核实，借款人李刚在××镇××村××号有民房一处，360 平方米，另在××市××镇××村有商品房一处，个人资产价值大约在 200 万元。同时，借款人向我行提供了××市农商行账户，账号为 32038221011010035123 42。通过调查，可以确定借款人的每月工资性收入为 6 000 元，配偶月工资 7 000 元，家庭年收入 18 万元。

四、对所购车的调查及分析

借款人李刚所购买的是雪铁龙 C5 轿车，总额 19.59 万元，首付款 5.89 万元，是××市鑫马汽车销售有限公司销售，是本地购车。借款人已提供购车合同及首付款发票复印件，购车是真实的。

五、对该笔贷款还款能力的分析

根据对借款人的工作、收入调查分析，可以判断第一还款来源较充足，符合我行的汽车分期贷款条件。

六、调查结论

我行通过对该借款人的贷款用途，还款能力的调查分析，认为其贷款用途真实、提供的资料真实完备、有充足的还款来源和良好的还款意愿，贷款抵押物足值、合法有效，易于变现，不存在产权纠纷情况，符合我行汽车分期付款的条件和要求。因此，同意对其发放 12.7 万元汽车分期贷款，期限 3 年，年利率 11.5%。贷款占比 42.99%，不超过贷款占比的 55%。

调查人：李×× 　　　　　第二调查人：孙××

2014 年 4 月 12 日

个人信贷业务申报审批表

申报编号 　　　　　　　　　　　　　　　　　　　　　　　　　受理编号

业务基本情况					
业务类别	□新业务			□复议业务(原业务申报编号)	
贷款种类		贷款金额	元	贷款期限 月	月利率 %
首付款金额	元	贷款成数		贷款用途	是否有共同申请人
还款方式	□等额本息还款法	□等额本金还款法	□到期一次还本付息法		□其他（注明）
每期还本金额	元	元	元		元
申请人收支（含共同申请人）	月均收入	元	现有债务月还款额 元	申请贷款月还款额 元	拟购房产月支出物业费 元
	所有负债支出（现有债务+申请贷款+拟购房产物业费）与收入比		%	申请贷款支出（申请贷款+拟购房产物业费）与收入比	%

业务担保情况					
□所购房产抵押	房屋坐落地			销售面积	
	合同单价	元	总房价 元	抵押率	%
□现有房产抵押	房屋坐落地			销售面积	
	评估机构名称		□是否经我行认可	评估总价 元	抵押率 %
□所购汽车抵押	所购汽车品牌与型号			公允价格 元	抵押率 %
□法人保证	保证类型	□房地产开发商阶段性担保	□房地产开发商全程担保	□汽车经销商担保 □担保公司担保	□其他法人担保
	保证人名称			信用等级	
	注册资金	元	资产负债率 %	已核定授信额度	元
	总资产	元	担保率 %	已使用授信额度	元
□自然人保证	姓名		性别	教育程度	与被保证人关系
	工作单位			工作年限	
	主要经济来源	□工资类 □资产所得	□经营收入 □其他收入	银行负债情况 □目前银行借款余额 元	□不良借款余额 元 □月还款金额 元
	月均收入	元 元	元 元		
□权利凭证质押	质押权利名称		所有权人是否出具质押承诺	质押权利金额 元	质押率
□信用方式					
其他情况说明					

申请人基本情况								

<table>
<tr><td rowspan="8">主申请人情况</td><td>姓名</td><td></td><td>性别</td><td></td><td>年龄</td><td></td><td colspan="2">婚姻状况</td><td></td></tr>
<tr><td>教育程度</td><td></td><td>国籍</td><td></td><td>证件种类</td><td></td><td colspan="2">证件号</td><td></td></tr>
<tr><td>工作单位</td><td colspan="5"></td><td colspan="2">在该单位工作年限</td><td></td></tr>
<tr><td>职务</td><td></td><td>职称</td><td></td><td>是否为自雇人士</td><td></td><td colspan="2">家庭供养人数</td><td></td></tr>
<tr><td>户籍所在地</td><td colspan="8"></td></tr>
<tr><td>现居住地址</td><td colspan="8"></td></tr>
<tr><td>主要经济来源</td><td>□工资类</td><td>□资产所得</td><td>□经营收入</td><td>□其他</td><td rowspan="2">银行负债情况</td><td>□目前银行借款余额</td><td>□不良借款余额</td><td>□月还款金额</td></tr>
<tr><td>月均收入</td><td>元</td><td>元</td><td>元</td><td>元</td><td>元</td><td>元</td><td>元</td></tr>
</table>

<table>
<tr><td rowspan="8">配偶情况</td><td>姓名</td><td></td><td>性别</td><td></td><td>年龄</td><td></td><td colspan="2">婚姻状况</td><td></td></tr>
<tr><td>教育程度</td><td></td><td>国籍</td><td></td><td>证件种类</td><td></td><td colspan="2">证件号</td><td></td></tr>
<tr><td>工作单位</td><td colspan="5"></td><td colspan="2">在该单位工作年限</td><td></td></tr>
<tr><td>职务</td><td></td><td>职称</td><td></td><td colspan="2"></td><td colspan="2">是否为自雇人士</td><td></td></tr>
<tr><td>户籍所在地</td><td colspan="8"></td></tr>
<tr><td>现居住地址</td><td colspan="8"></td></tr>
<tr><td>主要经济来源</td><td>□工资类</td><td>□资产所得</td><td>□经营收入</td><td>□其他</td><td rowspan="2">银行负债情况</td><td>□目前银行借款余额</td><td>□不良借款余额</td><td>□月还款金额</td></tr>
<tr><td>月均收入</td><td>元</td><td>元</td><td>元</td><td>元</td><td>元</td><td>元</td><td>元</td></tr>
</table>

<table>
<tr><td rowspan="8">共同申请人情况</td><td>姓名</td><td></td><td>性别</td><td></td><td>年龄</td><td></td><td colspan="2">婚姻状况</td><td></td></tr>
<tr><td>教育程度</td><td></td><td>国籍</td><td></td><td>证件种类</td><td></td><td colspan="2">证件号</td><td></td></tr>
<tr><td>工作单位</td><td colspan="5"></td><td colspan="2">在该单位工作年限</td><td></td></tr>
<tr><td>职务</td><td></td><td>职称</td><td></td><td>与主申请人关系</td><td></td><td colspan="2">是否为自雇人士</td><td></td></tr>
<tr><td>户籍所在地</td><td colspan="8"></td></tr>
<tr><td>现居住地址</td><td colspan="8"></td></tr>
<tr><td>主要经济来源</td><td>□工资类</td><td>□资产所得</td><td>□经营收入</td><td>□其他</td><td rowspan="2">银行负债情况</td><td>□目前银行借款余额</td><td>□不良借款余额</td><td>□月还款金额</td></tr>
<tr><td>月均收入</td><td>元</td><td>元</td><td>元</td><td>元</td><td>元</td><td>元</td><td>元</td></tr>
</table>

经营主责任人意见			
经营主责任人		职务	
声明与保证			
本表业务申报信息以及附报材料，是在本人依照××银行有关管理办法和规定，由经营岗位责任人对借款申请人的各项资料进行审慎调查、核实、分析和整理后，经本人审定后完成。本人同意按申报方案办理该笔业务。 经营主责任人：（签字） 日期：			
申报机构（部门）意见			
同意申报。 申报机构（部门）（签章） 日期			
决策意见			
专职贷款审批人意见		贷款审批牵头人意见	
（签字）　　日期		（签字）　　日期	

填表说明：

　　1. 申请人收支（含共同申请人）应该填列主申请人和共同申请人收入与债务支出的合计。如申请人（含共同申请人）配偶收入依法可以用来偿还贷款，则申请人收支应将其配偶收入及债务支出一并考虑，并加以合计。

　　2. 申请人（含共同申请人）及其配偶（含共同申请人配偶）、保证人（自然人）的银行负债情况包括在其他银行的债务情况。

　　3. 个人小额储蓄存单质押贷款只需填列业务基本情况（不含申请人收支情况）、申请人基本情况（不含主要经济来源和银行负债情况）、权利凭证质押情况。

　　4. 除个人住房类贷款、汽车消费贷款、个人消费额度贷款（含个人创业贷款）外，其余种类贷款不需填列"所有负债支出/收入比"和"申请贷款支出/收入比"。

　　5. 采用到期一次还款方式的，应按算术平均法计算月均本息支出，以计算"所有债务支出/收入比"和"申请贷款支出/收入比"。

　　6. 担保方式采用汽车抵押的，汽车的公允价格应区分新车和二手车。新车价格指汽车实际成交价格（不含各类附加税、费及保费等）与汽车生产商公布的价格的较低者；二手车价格指汽车实际成交价格（不含各类附加税、费及保费等）与贷款人评估价格的较低者。

第3页

　　【步骤六】贷款的签约。对经审批同意的贷款，应及时通知借款申请人以及其他相关人（包括抵押人和出质人等），确认签约的时间，签署《个人汽车贷款借款合同》和相关担保合同。借款合同应符合法律规定，明确约定各方当事人的诚信承诺和贷款资金的用途、支付对象、支付金额、支付条件、支付方式等。贷款发放人应根据审批意见确定应使用的合同文本并填写合同，在签订有关合同文本前，应履行充分告知义务，告知借款人、保证人等合同签约方关于合同内容、权利义务、还款方式以及还款过程中应当注意的问题等。对采取抵押担保方式的，应要求抵押物共有人当面签署个人汽车借款抵押合同。

【步骤七】落实贷款发放条件。贷款发放前，应落实有关贷款发放条件。同时，需要满足个人汽车贷款的担保条件：申请个人汽车贷款，借款人须提供一定的担保措施，包括以贷款所购车辆作抵押、第三方保证、房地产抵押和质押等。以质押和房产抵押方式办理个人汽车贷款的，分别按照质押贷款业务流程和房产抵押登记流程办理；以贷款所购车辆作抵押的，借款人须在办理完购车手续后，及时到贷款银行所在地的车辆管理部门办理车辆抵押登记手续，并将购车发票原件、各种缴费凭证原件、机动车登记证原件、行驶证复印件、保险单等交予贷款银行进行保管。在贷款期限内，借款人须持续按照银行的要求为贷款所购车辆购买指定险种的车辆保险，并在保险单中明确第一受益人为银行。在担保条件的落实上，不得存在担保空白。

【步骤八】贷款发放。贷款发放条件落实后，银行应按照合同约定将贷款发放、划付到约定账户，按照合同要求借款人需要到场的，应通知借款人持本人身份证到场协助办理相关手续。柜面部门在接到放款通知书后，确定有关审核无误后，进行开户放款。当开户放款完成后，银行应将放款通知书、个人贷款信息卡等一并交借款人作回单。

【步骤九】信贷部门人员应依据借款人相关信息录入贷款信息系统。

 **实训练习**

个人汽车信贷模拟角色演练

实训角色：客户经理李明、客户王小烨。

实训一：2008年3月1日客户王小烨购买了一辆新汽车奥迪A6，到银行办理个人汽车贷款，贷款期限5年，贷款金额18万元。

客户资料：姓名：王小烨；证件类型：身份证；证件号码：530824198007130666；国籍：中国；联系电话：63250039；地址：重庆市渝中区石桥铺新大街路6号；邮编：425200；

请代替李明为客户王小烨办理整个信贷业务。

实训二：陈先生是上海一家私营企业的业务主管，月收入8 000元，银行信用记录良好，太太在小区的物业管理部门任会计，月收入3 000元。陈先生的单位离家很远，他一般是骑摩托车上班，整天弄得灰头土脸的不说，还不安全；晚上送孩子学琴、星期天回郊区探望父母均要打的或乘公交车，非常不便，所以陈先生早就有买车的打算，想通过汽车贷款购买8万元左右的一手车代步。陈先生来到银行咨询，希望了解贷款买车的费用和负担。

请代替李明结合目前银行的相关规定，为陈先生算下整个贷款所要花费的各种费用。

第三节 个人经营性贷款

实训项目 个人经营性贷款

个人经营贷款是指用于借款人合法经营活动的人民币贷款，其中借款人是指具有完全民事行为能力的自然人。贷款人是指银行开办个人经营贷款业务的机构，如中国银行的个人投资经营贷款、中国建设银行的个人助业贷款。

情景单元 1 个人经营性贷款的发放

【情景内容】

2012 年 7 月 5 日，本市居民肖××找到银行个人信贷客户经理，申请个人经营性贷款。

【情景步骤】

【步骤一】确定客户有贷款申请资格，并提供咨询。客户经理和客户进行沟通，确认客户具有申请资格（年满 18 岁，具有完全民事行为能力，一般不能超过 60 周岁的个体工商户或具有合法经营资格的法人企业，具有良好的信用记录），在探听和了解客户需求后，向客户介绍银行个人经营贷款政策（主要包括个人经营贷款品种介绍、申请个人经营贷款应具备的条件、申请个人经营贷款需提供的资料、办理个人经营贷款的程序、个人经营贷款借款合同中的主要条款，如贷款利率、还款方式及还款额）。

【步骤二】贷款受理。指导客户填写"个人经营贷款申请书"，同时要求客户提交相关的申请资料。申请个人经营贷款的资料清单如下：

（1）借款人及其配偶有效身份证件、户籍证明、婚姻状况证明原件及复印件。

（2）经年检的个体工商户营业执照、合伙企业营业执照或企业法人营业执照原件及复印件。

（3）个人收入证明，如个人纳税证明、工资薪金证明、个人在经营实体的分红证明、租金收入、在银行近 6 个月内的存款、国债、基金等平均金融资产证明等。

（4）能反映借款人或其经营实体近期经营状况的银行结算账户明细或完税凭证等证明资料。

（5）抵押房产权属证明原件及复印件。有权处分人（包括房产共有人）同意抵押的证明文件。抵押房产如需评估，须提供评估报告原件。

（6）贷款采用保证方式的，须提供保证人相关资料。

（7）贷款人要求提供的其他文件或资料。

【步骤三】贷前调查。客户经理受理借款人个人经营贷款申请后，应履行尽职调查职责，对个人经营贷款申请内容和相关情况的真实性、准确性、完整性进行调查核实。调查要点如下：

1. 调查方式

贷前调查应以实地调查为主、间接调查为辅，采取现场核实、电话查问以及信息咨询等途径和方法。信贷员应建立并严格执行贷款面谈制度。

（1）实地调查。

信贷员应通过实地调查了解申请人抵押物状况，判断借款人所经营企业未来的发展前景等。

（2）面谈借款申请人。

信贷员应通过面谈了解借款申请人的基本情况、贷款用途、还款意愿和还款能力以及调查人认为应调查的其他内容，尽可能多地了解会对借款人还款能力产生影响的信息，如借款人所经营企业的盈利状况等。

此外，还可配合电话调查和其他辅助调查方式核实有关申请人身份、收入等其他情况。

2. 调查内容

个人经营贷款调查由贷款经办行负责，贷款实行双人调查和见客谈话制度。调查人对贷款资料的真实性负责。调查内容包括：

（1）借款申请人所提供的资料是否真实、合法和有效，通过面谈了解借款人申请是否自愿、属实，贷款用途是否真实合理，是否符合银行规定。

（2）借款人收入来源是否稳定，是否具备按时足额偿还贷款本息的能力。

（3）通过查询银行特别关注客户信息系统、人民银行个人信息基础数据库，判断借款人资信状况是否良好，是否具有较好的还款意愿。

（4）借款人及其经营实体信誉是否良好，经营是否正常。

（5）对借款人拟提供的贷款抵押房产进行双人现场核实，调查借款人拟提供的抵押房产权属证书记载事项与登记机关不动产登记簿相关内容是否一致，银行抵押物清单记载的财产范围与登记机关不动产登记簿相关内容是否一致，并将核实情况记录在调查审查审批表中或其他信贷档案中。对有共有人的抵押房产，还应审查共有人是否出具了同意抵押的书面证明。以第三人房产提供抵押的，房产所有人是否出具了同意抵押的书面证明。

（6）贷款采用保证担保方式的，保证人是否符合银行相关规定，保证人交存的保证金是否与银行贷款余额相匹配。

（7）贷款申请额度、期限、成数、利率与还款方式是否符合规定。贷款经办行调查完毕后，应及时将贷款资料（包括贷款申请资料、贷款调查资料及调查审查审批表）移交授信审批部门。

【步骤四】撰写贷前调查报告，并提交贷款审批部门审批。

 参阅材料

肖××向我行申请 350 万个人经营贷款的调查报告

借款申请人肖××，因经营资金周转（主要用于格力空调的购销进货），向我行申请个人经营贷款 350 万元，期限 1 年，现将有关调查情况报告如下：

一、借款人基本情况

借款申请人肖××，男，现年 35 岁，已婚，家住××省××市××区××路××号×栋×单元×××室，是××市××××有限责任公司股东之一。借款人大学本科毕业，文化程度较高，具有较强的经营管理能力，公司目前经营状况较好，借款人每月收入约为 5 万元，收入稳定，目前在我行及其他金融机构无借款。配偶：刘××，工作单位为：××市×××××有限责任公司，月均收入：3 500 元，目前在我行及其他金融机构无借款，借款人具备按时偿还贷款本息的能力。

二、借款人经济实体情况及经营情况

借款人经济实体××市××××有限责任公司成立于 2005 年，法定代表人：肖××，经营地址位于××省××市××路××号×栋××号。该公司类型为股份制企业，经营范围为：

计算机及配件、办公设备、办公用品、五金交电、摄影器材、建筑材料、机械电子设备、家用电器、消防器材、汽车配件销售。借款人肖××及其经营的××市××××有限责任公司目前在我行均无借款，基本账户开立于××银行股份有限公司××支行，在我行开立有结算账户。公司目前有员工10人，2011年1月至2011年11月，每月现金流约为100万元（公司账户），2010年全年销售收入为915万元，净利润为100万元，上缴税额为28万元，个人月收入约为5万元。2011年上半年销售收入为457万元，净利润为49.9万元，公司目前经营状况良好、利润增长较快。

三、借款申请人及其经营实体信用状况

经查询征信系统，借款人肖××于2003年10月至2010年12月在我行及其他金融机构申请取得个人住房贷款及个人综合消费贷款共6笔，金额合计770万元，贷款最长期限10年。其中2笔贷款有不同程度违约，但最长期限不超过1个月，目前借款人已还清全部贷款，对违约情况，其主要原因一是：主观意识不够，造成迟交或存入金额不足，造成无意违约；二是贷款期间银行多次上调贷款利率，未能得知相关信息，造成月还款金额不足。该客户目前个人信用报告为正常。对违约情况，借款人已意识到未按时归还银行贷款对本人信用造成的影响，并对按时归还贷款作出书面了承诺。经查询征信系统，借款人配偶于2007年2月13日在我行申请取得个人经营贷款1笔，金额200万元，该笔贷款无逾期，目前贷款已还清。

借款人所经营的公司目前在我行无借款，另一股东张×××未在我行申请有个人经营贷款，只有一笔个人住房贷款40万元。该笔贷款无违约情况。

四、贷款用途

借款申请人肖××，因经营资金周转，向我行申请个人经营贷款350万元，贷款用于格力空调的购销进货，贷款用途合法、合规，贷款投向符合我行行业信贷政策。

五、贷款担保情况

本笔贷款借款人采用抵押担保方式，抵押物为借款人个人名下已取得房屋所有权证的商铺。押品位于×××××××××××××××××，建筑面积为992.62 m²，为出让商业用地，建于2008年，综合成新率为：85%，商铺产权属于借款人个人拥有。

经我行双人核实，拟抵押的房产权属明确、无任何纠纷，商铺目前已出租，我行已将抵押情况告知承租人，承租人已提供如借款人违约导致处置房产时同意解除租赁合同的书面承诺。借款人提供的抵押物经××省××房地产评估有限责任公司评估，抵押物总估价为：684.61万元，我行认定价值为684.61万元，总抵押率为：51%，抵押物足值、合法、有效。

六、还款来源分析

借款申请人肖××目前经营的公司经营情况良好，收入稳定，每月收入达5万元，无其他负债，如本笔贷款发生，每月需还款22 003.3元能得到保障。第一还款来源充足。本笔贷款借款人采用抵押担保方式，抵押人抵押意思表示真实，经××省××房地产评估有限责任公司评估，该抵押物总估价为：685万元，我行认定价值为：685万元，抵押率为：51.12%，该抵押物足值、合法、有效，第二还款来源有保障。

七、调查意见

根据借款人申请资料，经与申请人当面核验、面谈，我们认为借款人借款行为真实，借款人资料齐备、真实、有效，借款人符合我行个人经营贷款条件，同意贷款：350万元，贷款期限：12 个月，贷款年利率：××%，以按月还息、到期一次性还本还款方式还款。本笔贷款支付采取委托支付方式，借款人已与我行签订委托支付协议，贷款资金直接向借款人交易对象××市××贸易有限责任公司支付。

第一调查人：张宁

第二调查人：陈虹

2012 年 7 月 18 日

【步骤五】个人经营贷款的签约。客户的借款申请审批已通过，信贷人员要通知客户签订《借款合同》《担保合同》。信贷人员按不同的借款用途和贷款担保方式要求分别填写借款合同，借款人当事人[借款人、抵（质）押人、保证人]与银行签订有关担保合同。

参阅材料

抵押（担保）协议书

编号：_____号

抵押人：_____（下称甲方）
营业执照号：
身份证号（抵押人为自然人时填）：_____
地址：_____
法定代表人：_____

抵押权人（债权人）：_____（下称乙方）
身份证号：_____
地址：_____

根据_____（下称借款人）与乙方签署的编号_____为的《借款合同》（以下简称主合同）中的约定，乙方为借款人提供期限为_____（月/年）金额为人民币（币种）_____元的借款。现甲方自愿将其拥有或者有处分权的财产抵押给乙方作为担保，经甲、乙双方协商同意，订立以下抵押条款。

第一条　本协议项下担保的主债权。

乙方依据前述主合同为借款人提供的期限为_____（月/年）金额为人民币_____元的借款而对借款人享有的全部债权。

第二条　抵押物。

1. 甲方以其依法享有处分权的财产向乙方提供抵押担保。抵押物的相关信息详见本协议附件抵押物清单：□一、《房地产抵押物清单》/□二、《机器设备抵押物清单》/□三、《机动车抵押物清单》/□四、《其他动产抵押物清单》（打"√"的为选定项）和抵押物权利证书，附件抵押物清单为本协议不可分割的组成部分。

2. 共有人均同意以抵押物为主合同项下债务提供抵押担保（如抵押物有共有人时）。

第三条 抵押担保的范围。

1. 本协议下的抵押担保的范围包括：主债权中的本金计人民币＿＿＿＿＿＿＿＿元和其产生的利息、违约金、损害赔偿金、乙方实现债权的费用（包括但不限于诉讼或仲裁费、财产保全或证据保全费、强制执行费、评估费、拍卖费、鉴定费、律师费、差旅费、调查取证费等）。该约定金额并不作为乙方依本协议对抵押物进行处分的估价，也不构成乙方行使抵押权的任何限制；抵押物的最终价值以抵押权实现时实际处理抵押物的净收入为准，乙方有权按照抵押物实现的价值优先受偿。

2. 本协议项下的抵押权及于本协议第二条或抵押物清单中所列之抵押物的孳息、从物、从权利、附属物、附合物、混合物、加工物。

3. 本协议项下的抵押权及于抵押物的代位物，包括但不限于保险金、赔偿金、补偿金、抵押物变卖之价款或其他款项。

第四条 抵押担保期限：自本协议生效之日起至被担保的债权诉讼时效届满之日止。

第五条 甲方保证对抵押物清单中所列之抵押物依国家法律规定拥有完全的所有权（或处分权），甲方保证抵押物不存在其他共有人（明确向乙方披露的除外）、所有权或使用权争议、被监管、被查封或被扣押的任何足以限制乙方实现抵押权的情况；同时，该抵押物在本协议达成之前未设定抵押或质押权，在抵押给乙方的期间内亦不再设定抵押，并在抵押期内，将所有抵押物的所有权证书原件交由乙方保管。甲方保证于本协议签订之时将抵押物所有权证书原件交于乙方。甲方保证如其使用已出租的抵押物进行抵押时已书面通知承租人。

第六条 协议的有效性。

1. 甲方（包括其继承人、受遗赠人）为自然人的，本协议的有效性不受甲方人身或财产发生重大事故（如死亡、被宣告死亡、失踪、被宣告失踪、丧失民事行为能力、遭受自然灾害等）的影响。甲方为法人或者其他组织的，本协议的有效性不受甲方合并、分立、重组、股份制改造、隶属关系变更等因素的影响。

2. 无论乙方对借款人的债权是否拥有其他担保，乙方均有权直接要求甲方在其担保范围内承担担保责任。

第七条 抵押物的保险。

1. 在抵押期内，甲方应须以不低于乙方要求的投保金额和保险期限对抵押物办理财产保险。抵押期内，该笔保险的唯一受益人为乙方，投保期限至少应长于主合同所约定的借款期限的六个月，并将保险单正本交由乙方保管。如已办理抵押物保险，则应将第一受益人变更为乙方。

2. 在主合同项下债权本息和费用未还清前，甲方须按本条第一款的约定办理续保手续，否则，乙方有权代为投保，保险费用均由甲方承担。

3. 甲方不可撤销地授权乙方，当抵押物因保险事故遭受损失时，如借款人未清偿主合同项下所有债务本息和费用的，保险公司支付的赔偿金作为抵押物的替代物存入乙方账户或办理提存。

第八条 如果借款人未能按约定履行其与乙方签订的主合同中约定的义务，乙方有权依据本协议十九条规定之方式折价、变卖、拍卖本协议项下的抵押物，并从所得价款中优先受偿。

第九条 在抵押物发生灭失、毁损、被征用或者其他损害的情况下，乙方（即抵押权人）

有权就该抵押物的保险金、赔偿金、补偿金或者其他款项优先受偿。如果上述保险金、赔偿金、补偿金或其他款项不足以清偿乙方债权的，甲方应当在收到乙方通知之日起五个工作日内向乙方提供与不足部分价值相当的担保物。

第十条　本抵押协议书及有关资料，乙方认为有必要的，应经公证机关对其真实性与合法性进行公证。本协议书项下的抵押物依法需办理抵押物登记的，甲方应协助乙方在本协议签订之日起 两日内 到相关部门办理抵押登记，抵押登记证明文件正本交由乙方保管。

第十一条　抵押物的咨询、公证、见证、保险、鉴定、登记、运输及保管等费用由甲方负担。

第十二条　凡属正在使用之中的抵押物，由甲方负责保管。在抵押期内甲方有维修、保养，保证完好无损的责任，并随时接受乙方的检查。未经乙方书面同意，甲方不得擅自将抵押物拆迁、出租、出售、互易、转让、赠与、清偿、出资、重复抵押或再抵押或以其他任何方式处分。如经乙方书面同意处分抵押物所得价款，甲方应将其取得的全部价款提前清偿担保债权或转入乙方账户。处分抵押物的价款明显低于其价值的，甲方必须提供相应的担保措施，否则无效。

第十三条　抵押物在抵押期间的所发生的一切费用和损耗，由甲方承担。

第十四条　在抵押期间，抵押物如有损坏、损失或变质或其他影响抵押物价值变化的情况，由甲方负责处理，并限在 5 日内 通知乙方，并向乙方提供其他经乙方认可的等值的财产（净现值相等）作为抵押物。甲方违反本约定的，乙方有权提前实现抵押权。

第十五条　在抵押期间，发生下列情形之一，乙方有权依据本协议第十九条之规定立即行使抵押权：

1. 借款人未能按约定履行其与乙方签订的主合同中约定的义务；

2. 甲方违反本协议书的约定或发生其他严重违约行为；

3. 甲方或借款人停业、歇业、申请破产、被宣告破产、解散、被吊销营业执照、被撤销的；

4. 借款人卷入或即将卷入重大的诉讼（或仲裁）程序，以及其他足以影响抵押权人债权登记的情形；

5. 借款人经营状况严重恶化，将可能无法偿还主合同债务；

6. 借款人下落不明或变更住所致使乙方无法向其主张权利的；

7. 甲方无力保持抵押物的完整和良好状态的；

8. 甲方或借款人发生危及、损害或可能危及、损害乙方权益的其他事件。

第十六条　处理抵押物所需的费用（包括律师费在内）由甲方承担，乙方有权从处理抵押物所得多于担保债权的价款中抵扣，不足部分，乙方有权向甲方继续追偿。

第十七条　甲、乙双方任何一方违反本协议，均应赔偿守约一方因此造成的损失，该损失包括守约方因处理该违约行为所支付的律师费损失在内的一切损失。

第十八条　本抵押协议不因主合同的任何修改、补充、删除而受到影响或失效，本抵押协议不受主合同效力影响，本抵押协议始终有效。若有一方要求变更或解除协议，应提前十天书面通知双方，在达成新的协议之前，本协议仍然有效。

第十九条　甲方同意乙方选择以下任何一种方式实现抵押权：

1. 以抵押物折价方式实现抵押权。乙方可与甲方协议，按协议价格受偿，也可按照乙方委托的具有相应资格的评估机构评估的价格受偿。甲方对乙方委托的评估机构和该机构做出的评估价格不提出反对或异议。

2. 以变卖抵押物方式实现抵押权。乙方可自行或委托甲方或中介机构找买主，也可标售抵押物。变卖价格的确定，适用本条前款的约定。

3. 以拍卖方式实现抵押权。乙方有权委托在中国境内注册的、具备相应资格的拍卖企业拍卖抵押物，甲方对乙方选定的拍卖企业不提出反对或异议。乙方可按届时未清偿的主合同的债务总额提出拍卖保留价，也可不提出拍卖保留价。凡依此进行和成交的拍卖，甲方同意接受。如拍卖未成交，乙方有权委托该拍卖企业或其他拍卖企业再行拍卖。

4. 乙方可以请求人民法院拍卖、变卖抵押物。

第二十条　甲方保证乙方为上述抵押担保措施的唯一受益人，并享有排他的权利。若甲方对提供的上述担保抵押物在本协议书签订前或签订之后有重复抵押、再抵押、转让、转移、出租或其他任何影响乙方利益的行为，则甲方愿意承担相应的法律责任。

第二十一条　甲方有下列行为之一的，甲方应按债务本金的**20%**向乙方支付违约金，造成乙方损失的，应同时给予全额赔偿，因违约给乙方造成损失且违约金不足赔偿损失的，甲方还应就不足的部分予以赔偿。乙方有权就违约金的收取随时依法提前实现抵押权，或采取其他救济措施：

1. 甲方不履行担保责任或违反本协议任一约定条款；

2. 未取得本协议担保所需的合法有效授权；

3. 隐瞒抵押物存在共有、争议、挂失、提前支取、被查封、被扣押、提起公示催告程序、涉及诉讼或仲裁、已设定担保物权等情况；

4. 未经乙方书面同意擅自处分抵押物；

5. 未按乙方的要求恢复抵押物价值或者提供相应的担保；

6. 其他违反本协议约定或者发生其他严重危及抵押权实现的事项的。

第二十二条　本协议履行中发生的争议，甲乙双方应及时协商解决，协商不成的，应按以下第___1___项规定的方式解决争议：

1. 向××市_____区人民法院提起诉讼。

2. 向××仲裁委员会申请仲裁。

第二十三条　本抵押协议按以下约定的方式生效：

1. 甲方（抵押人）是自然人的，自甲方签字捺印，乙方法定代表人或授权代理人签字、盖公章后生效。

2. 甲方（抵押人）是法人的，自甲、乙双方法定代表人或授权代理人签字、盖公章后生效。

第二十四条　本协议一式_____份，甲方、乙方执各执_____份，公证或见证或登记机关执_____份。副本按需制备。

第二十五条　双方约定的其他事项：

_____

_____

第二十六条　特别提示：

乙方已将本协议书的全部条款向甲方做了提示，并应甲方的要求在本协议中作了相应的条款说明，甲方对本协议的每一条款均进行了研究和分析，甲方对本协议各条款已做了全面准确的理解，签约各方对本协议各条款含义认识一致。

附：抵押物清单

（以下无正文）

甲方（为单位时）（盖章）

法定代表人或授权代理人签字：

甲方（为个人时）本人签名：

（个人指模）

联系人/电话：

乙方签名（捺印/盖章）：

联系人/电话：

签订地点：××市××区   签订时间： 年   月   日

【步骤六】落实贷款发放条件，办理抵（质）押登记及公证等手续。办理抵（质）押登记、保险公证、开立借款人存款账户等有关手续，签订抵（质）押合同及收妥抵（质）押物后，信贷部门应按抵（质）押物逐项登记"抵（质）押物及权证登记簿"，同时根据抵（质）押价值填制"银行抵（质）押物收妥通知书"加盖经办人名章、业务部门公章及借款人或抵（质）押人名章后，连同抵（质）押权证、质物及权证交保管部门和会计部门。

【步骤七】贷款发放。贷款发放条件落实后，银行应按照合同约定将贷款发放、划付到约定账户，按照合同要求借款人需要到场的，应通知借款人持本人身份证到场协助办理相关手续。柜面部门在接到放款通知书后，确定有关审核无误后，进行开户放款。当开户放款完成后，银行应将放款通知书、个人贷款信息卡等一并交借款人作回单。

【步骤八】信贷部门人员应依据借款人相关信息录入贷款信息系统。

 **实训练习**

实训角色：银行客户经理程云，客户黄先生。

黄先生是做医疗器械生意的，自己的公司近两年的营业状况良好，并且刚和某医院签订了进货合同，但如果从厂家直接进货需要首付定金 300 万，因为最近资金周转紧张一时间拿不出这么多钱。

黄先生的家庭财务状况以及资金需求情况初步如下：拥有位于 CBD 附近的一套 200 多平米的高档商品住宅，目前市值为 800 万左右，但现有银行贷款 100 万未结清；刘先生本人为公司股东，配偶全职在家；刘先生公司运行情况良好，经营状况颇佳；刘先生资金使用时间在 3~6 个月，并且以后可能会有不定期的资金需求。

请扮演程云处理整个业务。

第四篇

国际业务岗

国际结算业务是通过两国银行办理的由贸易或非贸易引起的债权债务的清偿，它以国际贸易为前提，又是商业银行的一项基础业务，属于中间性业务的范畴。因国际结算的各种方式、需求以及各家银行为满足客户需求不断创新而衍生出各种与结算相关的服务与产品，从而扩大了国际结算的服务范围，因而又称之为国际业务。

2006 年以来，随着我国银行业全面放开，整个行业面临着前所未有的机遇和挑战，商业银行国际业务具有收益高、见效快的特点，是现代商业银行获取中间业务利润和向国外拓展营销的重要手段，它对银行扩大市场份额、增加收入都有着不可替代的重要作用，是各家商业银行的兵家必争之地。各大商业银行纷纷建立和壮大国际业务部，专门处理国际业务。

本篇分别介绍了银行国际结算业务的分类，常见的国际结算业务流程以及按流程处理这些业务的操作步骤和要领。

 **参阅材料**

银行国际结算部实习生的实习报告

实习过程：由于我所学专业为国际经济与贸易专业，所以我申请实习时选择了国际结算部。国际结算与我所学专业对口且中行的国际结算一直是其优势业务，这可以使我更好地了解所学专业及认识实际业务操作流程。

实习开始的第一天，国际结算部的李主任简单给我介绍了中行该部门的职能划分和人员组成，并且给我介绍中行业务的集中趋势和目前国际贸易、融资的大体概况。经过他的介绍，我了解到该部门有出口业务、进口业务、汇兑业务几大业务分工，每个业务部门又分为经办和审核，此外，还有专门的会计岗位。在李主任介绍到目前国际贸易的概况时，他特别指出现在不仅是国际贸易多采用信用证的形式，在进行国内贸易时也有更多的人开始使用信用证结算方式，这主要是为了避免企业间的三角债。关于这一点，我在学校的学习中确实很少接触，这也让我对这一周的实习非常期待，希望能够了解到更多课本上不能学到的实际业务状况。

我被李主任安排到出口业务处，由业务经办孙姐作为我此次实习的指导老师。由于上午来办业务的客户非常多，所以孙姐让我先在一旁看她处理业务。孙姐在网上用内部系统进行各种信用证业务操作,后来经孙姐介绍,我才知道这个系统就是课本中经常提到的 SWIFT 系统,这一系统使银行间的结算实现了安全、快捷、标准化、自动化,大大提高了银行的结算速度。系统界面中的条目显示的是一些代码,孙姐介绍说这些代码就表示业务类别,如最常见的 MT700,表示的是开立跟单信用证,当系统界面中出现一个新的 MT700 条目,说明有一份由开证行新开立的信用证已传递到我行,我行需要做的就是将信用证打印两份,向受益人即出口方客户通知信用证,一份交客户,一份留存在我行。另外,还比较常见的 MT707 表示信用证修改,MT720 表示转让信用证等。孙姐空闲时向我介绍了她经办的出口业务的大致流程,首先收到开证行开立的信用证后通知出口商来行取证,待客户备货装船取得各种货运单据后来行交单,由工作人员进行单证的审核,看是否单证相符、单单相符,并将审单结果通知客户,后将单据寄交开证行或议付行,收汇后通知客户结汇,客户也可办理出口押汇。随后孙姐打印了一份信用证让我看,整个信用证全部使用大写英文,这跟我以前在学校看的信用证不同,这给阅读增加了不少难度,第一次读起来比较吃力。我注意到在信用证的具体内容之前还有几行文字,询问孙姐后得知,这是每个信用证都有的报头,报头由信息类型、发出行、接收行、打印日期等内容组成,其中发出行、接收行全部使用银行的 SWIFT 代码,通过 SWIFT 代码可以很容易地辨别出具体的银行。阅读完第一份信用证后我的感受是学校里接触的信用证比较简单,一般只列明如信用证开立日期、信用证金额、船期等重要内容,而正式信用证则更加细致,如在之前的学习中接触较少的附加条件,在这份信用证就达半页之多。附加条件一般除列明银行手续费等费用归属问题,还列明银行对不符点的收费,这点是一个没接触过的内容。在理论学习中,开证行对于单证不符的处理措施是直接拒付,这样就造成了出口方的损失,而在实际操作中,如若信用证和单据有不符点出现,出口方可同进口方直接进行沟通协商,大部分老客户对于一些小的不符点并不十分介意,进口方再通知开证行他们已经知道单证不符但仍然会接受单据,则开证行仅按照不符点的个数收取一定的费用即可。孙姐同时还给了我一份非常详细的审单业务培训资料,我第一天的实习就在阅读信用证和培训资料中结束了。

在随后几天的实习中,我接触到了很多业务操作的细节,比如在出口方客户申请出口押汇时,银行首先会调出内部存储的该公司的资信资料进行审查看是否有不良资信记录。每天下午都有 DHL 和 EMS 的快递员来收取单据邮寄到议付行,DHL 虽然邮费较贵,但它能送达一些 EMS 送不到的偏远的非洲国家。此外,审单工作的细致性也超乎了我的想象。我在进行审单时只是机械性地把信用证要求即一些数字进行比照,而单据的合理性其实也是要关注的项目,比如某次审单时,孙姐发现虽然货物的毛重和净重两项都单单相符,但毛重的数字小于净重,逻辑上错误,这的确是在重复性、机械性工作基础上对单据更为细致的审查。这些小细节让我感觉到了实际工作的复杂性,也让我对国际结算工作有了更深的认识。

实习心得体会:在此次国际结算实训中我们学到了很多宝贵的知识。这是在课堂讲学中无法得到的收获,这将是日后工作中的财富。同时也归纳了三点:

1. 在交易业务的填表中要注重核心单据在流程中的重要性,要使它准确、系统、完整。填表要以"单单一致""单证一致"为原则,熟悉各单证之间的相互联系。

2. 要把握专业知识与实习操作的关系。这是非常重要的一点,这次实习是实践操作与理论相结合的实习,锻炼的是我们的综合运用能力。实习中的各类单证如信用证、汇款申请书、面函等都是我们专业知识的凝聚和承载。因此,认真地履行实习要求,努力完成实习,不仅有利于巩固所学到的国际结算专业知识，而且有利于预先观察日后工作中的主要内容、方法以及各种困难，更有利于察觉到自身存在的不足和缺陷，以便更好地进行学习和工作，更快地把所思所学转化为实践动手的能力，把专业知识和技能转变成工作能力和实际经验。

3. 商务英语的重要性。进出口贸易、国际结算中的各项单证都是英文单证，若英语基础弱的话对业务工作是种阻碍，减低了工作效率。阅读能力弱往往会导致错误，若是实际交易则会引发纠纷，所以英语能力在国际结算中是十分重要的。如果商务英语知识掌握不好，就很难胜任工作，甚至会影响业务的顺利进行。因此，在实习中要求我们加强商务英语的学习，掌握结算专业术语，才能在结算业务中得心应手。

这次实习虽然只有短短的几十天，但是实习内容特别丰富，而且通过这个实习我们都得到了知识上的复习和结算能力上的提高。国际结算作为一门学科，是以国际贸易学和国际金融学的理论、原则为指导，着重研究国际间债权债务的清偿形式和方法，以及有关信用证、资金融通理论和方法一般规律的学科。因此，国际结算既是一门实务性很强的学科，又是一门理论较深的学问。将理论和实践相结合，运用理论知识指导国际结算的实务操作和处理所遇到的国际结算纠纷，是学习本学科的基本目的。本次国际结算实习正是把我们的理论与实践结合，对我们理解和熟悉国际结算操作有非常大的帮助，也为未来工作的需要奠定了很好的基础。

资料来源：转引自百度文库，http://wenku.baidu.com/view/eb49c8c6c8d376eeaeaa31b2.html。

第九章　国际业务知识

【本章简介】本章概括介绍了国际结算的含义、种类、形式及其产生和发展。在学习本章的时候，要重点掌握国际结算的含义和形式，对于国际结算的形式要能够加以区别，并了解国际结算产生与发展的相关背景知识。

【学习目标】掌握国际结算的含义、方式：掌握汇款方式、托收方式、信用证方式；掌握国家有关办理国际业务的规章制度和业务流程。

国际业务部门是银行专门针对国际结算业务设立的一个部门，主要负责公司和个人的国际结算业务。

国际结算（international settlements）是两个不同国家的当事人，不论是个人间的、单位间的、企业间的或政府间的，因为商品买卖、服务供应、资金调拨、国际借贷而需要通过银行办理的两国间外汇收付业务。银行在国际贸易中的信用中介作用和支付中介作用确立了其在国际结算中的核心地位。银行借用一定的结算工具在两国或两地之间进行资金划拨，以了结国际客户之间的债权债务关系。

国际结算的基本方式有国际汇款结算、信用证结算和托收结算。本章主要介绍商业银行国际结算业务的相关程序和处理。

第一节　汇　款

汇款是指在订立商务合同之后，进口商将货款交给进口地银行，要求银行通过一定的方式委托在出口地的代理行或国外联行，将款项交付给出口商的一种结算方式。

一、汇款的四个有关当事人（见图 9.1）

（1）汇款人（remitter）。即汇出款项的人，在进出口交易中，汇款人通常是进口人。

（2）收款人（payee 或 beneficiary）。即收取货款的人，在进出口交易中通常是出口人。

（3）汇出行（remitting bank）。即受汇款人的委托、汇出款项的银行。通常是在进口地的银行。

（4）汇入行（paying bank）。即受汇出行委托解付汇款的银行。因此，又称解付行，在对外贸易中，通常是出口地的银行。

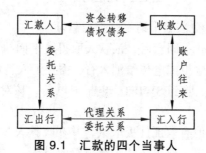

图 9.1　汇款的四个当事人

> 知识点：汇出行必须依据汇款人提交的申请书处理汇出汇款业务，应熟悉汇款申请书的内容并能对其填写的正确性进行审核，能够根据汇款申请书缮制汇款指示；汇入行必须依据汇出行提交的汇款汇出行指示处理汇入汇款业务，必须熟悉汇款指示的内容并按照汇款指示要求进行处理。

二、汇付的种类

汇付方式可分为信汇、电汇和票汇三种。

（一）信汇（mail transfer，M/T）

信汇是汇出行应汇款人的申请，将信汇委托书寄给汇入行，授权解付一定金额给收款人的一种汇款方式。信汇除了寄送支付授权书（payment order，PO）的方式不一样外，其他的内容均与电汇相同。信汇方式的优点是费用较为低廉，但收款人收到汇款的时间较迟，因此现在很少使用。

（二）电汇（telegraphic transfer，T/T）

电汇是汇出行应汇款人的申请，拍发加押电报或电传给在另一国家的分行或代理行（即汇入行）指示解付一定金额给收款人的一种汇款方式。

电汇方式的优点是收款人可迅速收到汇款，但费用较高。

电汇的流程见图9.2。

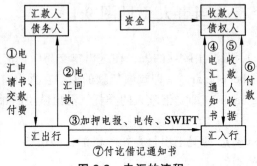

图9.2　电汇的流程

（1）汇款人（remitter）提交汇款申请书，交付款项。

（2）汇出行（remitting bank）同意后，汇款人取得电汇回执 。

（3）汇出行发出 SWIFT、电报或电传给汇入行，委托汇入行解付汇款给收款人（payee）。

（4）汇入行（paying bank）收到 SWIFT、电报或电传，核对密押无误后，电话通知收款人收款。

（5）收款人持通知书及其他有效证件去取款，并在收款人收据上签字。

（6）汇入行借记汇出行账户，取出头寸，解付给收款人。

（7）汇入行通知汇出行汇款解付完毕。

（三）票汇（remittance by banker's demand draft，D/D）

票汇是汇出行应汇款人的申请，代汇款人开立以其分行或代理行为解付行的即期汇票（banker's demand draft），支付一定金额给收款人的一种汇款方式。

票汇的流程见图9.3。

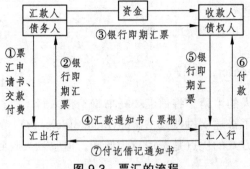

图9.3　票汇的流程

（1）汇款人填制并提交汇款申请书，交款，在申请书上说明使用信汇方式。

（2）汇出行同意后，汇款人取得信汇回单。

（3）汇出行依据汇款申请书制作信汇委托书或支付委托书后，邮寄汇入行。

（4）汇入行收到信汇委托书或支付委托书后，核对签字无误后，将信汇委托书的第二联信汇通知书及第三、四联收据正副本一并通知收款人。

（5）收款人凭收据取款。

（6）汇入行借记汇出行账户，取出头寸，解付给收款人。

（7）汇入行将借记通知书寄汇出行，通知其汇款解付完毕。

电汇、信汇、汇票三种方式的比较见表9.1。

表 9.1　电汇、信汇、汇票三种方式的比较

	电汇	信汇	票汇
成本费用	高	低	低
安全性	安全	次于电汇	丢失或损失
汇款速度	最快	慢	次于电汇

> 知识点：在国际贸易中，汇付方式通常用于预付货款（payment in advance）、随订单付款（cash with order）和赊销（open account）等业务。采用预付货款和订货付现，对卖方来说，就是先收款，后交货，资金不受积压，对卖方最为有利。反之，采用赊销贸易时，对卖方来说，就是先交货，后收款，卖方不仅要占压资金而且还要承担买方不付款的风险。因此，它对卖方不利，而对买方最为有利。此外，汇付方式还用于支付订金、分期付款、待付货款尾数以及佣金等费用的支付。可见，在国际贸易业务中，汇付主要用于小额货款的支付。至于大额款项的支付，一般采用托收、信用证等其他结算方式。

第二节　托　收

托收（collection）是出口商（债权人）为向国外进口商（债务人）收取货款，开具汇票委托出口地银行通过其在进口地银行的联行或代理行向进口商收款的结算方式。其基本做法是出口方先行发货，然后备妥包括运输单据（通常是海运提单）在内的货运单据并开出汇票，把全套跟单汇票交出口地银行（托收行），委托其通过进口地的分行或代理行（代收行）向进口方收取货款。

一、托收的当事人

托收涉及四个主要当事人，即委托人、付款人、托收行和代收行（见图9.4）。

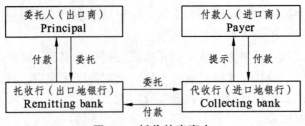

图 9.4　托收的当事人

委托人（principal）是委托银行办理托收业务的一方。在国际贸易实务中，出口商开具汇票，委托银行向国外进口商（债务人）收款。

付款人（payer）是银行根据托收指示书的指示提示单据的对象。托收业务中的付款人，即商务合同中的买方或债务人。

托收行（remitting bank）又称寄单行，指受委托人的委托办理托收的银行，通常为出口人所在地的银行。

代收行（collecting bank）是指接受托收行委托，向付款人收款的银行，通常是托收行在付款人所在地的联行或代理行。

> 知识点：除了四个基本当事人外还有可能出现以下当事人：一是提示行（presenting bank）向付款人作出提示汇票和单据的银行。提示银行可以是代收银行委托与付款人有往来账户关系的银行，也可以由代收银行自己兼任提示银行，一般由代收行充担。
>
> 二是"需要时的代理"（principal's representative in case of need）如果付款人对代收行提示的汇票拒付（拒绝付款或拒绝承兑），当货物到达目的港后可能因为无人照料而受损，为避免此种情况发生，出口商可以再付款地事先指定一代理人，一旦发生拒付事件，由代理人代为照理货物存储、投保、运回或转售等事宜。这一代理称为"需要时的代理"。一般出口商直接请代收行作为"需要时的代理"。

二、托收的类型

（一）跟单托收（documentary collection）

1. 跟单托收

跟单托收是汇票连同商业单据向进口行收取款项的一种托收方式，有时为了避免印花税，也不开汇票，只拿商业单据委托银行代收。商业单据范围：商业发票、保险单据、海运提单、装箱单据、重量证明、质检证明、普惠制产地证、原产地证明等。

2. 跟单托收种类

即期付款交单（document against payment at sight）：俗称 D/P AT SIGHT，指开出的汇票是即期汇票，进口商见票，只有付完货款，才能拿到商业单据。

远期付款交单（document against payment of usance bill）：出口商开出远期汇票，进口商向银行承兑于汇票到期日付款交单的付款交单方式。

承兑交单方式（document against acceptance）：俗称 D/A，代收银行在进口商承兑远期汇票后向其交付单据的一种方式。

付款交单与承兑交单的比较见表 9.2。

表 9.2 付款交单与承兑交单的比较

	付款交单	承兑交单
名称	Documents against Payment（D/P）	Documents against Acceptance（D/A）
汇票	即期/远期汇票	必须要有远期汇票
是否承兑	即期不需要	必须承兑
交单条件	付款赎单	承兑赎单
风险	商业信用，可以控制物权，出口商面临一定风险	商业信用，无法控制物权，出口商可能钱货两空

（二）光票托收（clean collection）

光票托收指汇票不附带货运票据的一种托收方式，主要用于货款的尾数、样品费用、佣金、代垫费用、贸易从属费用、索赔以及非贸易的款项。

三、托收流程

托收的流程见图 9.5。

（1）签约发货。出口商与进口商签订贸易合同，并在合同中明确规定以托收方式支付货款；按照合同规定备货、发货，取得货物提单；并按照合同规定好其他单据，如发票、保险单、装箱单等。

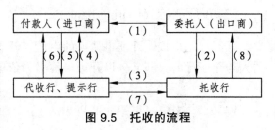

图 9.5 托收的流程

（2）委托。出口商填写托收申请书，开立以债务人（进口商）未付款人的汇票，连同单据一并交给托收行。在光票托收下，货运单据由出口商自行寄给进口商。

（3）受理。托收行根据托收申请书缮制托收指示书，一并付汇票和商业单据寄交代收行。

（4）提示。托收行填制代收通知书，与汇票一并交付款人（进口商）作提示。如果是即期汇票，做付款提示；如果是远期汇票，做承兑提示。

（5）赎单。进口商收到代收行的代收通知后，即到银行验核单据，验单无误后，或付款赎单（D/P），或承兑赎单（D/A）。

（6）交单和结清货款。在 D/P 下，进口商付款后即交单，代收行在汇票上注明"付讫"字样交进口商存档；在 D/A 下，进口商承兑后即交单，然后等汇票到期日再向进口商提示汇款要求付款，进口商付款后，代收行在汇票上注明"付讫"字样交进口商存档。

（7）汇交代收货款。代收行收妥货款后记入托收行账户，并通知托收行款已收妥入账。

（8）货款结清。托收行根据收款通知将款项贷记委托人账户，以结清货款。

托收业务作为一种委托代理业务，委托人与托收行应按托收委托书指示处理，托收行与代收行应按托收指示处理。此外，托收业务各方当事人还应严格按托收统一规则（URC522）

规定办理。跟单托收指示一般为一式多联，其中正、副联寄代收行，回单联交委托人，银行留底联（含会计凭证）供托收行内部使用。

第三节　信用证

信用证（letter of credit）是银行（开证行）根据买方（申请人）的要求和指示，向卖方（受益人）开立的，在一定期限内，凭符合信用证条款的单据，即期或在一个可以确定的将来日期，支付一定金额的书面承诺。信用证是国际贸易中最主要、最常用的支付方式。

一、信用证的当事人

（一）开证申请人（applicant）

开证申请人又称为开证人，是指向银行申请开立信用证的人，一般是指进口商，是指买卖合同的买方。

（二）开证行（issuing bank）

开证行是指接受开证申请人的申请，开立信用证的银行，一般是进口地的银行，开证申请人与开证行的权利义务以开证申请书为依据，开证行承担保证付款的责任。

（三）通知行（advising bank）

通知行是受开证银行委托，将信用证转交给出口商的银行。通知行的责任是鉴别信用证和审核信用证的真伪。通知行一般是出口方所在地的银行。

（四）受益人（beneficiary）

受益人是指接受信用证并享受其利益的一方，一般是出口方，即买卖合同的卖方。

（五）议付行（negotiation bank）

议付行是指愿意买入或贴现受益人跟单汇票的银行，它可以是开证行指定的银行，也可以是非指定的银行，视信用证条款的规定而定。

（六）付款行（paying bank）

付款行是信用证上规定承担付款义务的银行。如果信用证未指定付款银行，开证行即为付款行。

二、信用证的特点

（1）信用证是一种银行信用，开证行承担第一性付款责任。开证行自开立信用证之时起，即不可撤销地承担承付责任。

① 信用证必须规定可在其处兑用（available）的银行，或是否可在任一银行兑用；规定在指定银行兑用的信用证同时也可以在开证行兑用。

② 信用证必须规定其是以即期付款、延期付款、承兑还是议付的方式兑用。

③ 信用证不得开成凭以申请人为付款人的汇票兑用。

（2）信用证是一项独立文件，它不依附于贸易合同而存在。

① 即使信用证中含有对贸易合同的任何援引，银行也与该合同无关。

② 受益人在任何情况下不得利用银行之间或申请人与开证行之间的合同关系。

③ 开证行应劝阻申请人试图将基础合同、形式发票等文件作为信用证组成部分的做法。

（3）信用证是纯单据业务，银行处理的是单据而非货物、服务及其他行为。

三、信用证的种类

（1）以信用证项下的汇票是否附有货运单据划分为：跟单信用证、光票信用证。

跟单信用证（documentary credit），是凭跟单汇票或仅凭单据付款的信用证。此处的单据指代表货物所有权的单据（如海运提单等），或证明货物已交运的单据（如铁路运单、航空运单、邮包收据）。

光票信用证（clean credit），是凭不随附货运单据的光票（clean draft）付款的信用证。银行凭光票信用证付款，也可要求受益人附交一些非货运单据，如发票、垫款清单等。

（2）以开证行所负的责任为标准可以分为：不可撤销信用证、可撤销信用证。

不可撤销信用证（irrevocable L/C）指，信用证一经开出，在有效期内，未经受益人及有关当事人的同意，开证行不能片面修改和撤销，只要受益人提供的单据符合信用证规定，开证行必须履行付款义务。

可撤销信用证（revocable L/C）指，开证行不必征得受益人或有关当事人同意有权随时撤销的信用证，应在信用证上注明"可撤销"字样。但《UCP500》规定：只要受益人依信用证条款规定已得到了议付、承兑或延期付款保证时，该信用证即不能被撤销或修改。它还规定，如信用证中未注明是否可撤销，应视为不可撤销信用证。

（3）以有无另一银行加以保证兑付，可以分为：保兑信用证、不保兑信用证。

保兑信用证（confirmed L/C），指开证行开出的信用证，由另一银行保证对符合信用证条款规定的单据履行付款义务。对信用证加以保兑的银行，称为保兑行。

不保兑信用证（unconfirmed L/C），指开证行开出的信用证没有经另一家银行保兑。

（4）根据付款时间不同可以分为：即期信用证、远期信用证、假远期信用证。

即期信用证（sight L/C），指开证行或付款行收到符合信用证条款的跟单汇票或装运单据后，立即履行付款义务的信用证。

远期信用证（usance L/C），指开证行或付款行收到信用证的单据时，在规定期限内履行付款义务的信用证。

假远期信用证（usance credit payable at sight），信用证规定受益人开立远期汇票，由付款行负责贴现，并规定一切利息和费用由开证人承担。这种信用证对受益人来讲，实际上仍属即期收款，在信用证中有"假远期"（usance L/C payable at sight）条款。

（5）根据受益人对信用证的权利可否转让可分为：可转让信用证、不可转让信用证。

可转让信用证（transferable L/C），指信用证的受益人（第一受益人）可以要求授权付款、承担延期付款责任，承兑或议付的银行（统称"转让行"），或当信用证是自由议付时，可以要求信用证中特别授权的转让银行，将信用证全部或部分转让给一个或数个受益人（第二受益人）使用的信用证。开证行在信用证中要明确注明"可转让"（transferable），且只能转让一次。

不可转让信用证，指受益人不能将信用证的权利转让给他人的信用证。凡信用证中未注明"可转让"，即是不可转让信用证。

（6）循环信用证，分为自动式循环和非自动循环。

循环信用证指信用证被全部或部分使用后，其金额又恢复到原金额，可再次使用，直至达到规定的次数或规定的总金额为止。它通常在分批均匀交货情况下使用。

（7）对开信用证。

对开信用证指两张信用证申请人互以对方为受益人而开立的信用证。两张信用证的金额相等或大体相等，可同时互开，也可先后开立。它多用于易货贸易或来料加工和补偿贸易业务。

（8）对背信用证。

对背信用证又称转开信用证，指受益人要求原证的通知行或其他银行以原证为基础，另开一张内容相似的新信用证，对背信用证的开证行只能根据不可撤销信用证来开立。对背信用证的开立通常是中间商转售他人货物，或两国不能直接办理进出口贸易时，通过第三者以此种办法来沟通贸易。原信用证的金额（单价）应高于对背信用证的金额（单价），对背信用证的装运期应早于原信用证的规定。

（9）预支信用证。

预支信用证指开证行授权代付行（通知行）向受益人预付信用证金额的全部或一部分，由开证行保证偿还并负担利息，即开证行付款在前，受益人交单在后，与远期信用证相反。预支信用证凭出口人的光票付款，也有要求受益人附一份负责补交信用证规定单据的说明书，当货运单据交到后，付款行在付给剩余货款时，将扣除预支货款的利息。

（10）备用信用证。

备用信用证又称商业票据信用证（commercial paper credit），担保信用证，指开证行根据开证申请人的请求对受益人开立的承诺承担某项义务的凭证。即开证行保证在开证申请人未能履行其义务时，受益人只要凭备用信用证的规定并提交开证人违约证明，即可取得开证行的偿付。它是银行信用，对受益人来说是备用于开证人违约时，取得补偿的一种方式。

四、常用信用证的流程（见图9.6）

在国际贸易和国际结算业务中，进口商和出口商最常用的是跟单信用证，而银行最常处理的业务就是进口商向银行申请开立跟单信用证。

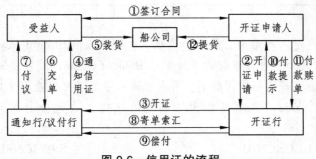

图 9.6　信用证的流程

第四节　SWIFT 与银行国际业务

一、SWIFT 与 SWIFT 代码

SWIFT 是 "Society for Worldwide Interbank Financial Telecommunication"（全世界银行间金融电信协会）的英文简称，它通过自动化国际金融电讯网办理成员银行间资金调拨、汇款结算、开立信用证、办理汇款业务和托收等业务。也就是说，SWIFT 专门为银行业务信息传递提供服务。银行进行国际上银行间的业务联系时用的是 SWIFT 电文，通过专门的 SWIFT 系统软件来收发，连网线都是专用的，还使用硬件或软件对电文进行加、解密。SWIFT 在互联网上有专用服务器，银行里面也有相应的电脑硬件和 SWIFT 软件，用于登录、收发 SWIFT 电子文件。这种 SWIFT 电文当然跟电子邮件不同，SWIFT 组织有着统一的要求和专门的、标准的、非常严格规范的格式 MESSAGE TYPE，简称 MT。而且不同类别的银行业务还有不同的 MT 格式，分别编号。比如用于电汇的就是 MT100 格式，用于托收的是 MT400 格式，信用证开证则是 MT700，等等。SWIFT 的安全性较高，它使用的密押比电传的密押可靠性更强、保密性更高，且具有较高的自动化水平。

1973 年 5 月，来自美国、加拿大和欧洲的 15 个国家的 239 家银行宣布正式成立 SWIFT，其总部设在比利时的布鲁塞尔。它是为了解决各国金融通信不能适应国际间支付清算的快速增长而设立的非营利性组织，负责设计、建立和管理 SWIFT 国际网络，以便在该组织成员间进行国际金融信息的传输和确定路由。1980 年 SWIFT 连接到中国香港。中国银行于 1983 年加入 SWIFT，是 SWIFT 组织的第 1034 家成员行，并于 1985 年 5 月正式开通使用，成为我国与国际金融标准接轨的重要里程碑。之后，我国的国有商业银行及上海和深圳的证券交易所，也先后加入 SWIFT。SWIFT 自投入运行以来，以其高效、可靠、低廉和完善的服务，在促进世界贸易的发展，加速全球范围内的货币流通和国际金融结算，促进国际金融业务的现代化和规范化方面发挥了积极的作用。中国银行、中国农业银行、中国工商银行、中国建设银行、中国交通银行、中信实业银行等已成为环球银行金融通信协会的会员。

凡该协会的成员银行都有自己特定的 SWIFT 代码，即 SWIFT CODE。SWIFT Code（简称银行国际代码）一般用于发电汇，信用证电报，每个银行都有，用于快速处理银行间电报往来。像中国工商银行和中国建设银行这样的大银行，也会对自己内部的分支机构分配后缀不同的 SWIFT Code。通过 SWIFT 一些查询的网站去查询。

> 提示：进入网站后，如果知道机构关键字（institution keyword），可以快速查找它的信息；例如：中国银行的关键字是 Bank of China，就可以直接在 FXCM 环球金汇的 swift 路由代码找到中国银行，再点击输入分行就可以查询中国银行在全世界的分行的 SWIFT Code，当然包括大陆各地的代码，内地分行的开始 8 位全部是 BKCHCNBJ。
>
> | | |
> |---|---|
> | 中国银行：BKCHCNBJ | 浦发银行：SPDBCNSH |
> | 中国工商银行：ICBKCNBJ | 汇丰银行：HSBCCNSH |
> | 中国建设银行：PCBCCNBJ | 渣打银行：SCBLCNSX |
> | 中国农业银行：ABOCCNBJ | 花旗银行：CITICNSX |
> | 招商银行：CMBCCNBS | 德意志银行：DEUTCNSH |
> | 中国交通银行：COMMCN | 瑞士银行：UBSWCNBJ |
> | 中信银行：CIBKCNBJ | 荷兰银行：ABNACNSH |
> | 兴业银行：FJIBCNBA | 香港汇丰：BLICHKHK |
> | 民生银行：MSBCCNBJ | 香港花旗：CITIHK |
> | 华夏银行：HXBKCN | 香港东亚银行：BEASCNSH |
>
> 代码后需要统一添加分行阿拉伯数字代号。

二、SWIFT 与汇款业务

在电汇时，汇出行按照收款行的 SWIFT Code 发送付款电文，就可将款项汇至收款行。该号相当于各个银行的身份证号。如果汇出行是知名银行，如中国银行，那么收款银行可以通过查阅 SWIFT 代码表来找到相对应的代码，收款银行主动提供该代码可以减少错误的发生几率。目前，国内大部分银行的国际汇款都是通过 SWIFT 系统处理的，SWIFT 对于国际汇款主要报文格式规定如表 9.3 所示，客户申请汇款的报文如表 9.4 所示。

表 9.3　汇款相关的 SWIFT 报文

报文格式	MT 格式名称	名称描述
MT103	客户汇款	请求调拨资金
MT200	单笔金融机构头寸调拨至发报行自己账户	请求将发报行的头寸调拨至其他金融机构的该行账户上
MT201	多笔金融机构头寸调拨到它自己的账户上	多笔 MT200
MT202	单笔普通金融机构头寸调拨	请求在金融机构之间的头寸调拨
MT203	多笔普通金融机构头寸调拨	多笔 MT202
MT204	金融市场直接借记电文	用于向 SWIFT 会员银行索款
MT205	金融机构头寸调拨执行	国内转汇请求
MT210	收款通知	通知收报行，它将收到头寸记在发报行账户上

表 9.4 汇款相关的 MT103 报文

Status	Tag 项目编号	Field Name 项目名称	
M	20	Sender's reference	发报行给该汇款业务的参考号
O	13C	Time Indication	要求银行借记或贷记款项的时间指示
M	23B	Bank Operation Code	银行操作代码,通过五种代码表示五种处理类型
O	23E	Instruction Code	提示的通知方式,如电话,电报等。有 13 种代码表示方式,可多选,但必须按特定顺序
O	26T	Transaction Type Code	交易类型代码
M	32A	Valuedate/Currency code/Interbank Settled amount	银行起息日/币种/银行间清算金额
O	33B	Currency/Instructed Amount	提示币种/金额,在汇款没有包括对汇款人或收款人的收费,也没有汇率转换时,此金额等同
O	36	Exchange Rate	汇率,以发送后币种金额计算基数
M	50a/k	Ordering customer	汇款人
O	51A	Sender's Correspondent	发报行的 BIC 代码
O	52a/d	Ordering Institution	汇款人账户行
O	53a/b/d	Sender's Correspondent	发报行的代理行
O	54a/b/d	Receiver's Correspondent	收报行的代理行
O	55a/b/d	Third Reimbursement Institution	第三方偿付行,除汇出行的分行或代理行外的另一家银行,且是汇入行的分行
O	56a/b/d	Intermediary Institution	中间行,一般为收款行的账户行
O	57a/b/d	Account with Institution	账户行
M	59	Beneficiary Customer	收款人
O	70	Remittance Information	交易信息,付款理由或由汇款人附言
M	71A	Details of Charges	费用承担细则
O	71F	Sender's Charges	发报行费用
O	71G	Receiver's Charges	收报行费用,若费用由汇款人承担,这里显示的金额已结清
O	72	Sender to Receiver Information	附言,银行对银行附言,与收款人、汇款人无关
O	77B	Regulatory Reporting	汇款人或收款人所在国家要求的法规信息代码
O	77T	Envelope Contents	其他汇款信息传达格式

三、SWIFT 与托收业务

SWIFT 对于托收的主要报文格式有：MT400、MT410、MT412、MT416、MT420、MT422、MT430。在国际业务中，最常处理的业务的报文格式是 MT400 和 MT412。MT400 的报文名称是付款通知（Advice of Payment）（见表 9.5）；MT412 的报文名称是承兑通知（Advice of Acceptance）（见表 9.6），当进口商对远期汇票承兑后，代收行给托收行发 MT412，通知承兑情况。

表 9.5　MT400　Advice of Payment 付款通知

M/O	Tag 项目编号	Field Name 项目名称	
M	20	Sending Bank's TRN	代收行（发行行）编号
M	21	Related Reference	有关业务编号
M	32a	Amount Collected	代收金额
M	33A	Proceeds Remitted	汇出金额
O	52a	Odering Bank	代收行（如果代收行不是发报行，而是发报行的分行时，报文使用该项目列明代收行名。）
O	53a	Sender's Correspondent	发报行的代理行
O	54a	Receiver's Correspondent	收报行的代理行
O	57a	Account with Bank	账户行
O	58a	Beneficiary Bank	收款行
O	71B	Details of Charges(Deductions)	从代收总额中扣除的费用
O	72	Sender to Receiver Information	附言
O	73	Details of Amounts Added	附加金额细目

72、73 栏目可能出现的代码：/BNF/表示下列附言给收费行；/REC/表示下列附言给收报行；/TELEBEN/表示请用快捷的有效电讯方式通知收款行；/PHONBEN/表示请用电话通知收款行（后跟电话号码）；/ALCHAREF/表示付款人拒付所有费用；/OUCHAREF/表示付款人拒付我方费用；/UCHAREF/表示付款人拒付你方费用；/INTEREST/表示代收金额的利息；/RETCOMM/表示代收行支付的手续费；/YOURCHAR/表示托收行委托代收行收取的费用。

表 9.6　MT412 Advice of Acceptance

M\O	Tag 项目编号	Field Name 项目名称	解释
M	20	Sending Bank's TPN	发报行的编号
M	21	Related Reference	有关业务编号
M	32A	Maturity Date,Currency Code,Amount Accepted	已承兑托收款项的到期日、货币和金额
O	72	Sender to Receiver Information	附言

其中，"32A"表示到期日已经确定，如 32A：100809GBP30000.00，即表示代收金额 30 000.00 英镑，到期日为 2010 年 8 月 9 日；"32B"表示还无法确定到期日，如 32B：EUR8790.00；"32K"表示到期日在某一段时期后，如 32K：D090STUSD90000.00，即表示代收金额为 90000.00，到期日为见票后 90 天。其中，D 表示天，M 表示月，ST 表示见票后。

四、SWIFT 与信用证业务

世界上大多数银行，包括我国的商业银行目前都是通过 SWIFT 系统开立或予以通知的信用证。在国际贸易结算中，SWIFT 信用证是正式的、合法的，被信用证各当事人所接受的、国际通用的信用证。采用 SWIFT 信用证必须遵守 SWIFT 的规定，也必须使用 SWIFT 手册规定的代号（Tag），而且信用证必须遵循国际商会 2007 年修订的《跟单信用证统一惯例》各项条款的规定（见表 9.7）。在 SWIFT 信用证可省去开证行的承诺条款（Undertaking Clause），但不因此免除银行所应承担的义务。开立 SWIFT 信用证的格式代号是 MT 700 和 MT 701（701 格式是在 700 格式不够使用时增添使用的）及信用证修改书 MT707（见表 9.8 和表 9.9）。

表 9.7　SWIFT 信用证报文格式

MT 700/701	开立信用证
MT 705	跟单信用证预先通知
MT 707	跟单信用证的修改
MT 710/711	通知由第三家银行或非银行开立的信用证
MT 720/721	跟单信用证的转让
MT 730	确认
MT 732	单据已被接受的通知
MT 734	拒付通知
MT 740	偿付授权
MT 742	索偿
MT 747	修改偿付授权
MT 750	通知不符点
MT 752	授权付款、承兑或议付
MT 754	已付款、承兑或议付的通知
MT 756	通知已偿付或付款

表 9.8　MT700 报文

M/O	Tag 项目编号	Field Name 项目名称	
M	27	Sequence of total	报文页次
M	40A	Form of Credit	跟单信用证形式
M	20	Documentary Credit Number	跟单信用证号码
0	23	Reference to Pre-Advice	预先通知编码
0	31C	Date of issue	开证日期
M	40E	Applicable Rules	适用规则
M	31D	Date and place of expiry	最迟交单日期和交单地点
0	51a	Applicant Bank	开证申请人的银行
M	50	Applicant	开证申请人
M	59	Beneficiary	受益人
M	32B	Currency Code,Amount	货币和金额
0	39A	Percentage Credit Amount Tolerance	信用证金额上、下浮动最大允许范围
O	39B	Maximum Credit Amount	信用证金额最高限额
O	39C	Additional Amounts Covered	信用证涉及的附加金额
M	41a	Available with …by …	兑用银行及信用证兑用方式
0	42C	Drafts at …	汇票付款期限
0	42a	Drawee	汇票付款人
O	42M	Mixed Payment Details	混合付款细节
O	42P	Deferred Payment Details	迟期付款细节
0	43P	Partial Shipments	分批装运条款
0	43T	Transshipment	转运条款
0	44A	Place of Taking in Charge/Dispatch from…/Place of Receipt	接管地/发运地/收货地
0	44E	Port of Loading/Airport of Departure	装货港口/起飞航空港
O	44F	Port of Discharge/Airport of　Destination	卸货港/目的地航空港
0	44B	Place of Final Destination/For Transportation to…/Place of Delivery	货物发运最终目的地/转运至……/交货地
O	44C	Latest Date of Shipment	最迟装运期
O	44D	Shipment Period	装运期
0	45A	Description of Goods and/or Services	货物/劳务描述
0	46A	Documents required	单据要求
0	47A	Additional Conditions	附加条款
0	71B	Charges	费用负担
0	48	Period for Presentation	交单期限
M	49	Confirmation Instructions	保兑指示
0	53a	Reimbursement Bank	偿付行
0	78	Instructions to the Paying/Accepting/Negotiating Bank	给付款行，承兑行或议付行的指示
0	57a	"Advise Through" bank	通知行
0	72	Sender to Receiver Information	附言

表 9.9　MT701 报文

M/O	Tag 项目编号	Field name 项目名称	Content/Options
M	27	Sequence of Total	1n/1n
M	20	Documentary credit number	16x
O	45B	Description of Goods and/or Service	100*65x
O	46B	Documents Required	100*65x
O	47B	Additions conditional	100*65x

 实训练习

实训一：境外汇款业务主要涉及的当事人有哪些？主要的汇款方式有哪些？主要流程有哪些？请模拟角色表演出来。

实训二：托收业务中主要涉及的当事人有哪些？常见的托收类型有什么？主要流程有哪些？请模拟角色表演出来。

实训三：信用证业务中主要涉及的当事人有哪些？常用信用证流程是什么？主要流程有哪些？请模拟角色表演出来。

实训四：请三人一组，分别模拟顾客、银行和国外代理银行，采用一问一答的形式，扮演在各种结算方式下，受理客户业务的银行该发何种 SWIFT 报文给国外代理银行。

第十章　国际业务岗业务实训

【本章简介】

本章主要从三种国际结算方式出发，以最常见的业务形式进行情景代入，引导读者掌握银行员工处理这些业务的程序和方法，在每小节结束后，都通过实训来加强练习。

【学习目标】

掌握国际结算中所涉及的单据，掌握国际结算中所涉及的电文格式，熟练掌握商业银行汇款、托收、开立信用证的主要业务流程，主要包括对单据的审查、各种申请书的填写和开立等细节要求等；熟练掌握银行外汇业务计算机软件的相关操作。能够掌握 MT103、MT400、MT412、MT700 和 MT701；能以委托人身份，制作跟单托收委托书和托收汇票，办理托收申请操作；能以托收行身份，制作跟单托收指示，办理托收操作；能以代收行身份，制作进口代收单据通知书、MT400 或 MT412 报文，办理代收操作；能以开证申请人身份，根据外贸合同填制开证申请书并办理申请开证手续；能以开证行身份，根据开证申请书制作信用证 MT700 报文并办理开证手续。

第一节　国际汇款

实训项目　国际汇款

情景单元 1　汇出行汇出汇款

【情景内容】

201×年 7 月 22 日，广东金贸进出口有限公司与美国的 TOCOO PRODUCTS INC.签订了一份价值 8 万美元的分光光度计进口合同，双方约定采用电汇方式结算。201X 年 8 月 27 日，广东金贸进出口有限公司外贸业务员刘洋根据外贸合同的要求，在收到出口商发出的海运提单副本和商业发票副本后的第 2 天，填写境外汇款申请书，并向中国银行广东省分行办理申请汇款手续，采用电汇方式预付全部货款。中国银行广东省分行国际业务部职员方明对广东金贸进出口有限公司提交的相关材料进行审核。审核通过后，8 月 27 日，方明须根据境外汇款申请书填制 MT103 报文各项内容，审核无误后通过 SWIFT 发送给汇入行。

【情景步骤】

【步骤一】要求客户填制汇款申请书。

> 知识点：2006年，中国国家外汇管理局对国际收支申报系统进行了升级，统一了各行的境外汇款申请书格式。境外汇款申请书为一式三联，分别为银行业务部门、汇款人和外汇局留存联。银行也可以根据实际需要，增加相应的联数，如会计凭证联。

境外汇款申请书包括汇款人和银行填写两部分。汇款人需要填写的内容包括：汇款币种及金额、资金来源、账号、汇款人名称及地址、组织机构代码或个人身份证号码、收款人名称及地址、收款人开户银行、收款人账号、收款人国别、汇款费用的承担、交易附言及编码、合同号码、发票号码等信息。银行应该将汇款人填写的信息与其提交的商业单据和有效凭证进行核对无误后，才能办理售付汇手续，填写手续费、邮电费、使用的汇率等内容。境外汇款申请书一般一式三联，第一、三联是银行留存联，第二联是申报主体留存联（汇款人留存联），使用英文填写。

汇款申请书是汇款人与汇出行之间的契约，也是汇款人的委托指示，必须明确，如因填制上的错漏所引起的后果，由汇款人自行承担。因此，银行国际业务工作人员必须指导客户填写，境外汇款申请书的填写指南如下：

（1）TO：汇出行（表示：此表要提交给）<已印制好>。

（2）DATE：申请日期 <指去银行办理业务的日期>。

（3）汇款方式：有电汇、信汇、票汇。

（4）发电等级：SWIFT系统设置的默认发送"普通"级别文件。

（5）申报号码：根据国家外汇管理局有关申报号码的编制规则，由银行编制（此栏由银行填写）。

（6）20业务编号：指该笔业务在银行的业务编号（此栏由银行填写）。

（7）收电行/付款行：此栏由银行填写。

（8）32A 汇款币种及金额：指汇款人申请汇出的实际付款币种及金额，用阿拉伯数字写出汇款的总金额。

（9）金额大写：用英文表示金额。

（10）"现汇金额"汇款人申请汇出的实际付款金额中，直接从外汇账户或以外币现钞支付的金额，汇款人将从银行购买的外汇存入外汇账户（包括外汇保证金账户）后对境外支付的金额应作为现汇金额。汇款人以外币现钞方式对境外支付的金额作为现汇金额；"购汇金额"汇款人申请汇出的实际付款金额中，向银行购买外汇直接对境外支付的金额；"其他金额"汇款人除购汇、现汇以外对境外支付的金额，包括跨境人民币交易以及经常贸易项下交易等的金额。

（11）50a 汇款人名称及地址：对公项下指汇款人预留银行印鉴或国家质量监督检验检疫总局颁发的组织机构代码证或国家外汇管理局及其分支局（以下简称"外汇局"）签发的特殊机构代码赋码通知书上的名称及地址；对私项下指个人身份证件上的名称及住址。

（12）组织机构代码：按国家质量监督检验检疫总局颁发的组织机构代码证或外汇局签发的特殊机构代码赋码通知书上的单位组织机构代码或特殊机构代码填写。

（13）中国居民个人/中国非居民个人：根据《国际收支统计申报办法》中对中国居民/中国非居民的定义进行选择。个人身份证件号码包括境内居民个人的身份证号、军官证号等以及境外居民个人的护照号等。

（14）54/56a 收款银行之代理行名称及地址：当汇出行与汇入行之间无往来账户时填写，为中转银行的名称，所在国家、城市及其在清算系统中的识别代码。

（15）57a 收款人开户银行名称及地址：为收款人开户银行名称，所在国家、城市及其在清算系统中的识别代码；如果有中转行，需要填写收款人开户银行在其代理行的账号（为收款银行在其中转行的账号）。

（16）59a 收款人名称及地址：出口商公司账号、全称和地址。

（17）70 汇款附言：由汇款人填写所汇项的必要说明，可用英文填写且不超过 140 字符（受 SWIFT 系统限制）。

（20）71A 国内外费用承担：指由汇款人确定办理对境外汇款时发生的国内外费用由何方承担，分为汇款人支付、收款人支付、双方共同支付，并在所选项前的□中打√。

（21）收款人常驻国家（地区）名称及代码：指该笔境外汇款的实际收款人常驻的国家或地区。名称用中文填写，代码根据"国家（地区）名称代码表"填写。

（22）按汇款性质选择预付款项、货到付款、退款或其他。

（23）最迟装运日期：指货物的实际装运日期。境外工程物资和转口贸易项下的支付中最迟转运日期应为收汇日期。

（24）交易编码：应根据本笔对境外付款交易性质对应的"国际收支交易编码表（支出）"填写。如果本笔付款为多种交易性质，则在第一行填写最大金额交易的国际收支交易编码，第二行填写次大金额交易的国际收支交易编码；如果本笔付款涉及进口付汇核销项下交易，则核销项下交易视同最大金额交易处理；如果本笔付款为退款，则应填写本笔付款对应原涉外收入的国际收支交易编码。

（25）相应币种及金额：应根据填报的交易编码填写，如果本笔对境外付款为多种交易性质，则在第一行填写最大金额交易相应的币种和金额，第二行填写其余币种及金额。两栏合计数应等于汇款币种及金额；如果本笔付款涉及进口付汇核销项下交易，则核销项下交易视同最大金额交易处理。

（26）交易附言：应对本笔对境外付款交易性质进行详细描述。如果本笔付款为多种交易性质，则应对相应的对境外付款交易性质分别进行详细描述；如果本笔付款为退款，则应填写本笔付款对应原涉外收入的申报号码。

（27）选择是否为进口核销项下付款。

（28）外汇局批件/备案表号：指外汇局签发的，银行凭以对外付款的各种批件或进口付汇备案表号。

（29）报关单位经营单位编码：指由海关颁发给企业的"自理报关单位注册登记证明书"上的代码。

（30）报关单号：指海关报关单上的编码，应与海关报关数据库中提示的编码一致。若有多张关单，表格不够填写，可附附页。

（31）银行专用栏：由银行填写。

（32）申请人签单。

（33）银行签单。

参阅材料

境外汇款申请书正面

APPLICATION FOR FUNDS TRANSFERS（OVERSEAS）					
				日　期 Date	
	致：××银行	□ 电汇 T/T　□ 票汇 D/D　□ 信汇 M/T		发电等级 Priority	□　普　通　Normal □　加急　Urgent
申报号码 BOP Reporting No.		□□□□□　　□□□□　　□□　　□□□□□□　　□□□□			
20	银行业务编号 Bank Transac. Ref. No.		收电行/付款行 Receiver / Drawn on		
32A	汇款币种及金额 Currency & Interbank Settlement Amount		金额大写 Amount in Words		
其中	现汇金额 Amount in FX		账号 Account No./Credit Card No.		
	购汇金额 Amount of Purchase		账号 Account No./Credit Card No.		
	其他金额 Amount of Others		账号 Account No./Credit Card No.		
50a	汇款人名称及地址 Remitter's Name & Address				
	□对公　组织机构代码 Unit Code□□□□ □□□□-□	□　对私	个人身份证件号码 Individual ID NO. □中国居民个人 Resident Individual　□中国非 居民个人 Non-Resident Individual		
54/56a	收款银行之代理行 名称及地址 Correspondent of Beneficiary's Bank Name & Address				
57a	收款人开户银行 名称及地址	收款人开户银行在其代理行账号 Bene's Bank A/C No. 填写外方银 行识别码（例如 SWIFT 码）			
	Beneficiary's Bank Name & Address	外方收款银行名称			
		外方收款银行地址			

59a	收款人名称及地址 Beneficiary's Name & Address	收款人账号 Bene's A/C No. 按要求填写即可			
		外方工厂名称			
70	汇款附言 Remittance Information	只限 140 个字位 Not Exceeding 140 Characters	71A	国内外费用承担 All Bank's Charges If Any Are To Be Borne By □ 汇款人 OUR □ 收款人 BEN □ 共同 SHA	
		发票号（INVOICE No.），有几个写几个			

收款人常驻国家（地区）名称及代码 Resident Country/Region Name & Code		美国	□□□

请选择：□ 预付货款 Advance Payment □ 货到付款 Payment Against Delivery	最迟装运日期填关
□ 退款 Refund □ 其他 Others	单的"进口日期"

交易编码 BOP Transac. Code	□□□□□□	相应币种及金额 Currency & Amount	USD5888.88	交易附言 Transac.Remark		一般贸易（生活日 用品）

是否为进口核销项下付款	□ 是	□ 否	合同号	按合同填写	发票号	同"汇款附言"
外汇局批件/备案表号				报关单经营单位代码	□□□□□□□□□	
报关单号	关单付汇证明联 上面的号码	报关单币种及总金额			本次核注金额	
报关单号		报关单币种及总金额			本次核注金额	

银行专用栏 For Bank Use Only		申 请 人 签 章 Applicant's Signature		银 行 签 章 Bank's Signature	
购汇汇率 @ Rate		请按照贵行背页所列条款代办以上汇款 并进行申报			
等值人民币 RMB Equivalent		Please Effect The Upwards Remittance, Subject To The Conditions Overleaf:			
手续费 Commission					
电报费 Cable Charges					
合计 Total Charges		申请人姓名 Name of Applicant		核准人签字 Authorized Person	
支付费用方式 In Payment of the Remittance	□ 现金 by Cash □ 支票 by Check □ 账户 from Account	电话 Phone No.		日期 Date	
核印 Sig. Ver.		经办 Maker		复核 Checker	
填写前请仔细阅读各联背面条款及填报说明 Please read the conditions and instructions overleaf before filling in this application					

境外汇款申请书背面

汇款申请书 Application for Funds Transfer

条件和条款 Terms and Conditions

1. 申请人应仔细审阅申请书所列之各项条款内容。如因填写错误或字迹不清而引起的迟付或错付款，银行不承担责任。

2. 除非另有其他书面约定：

（a）银行将以邮件、电报、有线电报、无线电报、电报技术或电传等划款方式或汇票（此后均统一为讯息）发式进行划款，且银行可以使用明确的语言代码或密码来传送同该划款有关的任何讯息。

（b）尽管兑换及划款日期应完全由银行自主决定，银行通常将在其从申请人处收到款项的当天按银行收到款项当天的银行现行汇率把款项兑换成外汇并划出。

3. 银行完成兑换及划款的书面申明应是终局性的。

4. 银行可以代表申请人使用任何代理行、代理人或分代理人。本申请书和有关文件可以传送至银行的任何分行，并由其处理。

5. 如果付款以受款国以外的货币表示，该款项仍可按银行代理行或分代理行的现行买入价，以汇出国货币支付给收款人，除非收款人按其与银行的代理行或代理人或分代理人之间的安排，在支付所有与此有关的银行的代理行、代理人或分代理人的费用后，获得某些其他货币的付款。

6. 在任何情况下，申请人均认可款项的发送应完全由申请人承担各方面的风险且因不应被认为对下列事项负责：讯息传送过程中可能发生的或因其对讯息错误理解而产生的或在任何邮件、电报、有线电报、无线电报、电报技术或电传公司收到后产生的或因银行的代理行或代理人或分代理人或上述机构的任何雇员造成的或由于银行，其代理行代理人或分代理人直接控制以外的任何其他原因造成的任何残缺、中断、遗漏、疏忽、违约、错误与延误。

7. 如经申请人请求且仅在银行已收到有效的取消付款通知后，银行可向申请人退款，且在款项已经兑换的情况下，退款应在按退款当天的银行买入价计算并减去银行的开支及其代理行或代理人的开之后方能进行。

8. 如果汇票、邮件划款或其他讯息遗失时，申请人在第二次签发汇票、邮件划款或其他讯息来取代第一次讯息前将被要求签署一份赔偿书。

9. 申请人同意支付与执行申请人的指令有关的银行佣金以及一切其他收费，并在适用法律许可的范围内支付相关的印花税。

10. 本"汇款申请书"及其条件以中英文两种文字写成，两种文本如有不一致，以中文本为准。

【步骤二】审查汇款申请书。

汇款业务中，汇出行应按照汇款申请书的指示处理业务，再对汇款申请书填写正确性进行审核。汇出行应熟悉汇款申请书的内容并能对其填写的正确性进行审核，能够根据汇款申请书缮制汇款指示。审核要点如下：

（1）汇款方式的选择：电汇（T/T）、信汇（M/T）、票汇（D/D）；

（2）汇出金额及大小：如 EUR75000，SEVENTY FIVE THOUSAND ONLY；

（3）收款人全称及详细地址；

（4）收款人银行（汇入行）及收款人账号；

（5）附言：进口合同号码、款项用途；

（6）国外银行费用由何方承担：汇款人承担、收款人承担、双方共同承担；

（7）汇款人签章（个人客户的签章应与其身份证件的姓名一致，机构客户的签章应与其在我行的预留印鉴相符）等。

【步骤三】审核外汇管理规定要求的文件。

根据我国外汇管理局的要求，商业银行国际业务员工应当对境外汇款申请书、贸易进口付汇核销单、进口付汇备案表、汇款的有效凭证（正本合同、发票、进/出口货物报关单、运输单据、保险单据）等进行审核。图 10.1～10.4 列举了相关凭证单据的样本。

贸易进口付汇核销单（代申报单）

印单局代码： 核销单编号：

单位代码		单位名称		所在地外汇名称	
付汇银行名称		收汇人国别		交易编码	
收款人是否在保税区：	是☐ 否☐	交易附言			

对外付汇币种		对外付汇总额	
其中：购汇金额		现汇金额	其他方式金额
人民币账号		外汇账号	

付汇性质

☐ 正常付款
☐ 不在名录　　☐ 90天以上信用证　　☐ 90天以托收　　☐ 异地付汇
☐ 90天以上到货　☐ 转口贸易　　　☐ 境外工程使用物资　☐ 真实性审查

备案表编号

预计到货日期	进口批件号	合同/发票号

结算方式

信用证	90天以内☐	90天以上☐	承兑日期	/	/	付汇日期	/	/	期限	天
托收	90天以内☐	90天以上☐	承兑日期	/	/	付汇日期	/	/	期限	天

	预付贷款☐	货到付款（凭报关单付汇）☐	付汇日期	
汇款	报关单号	报关日期 / /	报关单币种	金额
	报关单号	报关日期 / /	报关单币种	金额
	报关单号	报关日期 / /	报关单币种	金额
	报关单号	报关日期 / /	报关单币种	金额

（若报关单填写不完，可另附纸。）

其他	付汇日期

以下由付汇银行填写

申报号码： ☐☐☐☐☐☐ ☐☐☐☐☐ ☐☐☐☐☐☐☐

业务编号： 审核日期： （付汇银行签章）

进口单位签章

图 10.1　贸易进口付汇核销单（样本）

深圳市出口商品发票
Shenzhen City Export Goods Invoice

出口专用
For Export

发 票 联
For Book-keeping

发票代码 144030925150
发票号码 00291341

购货单位
Purchaser:

地址：　　　　　　　　　　　电话　　　　　　　　　开票日期　　年　月　日
Add:　　　　　　　　　　　　Tel:　　　　　　　　　　Issued date:　Year　Mouth　Date

合同号码 Contract No.		贸易方式 Trade Method		收汇方式 Foreign Exchange Collection Form	
信用证号 L/C No.		当期汇率 Exchange Rate			

订单号码 P.O.No	商品名称 Description and Specification of Goods	单位 Unit	数量 Quantity	销售单价 Unit Price	销售额 Total Sales Amount	离岸价 FOB

销售额 Total Sales Amount	外币(　) Currency				
	合计大写 Total Amount (In Capitals)			(小写)	(小写)
	人民币 RMB 合计大写 Total Amount (In Capitals)			(小写)	(小写)
备注 Notes					

销货单位：　　　　　　　　　电话：　　　　　　　　　开票人：
Seller:　　　　　　　　　　　Tel:　　　　　　　　　　Issued by:

地址　　　　　　　　　　　　传真：
Address of Seller:　　　　　　Fax:

图 10.2　出口商品发票（样本）

中国人民共和国海关进口货物报关单

预录入编号： 001788374　　　　　　　　　　　海关编号： 010120041014008083

进口口岸	机场单证	0101		备案号		进口日期		申报日期	
经营单位				运输方式 航空运输	运输工具名称		提运单号	J101313042	
收货单位	北京八佰拜信息技术有限公司			贸易方式	一般贸易	征免性质	一般征税	征税比例	
许可证号				起运国（地区）中国香港	装货港	香港	境内目的地	北京海淀	
批准文号				成交方式 FOB	运费		保费	杂费	
合同协议号				件数 15	包装种类 纸箱		毛重（公斤）244	净重（公斤）239	
集装箱号				随附单据			用途		

标记唛码及备注

项号	商品编号	商品名称、规格型号	数量及单位	原产国（地区）	单价	总价	币制	征免
	90191090	皮肤美容仪	6000.000台 230.000千克 6000.000台	中国香港			美元	照章征税 用途：外贸自营内销

税费征收情况

录入员	录入单位	兹声明以上申报无讹并承担法律责任	海关审单批注及放行日期（签章）	
报关员			审单	审价
单位地址		申报单位（签章）　天津振华国际货运有限公司	征税	统计
邮编　电话		填制日期	查验	放行 签发关员：刘玲 签发日期：2004.01.20

图 10.3　进口货物报关单（样本）

货物运输保险单
CARGO TRANSPORTATION INSURANCE POLICY

发票号(INVOICE NO.) IV0001972

合同号(CONTRACT NO.) contract02

信用证号(L/C NO.) 002/0000398

被保险人

保单号次
POLICY NO. 1030001629

Insured：RIQING EXPORT AND IMPORT COMPANY

本公司根据被保险人的要求，由被保险人向本公司缴付约定的保险费，按照本保险单承保险别和背面所载条款与下列特款承保下述货物运输保险，特立本保险单。

THE COMPANY IN ACCORDANCE WITH THE REQUIREMENTS OF THE INSURED BY THE INSURED TO THE COMPANY AGREED TO PAY THE PREMIUMS, IN ACCORDANCE WITH THE INSURANCE COVERAGE AND ON THE BACK OF THE FOLLOWING TERMS AND CONDITIONS CONTAINED IN THE SPECIAL SECTION COVER THE CARRIAGE OF GOODS BY INSURANCE, OF THE INSURANCE TRINIDAD SINGLE.

标记 MARKS&NOS	包装及数量 QUANTITY	保险货物项目 DESCRIPTION OF GOODS	保险金额 AMOUNT INSURED
CANNED LITCHIS JAPAN C/NO.1-1000 MADE IN CHINA	CARTONS	CANNED LITCHIS	JPY 1366855.00

总保险金额 壹佰叁拾陆万陆仟捌佰伍拾伍日元整

TOTAL AMOUNT INSURED:

保费

PREMIUM： JPY 10934.84

目

FROM：SHANGHAI,CHINA

承保险别

CONDITIONS：

启运日期

DATE OF COMMENCEMENT： 2010-06-24

经

VIA：

装载运输工具

PER CONVEYANCE： TBA

至

TO：NAGOYA,JAPAN

COVERING ALL RISKS, OCEAN MARINE CARGO CLAUSES.

所保货物,如发生保险单项下可能引起索赔的损失或损坏,应立即通知本公司下述代理人查勘。如有索赔,应向本公司提交保单正本(本保险单共有3份正本)及有关文件。如一份正本已用于索赔，其余正本自动失效。

IN THE EVENT OF LOSS OR DAMAGE WITCH MAY RESULT IN A CLAIM UNDER THIS POLICY, IMMEDIATE NOTICE MUST BE GIVEN TO THE COMPANY'S AGENT AS MENTIONED HEREUNDER. CLAIMS,IF ANY,ONE OF THE ORIGINAL POLICY WHICH HAS BEEN ISSUED IN 3 ORIGINAL(S) TOGETHER WITH THE RELEVENT DOCUMENTS SHALL BE SURRENDERED TO THE COMPANY . IF ONE OF THE ORIGINAL POLICY HAS BEEN ACCOMPLISHED. THE OTHERS TO BE VOID.

国际保险公司

INTERNATIONAL INSURANCE COMPANY

赔款偿付地点

CLAIM PAYABLE AT JAPAN

出单日期

ISSUING DATE August 31th,2011

authorized signature

SPECIAL SEAL FOR POLICY

图 10.4 货物运输保险单（样本）

【步骤四】收取汇款费用。

银行国际业务部员工方明对客户提交的相关材料审核无误后，向客户收取汇款手续费。然后在"汇出汇款登记簿"登记汇款信息：包括汇出汇款业务参考号、汇出日期、汇款人、汇款币种及金额、汇款用途、汇入行、收款人、外汇来源等主要内容，最后加盖个人签章证实印鉴相符。在经办、复核和审批人员都签章后，再加盖业务章并将汇款申请书（客户留存联）退还给客户，汇款申请书（银行留存联）凭以办理款项的汇出和充当会计传票附件。

知识点：遵照"先扣款，后汇出"的原则办理汇出汇款业务。

【步骤五】制作 MT103 报文并办理汇款。

国际业务部员工方明要填写好 MT103 的 SWIFT 电文表格，然后登录网上的 SWIFT 服务器，按指定的 BIC/SWIFT CODE 发电文，并用密押来确保电文的安全真实。

 实训练习

实训一：201×年 6 月 27 日，广东德富进出口有限公司外贸业务员王芳根据外贸合同的要求，在收到出口商发出的海运提单副本后的第 2 天，填写境外汇款申请书，并向中国银行广东省分行办理申请汇款手续，采用电汇方式预付全部货款。广东德富进出口有限公司属于外汇管理局认定的 A 类企业。电汇款项从广东德富进出口有限公司的现汇账户（A/C NO.78936401）支出。

相关信息为：

（1）商业发票编号：235697、公司的报关经营单位代码 4526047821、组织机构代码 58949368-8。

（2）出口商美国 TOCOOPRODUCTSINC.的开户行是 BANK OF CHINA，MIAMI BRANCH，821 CANALST.，MIAMI，U.S.A.（A/CNO.579012158078）。

（3）中国银行广东省分行国际业务部与 BANK OF CHINA，MIAMIBRANCH 有账户往来。

（4）汇款全部采用现汇，汇款币种为 USD100，000.00，金额大写 U.S.DOLLARS ONE HUNDRED THOUSAND ONLY，汇款账号：78936401。

（5）进口商公司全名及地址为：GUANGDONG DEFU IMPORT AND EXPORT CO.，LTD.NO.2 TIANHE STREET，GUANGZHOU，P.R.CHINA。

（6）出口商公司账号、全称及地址为：579012158078，TOCOO PRODUCTS，INC. MARK IV AUTOMOTIVE 5665 EAST OURER DRIVE MIAMI FL，USA。

（7）合同编号为：S/C NO.GW2013X01。

（8）国外费用由双方共同承担。

（9）收款人常驻国家（地区）名称及代码为：U.S.A，840。（英国 826；德国 276；法国 250；日本 392；韩国 410；中国香港 344）。

（10）最迟装运日期：JUL.30，201X。

（11）交易编码：101002；交易附言为：一般贸易。

根据以上信息为王芳填制一份境外汇款申请书。

实训二：假设你是中国银行广东省分行国际业务部的员工张明，受到广东德富进教的出口有限公司员工王芳境外汇款申请书、进口合同正本、发票等资料后，对相关资料进行审核，审核无误后根据汇款申请书缮制汇款指示，制作 MT103 报文并办理申请汇费手续。

情景单元2　汇入行汇入汇款

【情景内容】

201×年8月28日，BANK OF CHINA，MIAMI BRANCH职员KOBE BRYANT对中国银行广东省分行发的MT103报文进行登记、审核。审核通过后，KOBE BRYANT解付给TOCOO PRODUCTS INC。

【情景步骤】

【步骤一】登记汇入汇款。

收到境外代理行的汇入汇款来电后，汇入行员工KOBE BRYANT应该进行核押（SWIFT报文自动核押），在"来电来函登记簿"上登记并对汇入汇款业务统一编号。汇入汇款业务参考号编制好后，应在"汇入汇款登记簿"上登记，"汇入汇款登记簿"包括：银行（汇入行）业务编号、汇入日期、汇款币别和金额、汇出行、汇出行业务参考号、收款人、解付日期及备注等栏目。

【步骤二】审核电汇凭证。

主要审核要点如下：

（1）来电或来函是否有"避免重复"（PLEASE AVOID DUPLICATION或REPEAT MESSAGE）字样；若有，应查看"汇入汇款登记簿"是否收到或办理过同笔汇款，以防止重复解付。

（2）对汇入汇款电文内容进行审核：汇款的币别和金额、汇款日期及起息日、收款人详细名称和地址、汇款人详细名称及地址、汇款附言（用途汇款）、汇款费用情况。

【步骤三】汇入汇款。

对汇款凭证及内容审核无误后，汇入行员工KOBE BRYANT需要办理入账，并于当天向收款人发出入账通知书，把USD80000.00解付给收款人TOCOO PRODUCTS INC。如果企业申请原币入账，应该打印贷记通知书；如果申请结汇，应打印结汇通知书。

> 提示：汇入行应以"收妥头寸"为解付原则；汇款解付坚持"随到随解、谁款谁收"的原则。
>
> 本案例中，TOCOO PRODUCTS INC在收到BANK OF CHINA，MIAMI BRANCH的入账通知书后，应该把包含正本海运提单在内的全套单据寄给广东金贸进出口有限公司，使其能顺利办理进口清关、提货。

 **实训练习**

201×年6月28日，BANK OF CHINA，MIAMI BRANCH职员ROBBEN对中国银行广东省分行发的MT103报文进行登记、审核。审核通过后，BOBBEN解付给TOCOO PRODUCTS INC，解付金额为USD100 000.00。在此项操作中，ROBBEN登记入汇材料包含什么内容，对汇款电文的审核重点是什么？请两人一组扮演整个流程。

第二节　托　收

实训项目　托收行办理托收

情景单元 1　指导客户进行托收申请

【情景内容】

2013 年 3 月 20 日,浙江金瑞进出口有限公司陈乐备好全套单据,商业发票一式三份(Invoice No.758291)、装箱单一式三份、提单一式三份、普惠制原产地证一份和汇票一式两份去农业银行办理托收业务。

【情景步骤】

【步骤一】填制汇票。

银行国际业务员工要检查客户所填写的汇票是否正确、规范。如果不规范,应该要求客户公司的外贸单证员根据合同相应内容填制汇票。填制好的汇票如图 10.5。

BILL OF　EXCHANGE

No.758291　　　　Exchange for　USD119880.00　　　HANGZHOU MAR.20，2013

Payment with interest @*****%

D/P AT ***sight of this FIRST of exchange（second of exchange Being Unpaid）

pay to the order of AGRICULTURAI BANK OF CHINA ZHEJIANG BRANCH

the sum of SAY：U.S. DOLLARS ONE HUNDRED AND NINETEEN THOUSAND EIGHT HUNDRED AND EIGHTY ONLY.

DRAWN UNDER CONTRACT NO JR20135769 AGAINST SHIPMENT OF QUILT FOR COLLECTION

To：SMART CORPORATION　　　　　　　　　For and on behalf of:

ZHEJIANG JINRUI IMPORT AND EXPORT CO.LT D

CHENJINRUI

图 10.5　填制好的汇票

 参阅材料

空白国际汇票填写示意图见图 10.6。

BILL OF EXCHANGE（1）

No.____（2）____, Exchange for ____（3）____ ____（4）____ ____（5）____

Payable with interest @____（6）____%

At____（7）____sight of this FIRST of exchange（second of　exchange_ being Unpaid）

pay to order of ____（8）____

The sum of SAY：____（9）____.

Drawn　under ____（10）____

To：____（11）____　　　　　　　　　FOR and on　behalf　of

　　　　　　　　　　　　　　　　____（12）____

（Authorized　Signature）

图 10.6　空白国际汇票填写示意图

具体的填制说明如下：

（1）汇票字样：已印制。

（2）汇票号码：为方便查阅、对比，多数公司通常使用与发票号码相同的号码，根据已知信息，这里汇票号码填写发票号码 758291。

（3）小写金额：根据合同，金额是 USD119 880.00。

（4）出票地点：签发汇票的地方，即杭州。

（5）出票时间：一般在托收办理日，即 2013 年 3 月 20 日签发。

（6）利息条款：无。

（7）付款期限：托收项下汇票往往在 AT 前打上 D/P 或/D/A。如果是即期付款交单条件，在 AT 和 SIGHT 之间打上***；如果是远期付款交单或承兑交单条件，在这里写上具体期限。根据合同，本业务是即期交付汇票 D/P AT SIGHT。

（8）收款人：可以是①出票人或②托收行或③代收行，实务中以托收行为收款人最常见。如收款人是前两种情况汇票需做托收背书。陈乐选择收款人为托收行 AGRICULTURAL BANK OF CHINA，ZHEJIANG。

（9）大写金额：必须与小写金额一致，US Dollars One Hundred and Nineteen Thousand Eight Hundred and Eighty only。

（10）出票条款格式为 DRAWN UNDER 合同号码/发票号码/提单号码 AGAINST SHIPMENT OF 货物品名(如收款人是托收行或代收行需要在结尾打上 FOR COLLECTION)。DRAWN UNDER 后面填写合同号码 CONTRACT NO. JR20135769，SHIPMENT OF 后面填写品名 QUILT，因汇票收款人为托收行，托收行只是帮出口商完成代收业务，故在出票条款结尾加上 FOR COLLECTION。

（11）付款人：托收是基于商业信用的结算方式，实质是委托人（出口商）委托银行代自己向付款人（进口商）收款，汇票就是出口商给进口商的付款命令。因此付款人不是银行，是进口商。根据合同，这里应填写 Smart Corporation。

（12）右下角为出票人名称，填写出口商名称并签名。

【步骤二】填制托收申请书。

在出口商汇票填制完成后，银行国际业务员工需要指导出口商填写托收委托书。因为托收银行是严格按照客户托收委托书上的指示行事的，因此指导客户详细准确地填写托收委托书至关重要。托收委托书的填写说明如下：

（1）致：填写托收行名称，即出口行中文名称。

（2）托收行（Remitting Bank）：填写出口行中文名称和中文地址。

（3）代收行（Collecting Bank）：名称填写进口行英文名称；地址填写进口行英文地址。

（4）委托人（Principal）：填写出口商公司中文名称+中文地址+电话。

（5）付款人（Drawee）：名称填进口商公司英文名称；地址填进口商公司英文地址；电话填进口商基本资料里的电话。

（6）托收方式：在对应的"□"打"√"，不接受的"□"打"×"。

（7）发票号码：填写商业发票编号。

（8）金额：填写合同币别及合同金额。

（9）国外费用承担人：在对应的"□"打"√"，不接受的"□"打"×"。

（10）国内费用承担人：在对应的"□"打"√"，不接受的"□"打"×"。

（11）单据种类、份数：汇票份数（正本加副本的总数，具体数量请参考合同）、商业发票份数（正本加副本的总数，具体数量请参考合同）必填；航空运单份数（正本加副本的总数，具体数量请参考合同），如果是空运，则必填；保险单份数（正本加副本的总数，具体数量请参考合同），如果合同是 CIF/CIP，则必填；装箱单份数（正本加副本的总数，具体数量请参考合同）必填；数量重量证书份数（正本加副本的总数，具体数量请参考合同）、健康证份数、植物检疫证书份数（正本加副本的总数，具体数量请参考合同）、品质证书份数（正本加副本的总数，具体数量请参考合同），如果出口商报检时申请了以上单据，则必填；同理，原产地证（正本加副本的总数，具体数量请参考合同）、普惠制产地证（正本加副本的总数，具体数量请参考合同）、输欧盟产地证，如果出口商申请了这些单据，也必须填写。

（12）付款指示：开户行名称填写出口商开户行中文名称；账号填写合同币别对应的外汇账号；联系人姓名需与出口商基本资料一致；电话填写出口商公司资料里的电话；传真填写出口商公司资料里的传真。

跟单托收委托书如下：

跟单托收委托书（正面）

跟单托收委托书（正面）

致：中国农业银行浙江分行

TO：Agricultural Bank of China（Zhejiang Branch）Date：MAR.20，2013

We hand the undermentioned item for disposal in accordance with the following instructions and subject to the terms and conditions set out overleaf for

兹送上下列文件，请按下述指示办理，本司并同意遵照背面之条款。

⊠ Please advance against the bills/documents
请予垫款

⊠ COLLECTION 代收

□ NEGOTIATION under Documentary Credit 议付
信用证下单据

□ Please do not made any advance
无需垫款

Please mark　请填上下列文件的份数
Number of DOCUMENTS ATTACHED

我司账号：Our A/C No. 12345-752-95687

Draft 汇票	Bill of lading 提单	Airway bill 空运单	Cargo Receipt 货物收据	Invoice	Memo. 中旅社承运收据	Cert. Of Qual.-/Quan. 品质/数量证明书	Cert. Of Origin 产地证明书	Ins Policy /Cert. 保险单/证书	Packing List 装箱单	Weight List 重量单	Beneficiary Cert. 受益人证明书	Cable Copy 电报副本
2/2	3/3			3/3		1/1	1/1		3/3			

OTHER DOCUMENTS 其他文件

DRAWEE 付款人 Smart，Corporation

ISSUING BANK 开证银行	DOCUMENTARY CREDIT NO 信用证编号

TENOR 期限 DRAFT NO./DATE 票号/日期	DRAFT AMOUNT 金额
AT SIGHT NO.758291 MAR.20，2013	USD1199880.00

FOR "BILLS NOT UNDER L/C" PLEASE FOLLOW TRUCTIONS MARKED "X"
如属非信用证下单据请按下列有 X 之条款办理

Deliver documents against PAYMENT/ACCEPTANCE 付款/承兑交单

☐ Acceptance/ payment may be deferred pending arrival of carrying vessel 货到后方承兑/交款

Collection charges outside Guangzhou for account of Drawee 外埠代收手续费付款人负担

Please collect interest at   5%   p.a. from Drawee 请向付款人按年息 5%计收利息

☒ Please waived interest/charges ☐ Do not waive interest/charges
如拒付利息/手续费可免收/不可免收
if refuse in the event of dishonour   如付款人拒绝承兑或付款

Please warehouse and insure goods for our account
请将各货物入仓投足保险，各项费用由我司负责

☒ Please do not protest   ☐ Protest   请不须/请做拒绝承兑/付款证书

☒ Advise dishonour by   ☐ Airmail ☒ Cable   若未兑付，请以航邮/电报通知

☒ In case of need refer to A Trading Co.，Hong Kong	Who will assist you to obtain acceptance/payment but who has no authority to amend the terms of the bill 该司会协助贵行取得承兑/付款但无权更改任何条款

☒ Designated Collecting Bank（if any）:指定托收银行 Standard Chartered Bank Ltd，Hong Kong

PAYMENT INSTRUCTIONS
请将款项收我司账号
☒ Please credit proceeds to our A/C No.9005-2727985473
☐ Others 其他

OTHER INSTRUCTIONS 其他指示
如有查询，请洽我司。
In case of any questions，please contact our Mr./Miss 王江 Tel No.35678765

For: <u>ZHEJIANG JINRUI IMPORT AND EXPORT CO.LT D</u>

Authorized Signature（s）负责人签字 陈金瑞

跟单托收委托书（背面）

TERMS AND CONDITIONS：

1. Not with standing anything herein contained,you do not have to pay me/us until the proceeds of the bills and/or documents for collection have actually been received by you and I/we undertake to pay upon demand for any advances howsoever made by you to me/us in anticipation of collection. Any and/or all of such advances made to me/us shall bear interest at such rate(s)(as well after as before judgment)as you may from time to time at your absolute discretion determine. Interest shall be payable upon the expiry of such interest period as you may conclusively determine and if not paid shall itself bear interest at the same rate.

2. Any of your negotiation under documentary credit hereunder shall be with recourse to me/us and in the event of payment not being received by you upon maturity,I/we undertake to repay you the sum negotiated together with interest thereon from maturity to actual payment at such rate(s)(as well after as before judgment)as you may from time to time at your absolute discretion determine Interest shall be payable upon the expiry of such interest period as you may conclusively determine and if not paid shall itself bear interest at the same rate. I/we hereby declare that you are not under any duty or obligation to exercise any right you may have as holder in due course before you may have recourse on me/us.

3. It is hereby agreed that the above mentioned item is subject to my/our general letter of hypothecation given to you and that in the selection of any correspondent to whom the above mentioned item may be sent for collection and/or negotiation you shall not be responsible for any act,omission,default,suspension,insolvency or bankruptcy or any such correspondent or sub-agent thereof,or for any delay in remittance,loss in exchange or loss of item or its proceeds during transmission or in the course of collection.

4. In case the above mentioned shipment being on CIF or FOB. terms,I/we certify that the marine and war risk insurance on the goods have been effected by the buyers.

5. EXCEPT AS OTHERWISE STATED HEREIN,BILLS FOR COLLECTION ARE SUBJECT TO THE UNIFORM RULES FOR COLLECTIONS(1995 REVISION),INTERNATIONAL CHAMBER OF COMMERCE, PUBLICATION NO."522", WHEREAS BILLS FOR NEGOTIATION UNDER DOCUMENTARY CREDIT ARE SUBJECT TO "THE UNIFORM CUSTOMS AND PRACTICE FOR DOCUMENTARY CREDITS(1993 REVISION),INTERNATIONAL CHAMBER OF COMMERCE PUBLICATION NO. 500".

 实训练习

实训一：将一份空白托收委托书填写完整，并审核。

实训二：根据托收委托书和条件正确缮制托收指示。

情景单元2　托收行办理托收业务

【情景内容】

中国农业银行浙江省分行国际业务部职员叶鹏对客户提交的材料进行核验，确定无误后在托收书的客户联加盖业务章，返还托收回执；并根据委托书内容制作托收指示，将相应材料邮寄给国外代收行。

【情景步骤】

【步骤一】接单、审核托收委托书。

审核的要点为：

（1）委托人名称、地址、有权签字人印章；

（2）付款人名称、地址、开户行名称、地址、账号；

（3）托收所附单据名称、详细分类及份数；

（4）托收交单方式（D/P，D/A）；

（5）收账要求；

（6）拒付时采取的措施；

（7）费用问题及其他要求。

【步骤二】出口商提交相关文件，托收行进行相关资料的真实性与合规性审核。

审核的资料包括出口商工商营业执照（副本）及原价；进出口业务营业许可证；法定代表人授权书等（见图 10.7 ~ 10.9）。

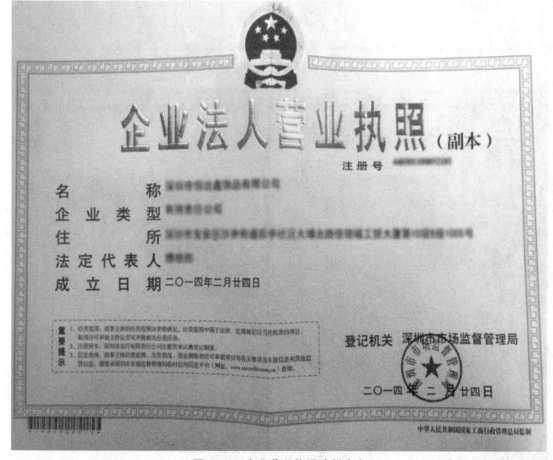

图 10.7　企业营业执照（样本）

商业银行岗位技能综合实训教程

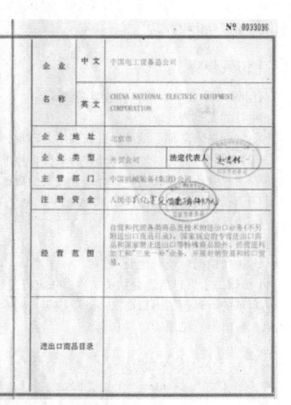

图 10.8　进出口业务营业许可证（样本）

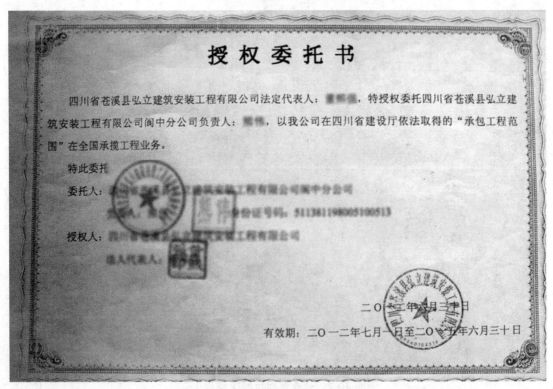

图 10.9　法人代表授权书（样本）

276

【步骤三】回执联加盖业务公章并返还回执。

中国农业银行浙江省分行国际业务部职员叶鹏对陈乐上交的材料进行核验，确定无误后在托收书的客户联加盖业务章，返还托收回执。

【步骤四】制作托收指示。

中国农业银行浙江省分行国际业务部职员叶鹏应该根据陈乐提交的托收委托书制作托收指示，如表 10.1 所示。

表 10.1　托收指示

中国农业银行
Agricultural Bank of China
托收指示
Collection Instruction
Office：
Agricultural Bank of China，Zhejiang Branch　　　　Date：MAR.20，2013
SWIFT：ABOCCNBJ110

Dear Sirs，　　　　　　　　　Please alwaya qioted
Our Pef.No.

| 111OC00135 |

We enclose the following draft（s）/documents which please collect in accordance with the instructions indicated herein.	To：Collecting Bank BANIKIACAJAMADRID AVDA. JUANDEBORDON22-A-30007 MURCIA，SPAIN
Principal（Full name&address） ZHEJIANG JINRUI IMPORT AND EXPORT CO，LTD NO.155JIEFANG STREET，HANGZHOU，CHINA	Draweer（Full name&address） SMART CORPORATION，POLINDOESTE，C/COLOMABIA，PARC 55F，37680，ALCANTARILLA，MURCIA，SPAIN

Draft/Invoice No.	Tenor/Due Date	Amount	Charges	Total Amount
758291	AT SIGHT	USD119880.00	/	USD119880.00

The relative documents are disposed as follows：

Draft	Com. Inv.	Packing	B/L	N/N B/L	Awb	C/O	Ins. Pol.	Insp. Cert	FORM A
2	3	3	3/3						1

Special Instructions（marked"×"）

☒Please deliver documents against☒payment at sight/☐payment after_____sight/☐acceptance.

☒All your charge are for account of ☒the drawee ☐us.

☐In case of a time bill，please advice us of acceptance giving maturity date.

☒In case of dishonor do not protest but advise us of non-payment/non-acceptance giving reasons.

| This collection is subject to Uniform Rules for Collects，1995revision，ICCP Publication No.522 | For Agricultural Bank of China Zhejiang Branch
邓梦梦 |

【步骤五】委托收款背书。银行国际业务部门需要对汇票进行背书转让，通常是在票据的背面背书栏的位置，载明表示将票据权利转让给被背书人的文句（见图 10.10）。

PAY TO BANKIA CAJAMADRID FOR COLLECTION
FOR AGRICULTURAL BANK OF CHINA, ZHEJIANG BRANCH
邓梦梦

图 10.10 汇票背书

【步骤六】邮寄托收指示和单据给代收行。

 参阅材料

新加坡 LF 贸易公司从我国 ABC 进出口贸易公司进口一批毛巾和浴巾，以 CIF 条件成交。我国 ABC 公司委托银行办理托收，根据托收要求，需要以下单据结算：汇票（见图 10.11）、商业发票（见图 10.12）、重量单（见图 10.13）、原产地证（见图 10.14）、装箱单（见图 10.15）、保险单（见图 10.16）、提单（见图 10.17）、报关单（见图 10.18）、装船通知（见图 10.19）。

BILL OF EXCHANG

Dated _2014-08-17_, NO. _CH011_, Exchange for _USD17 399.50_, _NANJING_, _CHINA_.

At _XXX_ Sight of this FIRST of exchange（second of exchange being unpaid）.Pay to The order of _INDUSTRIAL AND COMMERCIAL BANK OF CHINA_, _NANJING BRANCH_,

The sum of _US Dollars SEVENTEEN THOUSAND THREE HUNDRED AND NINETY-NINE POINT FIFTY CENTS_

To _LF TRADING BLOCK 4 BEACH ROAD_,
HEX 01 -4983   SINGAPORE 190004

For and on behalf of
ABC IMPORT & EXPORT TRADE CO., LTD.

× × ×

（Signature）

图 10.11 汇票

ABC IMPORT & EXPORT TRADE CO., LTD.

86 RENMIN STREET NANJING CITY, JIANGSU, P.R.CHINA

TEL：86-25-83234567　　　FAX：86-25-83234568

COMMERCIAL INVOICE

TO：LF TRADING BLOCK 4 BEACH ROAD　　　　　INVOICE NO：CH011

HEX 01 -4983　　SINGAPORE 190004　　　　DATE：AUG. 22，2014

FORM：SHANGHAI，CHINA　　TO：SINGAPORE

SHIPPING MARKS DESCP .OF GOODS QUANTITY　PRICE/DZ　　AMOUNT

CIF SINGAPORE

L.F.T./SPORE/108　　100%COTTON STRIPE FACE TOWEL，ART NO.108

2400DOZEN/24 PACKAGES　USD0.85　　USD2 040.00

L.F.T./SPORT/218　　100%COTTON TEA TOWEL，ART NO.218

3000DOZEN/30 PACKAGES　USD0.977 5 USD2 932.50

L.F.T./SPORT/75　　100%COTTON PRINTED FACE TOWEI，ART NO.75

4000DOZEN/40PACKAGES USD1.054　　USD4 216.00

L.F.T./SPORT/318　　100%COTTON TEA TOWEL，ART NO.318

2200DOZEN/55PACKAGES　USD2.465　USD5 423.00

L.F.T./SPORT/WN167　　100%COTTON SQUARE TOWEL，ART NO.WN167

4000DOZEN/20PACKAGES　USD0.697　USD2 788.00

TOTAL：15 600 DOZEN/169PACKAGES　　　USD17 399.50

BATH AND FACE TOWELS AS PER SALES CONTRACT NO.HL3123 DATED 28/7/2014

SAY US DOLLARS SEVENTEEN THOUSAND THREE HUNDRED AND NINETY-NINE POINT FIFTY CENTS ONLY.

图 10.12　商业发票

ABC　IMPORT　&　EXPORT　TRADE　CO.，LTD.

86 RENMIN STREET NANJING　CITY，JIANGSU，P.R. CHINA

TEL：86-25-83234567　　　FAX：86-25-83234568

WEIGHT　　LIST

TO：LF TRADING BIOCK 4 BEACH ROAD　　　INVOICE NO：CH011

HEX　01-4983 SINGAPORE 190004　　　DATE：AUG.22，2014

FROM：SHANGHAI，CHINA　　TO：SINGAPORE

SHIPPING MARKS　　　DESCP. OF GOODS　QUANTITY　G.W　　N.W

（KGS）（KGS）

L.F.T./SPORE/108　　100%COTTON STRIPE FACE TOWEL，ART NO.108

2400DOZEN/24PACKAGES

L.F.T./SPORT/218　　　100%COTTON TEA TOWEL，APT NO.218

3000DOZEN/30PACKAGES

L.F.T./SPORT/75　　100%COTTON PRINTED FACE TOWEL，ART NO.75

4000DOZEN/40PACKAGES

L.F.T./SPORT/318　　　100%COTTON TEA TOWEL，APT NO.318

2200DOZEN/55PACKAGES

L.F.T./SPORT/WN167　100%COTTON SQUARE TOWEL，APT NO.WN167

4000DOZEN/20PACKAGES

TOTAL：15 600DOZEN/169PACKAGES　　　5 529　　5 269

BATH AND FACE TOWELS AS PER SALES CONTRACT　NO.HL3123 DATED　28/7/2014

图 10.13　重量单

1.Exporter ABC IMPORT AND EXPORT TRADE CO., LTD.86 RENMIN STREET, NANJING CITY., JIANGSU, P.R.CHINA	CERTIFICATE No. 4727052 CERTIFICATE OF ORIGIN OF THE PEOPLE'S REPUBLIC OF CHINA
2.Consignee LF TRADING BLOCK 4 BEACH ROAD HEX 01-4983 SINGAPORE 190004	
3.Means of transport and route FROM SHANGHAI PORT, CHINA TO SINGAPORT BY SEA	5.For certifying authority use only
4.Country/region of destination SINGAPORE	

6.Marks and numbers	7.numbers and kind of packages; description of goods	8.H.S.Code	9.Quantity	10.Number and date of Invoices
L.F.T/SPORE/108	24（TWENTY-FOUR）PACKAGES OF 100% COTTON STRIPE FACE TOWEL, ART NO.108		2400DOZEN	
L.F.T/SPORT/218	30（THIRTY）PACKAGES OF 100% COTTON TEA TOWEL, ART NO.218		3000DOZEN	
L.F.T/SPORT/75	40（FORTY）PACKAGES OF 100% COTTON PRINTED FACE TOWEL, ART NO.75	63026010	4000DOZEN	CHO11 AUG.22, 2014
L.F.T/SPORT/318	55（FIFTY-FIVE）PACKAGES OF 100% COTTON TEA TOWEL, ART NO.318		2200DOZEN	
L.F.T/SPORT/WN167	20（TWENTY）PACKAGES OF 100% COTTON SQUARE TOWEL, ART NO. WN167		4000DOZEN	

11.Declaration by the exporter The undersigned hereby delears that the above details and statements are correct, that all the goods were produced in China and that they comply with the Rules of Origin of the People's Republic of China. --- --- --- --- --- --- --- --- --- --- --- --- --- --- --- Place and date. Signature and stamp of authorized signatory	12.Certification It is hereby certified that the declearation by the exporter is correct --- --- --- --- --- --- --- --- --- --- --- --- --- --- --- --- Please and date.Signature and stamp of authorized signatory

图 10.14　原产地证

ABC IMPORT & EXPORT TRADE CO., LTD.

86 RENMIN STREET NANJING CITY, JIANGSU, P.R. CHINA

TEL：86-25-83234567   FAX：86-25-83234568

PACKING LIST

TO：LF TRADING BIOCK 4 BEACH ROAD   INVOICE NO：CH011

HEX 01-4983 SINGAPORE 190004   DATE：AUG.22, 2014

FROM：SHANGHAI, CHINA   TO：SINGAPORE

SHIPPING MARKS   DESCP.OF GOODS   QUANTITY   G.W   N.W   MEASURE
（KGS）（KGS）（CMB）

L.F.T./SPORE/108   100%COTTON STRIPE FACE TOWEL, ART NO. 108

2400DOZEN/24PACKAGES

L.F.T./SPORT/218   100%COTTON TEA TOWEL, APT NO. 218

300DOZEN/30PACKAGES

L.F.T./SPORT/75   100%COTTON PRINTED FACE TOWEL, ART NO. 75

4000DOZEN/40PACKAGES

L.F.T./SPORT/318   100%COTTON TEA TOWEL, APT NO. 318

2200DOZEN/55PACKAGES

L.F.T./SPORT/WN167   100%COTTON SQUARE TOWEL, APT NO. WN167

4000DOZEN/20PACKAGES

TOTAL：15 600DOZEN/169PACKAGES   5 529   5 269   20.8

BATH AND FACE TOWELS AS PER SALES CONTRACT NO. HL3123 DATED 28/7/2014

图 10.15 装箱单

CARGO TRANSPORTATION INSURANCE POLICY

保单次号

POLICY NO.YCA993208400000****

CHO11

被保险人：ABC 进出口贸易公司

Insurd：ABC IMPORT AND EXPORT TRADE CO.LTD., 86 RENMTIN STREET, NANJING CTTY, JIANGSU P.R.CHINA 中国人民财产保险有限公司（以下简称本公司）根据被保险人的要求，由被保险人向本公司缴付约定的保险费，按照本公司保险单承保险别和背面所载条款与下列特款承保下述货物运输保险，特立本保险单。

THIS POLICY OF INSURANCE WITNESSES THAT THE PICC PRPPERTY AND CASUALTY COMPANY LIMITED（HEREINAFTER "CALLED" THE "COMPANY"）AT THE REQUEST OF THE INSURED AND IN CONSIDERATION OF THE AGREED PREMIUM PAID TO THE COMPANY BY THE INSURED UNDERTAKES TO INSURE THE UNDERMENTIONED GOODS IN TRANSPORTION SUBJECT TO THE CONDITIONS OF THIS POLICY AS PER THE CLAUSES PRINTED OVERLEAF AND OTHER SPECIAL CLAUSES ATTACHED HEREON.

标记 MARKS &NOS.	包装及数量 QUANTITY	保险货物项目 DFSCRIPTION OF GOODS	保险金额 AMOUNT INSURED
L.F.T/SPORT/108 L.F.T/SPORT/218 L.F.T/SPORT/75 L.F.T/SPORT/318 L.F.T/SPORT/WN167	15600DOZEN/169 PACKAGES	100%COTTON STRIPE FACE TOWEL，ART NO.108 100%COTTON TEA TOWEL，ART NO.218 100%COTTON PRINTED FACE TOWEL，ART NO.75 100%COTTON TEA TOWEL，ART NO.318 100%COTTON SQUARE TOWEL，ART NO. WN167	USD19139.45

总保险金额：

TOTAL AMOUNT INSURED：US DOLLARS NINETEEN THOUSAND ONE HUNDERED AND THIRTY NINE AND FORTY FIVE CENTS.

保费：　　　　　　　　　　　　　　　　　　启运日期：

装载运输工具：

PREMIUM：AS ARRANGED　　　　　　　　　DATE OF COMMENCEMENT：AS PER B/L　　　　　　　　PER CONVEYANCE：BY SEA

自　　　　　　　　　　　　　　至

FROM　SHANGHAI　　　　　　　　　　TO　SINGAPORE

承保险别：

CONDITIONS：

110PCT OF INVOICE VALUE COVERING INSTITUTE CARGO CLAUSES（ALL RISKS）INSTITUTE WAR CLAUSES（CARGO）WITH CLAIMS PAYABLE AT SINGAPORE AT SINGAPORE NUMBER OF ORIGINAL：THREE.

所保货物，如果发生保单项下可能引起索赔的损失或损坏，应立即通知本公司下述代理人查勘，如有索赔，应向本公司提交保单正本（本保单共有三份正本）及有关文件。如一份正本医用索赔，其余正本自动失效。

IN THE EVENT OF LOSS OR DAMAGE WHICH MAY RESULT IN A CLAIN UNDER THIS POLICY.IMMEDIATE NOTICE MUST BE GIVEN TO THE COMPANY'S AGENT AS MENTIONED HEREUNDER.CLAIMS，IF ANY，ONE OF THE ORIGINAL POLICY WHICH HAS BEEN ISSUED IN THEREE ORIGINAL（S）TOGETHER WITH THE RELEVANT DOCUMENTS SHALL BE SURRENDERED TO THE COMPANY.IF ONE OF THE ORIGINAL POLICY HAS BEEN ACCOMPISHED，THE OTHERS TO BE VOID.

中国人民财产保险股份有限公司
PICC PROPERTY AND CASUALTY COMPANY LIMITED

××××××

Authorized signature

赔款偿付地点：

CLAIM PAYABLE AT SINGAPORE

出单日期：

ISSUING DATE AUG.26，2014

地址：

ADD：86 RENMIN STREET，NANJING CITY，JIANGSU P.R.CHINA

电话（TEL）: 68-25-83234567　传真（FAX）: 68-25-83234567

邮编（POST CODE）: 210000

保单顺序号：PICC NO.YCA993208400000

图 10.16　保险单

Shipper Exporter（complete name and address）ABC IMPORT AND EXPORE TRADE CO., LTD., 86 RENMIN STREET, NANJING CITY, JIANGSU, P.R.CHINA	Bill of lading No.SSHSINO0207637
	AIR-SEA TRANSPORT INC.MULTIMODEL TRANSPORT BILL OF LADING

Consignee（Not Negotiable Unless Consigned" to order"） TO THE ORDER OF UNITED OVERSEAS BANK LID	Recived by the Carrier in apparent good order and condition unless otherwise indicated hereon.The
Notify Party（complete name and address）LF TRADING BLOCK 4 BEACH ROAD HEX 01-4983 SINGAPORE 190004	container（s）and/or goods herinafter to be transported and/or otherwise forwarded form the

Please of Receipt	Port of loading SHANGHAI, CHINA	Place of Receipt to the intended Place of Delivery upon and subject to all the terms and conditions
Ocean Vessel EUROPEAN EXPRESS V.W003	Port of discharge SINGAPORE	apperaing on the face and back of the Bill of Lading duly endorsed must be surrendered in exchange for
For Carriage By	Place of delivery	the goods of delivery order Final destination（for the Merchant's referece）

PARTICULARS FURNISHED BY SHIPPER

MKS &NOS/CONTANER NOS L.F.T/SPORT/108 L.F.T/SPORT/218 L.F.T/SPORT/75 L.F.T/SPORT/318 L.F.T/SPORT/WN167 PCIU3554963/C4088 55/1X20	NO.OF PKGS 169PAC KAGES	DESCRIPTION OF PACKAGES AND GOODS 100%COTTON STRIPE FACE TOWEL，ART NO.108 100%COTTON TEA TOWEL，ART NO.218 100%COTTON PRINTED FACE TOWEL，ART NO.75 100%COTTON TEA TOWEL，ART NO.318 100%COTTON SQUARE TOWEL，ART NO. WN167 SHIPMENT TO BE EFFECTED BY CONTAINER CY-CY VESSEL FREIGHT PREPAID	GROSS WEIGHT NEASUREMENT 5529.00KGS 20.800CMB

Total number of packages：SAY TOTAL ONE HUNDERED AND SIXTY-NINE PACKAGES ONLY

For Delivery of Goods Please Apply To: PHO TIONG CHOON SHIPPING（PTE） LTD-SINGAPORE CONTRACTOR：LEE SZE SHYAN TELL： FAX：	On Board Date 08/27/14 Signature Please of B/L（S）Loading SHANGHAI，CHINA	Number of Original B/L（S） THREE Shipper Reference

Freight and Charges	Prepaid	Collect	IN ACCEPTING THIS BILL OF LADING.The shipper owner and the holder of the bill of lading expressly accept and agree to all its stipulations，exceptions and conditions whether written stamped or printed.As fully as if signed by such shipper，owner，consignee and/or holder.no agned by such shipper，owner，consignee and/or holder.no ageng is authorized to waive any of the provisions of clauses.In witness whereof，the undersigned，on behalf of AIR-SEA TRANSPORT INC.has signed the number of bill of lading（s）stated above，one of which being accomplished，the other to stand void. AIR-SEA TRANSPORT INC. BY：×××　　　　　　AUG.27，2014

图 10.17　提单

中华人民共和国海关出口货物报关单

预录入编号：   海关编号：

出口口岸 SHANGHAI		备案号	出口日期	申报日期
经营单位 ABC IMPORT &EXPORT TRADE CO., LTD.		运输方式 BY SEA	运输工具名称	提运单号
发货单位		贸易方式	征免性质	结汇方式 COLLECTION
许可证号	运抵国（地区） SINGAPORE		指运港 SINGAPORE	境内货源地
批准文号	成交方式 CIF	运费 FRIGHT PREPAID	保费	杂费
合同协议号	件数 169	包装种类 PKGS	毛重（千克） 5529	净重（千克） 5269
集装箱号	随附单据			生产厂家

标记及备注

项号   商品编号   商品名称、规格型号   最终目的国   数量及单位   单价   总价   币制   征免
（DOZEN） （CIF SINGAPORE） USD

63026010   100%COTTON STRIPE FACE TOWEL   SINGAPORE   2 400   0.85   2 040.00

100%COTTON TEA TOWEL   SINGAPORE   3 000   0.977 5   2 932.50

100%COTTON PRINTED FACE TOWEL   SINGAPORE   4 000   1.054   4 216.00

100%COTTON TEA TOWEL   SINGAPORE   2 200   2.465   5 423.00

100%COTTON SQUARE TOWEL   SINGAPORE   4 000   0.697   2 788.00

TOTAL：17399.50

税费征收情况

录入员 录入单位	兹声明以上申报无讹并承担法律责任	海关审单批注及放行日期 （签章）	
		审单	审价
报关员 单位地址	申报单位（签章）	征税	统计
邮编 电话	填制日期	查验	放行

图 10.18 出口报关单

ABC IMPORT & EXPORT TRADE CO., LTD.

86 RENMIN STREET NANJING CITY, JIANGSU, P.R.CHINA

TEL: 86-25-83234567   FAX: 86-25-83234568

TO: LF TRADING BLOCK 4 BEACH ROAD

   HEX 01-4983 SINGAPORE 19004

DATE: AUG. 27, 2014

SHIPMENT ADVICE

DEAR SIRS,

WE ARE GLAD TO INFORM YOU THAT 169 PACKAGES OF FACE, SQUARE AND TEA TOWELS HAVE BEEN MADE SHIPMENT.

QUANTITY: 169 PACKAGES.

TOTAL AMOUNT: USD 17 399.50(SAY US DOLLARS SEVENTEEN THOUSAND THREE HUNDRED AND NINETY-NINE POINY FIFTY CENTS ONLY.)

TIME OF SHIPMENT: AUG.27, 2014

OCEAN VESSEL/VOY NO.EUROPEAN EXPRESS V.WOO3

PORT OF LOADING: SHANGHAI, CHINA

PORT OF DISCHARGE: SINGAPORE.

B/L NO.SSHSINO207637

图 10.19 装船通知

实训练习

2015 年 7 月 15 日，广西湛金进出口有限公司与西班牙 Smart Corporation 就出口上衣，签订了出口合同（合同号码：CONTRACT NO. JR20135782），并确定了付款方式为 D/P at sight。

广西湛金进出口有限公司员工张薇薇根据以上合同要求发货并获得提单。2015 年 9 月 20 日，张薇薇根据合同制作跟单托收汇票，以及制作托收委托书。准备好全套单据去开户行——中国银行广西分行国际业务部办理托收手续（公司账号为 89736492467086），单据包括商业发票一式三份（Inv. No.758743）、装箱单一式三份、提单一式三份、普惠制原产地证格式 A 一份和汇票一式两份。

中国银行广西分行国际业务部职员张亮鹏接收了托收委托书和随附单据，2015 年 9 月 20 日办理这笔出口托收业务。在本票业务中，托收行在代收行开立账户。张亮鹏需要根据托收委托书制作托收指示，并对跟单汇票进行委托收款背书之后把全套单据寄送代收行。

2015 年 9 月 25 日，Smart Corporation 的账户行是 Banikia Cajamadrid（地址：Avda. Juan De Bordon，22-A 30007，Murcia，Spain），因此对方要求以这家银行为代收行，代收行单证部门（Bills Dept.）职员 KIILY 接收了单据并制作进口代收单据通知书，向进口商提示单据，待进口商付款后，发送 MT400 付款通知给托收行。

1. 假设你是广西湛金进出口有限公司员工张薇薇，从合同中找到相应内容并填制汇票。

（1）汇票号码与发票号码相同。

（2）根据合同内容，金额为 USD123，660.00。

（3）出票地点：签发汇票的地方，即南宁。

（4）出票时间：一般在托收办理日，即 2015 年 9 月 20 日签发。

（5）利息条款：无。

（6）付款期限：根据合同，本业务是 D/P AT SIGHT。

（7）收款人：张薇薇选择收款人为托收行 BANK OF CHINA，GUANGXI。

（8）大写金额：必须与小写金额一致，US Dollars One Hundred and twenty-three Thousand Six Hundred and Sixty Only。

（9）出票条款格式为 DRAWN UNDER 合同号码/发票号码/提单号码 AGAINST SHIPMENT OF 货物品名(如收款人是托收行或代收行需要在结尾打上 FOR COLLECTION)。 DRAWN UNDER 后面填写合同号码 CONTRACT NO. JR20135782，SHIPMENT OF 后面填写品名 QUILT，因汇票收款人为托收行，托收行只是帮出口商完成代收业务，故在出票条款结尾加上 FOR COLLECTION。

（10）付款人：付款人不是银行，是进口商，根据合同，这里应填写 Smart Corporation。

（11）右下角为出票人名称，填写出口商名称并签名。

2. 假设你是广西湛金进出口有限公司员工张薇薇，现你拿着准备好的全套单据到中国银行广西分行国际业务部填写托收委托书。

（1）业务办理日期为：2015.9.20。

（2）委托人名称和地址为：GUANGXI ZHANJIN IMPORT AND EXPORT CO.，LTD. NO156 JIEFANG STREET，NANNING，CHINA。

（3）代收行名称和地址为：BANIKIA CAJAMADRID；AVDA.JUAN DE BORDON，22-A 30007，MURCIA，SPAIN。

（4）付款人名称和地址为：SMART CORPORATION，POLINDOESTE，C/COLAMABIA，PARC 55F，37680，ALCANTRARILLA，MURCIA，SPAIN。

（5）汇票期限为：AT SIGHE；汇票号码为发票号码；金额为：USD123，660.00。

3. 假设中国银行广西分行国际业务部职员张亮鹏，对张薇薇上交的材料进行审核，审核无误后根据托收委托书内同制作托收指示，对委托收款进行背书，并将相应材料邮寄给国外代理行。

实训项目　代收行办理代收业务

情景单元 1　银行办理代收业务

【情景内容】

2013 年 3 月 25 日，银行国际业务部职员 Michael 收到国外寄来的跟单托收指示和单据，经核对跟单托收指示和单据无误后，依据托收指示进行进口代收登记，登记相关的进口代收事项。然后 Michael 根据托收指示，缮制进口代收赎单通知书通知付款人赎单。

【情景步骤】

【步骤一】国际业务部门要对托收指示审核、登记，缮制进口代收赎单通知书（见表10.2）。

表 10.2　进口代收赎单通知书

INWARD-DOCUMENTS-FOR COLLECTION
To：SMART　CORPORATION

Date：<u>MAR.25th，2013</u>

Documents receives as follows，please examine　　　　　　　Ref：<u>3516IC0095</u>

Drawee（Full name & address）	Remitting Bank
SMART CORPORATION，	AGRICULTURAL BANK OF CHINA，
POLINDOESTE，C/COLOMABIA，PARC 55F，	ZHEJIANG BRANCH
37680，ALCANTARILLA，MURCIA，SPAIN	

Principal（Full name & address）	Amount
ZHEJIANG JINRUI IMPORT AND EXPORT	
CO，LTD．	USD11988.00
NO.155 JIEFANG STREET，HANGZHOU，	
CHINA	

Invoice No.	Tenor
758291	AT SIGHT

Doc	Draft	Com. lnv	Packing List	B/L	N/N B/L	AWB	C/O	Ins. Pol.	Insp. Cert.	Form A	
	2	3	3	3/3						1	

☒　Documents against payment

☐　Documents against acceptance

☒　Please process for payment /acceptance or dishonor within 3 working days

☒　Our banking charges are for your account

☐　Banking charges outside our banks are for your account

　　　　　　　　　　　　　For　　BANIKIA CAJAMADRID

　　　　　　　　　　　　　　　　<u>TIK　WHITE</u>

【步骤二】制作 MT400 报文，办理代收业务，如表 10.3 所示。

表 10.3　MT400 电文

20：	Sending Bank's TRN
	356IC0095
21：	Related Reference
	111OC00135
32K：	Date，Currency，Amount Collected
	D000STUSD119880.00
33A：	Date，Currency，Proceed Remitted
	130325USD119865.00
58A：	Beneficiary　Bank
	ABOCCNBJ110
	AGRICULTURAL BANK OF CHINA，ZHEJIANG BRANCH
71B：	Details of Charges
	/COMM/USD15.00

参阅材料

《托收统一规则》URC522

URC：Uniform Rules for Collection ICC Publication No.522

ICC：International Chamber of Commerce　国际商会

主要规定：

1. 凡在托收指示书中注明按 URC522 操作，除非另有明示同意，或与一国、一州或地方所不得违反的法律条例的规定相抵触，URC522 规则对所有当事人都具有约束力。

2. 银行将本着诚信的原则、尽合理的谨慎态度来办理业务。

3. 银行必须确定它所收到的单据与托收指示中所列内容表面相符，如果发现任何单据有短缺或非托收指示所列，银行必须以电讯方式（如电讯不可能时，以其他快捷的方式），通知发出指示的一方，不得延误。银行对此没有其他更多的责任。

4. 未经银行事先同意，货物不得直接发送到该银行地址，或者以该行作为收货人或者以该行为抬头人。

5. 如果托收包含有远期付款的汇票，则其指示不应要求付款才交付商业单据。

6. 跟单托收时，只有在托收指示有特别授权的情况下，才能接受部分付款。然而，除非另有指示，提示行只能在全部货款已收妥后才能将单据交与付款人，并对由此引起的延迟交单所产生的后果不承担责任。

7. 如果委托人指定一名代表作为拒绝付款及/或拒绝承兑时的代理人，托收指示中应清楚、详尽地指明该代理人的权限。如无此项指示，银行对需要时的代理人的指示可以不受理。

8. 银行对单据的有效性免责。

9. 银行对单据延误、在传送中的丢失以及对翻译的免责。

10. 提示行（代行行）应毫无延误地将拒绝付款及/或拒绝承兑的通知发送给向其发出托收指示的银行。收到该通知后，托收行必须就进一步处理单据发出适当的指示。如在发出拒绝付款及/或拒绝承兑通知后 60 天内，提示行未收到该项指示，可将单据退回向其发出托收指示的银行，而提示行方面不承担任何其他责任。

实训练习

2013 年 3 月 25 日，代收行的职员 KIILY 收到国外寄来的跟单托收指示和单据，经核对跟单托收指示和单据无误后，依据托收指示进行进口代收登记，登记相关的进口代收事项，缮制进口代收赎单通知书通知付款人赎单。然后制作 MT400，办理代收业务，请两人一组进行演练流程。

第三节　信用证

实训项目　开立信用证

情景单元 1　协助客户办理开证申请

【情景内容】

2013 年 6 月 17 日，浙江黎民进出口有限公司与日本 Matsuya Corporation 就进口 24 台焊接机 Welding Machine 签订进口合同。2013 年 6 月 20 日，浙江黎民进出口有限公司外贸业务员王杰需根据以上进口合同的要求填写开证申请书，并向其账户行中国农业银行浙江省分行国际业务部（地址：杭州市庆春路 30 号，邮编：310012）办理申请开证手续，要求采用 SWIFT 电报方式开证。中国农业银行浙江省分行给予浙江黎民进出口有限公司的开证授信额度为100 万美元。

【情景步骤】

【步骤一】要求进口商仔细分析贸易合同的具体条款，告知信用证的开立流程与注意事项。

 参阅材料

CONTRACT
（贸易合同）

Contract No：MC2013106　　　　　　　　　　Date of Signature：Jun.17，2013

The Buyer：Zhejiang Limin Import And Export Co，Ltd.

　Address：No. 66 Fengtan Street，Hangzhou，P.R.China

The Seller：Matsuya Corporabion

　Address：1-12-2 Niina，Mino，Osaka，Japan

This Contract is made by and between the Buyer and Seller，whereby the Buyer agrees to buy and the Seller agrees to sell the under-mentioned commodity according to the terms and conditions stipulated below：

　1. Description of Goods：SNET-H Welding Machine

　2. Quantity：24 sets

　3. Unit Price：USD15，000.00/set CIF Shanghai，China

　4. Total Value：USD360000.00（Say in USD Three Hundred and Sixty Thousand only）

　5. Country of Origin and Manufacturer. Japan/MCTECH

　6. Packing：The Seller shall undertake to pack the goods in container with skid packing suitable for long distance ocean transportation and be liable for any rust，damage

---

and loss attributable to inadequate or improper protective measure taken by the Seller in regard to the packing.

7. Shipping Mark：　　　　　　MC2013106

SHANGHAI，CHINA

8. Time of Shipment：All 24 sets Welding Machines will be shipped not later than Sep.30，2013. Partial shipment and transshipment are prohibited.

9. Port of Shipment and Destination：From Japanese port to Shanghai，China

10. Insurance：Shipment insurance shall be covered by the Seller.

11. Terms of Payment：The Buyer shall open 100%L/C at 180 days from B/L date in favor of the Seller，opening not later than Jun.30，2013 and remaining valid for negotiation in Japan for further 15 days after the effected shipment.

Advising bank：Daiwa Bank Osaka Toyonaka Branch

12. Documents

a. Signed Invoice in quintuplicate indicating the L/C no. and Contract no.

b. Packing List in quintuplicate

c. Full set of clean on board ocean Bills of Lading made out to order，blank endorsed，marked freight prepaid and notify the Buyer

d. Insurance Policy/Certificate in duplicate for 110 percent of the invoice value showing claims payable in China，black endorsed，covering all risks.

e. Certificate of Quality in duplicate issued by the Manufacturer

f.Certificate of Origin in one original issued by the Manufacturer

g. Beneficiary's certified copy of fax dispatched to the Buyer within 2 days after shipment advising L/C no，name of vessel，date of shipment，name，quantity，weight and value of goods.

h.Beneficiary's Certificate confirming that one set of the above mention non-negotiable documents have been sent to the applicant by DHL within 3 working days after B/L date.

Note：The Seller shall send within 10 working days one copy each of the above mentioned documents，with the exception of Item（f）of this Clause，to the Buyer.

13. Banking Charges：All banking charges outside the opening bank are for the Seller's account.

14. Other Terms：（omitted）：This contract is made in two originals，one original for each party in witness thereof.

THE BUYER：ZHEJIANGLIMIN IMPORT AND EXPORT CO，LTD.

唐黎民

THE SELLER：MATSUYACORPORATION

JINTAN

【步骤二】协助进口商根据合同填写开证申请书，并对开证申请书的相关项目做出解释。开证申请书一般一式三联，第一联是银行结算部门留存，第二联是银行信贷部门留存，第三联客户（开证申请人）留存，用英文填写。

开证申请书样本

Applicant: 申请人	Issuing Bank: 开证行
Date of Application: 申请开证日期	Expiry date and Place for Presentation of documents Expiry Date: 到期日 Place for Presentation: 到期地点
□Issue by（air）mail□with brief advice by teletransmission 开证形式 （see UCP600 Article 11） □Issue by teletransmission（see UCP600 Article 11） □Transferable Credit-As per UCP600 Article 38	Beneficiary: 受益人
Confirmation of the Credit 是否需保兑 □not requested □requested □authorised if requested by Beneficiary	Amount in figures and words（please use ISO Currency Codes）: 金额
Partial shipments □allowed □not allowed 分运	Credit available with Nominated Bank: 付款方式 □by payment at sight □by deferred payment at:
Transshipments □allowed □not allowed 转运 Please refer to UCP600 Articles for exceptions to this condition	□by acceptance of drafts at: □by negotiation
□Insurance will be covered by us 投保人	Against the documents detailed herein: 汇票 □and Beneficiary's draft（s）drawn on:
Shipment as defined in UCP600 Place of Taking in Charge/Dispatch from … /Place of Receipt: 接管地/发货地/收货地 Port of Loading/Airport of Departure: 装货港口/起飞航空港 Port of Discharge/Airport of destination: 卸货港/目的地航空港 Place of Final Destination/For Transportation to…/Place of Delivery: 货物发运最终目的地/转运至…/交货地 Not later than: 最迟装船期	
Goods: 货物描述	Terms: 价格条件 □FAS □CIF □FOB □Other terms: □CFR □as per INCOTERMS

单据要求

Commercial invoice □signed original and □copies

Transport Documents：

□Multimode Transport Document，covering at least two different modes of transport

□Marine/Ocean Bill of Lading covering a port-to-port shipment

□Non-Negotiable Sea Waybill covering a port-to-port shipment

□Air Waybill，original for the consignor

□Other transport document

□to the order of

□endorsed in blank

□marked freight□prepaid□payable at destination

□notify：

Insurance Document：

□Policy□Certificate□Declaration under an open cover.Covering the following risks：

Certificates：

□Origin

□Analysis

□Health

□Other

Other Documents

□Packing List

□Weight List

Documents to be presented within □ days after the date of shipment but within the validity of the Credit.

交单期

| Additional Instructions：
其他特别指示 | We request you to issue on our behalf and for our account your Irrevocable Credit in accordance with the above instructions（marked（X）where appropriate）.
This Credit will be subject to the Uniform Customs and Practice for Documentary Credits（2007 Revision，Publication No.600 of the International Chamber of Commerce，Paris，France）insofar as they are applicable.
本证受 UCP600 约束
<u>申请人签名</u>
Name and signature of the Applicant |

【步骤三】要求客户备齐开证相关材料。

银行国际业务部员工要把客户填写好的开证申请书、进口贸易合同副本、减免保证金开证呈批表以及其他相关文件备齐起，报送银行信贷部门审批，以办理开证手续。

 **参阅材料**

不可撤销跟单信用证开立申请书

致_____银行股份有限公司，_____分行： 申请日期：

我公司向贵行申请开立不可撤销跟单信用证，请按如下指示以□电开 □信开 方式开立信用证。

请于恰当处在□内划√ L/C No.（由银行填写）：

ADVISING BANK(SWIFT CODE, NAME AND ADDRESS)	EXPIRY DATE：_____ EXPIRY PLACE：
APPLICANT（NAME AND ADDRESS）	BENEFICIARY（NAME AND ADDRESS）

CURRENCY CODE， AMOUNT： IN FIGURES _____ IN WORDS _____ CREDIT AMOUNT TOLERANCE_____%
CREDIT AVAILABLE WITH □ ANY BANK □ ISSUING BANK □ _____ BY □ NEGOTIATION □ ACCEPTANCE □ PAYMENT □ DEFERRED PAYMENT ____DAYS AFTER
DRAFTS AT □SIGHT □_____DAYS AFTER DRAWN ON □ISSUING BANK □_____ FOR_____ % OF INVOICE VALUE
PARTIAL SHIPMENTS：□ ALLOWED □ NOT ALLOWED TRANSHIPMENTS：□ ALLOWED □ NOT ALLOWED
SHIPMENT FROM _____ FOR TRANSPORTATION TO LATEST SHIPMENT DATE
DESCRIPTION OF THE GOODS OR SERVICES： TRADE TERM：□FOB □CFR □CIF □FCA □CPT □CIP □OTHER TERM（PLEASE SPECIFY）：
DOCUMENTS REQUIRED： 1.□ SIGNED COMMERCIAL INVOICE IN_____ORIGINALS AND_____COPIES INDICATING L/C NO. AND CONTRACT NO. 2.□ FULL SET □____ SET（TOGETHER WITH ____NON-NEGOTIABLE COPIES）OF CLEAN ON BOARD BILLS OF LADING MADE OUT TO ORDER AND BLANK ENDORSED， MARKED FREIGHT □ COLLECT □ PREPAID NOTIFYING □_____ APPLICANT □_____ WITH FULL NAME AND ADDRESS.

3.□AIR WAYBILL CONSIGNED TO _____ AND NOTIFY _____, MARKED FREIGHT □COLLECT □PREPAID.

4.□ FULL SET（INCLUDING __ORIGINALS AND __COPIES）OF INSURANCE POLICY/CERTIFICATE FOR at least _____% OF THE INVOICE VALUE SHOWING CLAIMS PAYABLE IN CHINA IN CURRENCY OF THE CREDIT，BLANK ENDORSED，COVERING INSTITUTE CARGO CLAUSES（A），INSTITUTE WAR CLAUSES（CARGO）AND INSTITURE STRIKES CLAUSES（CARGO）AND

5.□ PACKING LIST/WEIGHT MEMO IN___ORIGINALS AND _____COPIES ISSUED BY_____ INDICATING

6.□ CERTIFICATE OF QUANTITY IN___ORIGINALS AND _____ COPIES ISSUED BY INDICATING

7. □ CERTIFICATE OF QUALITY IN____ORIGINALS AND _____ COPIES ISSUED BY INDICATING

8. □ CERTIFICATE OF ORIGIN IN___ORIGINALS AND_____ COPIES ISSUED BY

9.□ BENEFICIARY'S CERTIFIED COPY OF FAX /E-MAIL DISPATCHED TO THE APPLICANT WITHIN_____DAYS AFTER SHIPMENT ADVISING NAME OF VESSEL /FLIGHT NO.，B/L NO.，LOADING PORT /AIRPORT OF DEPARTURE，DATE OF SHIPMENT，CONTRACT NO.，L/C NO.，AND

10.□ BENEFICIARY'S CERTIFICATE CERTIFYING THAT EXTRA COPIES OF ALL DOCUMENTS REQUIRED IN THIS CREDIT HAVE BEEN SENT TO THE APPLICANT WITHIN_____ DAYS AFTER SHIPMENT.

11.□ OTHER DOCUMENTS：

ADDITIONAL CONDITIONS：

1.□ALL BANKING CHARGES AND INTEREST，IF ANY，OUTSIDE ISSUING BANK INCLUDING REIMBURSEMENT CHARGE ARE FOR ACCOUNT OF THE BENEFICIARY.

2.□DOCUMENTS TO BE PRESENTED WITHIN_____DAYS AFTER THE DATE OF SHIPMENT BUT WITHIN THE VALIDITY OF THE CREDIT.

1.□SHIPPER/CONSIGNOR ON ANY DOCUMENT OTHER THAN BENEFICIARY NOT ACCEPTABLE.

2.□SHORT FORM/BLANK BACK B/L NOT ACCEPTABLE.

3.□BOTH QUANTITY AND AMOUNT_____% MORE OR LESS ARE ALLOWED.

4.□ALL DOCUMENTS SHOULD BE FORWARDED TO THE ISSUING BANK IN ONE LOT BY COURIER.

5.□ALL DOCUMENTS MUST BE ISSUED IN ENGLISH AND INDICATE THIS CREDIT NUMBER.

8.□DOCUMENTS MUST NOT BE DATED PRIOR TO THE ISSUANCE DATE OF THIS CREDIT.

9.□OTHER CONDITIONS：

□我公司在贵行开立的以下账户为本笔信用证业务的保证金账户，我公司现向以下账户存入下述金额的保证金，作为贵行在本笔信用证项下债权的质押担保：

保证金币种＿＿＿＿＿＿金额（大写）＿＿＿＿＿＿＿＿＿＿＿＿＿＿＿，存入的保证金账号：＿＿＿＿＿＿＿＿＿＿＿＿；

保证金币种＿＿＿＿＿＿金额（大写）＿＿＿＿＿＿＿＿＿＿＿＿＿＿＿，存入的保证金账号：＿＿＿＿＿＿＿＿＿＿＿＿。

□其他：

| 联系人： | 电话： | 传真： | 申请人预留印鉴： |

情景单元 2　开证行办理开证手续

【情景内容】

2014 年 1 月 1 日，ABC 银行国际业务部收到深圳 PIG FARMS 公司提交的申请信用证的相关材料，ABC 银行对其审核并通过。2014 年 1 月 2 日，ABC 银行国际业务部职员陈飞须根据开证申请书填制信用证 MT700 报文各项内容，审核无误后通过 SWIFT 发送给通知行。

【情景步骤】

【步骤一】审核开证申请书和其他申请开证材料。

1. 审查开证申请人的基本情况

（1）申请人资格审查：境内注册且有进出口经营权。

（2）申请人资信审查：重点审查申请人的财务状况、履约能力、偿债能力等直接关系到开证付汇风险方面的内容。

（3）贸易背景审查：信用证必须以真实贸易背景为基础，不得开立无贸易背景的信用证。为降低开证风险，还需重点了解进口货物国内外市场情况。对于市场价格波动较大的进口货物，开证时尤为慎重。

2. 审核客户材料

（1）申请人应列入外汇管理局公布的对外付汇进口单位名录，否则应提交外汇管理局签发的核准件；

（2）进口贸易合同（复印件）应有进出口双方签章，合同上货物同进口开证货物一致；

（3）按外经外管规定，如需提供进口商品许可证、进料加工手册、批文、备案表等；

（4）代理进口协议（代理进口时）；

（5）营业执照复印件和企业代码复印件（首次办理业务时）；

（6）开证所需的其他材料。

3. 审核开证呈批表

（1）除全额保证金以外，进口开证必须占用客户的授信额度。如果客户在我行没有授信额度或该笔业务超过客户授信额度，本着"先授信，后开证"的原则，应按照规定，对客户进行授信。根据客户授信评级的不同，免收或收取一定比例的保证金。

（2）审核开证呈批表时，重点审核该笔信用证金额是否在客户授信额度内，客户授信是否在授信有效期内，是否落实了足额的付款保证，各有关部门及有权审批人是否签署意见。

4．审核开证申请书

（1）审核开证申请书须经申请人有效签章；

（2）开证申请书如有更改，应要求申请人签章确认；

（3）开立信用证指示必须完整明确，为防范混淆误解，开证银行应劝阻申请人将过多细节载入信用证；

（4）开证申请书上的条款不能相互矛盾。

【步骤二】开证行根据开证申请书制作 MT700 报文并办理开证。

1月2日，ABC 银行国际业务部职员应根据开证申请书填制信用证 MT700 报文各项内容。如果信用证内容超过 MT700 的容量，则需增加 MT701 报文。MT700 项目填写要求如下：

27：报文页次。如果跟单信用证条款能够全部容纳在 MT700 报文中，那么该项目内应填入"1/1"。如果跟单信用证内容超过 MT700 报文格式的容量时，可以使用一个或几个（最多三个）MT701 报文格式传送有关跟单信用证条款。此时，在 MT700 中填入"1/2"，在 MT701 中填入"2/2"，依此类推。

40A：跟单信用证形式。该项目共有三种填法，"IRREVOCABLE"为不可撤销跟单信用证；"IRREVOCABLE TRANSFERABLE"为不可撤销可转让跟单信用证；"IRREVOCABLE STANDBY"为不可撤销备用信用证。

23：预先通知编码。如果采用此格式开立的信用证已被预先通知，此项目内应填入"PREADV/"，后跟预先通知的编号或日期。

40E：适用规则。具体包括以下几种表示："UCP LATEST VERSION"，即"跟单信用证遵循现时有效的巴黎国际商会制定的《跟单信用证统一惯例》，并于开证日生效"；"EUCP LATEST VERSION"，即"跟单信用证遵循现时有效的巴黎国际商会制定的《跟单信用证统一惯例电子交单规则》，并于开证日生效"；"UCPURR LATEST VERSION"，即"跟单信用证遵循现时有效的巴黎国际商会制定的《跟单信用证统一惯例》和《银行间偿付统一规则》，并于开证日生效，"EUCPURR LATEST VERSION"　即"跟单信用证遵循现时有效的巴黎国际商会制定的《跟单信用证统一惯例电子交单规则》和《银行间偿付统一规则》，并于开证日生效"；"ISP LATEST VERSION"即"备用信用证遵循现时有效的巴黎国际商会制定的《国际备用证管理》，并于开证日生效"。

51a：开证申请人的银行。如果开证行和开证申请人的银行不是同一家银行，则使用该项目列明开证申请人的银行。

39A：信用证金额浮动允许范围。该项目列明信用证金额上、下浮动的最大允许范围，用百分比表示，如"10/10"表示允许上、下浮动各不超过 10%。

39B：信用证金额最高限额。该项目填写"UP TO""MAXIMUM"或"NOT EXCEEDING"（后跟金额），表示跟单信用证金额的最高限额。此项目不能与 39A 同时出现。

39C：附加金额。该项目列明信用证所涉及的附加金额，如保险费、运费、利息等。

41a：有关银行及信用证兑付方式。①银行的表示：当项目代号为"41A"时，银行用 SWIFT

名址码表示；当项目代号为"41D"时，银行用行名地址表示。如果信用证为自由议付信用证时，该项目代号应为"41D"，银行用"ANY BANK IN…"表示；如果该信用证为自由议付信用证，而且对议付地点也无限制时，该项目代号应为"41D"，银行用"ANY BANK"表示。②兑付方式的表示："BY PAYMENT"为即期付款；"BY ACCEPTANCE"为远期承兑；"BY NEGOTIATION"为议付；"BY DEF PAYMENT"为延期付款；"BY MIXED PAYMENT"为混合付款。

42a：汇票付款人。该项目列明跟单信用证下汇票的付款人，必须与 42C 汇票付款期限同时出现。该项目内不能出现账号。

44A：接管地、发运地、接受地。该项目列明货物接管地点（在使用多式联运提单时），接受地（公路、铁路、内陆水运单据、信件、快递服务单据），标注货运单据上的发运地。

44C：最迟装运日期。该项目列明对最迟装船、发运和接受监管的日期，不能与 44D 装运期同时出现。

71B：费用负担。该项目的出现只表示费用由受益人负担。若报文无此项目，则表示除议付费、转让费外，其他费用均由开证申请人负担。

48：交单期限。该项目列明在开立运输单据后多少天内交单。若报文未使用该项目，则表示在开立运输单据后 21 天内交单。

49：保兑指示。当该项目为"CONFIRM"时，要求收报行保兑该信用证；当该项目为"MAY ADD"，表示收报行可以对信用证加保兑；当该项目为"WITHOUT"，表示不要求收报行保兑该信用证。

72：附言。当该项目为"/PHONBEN/"时，表示用电话通知受益人；当该项目为"/TELEBEN/"时，表示用快捷有效的电讯方式通知受益人。

【步骤三】选择通知行。

报文内容填制完毕后，需要严格按照客户的开证申请书选择通知行。选择通知行行动指南如下：

1. 申请人指定通知行

如果申请人指定的通知行为本银行代理行，则直接通过；如果非银行代理行，应联系客户更改，如申请人坚持使用其指定的，可选择银行代理行进行转通知，但对由此引起的延误和费用银行不负责。

2. 申请人未指定通知行

选择受益人所在地本行境外分行或代理行；如受益人所在地没有本银行境外分行或代理行，可选择通过邻近地区代理行转通知。在一个国家或许多代理行可供选择情况下，应考虑代理行的资信状况，优先选择资信较好、服务优良的代理行。

【步骤四】开出信用证。

国际业务经办人员完成 MT700 报文制作后，国际业务经办人员应在业务处理系统或进口信用证业务登记簿上进行登记。登记的主要内容包括：经办行、信用证号、开证申请人、通知行、开证日期、开证币种和金额等。然后将所有开证材料交复核人员进行复核。复核人员复核无误并在有关凭证上签字后，国际业务员工就可以按照开证行内部授权程序开出信用证。信用证经由对外有权签字人签字后方可寄出。

【步骤五】 收费与归档。

经办人员按开证行费率表的收费标准，收取开证手续费、邮电费及其他相关费用。如果信用证规定某些费用由受益人承担，但无法向受益人收取时，仍由申请人承担。

信用证开出后，按照一证一档的原则，将开证相关材料归档。信用证档案已办包括减免保证金开证审批表、开证申请书、合同副本及其附属证明文件、信用证留底。

参阅材料

开立信用证 MT700 报文

INCOMING SWIFT MESSAGE   PAGE 1
700 ISSUE OF A DOCUMENTARY CREDIT
REFERENCE：140102

TO：	ACMSBUS33
	ACME STATE BANK
FROM：	ABCNTLSE
	ABC NATIONAL BANK，SHENZHEN
27	SEQUENCE OF TOTAL
	1/2
40A	FORM OF DOCUMENTARY CREDIT
	IRREVOCABLE
20	DOCUMENTARY CREDIT NUMBER
	M3001-344-6781
31C	DATE OF ISSUE
	140102
31D	DATE AND PLACE OF EXPIRY
	140205 USA
50	APPLICANT
	PIG FARMS，INCORPORATED
	ZHUOYUE MANSION，No. 98，FUHUA ROAD，
	FUTIAN DISTRICT，SHENZHEN，CHINA
59	BENEFICIARY
	HEFTY SWINE INCORPORATED
	WANDA，MINNESOTAUSA
	55999
32B	CURRENCY CODE，AMOUNT
	USD 47.820，56
41D	AVAILABLE WITH… BY…
	ACMSBUS33

	ACME STATE BANK
	BY NEGOTIATION
42C	DRAFTS AT…
	SIGHT
42D	DRAWEE
	YOURSELF
43P	PARTIAL SHIPMENTS
	ALLOWED
43T	TRANSSHIPMENT
	ALLOWED
44A	LOADING ON
	BOARD/DISPATCH/TAKING IN
	CHARGE AT/FROM…
	USAAIRPORT
44B	FOR TRANSPORTATION TO
	SHENZHEN AIRPORT，CHINA
44C	LATEST DATE OF SHIPMENT
	140115
45A	DESCRIPTION OF GOODS AND/OR SERVICES
	BOARS CIF SHENZHEN
	PER：PRO-FORMA NO. T.F/899 DATED 2013 DECEMBER 1

INCOMING SWIFT MESSAGE   PAGE 2
700 ISSUE OF A DOCUMENTARY CREDIT
REFERENCE：140102

46A	DOCUMENTS REQUIRED
	+SIGNED COMMERCIAL INVOICE IN TRIPLICATE
	+AIRWAY BILL OF LADING ADDRESSED TO PIG FARMS INCORPORATED，999AVENIDA DE LOS CERDOS GORDOS，SHENZHEN CHINA DATED NOT LATER THAN 140115 MARKED FREIGHT PREPAID NOTIFY APPLICANT.
	+INSURANCE POLICY OR CERTIFICATE IN DUPLICATE COVERING ALL RISKS（MARINE/AIR/LAND TRANSITAS APPLICABLE），WAR，STRIKE，RIOTS，AND CIVIL COMMOTION CLAUSES，THEFT，PILFERAGE AND NON-DELIVERY CLAUSES，AS PER THE INSTITUTE OF LONDON CARGO CLAUSES FROM WAREHOUSE TO WAREHOUSE FOR 110 PCT OF CIF INVOICE VALUE
71B	CHARGES
	ALL BANK CHARGES INCLUSIVE OF REIMBURSING BANK'SCONFIRMATION

AND ADVISING CHARGES PLUS TELEX COST ARE FOR THE APPLICANT'S ACCOUNT TO BE COLLECTED AT NEGOTIATION.

48   PERIOD FOR PRESENTATION

DOCUMENTS MUST BE PRESENTED

WITHIN 21 DAYS AFTER AIRWAY BILL OF LADING

49   CONFIRMATION INSTRUCTIONS

CONFIRM

53A   REIMBURSING BANK

ABC NATIONAL BANK，CHICAGO

78   INSTRUCTIONS TO THE PAYING/ACCEPTING/NEGOTIATING   BANK

TELEX ADVISE NEGOTIATION

INCLUSIVE OF ALL CHARGES.

27：   2/2

20：   M3001-344-6781

46B：   +LC NO. M3001-344-6781 MUST BE INDICATED ON ALL SHIPPING DOCUMENTS

+SHIPMENT PRIOR TO OPENING AND/OR AFTER EXPIRY OF THIS CREDIT PROHIBITED.

+PACKING LIST IN TRIPLICATE REQUIRED.

+ONE SET OF NON-NEGOTIABLE DOCUMENTS TO BE SENT DIRECT TO BUYER BY BENEFICIARY AND A CERTIFICATE TO THIS EFFECT REQUIRED.

+THIS CREDIT IS SUBJECT TO UNIFORM CUSTOMS AND PRACTICE FOR DOCUMENTARY CREDITS（1993 REVISION），PUBLICATION NO. 500

知识点：《跟单信用证统一惯例》UCP600

《跟单信用证统一惯例》（2007 年修订版，简称《UCP600》）英文全称是 *Uniform Customs and Practice for Documentary Credits UCP600*，由国际商会（International Chamber of Commerce，ICC）起草，并在国际商会 2006 年 10 月巴黎年会通过，新版本于 2007 年 7 月 1 日起实施。它是信用证领域最权威、影响最广泛的国际商业惯例，包括了 39 个条款。

 实训练习

实训一：2015 年 8 月 17 日，福建黎明进出口有限公司与日本 Matsuya Corporation 就进口 24 台打印机 Printer，签订进口合同。

2015 年 8 月 20 日，福建黎明进出口有限公司外贸业务员邓娟需根据以上进口合同的要求填写开证申请书，并向其账户行中国银行福建省分行国际业务部（地址：福州市五四路 136 号，邮编：350003）办理申请开证手续。要求采用 SWIFT 电报方式开证。中国银行福建省分行给予福建黎明进出口有限公司的开证授信额度为 100 万美元。

中国银行福建省分行国际业务部对福建黎明进出口有限公司提交的相关材料进行审核。审核通过后，8 月 25 日，中国银行福建省分行国际业务部职员王军需根据开证申请书填制信用证 MT700 报文各项内容，审核无误后通过 SWIFT 发送给通知行。

1. 假设你是福建黎明进出口有限公司外贸业务员邓娟，根据贸易合同到中国银行福建省分行国际业务部申请信用证开立，填写开证申请书。

2. 假设你是中国银行福建省分行国际业务部职员王军，收到福建黎明进出口有限公司外贸业务员邓娟填写的开证申请书后，对其开证申请书及相关材料进行审核，并根据开证申请书内容填制信用证 MT700 报文各项内容，审核无误后通过 SWIFT 发送给通知行，并办理开证手续。

实训二：假设你是上海纺织品进出口公司员工王杰，现你公司与韩国 ABC 进出口贸易公司发生贸易往来，请根据以下信息到中国建设银行上海分行来立信用证，填写开证申请书。开证所需材料包含销售合同；商业发票；箱单；出口货物明细单；进出口货物报关单；汇票；海运提单；投保单；保险单；国际货物运输委托书；一般原产地证明书申请书；一般原产地证明书；出境货物报检单；检验证书；出口收汇核销单；单一国家声明书；品质检验证书等。

出口方：上海纺织品进出口公司，239 号大同路上海，中国

单位编号：3122668874

进口方：ABC import and export co.，no. 1122 fudi road busan，kroea

编号：7122663380Cif

合同号码：20041166

开证行：ccb shanghai branch

指定银行：ccb busan branch

信用证号码：ABL-AN107

装运港：shanghai china

卸货港：busan korea

分批：no allowd

转运：no allowd

最远装运期：20 nov 2004

有效期：25 nov 2004

货物描述：pig leather work gloves，h.s 编码：u2393002

件数：20

Ctns：纸箱

毛重：510kg/箱

净重：500kg

尺寸：1m×1m×1m

数量：500 打，每箱 25 打

单价：usd200/打

Shipping marks：rain dreans

　　　　Busan

No.1-20

提单号码：b050588661

保险加成率：10%

保险公司：中保财产保险有限公司

保险费率：

平安险	水渍险	一切险
2%	3%	4%

承运人：中远集运

运费：w/m　usd50/运费吨

船名：diek335v.007

发票号码：sh-25757

注：其他变量由你自己确定。

第五篇

理财经理岗

近年来，我国商业银行的个人理财业务得到了迅速发展。个人理财产品不断丰富，从单一产品发展到产品组合；各行纷纷推出个人理财中心、个人理财工作室、金融超市等。在这种形势下，具有强烈服务营销意识、懂得专业理财知识的客户经理，将是银行眼中的摇钱树，他们将会赢得更多客户的信赖，是银行赢得理财市场竞争的关键因素，尤其在市场发展的初级阶段更是如此。

本篇面向银行业理财经理的岗位能力需要，分为"知识准备"和"技能实战"两章，从专业角度出发，以理财经理岗位要求、理财经理素质要求、理财经理知识要求、理财经理技能要求四个方面讲述银行理财经理上岗所必须掌握的知识与技能，并以情景代入式对理财经理的常见业务进行实训演练。

 参阅材料 1

私人银行理财经理的一天

早晨 8 点 45 分，王梦准时坐在位于上海外滩的会议室里，和其他私人银行客户经理一起讨论全球经济和金融市场的最新动向。

年轻的王梦是一家中资银行私人银行的高级经理。出生江南古城书香门第的她，从小诗词书画、舞文弄墨，2005 年经济学硕士毕业后，一直在这家银行做高端客户理财工作。

9 点半，开完晨会的她回到自己的座位上，开始更新客户数据，包括理财产品信息、资产波动情况等。"当然，还有这周哪些客户要过生日，得做好记录、提前预订蛋糕。"王梦微笑着对第一财经日报《财商》记者说。

"一般来说，会有 20%～30%的客户是活跃客户，需要每天保持联系，不一定是打电话，也可以是短信和邮件提醒，比如理财产品到期和认购等。"王梦说，"还有 20%～30%的客户则相对沉默，不需要太多联系。"

上午，王梦得继续联系一家医疗机构，因为她的一位客户的父亲身患重病，希望能够到美国接受更好的治疗，但问题是急需把国内医院的报告全部翻译成英文。

"虽然我们也提供医疗健康业务，但是打包服务中没有那么细致的内容。"王梦说。

平时，王梦也会和上述那位客户聊金融、聊投资。"但是对于一个私人银行客户经理来说，需要上升到如何与客户成为朋友的角度，甚至照顾好客户的家人，才能提高与客户的黏合度。"她说。

差不多午饭时间，王梦妆饰了一番然后出门，她要赶去玫瑰园与一位女客户吃饭。

"这位客户从事跨国服装贸易生意，早年太专注于打拼事业，婚姻状况不太乐观。现在她所困扰的主要有两个问题，一是财产分割，二是想把更多财富留给第三代。"王梦说。

所以，王梦向这位客户推荐了养老保险产品。"可以为第三代买入保险产品，来锁定未来的生活，而且保险产品并不列入财产分割的范围。"她说。

这也就是王梦口中的"财富的烦恼"。"作为私人银行客户经理，要善于分享客户的心情，而这又是较为私密的。"她说。

中午还在讨论如何规划未来财富，一转眼，王梦又来到位于新天地的一家公司。

"有一家知名航空公司定向增发，我是否应该参与？"坐在她对面的客户这样问王梦。

具备投行工作经验的王梦非常冷静地说道："首先，这家航空公司的盘子很大，需要非常大的资金才能撬动；其次，对于航空业而言，业绩状况主要涉及两方面：一是主营业务，二则是汇兑损益情况。"

"对主营业务来说，未来通胀高企会带来油价上涨，机票涨价也未必能弥补增加的成本；而对汇兑损益来说，人民币升值预期正被慢慢透支，一年解禁期过后的市场状况未必会很好。"她接着说。

在王梦看来，这些来自私人银行客户经理的建议"分析过程很重要，要让客户觉得自己是专业的，这也就需要不断充实自己的知识和阅历"。

而在国内私人银行客户经理相对较为年轻的情况下，如何说服那些年长的成功人士采纳自己的意见和建议？

"要有意识地培养自己的谈吐修养，善于倾听，分享他们的成长经历；也要避重就轻，挖掘客户不擅长或不注意的领域。"王梦对记者说，"比如面对一个对二级市场驾轻就熟的客户，我会选择和他谈一级市场、谈家庭保障、谈子女教育等。"

王梦相信，只要足够成熟稳重，就能弥补年龄和阅历上的不足。

"客户不是追求的，是吸引的。"作为一个年轻的私人银行客户经理，兴趣广泛、善于打理生活的王梦多少占了些优势。她说，要让自己成为"有用"和"有趣"的人，用身上的闪光点去吸引客户，为客户带去新的视角。

珠宝鉴赏、红酒品评、奢侈品动态、瑜伽、高尔夫球，甚至学《易经》和看风水……许多超乎于金融投资的领域都是像王梦这样的私人银行客户经理的必修课。

资料来源：曹金玲，《私人银行客户经理的一天》，《第一财经日报》2010年11月6日。

参阅材料 2

一个普通个人理财经理的一天

小罗的每一个工作日，都是在充实而紧张的理财工作中度过的。

8点10分，支行晨会准时开始，分管副行长将所有柜面员工召集起来，学习新的金融业务，通报每天的员工业绩，分析各项工作的问题点，搜集和交流各类资讯，最后进行"七步曲"演练，每位员工在高呼"追求卓越，争创一流"的口号中走向各自的工作岗位。

8点20分，小罗进入理财中心，打开电脑，准备资料、整理桌面、查看日志。

8点28分，小罗与大堂经理站在门口，准备迎接小罗的第一位客户。

8点43分，一对老年夫妇拿着布袋来到了一楼大厅，径直走进了理财室，小罗起身迎接，热情招呼，老大爷已经不是第一次来了，一进来就问："小罗呀，我的5万块定期到期了，现在这样的形势，一年定期利息又这么低，我把钱放到哪合适呀？"小罗马上回答："哦，这样啊，老大爷，您别急，我来帮你分析，如果这笔资金您暂时不用的话，可以适当的配置点5万起存的理财产品。"老大爷又问："我听别人说理财产品么也有风险的哇，你们这里能保本么？"小罗微笑着说："放心吧大爷，我们银行的理财产品都是非保本浮动收益型的，如果风险过大，我会提前和您说的。"老大爷又说："我们还是有点担心，你也知道这是我和老伴养老的钱，出不得差错哦。"小罗想了想说："这样吧老大爷，如果您实在不放心，可以采用国债投资的理财方式，目前3年期国债收益率5%，5年期国债收益率5.41%，您暂时先把钱存起来，等到有国债发行时我及时打电话通知您。"老大爷又说："那也可以，那不我们先放在卡上，有利息么？"小罗回应说："有啊，我帮您在卡上自动签约通知存款，满到7天就按照1.485%的利息结息，不影响您后期购买国债。"老大爷看起来挺满意，说道："好的，谢谢你了，小罗。"于是老两口在小罗的注目中走向了贵宾窗口，办理相关手续去了。

8点55分，送走了这对老夫妻，小罗坐下来总结了一下关于老年人的理财方式，根据目前的情况看，现在除了部分投资能力比较强的老年人以外，大部分老年人理财的目标就是在安全第一的基础上赢利相对增加。具体地说，就是先要最大限度地保本，在这个基础上考虑能达到或者超过银行同期存款利率就很不错了。因为对大多数老年投资者来说，银行存款、国债等是最安全、最省事的理财途径。接着小罗开始打开网页，开始浏览各大财经网站的信息，这可是理财经理必备的"早餐"。

9点20分，大堂经理带了一名客户来到理财室，原来该客户是在柜面上办理存款业务，被柜员识别之后并推荐到理财室，"您好，我是江苏银行理财经理罗玉，以后您来办理业务前都可以先和我预约，我会提前帮您安排。"小罗一边向客户介绍自己一边递送出自己的名片，随后向客户要了身份证件进CRM系统中查询，发现该客户在分行有将近50万的资产，都只是1到3年期定期存款，于是在指导客户填写贵宾卡申请表的同时，向该客户介绍了网上银行，并建议该客户适当的配置点理财产品，客户当场就对推荐的理财产品表示出兴趣，隔天便转入资金买了1年期理财。从此小罗的短信平台中有增添了一位理财客户。

10点整，高赛尔黄金公司开始更新黄金价格，小罗开始处理手头上的业务，一有空隙就赶紧看一看行情。这两天黄金走势波动较大，客户的咨询电话说来就来，一定要做好充分的准备。果然，在随后的1个小时的时间里，小罗的电话铃声几乎响个不停，而来到贵宾理财室的客户也多了起来。有咨询基金行情的，有想了解最近理财产品的，有问自己账户上打了一笔钱有没有到的，也有问网银开通后下载问题的……这一个上午，小罗陆续接待了6名客户，还顺带发展了1名金卡客户。

小罗的脑中就像电脑一样储存了一个"评估系统"，新客户来，经过一番简短的交谈，小罗基本上就能对其风险承受能力、投资偏好有个基本的评估。而现在可推荐的理财产品越来越多，小罗也很快能够找到产品与客户需求的对接点，所以客户满意度也非常高。

11点整，终于有了个空闲，小罗开始利用短信平台给自己的所有客户发送财经资讯，回顾一下昨天的资本市场、专家点评、近期理财新品以及每日黄金单价推荐。

忙碌的上午终于结束了，下午的主要工作内容，是对昨日柜员推荐的客户进行回访。对于小罗来说，这个工作非常重要，是小罗完成理财目标最重要的方式和来源。虽然记录客户访谈是理财经理每天必做的工作，但只有很好的跟踪回访每日柜员推荐本上的客户，才能有效地开拓新客户。

1点30分，小罗先打开CRM系统，浏览系统客户信息，关注客户资金变化，寻找潜在客户，补充贵宾客户信息。然后就开始对柜员推荐的客户进行回访工作。由于柜员推荐的客户都属于小罗的间接客户，所以小罗只能在简单的电话回访过后，通过不断地群发短信，来让这些客户了解银行的产品，并对小罗产生印象。

2点10分，小罗拨通了缪师傅的电话，该客户是前期柜员推荐的一位国债偏好的客户，他没想到小罗隔了这么久还能记得他，感到非常意外和高兴，于是告诉小罗其月底有部分资金到期，并答应将该笔资金转理财。由于当时没有国债发行，于是小罗向其推荐了一款开放式基金，缪先生毫不犹豫地同意了。

"您好，您大概想购买多长时间的理财产品？""您可以留下您的联系方式，我将您的手机号码加入我们的短信平台，如果我行有理财产品，我会第一时间通知您的。"

"您可以办理我行的网上银行，通过网银互联汇款，立即到账，免手续费。"

勤谈，勤跑，哪有客户就走到哪里，多与客户沟通，多了解客户……整个下午，理财室都没空过，客户不仅向小罗咨询理财动向，还有相关生活中的方方面面，小罗都需要耐心地予以解答。

4点10分，基本上每天只有到了这个时候，小罗才可以安静下来填写每天的工作日志，登记台账。

4点45分，小罗又打开电脑看了几封电子邮件，在金融行业工作的圈内朋友，每天都会给小罗发来证券、基金投资方面的资讯，让小罗有机会从这些资讯里获取丰富的投资信息。在当前竞争日趋激烈的行业形势下，要想成为一名合格的理财经理，不仅需要掌握财经知识，更要努力让自己成为一个全才，并时时以客户为中心，想客户所想，急客户所急。

5点整，虽然到了下班时间，小罗还是准备了一份明天需要联系的客户名单，并搜集了这些客户的相关信息，估计能派上用场。

理财经理的一天，到这里差不多接近尾声了。很多时候，小罗常常问自己，选择做理财经理是否正确，自己是否能坚持下去，这个行业的明天会不会更美好？其实答案早已经写在了小罗所经历的道路上，"骐骥一跃，不能十步；驽马十驾，功在不舍。"坚持到底，敢于付出，我们才有希望达到成功的彼岸。

资料来源：转引自中华文本库，http://www.chinadmd.com/file/i3ovviu3rssuci3ar6tcsapp_2.html。

第十一章 理财经理岗位认知和能力要求

【本章简介】

本章主要介绍理财经理职位的业务范围、工作流程、能力与素质要求，让读者对理财经理岗位有一个较清晰的定性认识。在本章中，对理财经理在实际工作中所要求的能力和技巧等做了搜集、整理、归纳、总结，对未来从事理财经理一职具有极强的参考价值和实用价值。

【学习目标】

熟练掌握理财经理的工作流程；能够学会培养自己的能力和素质去胜任理财经理一职；能够深刻体会和践行理财经理的营销技巧。

第一节　理财经理岗位认知

一、理财经理的业务范围

理财经理业务的核心是根据客户的资产状况与风险偏好来实现客户的需求与目标，尤其是实现人生目标中的经济目标，同时降低人们对于未来财务状况的焦虑。理财业务一般遵循以下五个步骤：一是建立客户关系，需要界定服务的范围。二是收集客户数据、确定目标及期望。需要确定客户的个人理财目标、需求、风险承受能力及优先顺序和获取定量的信息和文件。三是分析客户现行的财务状况，根据已经获得客户的定量信息进行分析和评估。四是制定个人理财规划，帮助客户制定理财建议书，达成关于实施责任的协议，并选择实施的产品和服务。五是监控个人理财规划，主要是界定追踪责任。

个人理财规划主要包括以下内容：一是现金流量管理；二是储蓄规划；三是证券投资规划；四是房地产投资规划；五是教育规划；六是保险规划；七是个人税收规划；八是退休规划；九是遗产规划。本章节主要介绍最常见的储蓄规划、保险规划和证券投资规划。

二、理财经理的重要性

对银行而言，一方面，80%的利润都是大客户创造的，理财经理联系着大客户与银行的关系，带动着银行的利润增长；另一方面，理财经理的业务主要是表外业务，涉及理财产品的销售、个人财务咨询等众多方面，既是一种风险很低而利润很高的业务，又能拉动银行存款的增加。

对客户而言，理财经理是依据对个人财务资源和财务目标的评估，制定和实施各种规划，实现人生目标的专业人员。

对理财经理自身而言，理财业务指制定合理利用财务资源、实现顾客个人人生目标的程序。这个岗位和这种业务能给自身带来广大的社会人脉资源，而且能提升自己多方面的能力、阅历、眼界。

三、理财经理的工作内容

（1）围绕分支行零售业务发展经营计划，积极开展客户营销，完成储蓄存款等各项任务指标；

（2）负责理财流程（售前、售中、售后）管理和理财风险控制；

（3）负责客户的分层次服务，根据客户的个性化需求介绍和推广我行的各项理财产品；

（4）提供专业化的理财建议，满足客户的个性化需求。

四、理财经理的工作流程

理财经理需要做以下工作：

（1）与客户会谈和沟通，掌握客户的信息，分析客户的基本状况，掌握客户的理财目标和需求，建立并填写客户关系管理档案。

（2）指导客户记录财务收支和资产负债账目，对客户财务收支状况进行分析，判断客户财务现状。

（3）针对客户的需求独立设计可行性方案，给予具体的操作指导。也就是说，根据自家银行（也可以是别家机构）现有金融产品，设计出符合客户自身状况和需求的产品搭配组合，为客户提供理财建议。

（4）及时收集客户的反馈意见，对方案的实施结果进行分析，并撰写报告。

第二节　理财经理岗位素质要求

一个称职的理财客户经理需要具备以下四项基本素质。

一、高尚的职业道德素质

首先，要具有较强的责任感和事业心。要树立为客户服务观念，要有"爱岗敬业，行兴我荣，行衰我耻"的强烈意识，有积极上进、敢于争先、乐于奉献的精神。其次，要培养良好的作风和严格的自律意识。在与客户的交往中，要养成诚信、守时、廉洁、高效的作风，摒弃个人主义，为客户着想，从银行的利益出发，绝不假公济私，损公肥私。

二、良好的心理素质

要有承受失败打击的素质。理财客户经理面对的是不同性格和爱好的客户，在公关的过程中，吃闭门羹、遭奚落、被拒绝都是正常的，要学会处理拒绝的技巧。遭遇拒绝不等于失败，在遭到拒绝后要认真研究客户心理，进行仔细分析，研究具体对策。

三、良好的人际沟通能力

良好的人际沟通能力要求有较高的文化修养及素质。与客户沟通的前提是找到双方谈话的认同感和沟通的切入点，这就要求客户经理要具有较好的文化素质，有独到见解、知识面广、较为丰富的生活经历甚至较高的艺术修养等，有时在专业知识和智谋韬略上要高于客户才能够与之达到良好的沟通效果。

四、全面的业务素质

理财客户经理要做到"银行业务一人通"，使自身真正成为"流动的银行"，成为连接客户与银行的"桥梁"，就必须对银行的各项业务以及与银行有关的法律、法规进行全面的学习，并熟练掌握，灵活准确地应用。具体而言，主要应具备以下能力：

（1）要有丰富的金融专业知识。应熟悉信贷、银行卡、电子银行、投资银行、个人理财等银行核心业务，还要熟悉保险、证券公司、期货公司等其他金融机构的业务，当一个金融业务的"全把式"，以及时准确地向客户营销金融产品，为客户量体裁衣，提供适合其需求的金融产品和服务手段。一个优秀的理财经理不仅要掌握银行的专业知识，还要学习、掌握和正确运用有关法律、法规、财经、金融市场等相关知识和信息，把所有活动都纳入法律、法规、制度的约束之中，依法合规经营。

（2）要具有敏锐、深刻的分析调查能力。作为银行与客户之间的"桥梁"，理财客户经理不仅要熟悉银行业务，更重要的是通过调查研究，对客户所在的行业、经营状况、发展前景做到心中有数，以便为客户提供合理的融资方式，为银行的贷款安全提供有力的保障。客户经理既要对整个地区的经济、金融市场有所了解、认识、预测，还要对局部的客户情况研究分析，更要对银行业务开展情况进行市场调查，提出有建设性、前瞻性的意见和建议。

（3）要有较强的营销能力。作为理财客户经理，既能制定营销方案，又能够按照既定方案实施营销。能够选择适当的机会，通过声情并茂的演讲、贴近客户的座谈等多种形式使客户了解、认识，进而使用所推介的产品。要通过实践，努力使自己成为市场营销的能手。

（4）要有有效的风险控制能力。理财客户经理要成为银行防范风险的第一道"屏障"。理财客户经理掌握信息资料后，要建立客户档案，不断进行评价，及时为银行提出风险防范的对策。当客户采取对银行不利的行为、出现异常情况时，要迅速做出反应，调整银行策略。要通过建立风险管理的目标、识别损失风险、估算风险损失程度、选择规避、分散、消灭、转移、补偿抑制等风险管理对策，加强防范，规避风险。

（5）要有协调能力和团队精神。理财客户经理承担着对外营销、对内协调的职责，更加需要团队协作的精神，要立足本职，加强上下沟通，搞好内外协调、信息交流、资源共享，真正为客户提供完善配套的金融服务。

第三节 理财经理技能要求

一、熟练掌握营销技巧，培养良好的人际交往能力，开拓和维护好客户关系

（一）举止到位（见表 11.1）

表 11.1 理财经理举止礼仪要求

序号	要求类别	具体说明
1	接待客户	理财经理遇到客户应起立迎接，点头微笑并问好：使用客户喜欢的称谓进行问候。问明客户来意后，引导客户到贵宾专用服务区，以示尊重
2	客户引导及推荐	引导客户时，引导人应在客户侧前方进行指引并注意对客户的关注。引荐客户时，引荐人应首先向客户介绍行内人员。重要客户要及时引荐给相关主管领导
3	交换名片	（1）初次和客户会面，理财经理应主动自报姓名和职务，并双手将名片递给客户，递送名片时应注意让文字正面朝向对方； （2）接受客户名片时要用双手，接过后认真看清客户的姓名和称谓； （3）在与客户交谈中，不要将名片收起来，应该放在桌子右手部位，并不被其他物品阻挡，以让客户倍感重视
4	握手	女员工要主动和客户握手告别；男员工则视客户的性别，如果客户为男性，男员工应主动握手告别，如果客户为女性，男员工则可以微笑，配以自然亲切的送别手势，或待客户伸手示意后，男员工伸手握手。握手不宜太用力且时间不宜过长，并注意不要在戴手套时与客户握手
5	送别客户	重要客户离开时，理财经理应主动为客户引路，将客户送到营业网点门口或电梯内，向客户致谢并欢迎再次光临

（二）服务到位

（1）理财经理应为贵宾客户提供优先、优惠的服务，如客户自行驾车来访，应为客户预留车位等。

（2）理财经理接待客户，在执行有效的服务和销售过程中，要完整记录客户资料，有时间则陪同客户办理各项业务。

（3）如果与客户初次见面，理财经理在面谈前需要提前准备好本人名片、银行客户服务手册等业务资料。

（4）约谈客户既包括电话沟通预约，也包括面谈预约。应明确与客户面谈的目的，确定谈话内容的细节，拟定谈话提纲。理财经理应按照客户喜欢的沟通方式和客户进行约谈，也要注意一定是在客户空闲的时间和客户通电话。

（三）谈吐到位

（1）注意说话的语速、音调，与客户沟通时，声音要亲切，声调要温柔而自信。

（2）以问为辅，以听为主，掌握沟通技巧。

（3）说话要层次分明，体现逻辑性和专业性。

二、熟练掌握个人生命周期特征，站在生命周期的角度分析客户需求

（一）单身期

1. 人生阶段特征

单身期的通常为职场新人，年轻而富有朝气，价值观可能尚未定型，变数尚多。消费能量可观，处于个人用品购买爆发期，有较强的消费信心度，渴望认同和追求卓越的价值观特征（零点调查 2002—2006 年）。

个人财务方面，收入不高，但大多数和父母同住，所以吃住在父母家，收入主要用于个人用品的购买，也有离家和朋友合住的，开销要较前者为高；进入谈情说爱阶段后，支出有一定程度的增加。年纪较长仍未单身者，收入增长较快，对生活质量的要求提升。

在此阶段，节省者也有一定的储蓄。有能力储蓄者的投资方式以炒股居多，也有做基金定期定投的。基本上均会使用银行服务，信用卡使用较为普遍。大多数人对保险的意识比较淡漠。

2. 财务特征

收入仅为单身者个人收入、收入比较低而消费支出大、个人储蓄较少。资产比较少，可能还有负债（如贷款购房、购车，个人信用卡贷款等），净资产可能为负。

3. 理财重点

（1）保险目标：父母老年且不能自给自足的年轻人应为自己投保定期寿险和意外险。每个年轻人应为自己投保重大疾病险。投保额度视具体情况而定，一般为 20 万～30 万元。在此阶段，因为保险预算低，不宜投保分红险，终生寿险等储蓄加保险的险种，应将储蓄和保险分开。当然，自律性特差的则另当别论。

（2）证券投资目标：股票基金定期定投的方式应作为主要的投资和储蓄方式。

（3）储蓄目标：储蓄目标主要是满足婚礼和蜜月费用，购车，购房首付。

独身主义者，可制定全生涯的理财目标，以退休后的生活水准为终极财务目标，在保证终极目标的基础上制定中短期的目标，并在有重大的消费和投资决定的时候，了解中短期目标对长期目标的影响。同时，在此基础上通过资产配置提高达成目标的可行性。在固定储蓄和消费之余，如有结余，可为自己制定短期目标：如旅游，在职进修，甚至炒股资金等。有效控制消费，采用"收入－储蓄－保险预算＝生活支出预算"的方式，先储蓄，后消费。同时，必须关注自己对信用卡的使用效率，尽可能不要留下任何卡债。

（二）家庭形成期

1. 人生阶段特征

家庭成员数随子女出生而增长，因而经常被形象地称为筑巢期。

2. 财务特征

收入以双薪家庭为主，经济收入增加，已经有一定的财力，往往需要较大的家庭建设支出，如购房、购车等。储蓄额随家庭成员增加而下降，家庭支出负担大，可积累的资产有限。成员因年轻可承受高风险资产的投资风险，通常要背负巨额房贷。

3. 理财重点

合理的安排置业和管理债务，保持资产的流动性和扩大投资，其投资组合中流动性较好的存款货币基金的比重可以高一些，投资股票等高风险资产的比重应逐步降低。

理财组合中，除投资于股票、成长型基金、债券和安逸倍增，并保留部分活期储蓄外，可选择一些缴费少的定期险、意外保险、健康保险等。

（三）家庭成长期

1. 人生阶段特征

家庭成员数固定，因而经常被形象地称为满巢期。

2. 财务特征

收入以双薪家庭为主，最大开支是子女学前教育、智力开发、家庭成员保健医疗费用、子女上大学期间教育费用和生活费用，负担较重。因收入增加，子女上大学前支出稳定，在子女上大学前储蓄逐步增加，可积累的资产逐年增加。开始控制投资风险，投资能力和还贷能力均增加。

3. 理财重点

此时精力充沛，又积累了一定的的工作阅历和投资经验，风险承受能力增强，可以考虑建立不同风险收益的投资组合。在投资方面亦可考虑以创业为目的，如进行风险投资，也可用部分资金投资房产以获得稳定的长期回报。

而那些理财不顺利仍未富裕起来的家庭，则应把子女教育费用和生活费用作为理财重点。保险购买除应偏重于教育基金外，由于人到中年，身体机能明显下降，对养老、健康、重大疾病的要求较高，还可偏重购买自身保障的险种。

（四）家庭成熟期

1. 人生阶段特征

家庭成员数随子女独立而减少，因而经常被形象地称为离巢期。

2. 财务特征

收入以双薪家庭为主，工作收入、经济状况、事业发展均达到巅峰，支出随家庭成员数目减少而降低。因收入达到巅峰而支出基本稳定，是准备退休储备金的黄金时期。可积累的资产达到巅峰，应逐步降低投资风险，尽快在退休前把所有负债还清，为退休做准备。

3. 理财重点

此时主要考虑为退休做准备，不宜过多选择风险投资的方式，应扩大投资并追求稳健理财，增加国债、货币市场基金等低风险产品的投资组合比例，并购买养老、健康、重大疾病险，制订合适的养老计划，开始存储养老准备资金。

（五）衰老期

1. 人生阶段特征

家庭成员只有夫妻两人，因而经常被形象地称为空巢期。

2. 财务特征

以退休双薪收入为主，或有部分理财收入或变现资产收入，即以前期的投资收入和过去保险产品的给付及国家的基本养老金和企业年金为主。医疗费用支出增加，支出大于收入，是消耗储备金的主要时期，甚至逐年变现资产来应付退休后生活费开销。

3. 理财重点

此时的理财应以保守防御为原则，目标是保证有充裕的资金安度晚年，投资应以固定收益等低风险品种为主，应该无新增负债。因此，投资组合中债券比重应该最高。最好不要进行新的投资，尤其不能再进行风险投资。对于资产较多的老年投资者，此时可采用合法节税手段，把财产有效地交给下一代。另外在 65 岁之前，应该拥有人寿保险，进行适当的调整。此阶段应购买终身寿险，还可将养老险转为即期年金。

三、制定策略

在明确客户理财目标、理财偏好、财务情况、生命周期特征等因素后，客户经理对客户个人或其家庭应有一个整体性的评估。评估主要包括：① 客户个人或家庭风险承担能力评估；② 预期理财结果评估；③ 理财期间长短的评估。

在充分评估的基础上，根据理财的三性原则，即流动性、安全性和变现性，设定对客户最合适的理财策略，建立理财工具的合理组合。理财经理可以给出客户以下几种理财策略。

（一）保本型理财策略

该理财策略的目标是保本：一是保证本金不减少；二是理财所得资金可以抵御通货膨胀的压力，比较适合风险承受能力比较低的理财者，如上面所说的超级保守型和有点保守型家庭。保本型理财策略的主要理财工具是储蓄、国债和保障型险种，参考的理财组合：储蓄和保险占 70%，债券占 20%，其他占 10%。

（二）稳定—增长型理财策略

该理财策略的目标是在稳定收入的基础上寻求资本的增值，比较适合具备一定风险承受能力的理财者，如上述的理想型理财者。其主要理财工具是分红保险、国债、基金、汇富贷。储蓄和保险占 40%，债券占 20%，基金和股票占 20%，其他理财占 20%。

（三）高收益型理财策略

该理财策略的目标是获取高收益，比较适合具备较高风险承受能力的理财者，如上述的冲动型理财者。其主要理财工具有股票、基金、投资连接保险等，如有足够的资金还可以买房、炒外汇。参考理财组合：储蓄保险 20%，债券和股票占 60%，外汇、房地产等占 20%。

 实训练习

以小组为单位，组员分别扮演客户与理财经理，进行理财经理营销的技巧演练。

第十二章　　理财经理岗位实训

【本章简介】

本章主要以情景代入式的案例介绍理财经理的业务流程，分别介绍了储蓄规划、保险规划、证券规划等最为常见的理财规划案例。通过这几个案例，读者对理财经理如何进行工作，如何营销，如何为客户创造价值，如何为银行创造价值有了较深刻的体会和感受。

【学习目标】

熟练掌握理财经理的工作流程；学会对客户进行客户划分；学会为客户制定理财规划，并结合本行和其他金融产品对客户进行产品及产品搭配的建议。

第一节　储蓄规划

储蓄规划满足日常开支，并为实现未来财务目标如养老、教育、疾病保障等提供资金的一系列规划。

实训项目　储蓄规划

情景单元 1　储蓄规划

【情景内容】

2015 年 3 月，张小姐就职于重庆市一家事业单位。月工资收入 4 000 元，扣除日常消费开支、人情开支、房租等共计 2 000 元。张小姐基本情况如下：单身，25 周岁，单位提供五险一金。父母仅有这一个女儿，且父母均有社保，且目前均未退休，身体健康。其目标是保证现金的流动性的同时获得一定的收益，保证日常开支；其次需要为购房等积攒一定的资金。请根据以上情况，对张小姐提供储蓄规划建议，完成实验流程。

【情景步骤】

【步骤一】建立客户关系。

界定张小姐的理财需求为储蓄规划。

【步骤二】确定客户的理财目标、需求、风险承受能力、优先顺序及获得定量的信息和文件。

在这里可以确定张小姐的理财目标是储蓄，需要满足两个需求：一是应付日常意外开支的流动性需求；二是应付未来购房压力有一定的专用性资金。其顺序是先满足日常的流动性需求，再满足购房的资金需求。对张小姐进行风险承受能力进行评估，评估结果显示为较弱。说明张小姐的风险意识较强，比较保守谨慎。

【步骤三】分析客户现行的财务状况。

张小姐目前财务状况良好。每月收入均有 2 000 元结余。且自身和父母均健康，无需额外投入资金。

【步骤四】制定个人理财规划。

首先，可供选择的储蓄品种有：一是活期存款，活期存款的利率较低，但是随存随取，流动性最强，能满足日常资金的支出。二是定期存款。定期存款包括整存整取、零存整取、整存零取、存本取息、定活两便、通知存款、教育储蓄等种类。定期存款的特点是利率较高，但提前支取利率会按活期利率进行计算。兼具活期存款和定期存款特点的存款方式是定活两便，其利率介于活期和定期之间，但是可以和银行约定取款次数，取款的资金利率仍是定活两便的利率。三是储蓄类个人理财产品。比如货币性基金，货币基金可以随时购买和赎回，收益率相当于银行一年定期存款的利率，收益率较高又可以随时取出。这样可以满足流动性和收益性的双重要求。再比如是定期的银行理财产品，其收益率在 5%左右，期限从 1 个月到半年不等，但是起点较高，一般起点是五万元，风险程度较高。

其次，是储蓄方案的具体策划步骤。对于活期存款和定期存款的选择需要以下几个步骤：一是选择储蓄额度；二是选择储蓄网点；三是选择储蓄品种；四是选择储蓄存期。对于储蓄类理财产品，遵循相似的步骤。值得一提的是，目前网上银行、手机银行也可以开展储蓄业务，所以第二步选择储蓄网点可省略。另外，选择储蓄类理财产品可以在银行及网上银行、基金公司及其网站、代卖平台等进行办理。

最后，根据张小姐的实际情况，给出储蓄规划建议。建议其选择货币基金和定期存款。货币基金和定期存款的比例为 1∶1 或 6∶4。选择货币基金的原因是收益率和流动性可以兼得，而且购买操作方便，在线下线上均可以购买。选择定期存款的原因是定期存款能够在一定程度上强制储蓄，另外可以选择 12 张存单法，每个月存一次钱，且存期相同，这样有不时之需就可以取出到期日最近的一笔存款，而其他存款不受损失。这样同样解决了流动性和收益性的问题。虽然银行的理财产品收益率更高，但是张小姐刚参加工作，没有储蓄积累，不能满足 5 万的最低资金要求，所以没有选择银行理财产品。

【步骤五】监控个人理财规划。

主要是对张小姐的储蓄规划进行监督，并对其出现的问题给予相关的建议。

 实训练习

王小姐，单身，28 周岁，月收入 5 000 元，月结余 3 000 元。父母中有一方无社保，自己准备积累一定的资金买房在 5 年之后付首付，首付为 8 万。同时积攒一定的资金为父母养老，父母均在 10 年后退休。要求资金兼具有流动性和收益性，以应付不时之需。其风险承受能力是中等。请根据该情景，理财客户经理对其设计储蓄规划方案。

第二节　保险规划

实训项目　保险规划

保险规划是个人理财规划的一部分，通过分析个人和家庭的保险需求，选择合适的保险品种、保险期限、保险金额，减弱和避免风险发生时对个人和家庭生活带来的影响。

情景单元 1　保险规划

【情景内容】

赵先生刚结婚，女儿两岁，赵先生和赵夫人均为上班族，工作稳定，均有社保，有自有住房一套，家庭月收入为 10 000 元。其中，赵先生为家中顶梁柱，年龄 29 周岁，身体健康。赵夫人 27 周岁，在事业单位上班，工作之余还照顾孩子操持家务，身体健康。女儿小王经常生病住院，身体抵抗力较差。赵先生的父母均无社保，年龄均为 50 周岁，身体健康，家中只有赵先生一个儿子。请根据以上情形，对赵先生设计一份保险规划。

【情景步骤】

【步骤一】确定保险标的。

保险标的可以是人的寿命和身体，也可以是财产及相关利益。而且应优先选择风险高的保险标的进行投保。赵先生，赵夫人均有社保。社保中涉及养老、医疗、工伤、生育、失业保险，但意外保险没有涉及。如果赵先生、赵夫人的社保交的费用较少，可以补充养老、医疗保险。女儿经常生病，也需要投保。赵先生的父母没有社保，也需要投保。所以，本例中，保险标的是赵先生，赵夫人的寿命和身体，女儿的身体、赵先生父母的寿命和身体。而且，人身遭遇风险的可能性较大，生老病死意外都会遇到。所以相比于赵先生的住房来讲，优先选择人身为保险标的。

【步骤二】选择保险产品。

应注意合理搭配险种，可以是主险和附加险搭配。在确定保险标的中，已经讲到意外伤害保险是社保中没有涉及的，所以首先优先给赵先生、赵夫人买意外伤害保险。其次给赵先生的女儿购买医疗、意外伤害保险。因为赵先生女儿目前最大的风险是疾病风险，然后是意外伤害，接着是教育资金的筹资。如果资金充裕，可以选择给女儿购买教育保险。最后，考虑到父母年老时最大的风险是基本生活的保障、疾病和意外伤害。所以，为父母需要购买养老保险、疾病保险和意外伤害保险，尤其是重大疾病保险。

【步骤三】确定保险金额。

保险金额是保险公司可能赔付的最高金额，以保险标的的经济价值或可能损失为依据。确定保险金额实际上是确定保险费。因为所交保险费的多少直接决定了保险金额的大小。所以，确定保险金额还要根据投保人的经济能力来确定。一般家庭的收入分配，40%～50%用于日常支出，20%～30%用于投资，10%～20%用于储蓄，10%～20%用于保险保障。如果按照每年 10%的收入用于保险支出的话，那么赵先生一家用于保险支出的资金在 12 000 元左右。需要满足赵先生及夫人的意外伤害保障，女儿的医疗保障、意外伤害保障，父母的养老、医疗和意外伤害保障。意外伤害保险的年缴保险费较少，医疗保险和养老保险会多一些。尤其是父母的医疗保险，因为医疗保险会随着年龄的增长而递增，而且一般保险公司会对重大疾病保险设置了最高年龄的限制，一般最高年龄为 55 周岁，所以需要提早打算并准备资金。保险金额的确定可参照表 12.1。

表 12.1　保险需求及建议

保险需求	建　议
家庭保障	一般根据不同年龄段的责任来定，在年收入的 10 倍以上，保障家庭和父母的基本生活问题
教育基金	一般以小孩上大学的金额确定，预估 8 万，继续深造另考虑
养老基金	一般以退休后基本生活费用开支的一定倍数确定，一般在 20 倍以上
疾病/意外伤害金	一般以大病治疗为依据，一般在 15 万元以上/一般以保障家庭基本生活费用的一定倍数确定，倍数无具体规定
有计划的理财保障	以月收入的一定比例进行 5%～10%进行理财，专家理财，稳定收益

【步骤四】明确保险期限。

保险期限应依据保险需求来确定。意外伤害保险期限较短，一般在一年以内。但是作为附加险时，期限较长。一般养老保险的期限时间较长，从退休一直到去世。一般疾病保险的期限有固定期限和终身两种。教育保险也有单独险和万能险。万能险包含一切风险，包括人寿、意外、医疗保险。但缴费较多，保险期限多为终身。考虑到赵先生的实际情况，赵先生夫妇购买的意外伤害保险保险期限为一年；女儿购买的疾病保险期限是终身的，意外伤害保险期限是一年；赵先生的父母购买的意外伤害保险、养老保险和疾病保险可以购买一个万能险，保险期限是终身的。因为选择固定期限的不太合适，因为赵先生父母的年龄已大，疾病随着年龄的增大而增加，所以选择终身的要更合适些。

【步骤五】选择保险公司。

应考虑保险公司的理赔记录、财务实力、服务质量、风险控制能力。所以，一般选择经营实力较强、社会信誉好的公司。可以根据最近几年保险公司的排名和社会评价来进行选择。

 实训练习

实训一：秦先生今年 35 周岁，独自养育女儿，其是上市公司的财务总监，平常工作较忙，工作压力大，年薪 30 万。其女儿 8 周岁，上小学二年级。父母已经退休，且均有社保，平常负责照顾孙女。请根据以上情况，给秦先生设计保险规划。

实训二：钱女士今年 46 周岁，已婚，单位无社保，月收入 3 000 元。其夫李先生为公司职员，50 周岁，有社保，月收入 4 000 元。其儿子即将大学毕业。且李先生的父母均有社保。请根据以上情况，给李先生的家庭设计保险规划。

第三节 证券投资规划

实训项目 证券投资规划

证券投资规划是专业人员为客户制定方案或代替客户对其一生或某一特定阶段，或某一特定事项的现金流在不同时间、不同投资产品上进行配置，以获取与风险相匹配的最优收益的过程。

情景单元1 证券投资规划

【情景内容】

董先生今年40周岁，就职于一家民营公司，月薪6 000元，家庭月收入为10 000元。家庭月支出为6 000元，每月结余4 000元。现有储蓄20万元，自有住房一套。董先生及其夫人因工作较忙，无时间打理资金。每年可以拿出每月结余资金的20%来进行投资，储蓄的资金也可以拿出5万来进行投资。投资要求年收益率在5%左右，且要求满足较高的安全性和流动性。其主要的证券投资目的是保值增值，为日后换房积累资金。请对其设计证券投资规划。

【情景步骤】

【步骤一】 确定客户的目标。

董先生要求的年收益率是在5%左右，且每月可以投资的资金是800元。

【步骤二】 评估客户的风险承受能力。

通过专业的问卷，评估董先生的风险承受能力，评估结果为中等风险承受能力。这意味着董先生可以承担一定的风险。在投资的产品上可以考虑低风险的债券、基金，也可以考虑中等风险的股票等。

【步骤三】 确定投资规划。

投资规划要对投资者的理财目标进行熟悉，同时对各种证券产品的收益风险情况进行了解，以寻求投资者和投资产品的相匹配。投资产品有债券、股票、基金、信托产品和金融衍生工具等。不同投资产品的收益风险不同。

一是债券。其风险性最小，收益性最低，安全性最高。其中，政府债券的安全性最高，其次是金融债券，最后是公司债券。

二是股票。其风险性中等，但收益性较高，安全性较弱。且不同板块、不同行业、不同证券市场的股票波动情况的不同。且同一行业的股票的表现因为不同公司的财务状况、公司实力及产品研发等情况不同也不同。由于股票市场随着产业政策、汇率政策、利率政策、国外股市情况等变化而变化。主流市场也经常因为产业政策而交替。主流板块也因为政策利好、产业政策调整而发生变动。一个行业中的领军股也会因为公司的产品创新等发生更替。股票的选择在于选择的行业、公司、资金的配置以及买卖时机的选择。所以，对于股票的投资需要有冷静的头脑、周密的判断分析以及果断的决定，这对于一般人来讲很难做到。

三是基金。基金是由专业的基金管理人进行运作管理，投资于股票、债券等有价证券，并由银行充当基金托管人的角色，保障资金的安全。由于基金是由专业人士运作，其收益率较债券高，同时解决了无时间、无能力管理资金的困扰。而且不同类别的基金风险程度不同，可以满足不同风险厌恶程度的投资者需求。如分级基金、股票型基金、指数型基金的风险程度较高，而混合型基金、债券型基金风险程度较低。

四是信托产品。信托也是专人理财，同基金。其区别在于信托产品要求投资者的投资额起点较高，集合信托产品要求 5 万元以上，单一信托产品一般要求 100 万以上。另外，其风险较大，因为信托公司在金融领域中是唯一一个可以投资有价证券和实体经济的子行业，而且投资有价证券的范围和比率没有限制。

五是金融衍生工具。其风险性最高，收益性最大。原因是其具有杠杆性。所以风险承受能力不高的人不建议选择购买期权、期货等金融衍生工具来实现保值增值的目的。

通过对董先生目标的考查和对证券投资工具的分析，我们发现董先生的风险承受能力是一般水平，所以不建议买股票和金融衍生工具。另外，董先生平常工作较忙，无时间进行打理。追求的收益率也不算高。建议其 5 万元的储蓄用于购买债券，比如国债，或者购买集合信托产品来进行保值，选择信托产品的时候要注意其投资的领域。每月拿出的 800 元来进行基金定投，保证资金的流动性又能获得比较客观的收益。因为对于股市的前景不确定，建议购买债券型基金或者平衡型基金。

【**步骤四**】实施投资规划。

将董先生的 5 万元储蓄用于购买国债或者信托产品，将每月的 800 元资金选择适当的基金进行定投即可。

【**步骤五**】监控投资规划。

由于经济形势不断变化，在实施投资规划时还要不断地进行调整，以免损失扩大或者丧失盈利机会。

 **实训练习**

魏女士今年 25 周岁，刚参加工作，每月收入 3 000 元，每月结余 1 000 元。想进行定期的投资，以期获得市场平均收益率，要求比银行的一年期定期存款利率高，而且具备一定的流动性。投资期限是长期。请根据以上情况，给秦女士做一个理财规划。

参考文献

[1] 王晓芳. 商业银行综合柜员实训[M]. 北京：清华大学出版社，2012.

[2] 陈世文，陈意新. 银行技能训练[M]. 广州：华南理工大学出版社，2011.

[3] 中国银行业从业人员资格认证办公室. 个人贷款[M]. 北京：中国金融出版社，2013.

[4] 中国银行业从业人员资格认证办公室. 公司信贷[M]. 北京：中国金融出版社，2013.

[5] 张岱云. 银行个人理财业务全攻略[M]. 上海：上海财经大学出版社，2009.

[6] 雷玉华. 银行柜员基本技能实训[M]. 北京：人民邮电出版社，2014.

[7] 姜雅净，丁小云. 金融财务基本技能实训[M]. 上海：上海财经大学出版社，2012.

[8] 石新红. 邮政储汇业务员[M]. 北京：人民邮电出版社，2012.

[9] 郑鹏. 商业银行柜面业务实训[M]. 北京：中国财经经济出版社，2010.

[10] 王汝梅. 银行柜员业务实训[M]. 北京：电子工业出版社，2013.

[11] 陈世文，杨天平，龚永青. 商业银行综合柜台业务实训[M]. 广州：华南理工大学出版社，2012.

[12] 梁琦. 国际结算[M]. 北京：高等教育出版社，2015.

[13] 丁贵英. 银行柜员业务操作[M]. 大连：大连出版社，2010.

[14] 郑红梅. 模拟银行综合实训练[M]. 北京：清华大学出版社，2007.

[15] 赵素春. 银行柜员服务[M]. 北京：中国财政经济出版社，2008.

[16] 朱孟楠. 商业银行综合柜员业务与服务[M]. 北京：中国财政经济出版社，2011.

[17] 郑晓玲. 商业银行理论与实务实训[M]. 大连：大连理工大学出版社，2009.

[18] 邓丽萍. 反假币实训手册[M]. 上海：上海教育出版社，2013.